纵横百家

让学术亲近大众

宁宗一

（韦承金／摄）

宁宗一口述史采访现场（韦承金/摄）

一个教书人的心史

宁宗一九十口述

宁宗一 口述
陈鑫 采访整理

中国大百科全书出版社

图书在版编目（CIP）数据

一个教书人的心史：宁宗一九十口述 / 宁宗一口述；陈鑫采访整理 . —北京：中国大百科全书出版社，2021.5

ISBN 978-7-5202-0957-1

Ⅰ. ①一… Ⅱ. ①宁… ②陈… Ⅲ. ①宁宗一－自传 Ⅳ. ① K825.46

中国版本图书馆 CIP 数据核字（2021）第 072903 号

出 版 人 刘国辉
策 划 人 刘国辉 曾 辉
责任编辑 曾 辉
责任印制 魏 婷
封面设计 今亮后声
出版发行 中国大百科全书出版社
社 址 北京阜成门北大街 17 号 **邮政编码** 100037
电 话 010-88390969
网 址 http://www.ecph.com.cn
印 刷 北京地大彩印有限公司
开 本 710 毫米 ×1000 毫米 1/16
印 张 31.75 **插页** 2
字 数 396 千字
印 次 2021 年 5 月第 1 版 2021 年 5 月第 1 次印刷
书 号 ISBN 978-7-5202-0957-1
定 价 99.00 元

写在前面的话

宁宗一

一、口述史：重新认识自我的过程

口述史，此前我一直没有给予过多的关注，因为我和我们这一代人阅读最多的还是名人回忆录和自传。及至近年口述史大热，正式出版的名人口述史，我也只翻阅过几本（多为经过整理的名人自述）。陈墨先生连续赠我四五本他对口述史研究的专著，我也只是断断续续浏览一过，只为从中学习知识，弄明白这种“文体”的一些特色和操作程序。但是我从来没把口述史跟我个人联系起来，即使往前追溯，也是我的学生希望我写点回忆录或自传，而这些期待都一一落空。我有什么可写的，又有什么可回忆的？

直到 2017 年，挚友刘泽华临去美国时极其郑重地对我说：“宁兄，你不要拒绝做你的口述史，你坎坷的一生折射出这社会的面影。”我不否认，泽华的这最后叮嘱还是让我心动了。做，可以做，但怎么做？谁帮我做？这是个很复杂的问题。我的“小字辈”学生朋友中有的自告奋勇，想给我做，我考虑再三，虽然我的口述史对他们有“补课”作用，但我可不是用口述史给他们“上课”！“代沟”使他们很不熟悉我口述的“背景”，因而他们绝对缺乏“现场感”。我的人生经历，估计得由我一一解释分析，而他们不可能流畅地把握、体验我人生历程的多样故事。

就在这个时候，我又想起了泽华和他夫人的建议：“可以请陈鑫兄协助你来做！”我和陈鑫是老朋友，深知他出身于历史专业，功底深厚，为人为学，皆平和、认真、严谨。我们只是一次交谈就拍板定案：“咱俩合作！”

我深知真正的人生是从认识自己开始的，口述史无疑可以让我认识自己。可难题是怎么做。首先一个问题就是，我这个最普通的教书匠，有资格做口述史吗？这话绝非故作谦抑，而是我在自省时经常想到的。我 1950 年从北京来南开读书四年，1954 年毕业留校后，过的就是教书生涯。在南开整整七十年，这七十年我没改过行、没做过别的工作，我所接触的就是一代又一代我挚爱的学生。我深知自己的社会视野过分狭窄，一切故事都是在南开这方寸之地发生的，它有什么意义？它又怎么折射那复杂变幻的社会面影？后来我想通了。无数作家不就是用他们的作品描述、回照社会历史的正背面吗？打通了这“结”，又有陈鑫对我不断地启发，也有我个人的“寻找”，我才有所启悟。口述史，既不是我的生活流水账，也不是我的成绩单。口述史，对我来说，一定是我宁宗一的反思史。我找到这把解开我“心结”的钥匙，是因为我终于想到：反思是知识人的义务。

当然，我知道反思不是一般的自我检讨、自我批判。反思乃是重新认知、“发现”自我的过程。

就像生活中的“偶遇”一样，我有机会听命于老刘[1]的期待，又有

1. 指刘泽华先生。文中注均为整理者所加，不再说明。

机会和小陈合作，我才有做口述史的机缘。在口述过程中，我在我现有的认知水平上逐步地深化我的反思，正如易卜生所说，坐下来重新审视自己。

二、教书人的使命：从知识到思想的转化

一辈子做教书人的我，当然要把自己定位为知识人，而知识人与生俱来的文化、历史使命就是创造思想、介入现实。具体而言，就是现实关怀、文化焦虑和学术创见。教书人当然不是政治操作者，但不能没有人间情怀，特别是从事我这行——文学教学的，必须从始至终认识到文学是捍卫人性的。越是一个灵魂不安的时代，越需要文学的抚慰。我是如此缓慢地认识到，文学真的是“软化”人的心灵的，文学最终是表达内心又回归内心世界深处的。回想我的老师给我们讲鲁迅、讲托尔斯泰，指引我们一步步领悟到大作家表达的内心怎样进入到我们的内心（反观有些作品，我们真的读不出作者所写人群的内心，让我们感到的仅仅是他们狭隘的自我。对照之下就会发现，这样的作家表达的只是他们的内分泌，而不是内心）。由此我才认识到，只要人心不死，文学就不会消亡。我和我的一代又一代学生都是站在这个基点上，共同探讨文学的，但这是我历经一段漫长的岁月才醒悟到的！

而另一个更加漫长的过程，就是知识如何转化为思想，思想如何传递知识。在20世纪80年代初，读17世纪法国思想家帕斯卡尔的《思想录》时，我就牢记他说的，“思想形成人的伟大”“人的全部尊严就在于思想”。那时我思考的就是：知识是重要的，但是一个教师仅仅拥有知识是不够的，还必须把知识转化为思想，因为任何知识都不

可能囊括和代替思想。我又想起弗里德曼的名言："只有一种东西不可能，也永远不会成为商品，那就是思想的火花。"读《赫尔岑论文学》时，看到他明确地说道："那些不带思想的学者，其实处于反刍动物的第一胃的地位，他们咀嚼着反复咀嚼过的食物，唯是爱好咀嚼而已。"

扪心自问，一个教师是很容易陷入这种反刍动物第一胃水平的。一份讲稿，就能讲个三年五载……就在上世纪 80 年代的节骨眼上，我曾反思过，我不要做一个反刍的动物，不断去咀嚼那些第一胃的食物。后来，是在给天津大学建筑系博士生上美学史课时，我才第一次觉悟到，思想乃是生命体验、生命热情所燃烧的知识，是知识的升华，是理论、思辨和洞见交融的结果。原来，没有"已故的思想"，"已故的思想"只是知识，真正的思想活在自我与知识的交互关系之中，是彼此的互动与重塑。从此我才逐渐明白，作为一个教书人，思想必须是敞开的、不断吸纳的。我应当像王元化先生说的那样，追求有思想的学术和有学术的思想。为此，扩大学术视野是我的第一要务。钱锺书先生《谈艺录·序》中所说的"东海西海，心理攸同；南学北学，道术未裂"，化成了我一生教学的座右铭。

三、文脉传承：接过恩师点燃之灯

这是关于尊师重道、继承文脉的问题。有一次小聚，我带着真诚的忏悔向一位院领导说道："当下南开文学院的文脉没能传承下来，而在尊师重道方面我们远不如历史学院做得好，差距极为明显。"我的话，不是批评某一个人，而是把自己摆进去，进行了深刻的反思。一个学校能否进步，首先看的是它的师承做得如何。而对于现状，我们今天这批老一辈难辞其咎。

我之所以写了那么多篇怀念恩师的文章，其意甚明，就是带着忏悔的心情与灵界的恩师进行虔诚的对话，就是愿意舍近而就远，问道于灵界。因为我在反省自我时，想到我的恩师生前都勤于修身、慎于立言，但几乎无一例外地，在他们自己可能的环境内，为我们的民族文化做出了非凡的贡献。他们的人格精神点燃了我的心灵之灯。现在他们那些无言的思想，仍然给我以在这个世界上坚守和承受一切的力量。他们宝贵的灵魂使我对自身命运有了太多的认知。今天，我做口述史，其实又是一次“重读自己”（法国作家司汤达语）。我的所有述说、倾诉，我的反思和忏悔，都会在口述中表达出来。因为我终于发现，逝者所点燃之灯，在最深刻意义上说，就是为了净化我的心灵，而恩师们的学术智慧也渗透到我的学术研究中了。

时过境迁，往事并非如烟，要给历史留一份底稿。我觉得，我们每一个做口述史的人，都在述说自己这一代、上一代乃至上上一代学人的历史命运、人格精神以及学术传承。今天，我能有机会做口述史，难道不应该接过逝者递过来的灯，去点燃自己的良知吗?

今天第三遍读费希特的《论学者的使命》一书，我反复倾听他对我的忠告：

> 基督教创始人对他的门徒的嘱咐实际上也完全适用于学者：你们都是最优秀的分子，如果最优秀的分子丧失了自己的力量，那又有什么去感召呢？如果出类拔萃的人都腐化了，那还到哪里去寻找道德善良呢？

我不是优秀的教书人，更不是出类拔萃的知识人，但我在做口述史时不敢忘记一个知识人应有的立场和良知，在时刻内省中不敢忘记一个学人的文化使命。恩师、先贤的灵魂，一直激励我寻找、再寻找文化人格的理想境界。今天我有机会做口述史，我想首先要表明永志不忘老师的恩泽，即他们的高尚情操和风骨，他们的为师之道必须继承和发扬。这是我们的文化使命。

四、学生：我最宝贵的财富

写了那么多自己内心的困窘，也许人们会问，既然是“一个教书人的心史”，那么应当多说点儿我和学生的故事，但是每每想到这个关键处，我就会在心理上难以自持！四十二年的正式受聘教师，多年的返聘教师，多个学校的兼职教师，说一句老话，当然是“桃李满天下”了。但是，这些数字只是“量”，而我更看重“质”！

前些年，我在一次同学聚会上发言，大致内容是：我从学生时代至今在南开生活了几十年，作为一个典型的教书匠，我的物质生活在今日之社会真是显得有些寒酸。比如说，我还住在一所不到 75 平方米的老旧房子里，我的月工资不到一万元。但是我敢说，我拥有一份不少人难以获得的“财富”。这份“财富”随着时间的推移，越来越显其珍贵。这就是我在教书岁月中拥有我所爱，也让我被爱的无数学生。他们是我所有财富中最宝贵的。教师的天职，对同学只有赋予，而不应要求任何回报。但是回望过去，我却享受了太多太多的回报，说感恩已远远不够了，因为感恩的前提必须是我的反思和忏悔。比如 1985 年我的生活发生巨变，个人的遭际引来了铺天盖地的非议，谣言更是不绝于耳。而此时，那么多的同学顶着压力陪护我，给我打气，让我重新站立起来。他们给予我的不是物质，而是那在我心灵中永难抹去的精神抚慰。那一点一滴真挚的言与行，竟然在我灵魂深处积淀下了满满一箱昂贵的精神珍宝。于是在我这枯槁的身上，我竟然发现我是一个真正的财富拥有者。所以我才说，我爱他们。这爱真的超越了师生、父子和一般友谊之情。我在忏悔自己因盲动情绪造成不良的身心后果后，却获得了人间的挚爱，而这亲情就是非功利的爱。今天，我的理性之所以能有所提升，是和过去正反两面的教训分不开的。

罗曼·罗兰曾有言："人生有如一股奔流，没有暗礁就激不起美丽的浪花。"上世纪 90 年代初，我的生活复归平静，我决心自编一本反思录——《心灵文本》。此书特点是，不仅收了我的一部分论文，还专辟了一组"众说纷纭宁宗一"，把别人说我好、说我差的文字都收了进去，作为我进行自我反思的参考。另外更重要的是，我没写自序，更没请名家赐序，而是专门请了我的"小字辈"代表人物刘金双、顺子（刘永顺）各写一篇序文。金双的序文径直地题名《没大没小》，顺子的序文则是《性格与良知》。后来这本书移送大象出版社出版，我最担心编辑不能接受这"没大没小"的序文。而结果是，责编未动一字。这就说明他们认可了这两位"小字辈"与师长的文字有可圈点之处。后来书到了已移居加拿大的学生黄乐手中，她立刻给金双写了回信：

> 你的那篇《没大没小》随意的语言，却让我回味了很多遍，觉得你把先生总结得全面又准确——"含羞草""万人迷""万事通""八宝粥""老顽童""多情种"，像得很，像到骨子里去了。语言又诙谐，真是为宁先生量身定做的一幅画像。你也是个画家了，和孙恩扬一样优秀的肖像画家。只是他用图像描绘先生，而你用的则是文字。我的仰慕之情可能有点小题大做，但真的是——佩服。

不妨留个谜底，如想看金双和顺子到底是怎么写的，就去翻翻《心灵文本》的序文吧！

一篇自序，应该煞尾。面对陈鑫整理的《一个教书人的心史》书稿，我要说的是，我虽然已经走在人生边上，但希望自己能把余热献给教育事业。在生活中，我一定更加努力扶助弱势群体，把这作为一个公民应尽的义务。虽然我们生活在一个物质比较丰裕的时代，“少吃点，少喝点，少拿点，少得点”不是吃亏之事，而吃亏更是善良和仁爱。雨果就明快地告诫人们：“善良是历史中稀有的珍珠，善良的人几乎优于伟大的人。”我们教书人更应看重精神生活，我们就是要成为精神至上主义者——有真正仁爱精神的人。

人之已老，其言也真。老子说：“信言不美，美言不信。”我写的虽然粗糙，不堪入目，但你们看到了我真诚的良知，就是对我最大的鼓励。

最后我要向每一位看到我和陈鑫合作的口述史的认识和不认识的朋友们说：

感恩：就会珍惜

谦卑：明白我是谁

反思：前进的基础

这不是誓言，却是做口述史的过程给我的人生启示。

2020 年 8 月 2 日晚 11 时 30 分

目 录

第十一章 —— 情感历程

第十二章 —— 九十回眸

第一章

童年生活*

那时能吃到香蕉是很难得的，父亲专门为『煜格』留影纪念

* 2018 年 4 月 22 日采访，部分内容根据 2018 年 5 月 1 日口述补充。

陈：咱们今天就从您小时候谈起吧。

好。我看了你制作的那个年表，可以作为我们交谈的基础。我做口述历史的一个初衷，是接受刘泽华对我的嘱托，他希望我做这项工作，通过我的经历折射出社会历史的面影。关于口述历史，我曾经请教过陈墨先生。我认为现在的口述历史出现了某些乱局，大家都在做口述历史，但是我觉得有个前提：口述者必须有良知，要真诚。有时候记忆上可能会有误，但是不能离开这个前提。这里面就包括历史史实和自己的认知，自己有没有反思，有没有忏悔意识。

陈：我想，历史史实和个人的认知，肯定是有一些出入的，只要是真诚地谈就好。

宁：对。记忆和历史记录可以互补，尤其是你以后可以查询档案，找一些材料，进行核对，那样我觉得可能更好一些。你毕竟是搞历史的，对档案、对相关事情的背景会有了解。

陈：好的，我会尽量去核对。那么咱们开始？

宁：好。我人生的命运是跌宕多姿、起伏不定的。这跟整个时代、现实生活、家庭背景乃至我的性格等有密切的关系。恐怕当时每个人都是这样，我似乎就是更多了一些吧。我于 1931 年出生，当时是民国，之后经历了抗日战争爆发、国土沦陷、日本统治、抗日战争胜利、解放战争。新中国成立后，我一直在南开大学，将近七十年，从上学到教书，再到退休，又经历了很多的事情。我想，通过我的一些经历，不仅仅是诉说个人的悲喜苦乐，可能真的可以折射出社会变迁。这也是老刘对我的要求，我一定秉持这一点。像我这个将近九十岁的人，提供一些历史的细节、真实的材料，可能还是有一些可供参考的价值。个别记忆可能有误，但是大致不差。我一定秉持良知，真诚地叙述。

满族家庭

宁：我想，既然口述历史，谈我的人生、我的命运，就离不开我的家庭。我的家庭有特殊性，相关的事情也有历史背景，可以供后人参考。

陈：好的，那咱们就先谈您的家庭。

宁：讲到家庭，我必须说明一个问题。我母亲生了九个孩子，我是老八，我那时候太小又爱玩，家里很多事情我都没赶上。所以我谈这部分的时候，局限性很大。这方面的事，只是后来只言片语地听母亲、父亲、姐姐他们说了一些。虽然记忆不会有太大偏差，但是那时毕竟太小了。直到一个多月前，我跟我三姐谈心，才知道我们家原来是从哪儿搬到哪儿，等等。我三姐还健在，九十多岁了，她的记忆力超群，记得非常清楚。

陈：没有关系，咱们就谈一谈您了解的情况，对您影响比较大的一些事情。

宁：我们是满族。我父亲是正蓝旗。他的书法很好，在落款的时候，往往写作“长白宁伯龙”或“宁詠琴”。我母亲是镶黄旗，爱新觉罗，汉姓金。我母亲后来开玩笑说：“咱们家里头是从你们这代才跟外族结婚的，原来我们还都是旗人。到了你们这儿，有跟回族结婚的，有跟汉族结婚的。”

陈：以前是满汉不通婚。

宁：对。我父亲原来是跟我老祖[1]生活。有一次他领着我走路，经过西堂子胡同时，他跟我说：“我和你‘奶奶’（就是我的母亲，我们满族把母亲叫‘奶奶’）原来就在这儿住。我是长房长。你的爷爷和‘太太’（就是我的奶奶）走得早，就生了我和两个妹妹。你老祖带拉着我们，可是他有姨太太，后来也生过两个孩子。”他那时候没跟我说更多。我三姐那天补充了些事，说我老祖的这个姨太太对我母亲不好。据说冬天凉了，那么大房子都不给生火。我大姐、二姐、三姐、哥哥都诞生在那儿。后来我父亲才单独在北总布胡同买房，我四姐、我、我妹妹小扁儿是搬到北总布胡同以后生的了。我后来才知道，我老祖做过官，官也不大，任浙江的台州知府，后来退休就在北京了。再祖上的事我知道的不多。

陈：您的满洲姓是什么？

宁：我父亲有时落款会写“长白宁古塔”，宁古塔不仅是过去流放的地方，或许也是满族的发祥地之一。所以现在有人就辨证说“宁”作为姓，是读 nìng 还是 níng。我父亲一直读 nìng，他跟我解释过为什么是 nìng，因为宁是冠老姓。冠老姓我不知道是什么意思。

陈：就是根据满洲老姓来冠一个汉姓吧，宁古塔氏汉姓宁。

宁：你看我父亲原来叫宁荣夔，“夔一足”的“夔”，字伯龙。后来我父亲的书法落款写“宁伯龙”的比较多，伯龙就是老大，伯仲的伯。有时还会写“宁詠琴”。

陈：您这样的满族家庭，有没有什么特殊的讲究？

宁：有。我们当时有祭祀。我不知道什么原因，我父亲分家出来

1. 即曾祖父。

父亲宁伯龙

母亲金茜芸

以后，凡是祠堂里面的东西，都归到我父亲这儿。当时我们在北总布胡同的那房子很大，前后院，就在前院西南角那儿设有一个祠堂，每年三十儿晚上要祭祀。

我那时觉得过三十儿是很苦的，要举行两个仪式，一共要磕九九八十一个头。首先在祠堂的各面有八样事物必须要给磕头。我印象最深的头一样是刁斗。这个刁斗是满族要供的。我记得我父亲给我讲过，说乌鸦曾经救过努尔哈赤，所以祠堂里就要供上军队里常用的刁斗。这个刁斗可以测风向，也可以埋锅造饭。为什么供刁斗呢？刁斗挂在一个杆子上，是为了让乌鸦可以落下，有个地方吃食，是报恩的意思。第二样，是一个黄口袋，祖上的生辰八字在里面。有一个木匣子，里面供着弓箭，就是马上取天下的意思，有弓有箭。还有一个匣子内装朝服。我们对八样事物都要三跪九叩。

陈：除了刁斗、弓箭和祖先的生辰以及朝服外，还有什么？

宁：剩下那儿面我都不记得了。我记得那时候穿长袍，还有一件小马褂。在祠堂行过礼后，再到正房，那里供着“影”。我们叫“影”，就是老祖宗们的画像，是塔形的，很长。三十儿晚上供着祭品，我们又要磕头。磕完头以后，在外面烧芝麻尖儿、松木枝儿，烧得特别香。芝麻尖儿，你知道吗？就是用咱们吃的芝麻那个壳儿和松木枝儿来点火，很香。不是光放鞭炮，现在没有烧这个的了。再之后是给父母亲磕头，父母给点压岁钱。我不记得给我姐姐哥哥磕不磕头，但是我们平时的礼仪就比较多，父母生日的时候也是要磕头的。

我当时还会请安。我那请安是标准的，男孩子迈左腿，左手扶膝盖，右手伸直。这都是训练过的，要标准，来了客人我们都要请安。因为我父亲脱离了大家庭，所以亲戚来家里的并不太多。但是我父亲的朋友太多了，比如张伯驹比我父亲小，跟我父亲很好，我父亲把他当作小兄弟。我当时并不知道他的身世。我父亲和溥心畲，也就是溥儒的关系更密切，因为都是满族。他那时候和书友来往比较多，都是书画界的。我记得我父亲眼界比较高，他又特别爱扇子，所以就不断地积攒扇子，和认识的书画家互相交换，我给你的扇面上写字，你给我的画画。他收藏了很多扇子，可惜在“文革”中都被红卫兵拉走了。

跌宕人生的开始

宁：我是 1931 年阴历五月二十日诞生的，一出生就有很多命运上的曲折，有很多大难不死的事。先说明一下，我们家人的年龄都用虚岁，按老例儿，看重母亲十月怀胎，所以一降生就是一岁了。母亲怀孕期和生产都很不容易，用虚岁也是强调孝道，要感恩母亲。

诞生时，我已经是第八个孩子。我妈妈有九个孩子。我上面有四个姐姐、三个哥哥，其中有两个哥哥我根本没见过，夭折了。除了他俩，排行顺序是我大姐、二姐、哥哥、三姐、四姐、我。到了我虚岁四岁时，我的小妹妹诞生，就是小扁儿，是我们家真正的宠儿。我四姐比我大两岁，三姐比我大四岁，我母亲基本是两年生一个。

大姐是阴历五月生的，所以叫端儿，端午的“端”。二姐呢，是我们家里最漂亮的，所以叫二美、美子。我三姐是比较喜兴的，叫喜格。四姐就叫四丫头。我哥哥叫棪格，他这个“棪”字现在很少有人用，不知道我父亲怎么给起的。可能他认为我几个姐姐的名字太俗了，宁曼华、宁曼丽、宁曼珠、宁曼玲，据说是我的姑父给起的名字，就这么排下来了。所以到我跟我哥哥这儿，就比较有点典故了，比如我以前叫宁宗彝，小名叫熤格，宗一是后来上大学时改的，“宗彝”俩字，就有点儿过去祭祀礼仪的意思。我哥哥叫宁宗棪，“宗棪”我不知道怎么讲，你看又是木又是两个火，我不知道我们命里是不是缺火缺木还是怎么的。

我母亲生过这么多孩子，可生我的时候还是很困难，因为我个儿太大，将近八斤。那时候没有剖腹产、没有上医院，都是接生婆在家里接生。我母亲生我以后，没有奶。据她说，本来是要我吃大舅妈的奶，但是因为我那两个表哥已经大了，她也没有什么奶，嘬也嘬不出来什么。于是我吃的是糕干，这个糕干跟现在天津的杨村糕干不一样，就是糕干粉，里面有茯苓粉。吃时不是拿开水冲，而是拿小锅熬成糨糊。据我母亲和我大姑姑说（我有两个姑姑，是我父亲的两个亲妹妹，一个我们叫大爸爸，另一个叫干爹，为什么这么称呼我就不知道了），我从小就是急脾气，一着急就哭闹。喂我糕干糨糊时，太热喝不了，我哭得很厉害。我那个大姑姑就用手抹到我嘴里来，结果连烫带噎差点就出问题了。

但是我长得也很大，你看过我五岁左右照的照片，那是难得留下来的（我五岁左右的相片都是我父亲照的，在我们北总布胡同前院和后院中间，有一个大的木头隔断，相片就在那儿照的）。你看，我没吃过人奶，那时候也不讲究喝牛奶，更没有羊奶，靠着糕干糍子就长大了，也还是小胖子，正常发育。

在我快一周岁、虚岁快两岁时，那个除夕夜发生了一件大事，今天说起来还觉得很可怕。那会儿我们住在北总布胡同，是个大四合房，前后院。那天晚上，我母亲跟家人在跨院那儿包饺子。我呢，就在床上，可是没想到我已经会爬了，一爬就掉到了痰桶上。那个时候痰桶不是搪瓷的，是陶器的。我一下子掉下去，把痰桶都砸坏了。我母亲听到哭声，就跑到屋子里头。后来她说，当时第一个感觉是这孩子完了。她看见我掉在地上，从脖子那儿流血。她把我抱到身上，结果她的棉旗袍上都是血。她后来才发现我的脑袋被摔破了。我母亲当时真的觉得不好办了。那个时候急用的办法——不是送到医院，那时候没有多少钱——用的是牙粉，用牙粉糊住伤口。可是家里牙粉都用上也糊不住，血流得太多，又从前院我大舅那儿弄了好些牙粉才糊上了。今天来看，我的命太大了。你看，这疤瘌这么大个儿，是吧？我从小外号叫“小 C”，就是因为这疤瘌的形状像一个倒过来的“C”。现在有几根头发还能盖住，从前我们上学的时候都推光头，露着大疤瘌非常明显。只要有什么事，比如我现在要喝点酒吧，这个疤瘌就会红。这疤瘌很大，流的血也很多，但是我竟然活过来了。

陈：最后也没去医院？

宁：那时候家里人还没有医院的概念，不像现在。当时我们家里认识一位朱松岩大夫，是中医，非常高明。我小时只要是扁桃腺发炎，他一服药就能治好。还认识一位西医谢大夫，一会儿我再说。那时候医院很少很少，没有现在这么多，所以只能在家里处理，也没有打破伤风针。但是我的命大，没有出现破伤风，也没有留下后遗症。

还有一个调侃的话。我母亲老说我，为什么记忆力不好又糊涂：第一，你过去那次摔的，可能你脑子里面有那个痰桶的碴儿，所以你

大姐

二姐

三姐

四姐

五岁时的照片

记忆力不好；第二，你小时候吃了那么多糊糊，一脑袋糨糊，所以糊涂。母亲说那些话呢，都是调侃式的。我数学确实不好，老不及格，也许证明了这一点。

陈：您母亲还挺幽默的。

宁：虽然小时候有些事故，但是我觉得我小时候很幸福。那时候我的小妹还没出生，我是最小的，有这么多的姐姐和一个哥哥来照顾，尤其是我大姐。每个老家庭里行大的，尤其是女孩，就等于半拉妈妈似的。

那时候没有幼儿园，为了别在家折腾，我很早就跟着姐姐一块上小学去了。我上小学早，按现在来说，五周岁时就跟着三姐、四姐上学去了。学校在东总布胡同，叫象鼻子中坑小学，是个好学校，又叫第六实验小学。我三姐、我四姐和我都在这个学校。我三姐说："我那时候真不容易，下雨要背着你，还要领着你四姐。"我们学校在象鼻子中坑，是个大四合房，好几层院，隔着一道墙还有一个大操场，可以通过一个小门过去。那个操场绝对不会比咱们现在大学的操场小。操场后头还有一个展览室，我们做的课业，比如劳作课留作成绩的作品都放在那儿展览，还有一些模型什么的也在那儿存着。

我记得最清楚的是“一二复式”。就是说，老师在这个教室教一年级和二年级：教一年级的时候，二年级写作业；讲二年级课的时候，一年级做作业。当时我四姐比我高一年，和我在同一个教室，我们就是一二复式。一节课是多长时间，我已经想不起来了，那时没有表，我也不专注于这事。

我记得我当时个子很小，胖乎乎的，坐在第一排的紧边上。教我们的老师，现在叫班主任，是女老师，姓陈。我那时候虽然家庭生活不太好，但是长得白白的，脸庞挺红润的。她进来以后总要拧我嘴巴子一下。

陈：喜欢您。

宁：对，我那时那么点小，很多人喜欢。当时出了我们北总布胡同那院门，有人力车夫，都排着一溜挺整齐的，出门可以叫车坐。那些车夫也喜欢我，我有时跟他们调皮，坐在他们车上玩。

我上学时又有一个跌宕，小的跌宕。我学习不好，差一点坐“红椅子”。什么叫“红椅子”呢？过去考试成绩分四级——甲、乙、丙、丁，甲、乙、丙是及格，可以升班，丁是不及格，得留级。老师会在丙等最后一名后面画一个红钩，就像红椅子。我一年级成绩是丙等第一名，没有坐“红椅子”，不过我母亲做主，说得重新念一年级，因为我太小了。我那么早上学，结果呢，一年级实际上了两年。第二年我又读一年级，不记得考试成绩了，反正比较顺利地通过了。

陈：其实第一次也是可以升级的。

宁：可以升级，是我母亲认为根本不成，所以我就上了两年。我从小数学就不好。我记得辅导我的是我三姐，我从学分数开始就不成了，一遇见分数题就糊涂，到四年级有了四则题、鸡兔同笼，我就完全糊涂了。

陈：所以您母亲调侃您脑袋受过伤，吃糨糊长大。（笑）

亡国之恨与沦陷生活

宁：我在上小学的时候，赶上了卢沟桥事变，北平沦陷，我们就成为亡国奴了。有两件事情，我记得太清楚了。

第一件事情就是我妹妹，我们家的宠儿小扁儿，这时候已经出生了。现在有一张照片，她站在竹藤椅子那种小推车上边，小圆乎脸儿。卢沟桥事变前夕，二十九军宋哲元检阅童子军，我三姐是童子军。我那时还很小，但是我三姐已经够童子军的岁数了。结果我三姐在检阅时染上了猩红热，很快就传染给我小妹妹了。我三姐可能因为身体比较壮实，后来没有事，可是我小妹妹病了。我们请来了谢大夫，判断是猩红热。我记得清清楚楚，我父亲带着我坐洋车，匆匆忙忙去取药。我小妹妹必须让我这个哥哥来喂她，才顺利地吃药。但是悲剧发生了，我小妹妹吃了药并没有好转，很快就去世了，那时候没有抗生素、特效药。这是卢沟桥事变之前，就在这个节骨眼上，我们家里的一个悲剧发生了。

第二件事发生在日本人打进来以后。有一天放学，我四姐带着我，我们从象鼻子中坑到北总布胡同要经过一条路，那条路名我不记得了，是比较宽敞的路。那时候我也不用姐姐领着了，就跟着跑。我们走在路南，路北有一个学校，就是日本小学。

陈：这是日本人刚打进来时？

宁：是。他们带了很多家属，有孩子。他们占领哪个地方，哪儿就等于他们的领地了。我记得走到那儿，他们正好下课，突然从这个

妹妹小扁儿

小学出来很多日本小孩儿，他们用小自行车把我挡住，我姐姐吓坏了就跑了。我被打得鼻青脸肿。不知道他们对中国人是有种仇视或者怎么，把我围住就打。

陈：看见就打？

宁：对。后来我跑回家的时候，我母亲心疼得都不知道说什么了。你看当时日本帝国主义把孩子训练的，也就那么点儿大的孩子就有一种“我们是占领军”的感觉，对中国孩子随便欺负。

陈：这就是 1937—1938 年的事？

宁：对。也就是卢沟桥事变刚结束，他们占领北平了嘛。这时候我已经不是一年级，已经升上去了，我三姐也升学了，就我四姐带着我。这件事情我记得是太清楚了，因此我幼小的心灵就埋藏下对日本侵略者的那种仇恨，真的非常强烈。

当时北平布满日本宪兵，你看不到日本的一般士兵，看到的就是宪兵。他们都戴着白色的臂箍，写着“宪兵”俩字，挎着腰刀，腰带上是“王八盖”。他们那个枪是圆形的，我们都叫它“王八盖”。宪兵是特殊的、高一层的士兵，他们的装备跟一般士兵不一样，一般日本兵是打裹腿的，宪兵穿的是马靴。北平都是宪兵巡逻，我们既仇视又很害怕他们，那“王八盖”我们记得很清楚。另外我们大家都爱骂的是“高丽棒子”，现在来看就是韩奸。当时汉奸、韩奸都是狗腿子，我父亲说这些人比日本鬼子还坏。

就在这个时候，又发生了一件和我大舅他们有关的事情。我大舅当时住在我们家，他有两个儿子，大儿子是庸哥，二儿子是恒哥。他们到了日本的电台做华工，但是担任什么职务我不知道。

陈：他俩比您要大很多?

宁：大得很多，那时候都20岁了。就在这时候，电台出现了个事情。这件事我是有记忆的，而且也听老人说过。可能是电台丢了东西，就对华工进行审问，今天来看就是非常反人道的逼供酷刑。我看到恒哥和庸哥回来的时候都走不了路了。敢情就是打，据说是先跪算盘，你不招供，一会儿就跪玻璃碴了。他俩可能是跪了玻璃碴，受了伤，回来的时候非常痛苦。我看着就害怕。

陈：后来审出结果了么?

宁：审不出来什么，后来他们又继续上班。现在我记忆的都是片段，前后的因果都不了解。妹妹去世、我被日本小孩打，还有大舅家出的事，这几件事我记忆尤深。我想，日本人当时真的是就把我们看作亡国奴了。我从小就在心里种下了对日本帝国主义仇恨的种子。那种仇恨恐怕永远是抹不掉的。

抗日战争爆发后，我父亲失业了。他是怎么来养活这一大家子的呢?

陈：您父亲之前做什么职业?

宁：我父亲原来是新派的，他学的是财会，而且他英语很好。我开始学 26 个字母和简单的英语，就是我父亲教的。他上的是新派的学校，可能属于职业学校那类吧，不是大学。我三姐说，他曾经在上海商务印书馆干过，还教过书。他当时为了维持家庭生计，走了很多地方，还在石家庄开滦煤矿的办事处工作过。他在北京也是教书。抗战之前就从事这些工作。

抗战开始后我父亲失业了，我记得有一年春节，我们家出现像《白毛女》开场时的那一幕，家里没有吃的东西。

陈：这是抗战后的第一年吗？

宁：可能就是第一个年三十儿。这时候我父亲的一位密友叫王功叔，给我们拿来了半袋面，我母亲包了素饺子，我们就是这样过年三十儿的。我们管王功叔叫王叔叔。他是个大高个儿，一表人才，他叫我母亲大嫂，我母亲对他也很好（但是我母亲就说，男人就怕"没屁股"，你看他个子很高，也很壮，但是没屁股，发不了财）。他介绍我父亲到了伪华北政务委员会。当时王克敏是第一任委员长，第二任是王揖唐。王克敏抽大烟很厉害，抽得很瘦。我父亲就在伪华北政务委员会当书记，负责抄写。

王功叔后来很没落，我记得他老跟我父亲借钱，在北总布胡同时，还曾经有一段借我们房子住，住在西屋。他是个有点花哨的人物，带来过一个妓女出身的人。我母亲劝说过他。我父亲对他老不客气，让他务正业，老数落他。但是他对我父亲很尊敬。还有一段趣闻。有一天夜里西屋来了贼，被他发现了。我记得，他穿着裤衩一直追那个贼。

陈：我看您写的回忆文章，您父亲在这之前还有一段没有工作的时候是卖字？

宁：对，那时候卖字也卖不出去什么的，因为当时很混乱。我父亲的字一直很好，写字也作为他的一个精神安慰，他经常写。我们的生活很苦。他到了伪华北政务委员会，就算有一个比较稳定的工作了，但是薪金很少。

我们那时候没有自来水，家里也没有水井，都是靠着一位师傅推着独轮车送水，三天一送。他是从井里打来水，送来以后给灌满水缸，到时候给他一些水资和劳动费。我们家里那个灶台很大。大舅家也和我们一块儿住，一般是我母亲和我大舅做饭。

陈：两家是一块吃？

宁：我大舅妈他们单吃。我大舅妈跟我表哥，还有小表妹，他们一块儿吃。我大舅有时候就在这儿帮忙。我母亲下厨房。这边的灶台炒菜，那边是热水罐。在小学的时候，我一下学一定要站在灶台那儿等着，所以我从小就懂得做饭的操作程序。那时候吃的都很简单，就是捞面条，还有后来我的学生们说的所谓"宁氏三烹"——烹小水萝卜、烹黄瓜条、烹菠菜梗，也是在那时候学的。不过，让我母亲跟我大舅特别讨厌的是，我一站在那儿就喊饿，他们说："煜格一回来就得催饭。"为什么？因为营养差。

陈：饿得快。

宁：当时我们家里早晨不预备早点，我记得我有个坏习惯，到中学还是这样，早上从我母亲那儿要钱。我母亲睡在外头，我父亲睡在床的里头，我母亲枕头底下总是搁着点钱，她也不说话，就抽出钱给我。当时出去吃什么呢？那时候没有煎饼果子，吃的就是"咯吱盒"，炸的一层一层圈，黄不溜秋，脆脆的，有点五香味，一边走一边叼着就去上学了。好的时候喝点杏仁茶，喝点豆浆。豆浆都是挑担子卖的。因为没有正式早餐，所以到了中午就特别饿。

陈：中午回家吃完饭，下午再去上课？

宁：对。这里面也有很多心酸的事情。我印象很深，那时候的活动量很大，在学校还踢小足球什么的，从初小就踢，到了高小整天就是踢足球。母亲给做的鞋也很费，体力消耗也大，但是营养肯定是跟不上，所以老饿。比较惭愧的就是，我们家吃得太单调了，一般就是熬大白菜搁一个丸子，叫丸子熬白菜。丸子是扁平的，不是肉末做的，是卤丸子，卤的“下水”，一炸，我们用来做熬白菜。没有太多干粮，热汤面天天吃，都吃腻了。我记得最清楚的就是往面里倒醋，让它变变味。后来我父亲很不客气地跟我们说：“能吃饱就算不错，你们要是不吃，就让你奶奶天天做这个，把你们（挑食的）毛病都改过来，别挑，没这个条件。”

在沦陷区，我父亲虽然谋了这么一份差事，但是实际上生活质量是在下降，很苦，最后卖了北总布胡同的房子，租了贤孝牌胡同一处房子。贤孝牌胡同离北总布胡同很近，在它的斜对面，离赵家楼也很近。火烧赵家楼，你知道吗?

陈：知道，五四运动。

宁：这个故事我那会儿不懂，但是知道。当时我们已经开始租房了，租的房是一座红色的两层楼，带地窨子。我们叫地窨子，就是地下室，特别大，有一个很大的窗户露在地面。楼前还有一个小院，院子里面有两个大缸，养的是浮水莲，水中还有鱼。当时我们这么大一个家庭，都住在这儿。房东住在二楼。我父亲、我母亲住在一楼，我大姐（那时候还没结婚）、二姐、三姐、四姐和我都住在地窨子里。我跟我二姐老是在一个床上，我喜欢我二姐，老抱着她胳膊睡觉。我舅舅好像有一段时间还是跟我们住在一起，她的女儿也跟我们在一块儿。而且我记得有一次在楼梯那儿，我吹胡椒面，还把她眼睛迷了呢。我大舅那次特别生气。

在这楼里面发生了很多恐怖的事情，就有点像《夜半歌声》那个故事的意思。我们的房东姓严，他家有三个孩子——两个哥哥一个妹妹。这个严小姐长得挺漂亮的，但是她后来疯了。我父亲在外面工作，不常在家。我母亲总觉得晚上二楼有人走路，她当时又得了一种病，总以为是自己身体虚弱造成的幻觉。其实是这个严家姑娘得了精神病。我不知道她是怎么得的病，最后下落也不知道。

我们住的地窨子也出问题了。当时我老做噩梦。到了过年，有了压岁钱，我就到厂甸庙会，买回来一把大刀，是象鼻子刀，黄忠用的那种，不是青龙偃月刀。回来我就把它搁在床边，结果就真不做梦了。你看，这是心理作用吧？这个刀做得很好的，刀把是藤子的，刀头刷成银色，很高，很像真的，不是小玩具。刀立在我跟我二姐的床那儿，我就不做梦了。可是很快，不知道怎么的，这个象鼻子刀给摔了，刀头断了，我特别心疼啊！后来我又爱做梦了。住在贤孝牌时这种阴森可怖的情况很奇怪！

我们在那儿住了几年。后来又搬家了，搬到东堂子胡同，离伪华北政务委员会非常近。

陈：也是租的房子？

宁：对。这回租的这个房子很有来头，房东是西班牙公使的一个“外家”，这个外家是中国人。她那个房子是洋式的。那时我们跟著名的医生林巧稚住正对门。我们家挨着一个广场，在路南边，林巧稚家在路北边。她家门的颜色是木头的本色，没有上漆，也是小门。每天早上我们上学，她也上班，都是走路。老太太每次出来，我们都叫她“姑姑”。她是典型的福建人，个子矮矮的，很精干。她上班在协和医院，就在煤渣胡同，也是走着去，给我的印象很深。我父亲当时上伪华北政务委员会，在外交部街，也在旁边。我父亲工资不多，配给点粮食。那时还发生了一次很严重的传染病，大家都拉稀，全城有几个区戒严，不让通行了。当时管我们那一片儿的那个警察经常上我们家里喝水，还特别喜欢我三姐，小伙子挺好的。这是瘟疫流行得最厉害的一次，就是霍乱，时间延续也很长。这时已经是抗战后期，日本到了奄奄一息的时候了，用的都是伪警察来维持秩序，真正的日本军很少出来。

回忆母亲

宁：我想再补充一下我母亲这一支的情况。我母亲这一支呢，是一个大家庭，姓爱新觉罗，汉姓金，他们住在西城辘轳把胡同。

听我三姐说，我母亲行五。我大舅是一个百科全书式的人物。他不念书，老在万锦堂药铺那儿玩，有的时候给我们家拿回鹿肉、老虎肉。因为万锦堂要用鹿茸、虎骨，所以有这些。万锦堂有一种药是我们离不开的，叫回生救急散，红色的粉末，专门治小孩发烧之类，百治百灵。我大舅能懂点医学跟他总到万锦堂玩有关系。他就是提笼架鸟的八旗子弟，爱玩，养鸟养狗，不务正业。我二舅是个文人，没跟我们生活在一块儿，后来到上海接替我父亲教书，以后一直在上海，来往不太多。我母亲还有一个妹妹，是我六姨，曾经有一阵子住在我家前院。

我母亲给我讲过她家的身世。她多次说，祖上是个王爷，进关以后镇守四川。我当时以为叫四川将军，后来冯尔康[1]先生跟我说，清朝掌管四川大权的是成都将军。四年前我正好上成都，那儿有个非常热闹的宽窄巷子。我到那里还照了几张照片，有点寻根的意思。据我母亲说，祖上后来屡犯错误，家族也就越来越没落。可是即使这样，到我姥爷的时候，还当过总督类的官员。我母亲跟我说过一个细节，她为什么有痔疮，就是因为跟着我姥爷上任，路上得的。她那时还很小，坐大辕车，一路颠簸，时间长，女孩也觉得脏，不愿意在路途中大便，所以就得了这个病。她痔疮很厉害，后来一直用高锰酸钾坐浴。

我母亲的名讳是金茜芸。她是知书达理的人，跟我父亲的感情很好。她好像比我父亲大两岁。我母亲长得漂亮，亭亭玉立。我父亲的

---

1. 南开大学教授，清史专家。

个子不到一米七。当时有一种说法："爹矬矬一个，娘矬矬一窝。"我父亲、母亲站在一起，就显得我父亲矮，我母亲高。她虽然是三角眼，但是典型的满族，高鼻梁，我父亲倒不像满族人。我母亲身段好，到晚年虽然腿不好了，但是一直也没有特别胖过。她脚大，当时有人嘲讽她"没见人先见脚了"。她有张照片，是穿旗人的服装，戴着莲板头，穿着花盆底的鞋。我大姐矮一点，二姐最漂亮，我哥哥也漂亮，我是最丑的。三姐就是胖，所以我们叫她"亚腰葫芦"，她大眼睛挺漂亮。他们都能够融合我父母的优点，尤其女儿都是双眼皮，就我是单眼皮、三角眼，像我母亲，但比我母亲眼睛还小。

我母亲的文学底子还是不错的。我曾经写过，她最爱看的小说是《红楼梦》和《儿女英雄传》，看过好几遍，因为那里面用了很多北京话。后来我的学生弥松颐到了人民文学出版社，注释《儿女英雄传》，有些北京话他做不好注释，就找我母亲。我印象最深的是有一个词"套头裹脑"，意思就是说一件事说不清楚，掰开揉碎、里缠外绕地说还说不清。这是我母亲给他解释的。

陈：就是说现在人民文学出版社出版的《儿女英雄传》的有些注释，是来自您母亲的贡献？

宁：对。弥松颐也应该是满族。他有时去看我母亲，叫奶奶。我母亲爱看《红楼梦》，有时候她问我的问题，我都回答不上来，后来我当了副教授，她还很耻笑我这点。到了晚年，每天送《北京晚报》来的时候，都要首先给她，她拿着放大镜一个字一个字看连载小说。

我母亲的毛笔字也还可以。我五六岁时，我父亲每天给我留写字作业，他回家后评阅。有一次我贪玩忘了，我母亲怕我父亲发火，就坐在小板凳上替我写。我父亲回来看了，惊讶："呦，煜格的字大有长进！"实际上是我母亲代我写的。

我母亲对曲艺也很感兴趣。也有一个笑话。她特别喜欢小彩舞。

母亲（中）与四位姐姐，摄于颐和园十七孔桥

20 世纪 80 年代有一次我回家，她跟我说："哎呀，煜格，那天听半导体，有一个演员唱得跟小彩舞一样！"我说："谁呀？"她说："骆玉笙。"我笑了，说："骆玉笙就是小彩舞，现在用真名了。"另外，她对曲剧也比较关心。我们后来搬到西单住了，她能走动的时候，有时还去看一两场。

陈：这都是 1949 年以后的事了？

宁：对。我母亲头脑一直很清醒。到了晚年，外院儿说话，她还搭搭茬。她对很多事情都能有自己的分析。比如她跟我、跟我的学生说过很多故事，分析关于有没有鬼的问题。

陈：您的学生也经常去看她？

宁：对。我有好几拨学生，毕业分配工作前，都到北京去看看奶奶。我母亲讲的是在西堂子胡同发生的事情，那时我还没出生。我母亲有一段时间觉得床旁边总有人坐着。她自己分析，那是因为在生这几个孩子的时候，曾经血崩，所以血亏，产生幻觉。她说这个不是闹鬼。

家风家教

宁：我母亲给我的一个最重要的影响，是感恩的思想，太强烈了。我母亲到后来腿坏了，是谁给她治呢？那时我父亲已经到了北京戏校，学校有位鲍大夫，学员练功有时受伤，都是他给治，从接骨到按摩都会。后来他就帮我母亲治腿，有时候一个礼拜来一趟。可是后来，鲍大夫身体不好，得了哮喘病，也就退休了。印象中，我父亲已经不在了，我每年春节回去看我母亲，她就让我到鲍大夫那儿送烟、送酒、送茶。这时候鲍大夫已经不给我母亲治病了，可是她一定派我去看他，就是教育我们要感恩。

还有就是她的悲悯之心。我们家虽然以前是个大家族，但是在我生下来以后就一直是很平常的小职员、小教师家庭。可是我母亲总是帮助别人，比如她做了什么吃的东西，都得给邻居送去，前院后院都尝一尝。有些生活条件不好的邻居，她都去帮助。我觉得她这一点比较突出，也影响了我的人生观，影响着我对待朋友，对待有恩的人的态度。我在这方面受家庭影响比较大。

我父亲也是这样。我经过“文革”，受压了十几年，终于评上了副教授。一次回北京家，我大姐非常高兴，给我做打卤面，感觉宁宗一终于有出头之日了，但是我父亲跟母亲都很平静。吃饭的时候，我父亲才说：“你十八九岁就出去了，又有那么多毛病，脾气不好，也不会好好说话。你有今日，都是你的这些恩师把你带大的！”恩师把我“带大的”，这句话我印象太深了，也是让我懂得感恩，我一直不敢忘却。

陈： 这就是家风。

宁： 对。还有一件事我印象很深。我记得我四周岁的时候，几个孩子大概是在家里捅了娄子，我父亲要惩罚我们。二姐当时没在家，除了我大姐以外，三姐、四姐、哥哥和我都必须过去挨打。结果呢，我就跑到前头去了。我说：“爸爸您先打我。”我爸爸一下就笑了，特别高兴。后来我自得地说，孔融四岁让梨，我呢，先去要求挨打。我父亲很少打孩子。我一直感觉自己在这方面做得不好，有时会打孩子，跟我们家里的传统不一样。以前姐姐照顾我比较多，父母管得并不是很严。因为我父亲在家时间少，我母亲要管这个家。我小时候穿的鞋都是我母亲给纳的底子。懂纳底子吗？

陈： 千层底儿？

宁： 对。今天谈到这儿，我想起来，一直到抗日战争的时候，我们穿的衣服都很惨。那时候天气很冷，我们里面就是穿一件粗布的褂子，叫汗袒儿，对襟儿的。外面是一个棉袄，没有套褂。那棉袄往往

与母亲（中）、大姐（右）合影

是油咴巴蔫的，得过了冬天才能拆洗。很冷，有时就打嘚嘚[1]。我的鞋从单鞋到棉鞋，都是我母亲纳底子。母亲先在一个板子上把那破布一层一层地拿糨子糊上，干了以后剪，剪完了以后又找好的粗布，沿着那个条儿，一针一针地纳底子。我的棉鞋，我们叫骆驼鞍儿，黑绒的，有时候我踢足球踢裂了，回家就挨顿说。抗日战争胜利以后我才穿上球鞋。在这之前都是我母亲纳底子。

我母亲不会干别的手工活，这可能是出自大家庭的原因吧。但是她手并不笨，她不会打毛衣，但是会钩针。这又有个故事。当时抗日战争已经胜利了。救济总署给学生发羊奶粉，还有毛线，咖啡色的。我母亲亲手给我钩了一顶帽子，还戴个大绒球。结果我惹了大祸，戴了一天就丢了。要是我对我孩子，肯定是一顿臭打。可我母亲只有叹气，说："很多天给你钩了一顶毛线的帽子……唉！"抗日战争刚刚胜利，生活也不是很好，我很自责，但是我母亲也没多说什么。她就是不带有任何贵族气的、一个典型的平民家庭的母亲，但是一切都是

1. 冻得哆嗦。

很自立的。我们穿的衣服都是一件一件往下传。后来有人看我小时候的照片说："哎呀，你穿的这鞋怎么是女孩的？"那确实是我姐姐的，只要没坏，我们就接着穿。你知道吗，我们过去衣服都是打补丁，屁股后面打补丁。后来有点进步了，是在里面垫上布，再用缝纫机扎。

陈：外头看不太出来了？

宁：对。我上大学一年级，还有这样的裤子。我穿的西服裤是我二姐夫给我的，后面也是扎的。我甚至养成这么一个习惯：不愿意穿新衣亮相，尽量让它旧了才穿出去。那时候观念就是这样。在生活上比上不足比下有余，很容易满足现状。我现在也劝我的一些朋友，不要老抱怨。现在人家都住大房子，而我就愿意在这儿凑合了。生活上我没有很高的追求。我想，这跟父母的熏陶有关系。

我母亲什么事都自己做。虽然很清贫，可是家里很干净。后来我们家庭越来越衰落，我父亲也退休了，就那点退休金，住在西单皮库胡同。我母亲每天都要擦玻璃，有一次一下子摔倒了。后来就不能走路了，但能够下地站着，能够坐着吃饭，没有长褥疮，因为她一直活动。她就是扛着，不到医院治病。我也是受我母亲影响，什么都要自己做，不去依靠别人。

我父亲也是，有点大家风度，对我的要求不是很严，但是潜移默化地影响我。我父亲多才多艺，并不刻意管我，而我太爱玩了，父亲的本领都没有继承下来。我很小的时候，我父亲每天训练我写毛笔字。我们家有一个花架，上面放一块方砖，旁边是一个水盂。我父亲让我拿着大毛笔蘸着水在砖上练字，每天先写20个字再吃饭。可是我那会儿爱玩，养了一只鸟，叫"交嘴"，训练它叼小旗子什么的。我总是不写字先逗鸟，所以我父亲一直认为我不成器。他让我临写过几种字帖，最后落到褚遂良临王羲之的《兰亭集序》。可是我看他那些字帖，最喜欢赵孟頫的，特别是草书。我父亲说："你要是照这个临，就完全坏

父亲曾经在京、津、沪的报刊上发表过许多摄影作品

了。”说归说，他也不太管我。

我太不用功，太爱玩，但是也没玩出个所以然来。有的孩子玩，从中发现自己有所追求，有自己的趣味了。可是我至今想不出来，我这么爱玩，玩出什么了？但是有后话。我过去爱逮蛐蛐儿，从我们家上朝阳门外，就在城墙底下挖蛐蛐儿。我们家有很多蛐蛐儿罐，那个蛐蛐儿罐的底儿永远是潮乎的，不会太干，因为蛐蛐儿需要在潮湿的地方。我们给它们吃毛豆那类的东西，养到一定的时候看斗蛐蛐儿。我还玩逮蜻蜓，我们家里有好几个网子。

我父亲还当过《北京画报》的摄影记者。

陈：那是什么时候？

宁：大概是日伪时期吧。他的摄影[1]水平确实不错，我现在留下了的一些照片，都是我父亲拍的。他当时用的相机都是德国的，蔡司[2]，

1. 查阅旧报纸，在 1926 年至 1939 年的《上海漫画》《北京画报》《大亚画报》《良友》《立言画刊》等报刊上均可见到宁詠琴先生的摄影作品。
2. 相机品牌。

很讲究。他也教我三姐拍，我三姐虽然是女孩儿，摄影、素描都会。

我们家还是京剧世家。我母亲懂京剧，我父亲喜欢余叔岩和言菊朋、言慧珠。我们家里最“迷信”的就是富连成和中华戏校。我后来的老师华粹深[1]先生就曾经在中华戏校，但是我们那时还不认识。后来华先生跟我父亲成了朋友，有很多共同话题。我父亲、我母亲都会唱，大姐、三姐能上台演戏，二姐、四姐都懂戏。我就不成。

我们家给我的基本上都是正面的影响，我是不争气，学不好，只是接受了一点熏陶。我让我父亲失望的地方还很多。我当了青年教师以后，我父亲给了我很多线装书，包括《三国演义》《西游记》什么的，是石印版的。结果呢，我都卖给和平路的古籍书店了。我父亲知道以后非常不高兴，说：“虽然不是什么好版本，但是都是留着给你教古典文学用的。”他那个施蛰存删节本的《金瓶梅词话》，也是知道我当了古典文学教研室的助教，才给了我的，原来都不给我。另外，我父亲、几个姐姐都喜欢武侠小说，是还珠楼主迷，所以那个时候我看了一点点《蜀山剑侠传》，不过没像他们那么迷。

陈：您父亲到戏校是什么时候？

宁：那是在国民党统治时期的后期。北京戏校，原来叫艺培，新中国成立以后改为北京戏校。

陈：嗯，所以他是先在伪华北政务委员会，然后去的艺培？

宁：不，他中间有一段“辉煌”。在国民党统治时期，他当过北平市财政局的代理科长，我知道有一段时间是他们派黄包车接他上下班。所以我父亲害怕两件事。一件是抗战胜利，国民党甄别汉奸，他在伪华北政务委员会工作过。人家说，你这根本排不上号。再有这件，他做过国民党代理科长，新中国成立后，他又很害怕。人家说，你这也

1. 南开大学中文系教授，宁宗一的老师。

够不上衔儿。

我曾经问过他关于八大胡同的问题。他说："我去过，那时候我们叫'打茶围'。"有一次谈到了《桃花扇》李香君的问题，我说："李香君怎么架子那么大？"他给我举例说，当时在前门外大街八大胡同里等级森严。你看《日出》里面的那个翠喜，一天可能接几十个客人，都是工人，所以容易染上病。另一种就是"打茶围"，文人墨客在那儿聚会，一般没有住宿的。个别留宿，是她自己所爱的人。大部分就在那打牌聊天、琴棋书画交流。我父亲说他们那时候聚会不是上茶馆，是到八大胡同。他给我讲，你看李香君，当时侯方域娶她的时候，是阮大铖给他赞助了之后。人家是好姑娘，一样要嫁妆。

我们有一段时间住在东四六条，那是我上高中那几年，从东堂子胡同搬到那儿。东西六条、十条是东四里面最好的街，柏油路。我们租的房子，是一个很大的院儿，我们占着三面，因为家里人多。后来看姜文的电影《阳光灿烂的日子》，取景就在东四六条，跟陆军医院挨着。

刚才我说了很多对父母的记忆，主线是什么呢？就是我接受的家教家风。现在我跟"热闹"[1]也说："希望你能接受这个家教家风。有的不是教出来的，是潜移默化的。现在你可能还记恨我的家庭暴力，但是我没有盼子成龙的思想，我就希望你能够格局大一些。我现在觉得你人脉还不错，比较善良，乐于助人，这还是不错的。这些我还比较高兴。"但是，他也是有多重性的，现在的生活环境和我们以前不一样了。我关注他的，一是有好的身体，二是做人。我确实更看重他做人怎么样。

---

1. 小儿子宁所思的小名。

第二章

少年求学*

从沦陷到光复，从内战到解放，少年成长伴随着时代大变局

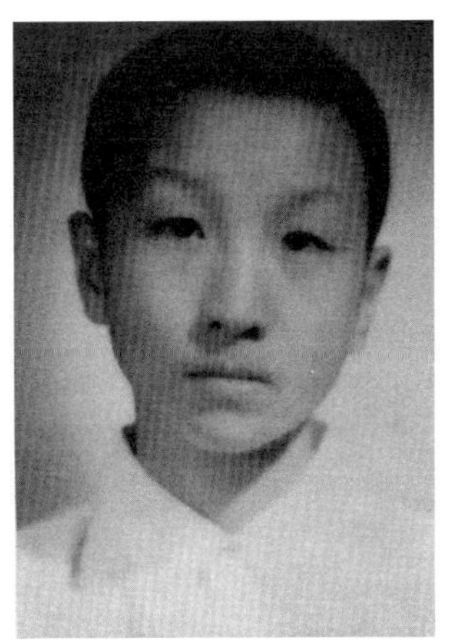

* 2018年5月1日、6月24日采访。

宁：今天谈我小时候的求学点滴。

小时候的生活离不开这几个方面：一、家庭的影响；二、老师的教育；三、社会的条件；四、自己的脾气秉性、趣味追求。

我一直感觉我的命运是很复杂的。回首往事，有时候很感恩，我这么一个条件，竟然能够进入当时这么好的小学，后来又进了好的中学、好的大学。真的，有的时候我很奇怪。因为我偏科很严重，要在今天就完蛋了。那个时候也有一定的分数线，我不知道怎么就考过了。

陈：好多民国学人的故事里都有类似的情况，比如钱锺书先生就数学不及格。

宁：我们有相同的地方，但是我和他们是比不了的。回想起来，我走的路，你们都想象不到。说是五周岁就上学了，看起来很早，但是因为我蹲了两次班——小学蹲了一年，到了高中又蹲了一年，实际到后来跟大家年龄都一样了。

陈：咱们把时间捋一下吧。您小学应该是 1936 年到 1943 年，五周岁入学，上了七年。初中是 1943 年到 1946 年，上了三年。高中是 1946 年到 1950 年，上了四年。

宁：对。

沦陷时期的小学与初中

陈：小学就是在第六实验小学。

宁：嗯，地址在东总布胡同象鼻子中坑，是一个弯绕的地方。那个学校非常大，像四合房，有正房、左右厢房。正房要上几层台阶，供奉的是孔子画像，好像是印制的。我们那时候都要给孔子像鞠躬。我记得，我上一年级时的教室在正房右边，也就是北房的东面。校长教我们《论语》，这门课叫修身。我现在还能够背几句《论语》，就是那时候学的。所谓修身课，就是讲《论语》，从“学而时习之”开始。

陈：是选读还是按照《论语》全文讲呢?

宁：可能只是选其中跟孩子修养有关的吧。比如“学而时习之”“巧言令色，鲜矣仁”“三人行必有我师”，诸如此类，讲其中的道理，今天来看就是常见的那几句话，但是牢记在心。我不知道这是不是属于“鸡汤”型的，反正那时候是用《论语》来提高小学生的修养，根据《论语》的内容讲点故事，说怎么样身体力行。那时虽然已经爆发抗日战争了，还是供奉孔子。我记得至圣先师那个像，很大的。

陈：说到这儿，您上一年级、二年级时正好开始抗战，开战前后上学有什么区别么?

宁：我们小时候真是没有什么体会。就是家里比较紧张，小妹妹因为战事得传染病去世，我被日本小孩打得鼻青脸肿，我舅舅家两个表哥受刑，包括我父亲失业，大年三十儿晚上都没得吃，从这些事可以感到战争的影响进入到家庭了。这几件事都发生在我刚刚上学时。

陈：日本人来了之后，有没有要求学校里必须学日语?

宁：小学一直没有，至少我没赶上，初中一二年级有，但是我一直学不会，这个咱们后面说。这个时候是一个交叉点。老师给我们打下的基础，就是修养，实际上就是用《论语》来对我们进行一些教育和渗透。我觉得当时的修身课还挺好，现在你们听说过吗？

陈：现在好像叫道德与法治课。听说过以前有修身课，南开大学原来是张伯苓校长或者是张彭春来讲这个课。不见得讲《论语》，可能会讲一些其他关于修身的事。

宁：是吗？看起来过去开蒙靠的并不是《千字文》《弟子规》，反倒是《论语》。

陈：可能私塾里头还有“三百千千”，或者有些人上小学之前会学吧？

宁：这个不知道了，因为我没读过。我们家很奇怪，我父亲虽然上的是西学，但是毕竟是大家庭出来的。他没给我这方面的影响，所谓蒙学、启蒙什么的，一点都没有。我是在学校里面才接触到这些的。

教我们语文的是陈老师，相当于我们的班主任，她很喜欢我。那时候作文、写作不太多。教数学的是一个男老师。我数学不好，在学分数的时候就开始糊涂。我也曾经被老师叫到前头惩戒过。老师拿的是一个藤子的教鞭，上去如果不会，老师就高高举起教鞭，然后轻轻落下，就是惩戒的意思。我脑子转不过弯来，到了鸡兔同笼、四则运算题，就完全领悟不了了。

教我们音乐的是罗老师，我特别喜欢她，她也特别喜欢我。那时候她教我们五线谱，每次她要选择一些声音比较好的同学来唱歌，我都被选中。虽然我一直认不了五线谱，可是罗老师特别喜欢我，每次唱歌站两排，她给我搁在中间。我那时候的形象什么样呢？是小小的眼睛，脸是粉红色的，个子并不高。罗老师是属于比较丰满一些的，个子也不太高，胖乎乎，比较黑。大概在我九岁的时候，她正在谈恋爱，和我们体育老师，姓张，高高的个子。每天下班后，她坐在张老师自行车大梁上，我看了心里特别不高兴。她知道了以后还问过我，哄我。那时候就是一种莫名其妙的感觉，也没有性意识，就是小孩儿喜欢老师，不愿意她跟别人好。

少年时代

抗日战争爆发以后，很快我们这些小孩们开始了所谓的“附逆”。后来国民党统治时期，说凡是对日本这样那样效劳的，就叫“附逆”。怎么效劳？我们小学虽然并没有日本教官，但是北平已经是日本人的占领区了。当时我们第六实验小学歌咏团被选中，去中南海怀仁堂唱歌。那时候在怀仁堂的是伪华北政务委员会政权里的那些人，还有就是日本占领军的头头脑脑。我们去唱了什么歌，现在一时还真想不起来，但是没有唱日本歌，多半是那时候适合于沦陷区的一些歌，在电台也播过。我们确实唱得很好，我虽然不认识五线谱，但跟几遍也就会唱了，都是童声。怀仁堂大概是去过两次。当时好像家里也没有什么反应，也没有说这是好事还是坏事。

陈：您父亲当时就在伪华北政务委员会？

宁：对，当“书记”。他就是抄抄写写。那时候没有复印，得一遍一遍地抄。

当时还有一门劳作课，我记得从初小三四年级就开始有。这门课我很喜欢，是让学生提高动手能力，提高审美和创新能力。我印象中那时候做过的有剪纸，还用滑石做过作品。我的剪纸水平很差，但是滑石猴我做得很好。我做过很有意思的两件东西。一件是墨床，就是搁墨的小架子。因为我父亲写字，他有一件玉的墨床，我就按照那个做了一件滑石的墨床。做完老师说留成绩了，但是没有搁在学校的展览室展览，而是被老师拿回家摆着了。后来我们去老师家里，老师说："你这个做得好，我最喜欢这个摆件。"还有一件是一个小棺材。我上学的时候要经过一个棺材铺，门脸是一块大玻璃，里面停着几口大棺材。我当时就知道棺材谐音"官""财"。我母亲当时唯一的消遣是跟邻居打麻将，她后来把我做的这个小棺材揣在兜里头，说一打牌就会赢。

陈：也是滑石做的？

宁：也是，有点浅咖啡色的。我现在一直感谢当时的劳作课，培养动手能力。我常对"热闹"说，你的动手能力太差了，骑自行车竟然不知道什么是前叉子、后叉子！链子掉了只知道往前蹬，不知道搁在底下往后转，就可以把链子转上去。我小时候有一辆小自行车，自己就能拆卸。

当时我还养了一只喜鹊，有一次放出来，它跟着我跑，竟然就在教室那个窗户上扑棱扑棱的。

陈：在教室的窗户外头？

宁：对，玻璃窗嘛，扑棱扑棱的。最后老师罚我，我赶紧把它送回去了。还有一件事是，我当时有一个搁电池的小灯泡，在一个小盒里。我把这个灯泡的螺扣连上电线，把它引到小盒外面来。我带到学校，把灯泡搁在书桌底下，一按开关就亮了。我旁边的女孩范同学，就说我淘气。那会儿净干这些事，当然都是雕虫小技。劳作课程给我打下了一些基础，虽然我不爱学习就会玩，但是锻炼了我的动手能力。同时这也是父母教育的，无论什么事，自己能干就自己干，不要求人。

当时还有体育课。那时候也没有广播操，上课就是跑圈儿。我们的操场非常大，跑道有几百米。

陈：土地？

宁：土地。也没有砌砖什么的，今天来看比较简陋。

陈：您上次说的踢球，是自己玩，还是有老师教？

宁：上体育课先是跑步活动活动，然后老师教教踢球、踢毽子、跳绳，这些都有。踢毽子我不成，跳绳可以。完了以后就解散，自由活动，踢球。那时候没有篮球，是小足球，就是皮球。教体育的张老师也很累，几个年级基本上都是他教。他年纪轻轻的，眼睛不大，是一个圆乎脸，给我的印象很深。

陈：“情敌”嘛。

宁：所以我现在回想过去的时候，即使日本帝国主义侵略了我们中国，北平被占领，但是我们在小学并没直接与日本人接触。《论语》照讲，除了我们唱歌供他们娱乐以外，就我的记忆来说，他们没有干扰小学、进驻小学。我父亲也不多跟我们讲这些事情，我的姐姐也并不多讲这些。现在看来，可能日本人没有顾得过来小学，也没有那么大的力量，所以奴化教育好像还没有大规模渗透。这跟上中学时的情况就不一样了。

陈：您初中是在哪里上的？

宁：在北京二中，当时叫北平市第二中学。这是一个谜，我学习这么差，怎么会考上北京二中？是因为近？可是那时候没有就近分配，都得考试。我不知道怎么进的北京二中，难道真的有命运在摆布？我四姐比我大两岁，她比较早地考上北京女一中，我上了男二中。

陈：初中是上了三年，1943 年到 1946 年？

宁：嗯，三年的后期抗日战争已经胜利了。

陈：升学考语文、数学？

宁：当时考试的情景我都记不得了。北京二中在内务部街，就是原来的内务部所在地。住宿是在学校的西边。有一些远离家乡的或者是北平市家比较远的，他们住校。我是走读生。那会儿没有自行车，上学都是走着去。

上初中时，日本的奴化教育开始了。有日语课，我们学了一年多，我的日语一塌糊涂！我的语言能力很差。具体的情况我记得很模糊，反正没有经历过什么考试，我们都不怎么认真学。我只记得“撒由那拉”。

后来我去日本讲学时，“对不起”的日语我都记不得了。学日语给我的印象还不如后来学俄语的印象深。

进入初中，我碰上一位音乐老师，让我受到正面的教育。他很进步，教给我们的歌，今天来看是有些革命的，有些用的是名曲谱子。

陈：填的是革命的词？

宁：对。我们唱歌，他弹琴伴奏，包括我最早学李叔同的《送别》，可能都是他那时候教的。

教美术的王井西老师给我的影响很大。我上学时国画画得不错，一个是受家里的影响，另一个是王老师教的。他教我们画水墨画，就一支毛笔一个砚台。王老师画竹子、画扇面很棒。他在黑板上大致勾勒一下，我们就学着画，我的画几次被评为“甲上佳作”。我忘了什么原因，他后来就跟我父亲认识了。王老师给我极大的鼓励，我想也许跟我的家庭有关系，如果我后来能继续学就好了。他还教我们刻图章，在黑板上写反字，教我们什么是阴文、阳文，以及篆刻的基础知识。我刻的图章现在没有了，但是我曾印在了我最崇拜的王朝闻先生的《新艺术创作论》里面，现在还可以看到。

我觉得我的美术老师、音乐老师，他们在那样一种情境下，给我们灌输的都是正面的东西。美术老师让我们能够继承中国传统的绘画、

今日的北京二中

书法，教我们怎么刻图章。音乐老师教我们的也都是正面的，没有唱那些日本歌曲。

初中这两年时间比较快，日本的奴化教育也没太见效，但日语一定要学，而我们看起来也没有能够学好。我不记得初中时有日语学得好的同学。前些年我们毕业六十周年聚会的时候，关于这方面的回忆都是一片空白，谁都不记得当时学了什么东西，哪怕是假名，当然也不记得有什么考试。

陈：教日语的是中国老师还是日本老师？

宁：中国老师教，老师也不见得有什么积极性，也就是あいうえお，平假名、片假名，顶多告诉我们日文像中国的草书。日文课没有什么实际的效用。我想这个可能跟时间有关系，日本已经走到穷途末路了，这个时候顾及不了了。我们在小学时，他们没法太顾及，还没有奴化的这种可能。到了我上初中时，他们开始连连打败仗了。

初一时刻的印章“枕流漱石”

陈：对，可能和您上学的这个时间有关系。

宁：那时候看起来他们有点鞭长莫及了。我印象非常深的是，日本非常害怕美国 B29 轰炸机的空袭。那时候经常拉警报，几乎是隔一两天就有空袭警报，日本鬼子往防空洞跑得最厉害。我们这些孩子反而不害怕，看日本高射炮打美军飞机，就见一股白烟，距离飞机总是很远，够不着。我们那时候爱国心在滋长，已经是中学生了。当时我父亲不知是怎么一个契机，认识了一个日本军官，可能跟伪华北政务委员会有关系，或是有什么私人关系。我父亲说他还有点良心，是大学生。看起来潜台词是说这个日本人是反战的。他可能是愿意结交文化人，经常来看我父亲的书画，不谈别的。我们总听见他说：“B29 轰炸机太厉害了！”轰炸机也没有在市内投过弹，不知道是巡逻式的还是威慑式的，我们不懂。

从抗战胜利到“反饥饿、反内战”

宁：初中头两年，除了音乐、美术老师给我的印象深以外，其他还需要慢慢回想。语文老师是我们一个同学李燕杰的父亲（李燕杰后来是大名人，20 世纪 80 年代在全国各地演讲，当时叫李胜），可是讲了什么，我一点都不记得了。但是到了三年级，发生了一个巨变，就是抗日战争胜利了。我们特别兴奋，感觉是翻天覆地。1945 年 12 月蒋介石来到北平，我们在王府井八面槽那儿夹道欢呼。

陈：是学校组织的吗？

宁：对，必须由学校组织。那时候我们都还是孩子，大家简直都疯狂了，宋美龄原来这么漂亮。

陈：看得见吗？

宁：因为他们从车上探头招手，一看是宋美龄，蒋介石坐左边，朝那边招手。他们是一个小车队，我们就在路边，所以印象特别深。一直到太和殿，听蒋介石作报告。讲的什么都不记得了，也听不见。一是扩音器没有现在的好，二是前面都是大学生，我们中学生都在后面，像太和殿那么大的广场，哪儿听得清楚呀！只是影影绰绰地看着。后来新中国成立后，我在"忠诚老实"运动的时候，还向组织交代，写出见过蒋介石这个情节。

当时整个社会上还产生了对美国大兵的好感。我们作为孩子，印象深刻的有几点。美国的救济总署发给我们奶粉和毛线。不是牛奶粉，是大罐子的羊奶粉，开始我还不适应那个羊膻味。这两种东西是救济总署发给我们学校的学生的，并不是往家里头发，只有所谓公职人员和学生可以拿到。另外，当时东单成了我们买美国军服的一个地方，这个很有意思。

陈：还可以卖？

宁：遍地都是，在东单练兵场那儿，摆着一摊一摊的，任选，大部分东西都是七八成新的，很便宜。我们这些学生当时都是美式装备：浅绿色的夹克，黄色的卡其布裤子，皮靴是有点翻毛皮的，没有帽子。当时的初中生，下了课基本上都爱穿这个。一直到我开始交女朋友的时候，我还穿那种衣服呢。他们那种防寒服（当时叫棉猴）里面不知道是鸭绒还是什么，比较单薄，穿着很帅气。那个时候在北平市看到的国军少，美军多。

我们的校长，他肯定是国民党。当时他给我们灌输的最主要思想，是讲苏联军队在东北烧杀抢掠，讲得特别多。

陈：这也是修身课么？

宁：不是，那是我们每周一的周会，在学校大院里讲话，我印象是上初三时。

陈：之前在日本统治时期也是这个校长么？

宁：不是他。不过，每个时期的校长更替跟我们这些学生好像没有关系，印象都不是很深，我又不关注这些，当时太爱玩了。但是他的讲话深入我们的心里。他完全是代表国民党的立场，批判苏联人在东北的烧杀抢掠。这时候恐怕在东北已经开战了吧？他给我们讲苏联人怎么坏，怎么样把白俄从监狱里放出来，强奸妇女，怎么把工业机器运走。一到周会他就讲这些内容。当然，有些后来被事实证明了。我上哈尔滨的时候，也听到一个远亲说当时苏联军队确实强奸妇女，这种事确实有。

陈：之前在日本统治时期有周会吗？

宁：不记得有。那时候最让我们伤心的，就是国民党一系列贪污出现了，激起了民愤。当时我们属于沦陷区。国民党来，一个是接收，另一个事是甄别。我父亲曾经害怕过，因为他当过伪华北政务委员会的书记员，不知道会不会被甄别。人家说你这个根本排不上。来接收北平的，大部分是部队的，尤其是空军，可能他们比文职官员来得快。本来我们心里有一团热火，觉得我们中国人真的是站起来了，真的是胜利者了。但是很快，接收大员变成了“劫收大员”，大家这种兴奋之情立刻就几乎降落到冰点，特别是在学生中间一下就点燃起了反饥饿、反内战的热潮。那时我还小，能够参加运动是因为高纪辉。高纪辉和我关系非常好，是我的领路人。

陈：他是您的同班同学？

宁：嗯，同班同学。那时候是在高纪辉的带领下，我去参加了“反饥饿、反内战”运动。这个并不是家庭给了我什么影响，那时候我们家的经济状况已经有所好转，我父亲担任了国民党北平市财政局的代理科长，有固定工资了。

当时最触目惊心的是出现了“吉普女郎”。我们看到，美国大兵坐着敞篷的吉普车，搂着女孩调戏，那女的也是在那儿做出媚态。这些方面都积淀了一种情绪。那时我们对于抗战时美国怎么扶持中国，并不很清楚。

在这个时候，《北平实报》最早披露了美国大兵强奸北京大学生沈崇的消息，我们当时真是义愤填膺！《北平实报》展示了沈崇被强奸时的衬裤血迹。你想，热血青年怎么能容忍这样的事情？我们的大学生被美军强奸，这还了得？我走上街头跟这些都有关系。一是理想和现实反差巨大，接收大员变成了“劫收大员”；二是我们校长谈的苏联兵进东北时烧杀抢掠的事情；三是沈崇事件。这些事都直接触动了我们的神经，很自然地反帝情绪就被激发出来了。当然现在的说法就很多很多了，说当时为了掀起大家的反美情绪、反国民党情绪，做了很多工作。

我不知道高纪辉当时是不是地下党。后来聚会时我问他，他说他到现在都不是党员呢。但是，是他带领我参加的运动。那时候我们只是配角，运动还是以大学生为主。

陈：游行的过程您能讲讲吗？

宁：我印象中就是跟着队伍走，从北京内务部街走到了东单那边，浩浩荡荡。当时我们是初中生[1]，真的是孩子，个子也没有后来那么高，都是跟着大学生走。大学生在那儿喊口号、打标语、打横幅，我们就是在后面跟着喊口号。

陈：喊什么？

宁：“打倒美帝国主义”“反对凌辱大学生”这些口号。我印象中没有“打倒国民党”的口号，我们北京二中有一条横幅就是“反饥饿、

1. 按：这里应该有一个记忆偏差。沈崇事件和“反饥饿、反内战”运动发生在 1946 年底至 1947 年，应为读高一时的事。然而在宁先生记忆中，这是初三时的事情。

反内战”，是两个学长举着的。别的没有什么，整体上比较有序，现场没有看到军警抓人。事后有没有抓领头的，我们就不知道了。那时候仍然还有点浑浑噩噩，人家一召唤也就过去了，根本谈不上什么觉悟的问题，就是学生的那种热情。

陈：参加的同学多吗？

宁：北京二中有不少，你想我们都裹进去参加了。那时候是那些高一、高二、高三的学兄带着的，他们对各个方面了解得多，参加的活动也多，他们带着我们。

陈：他们平时跟学弟们聊这些事情么？

宁：不记得，我只记得高纪辉，他是不是受到其他学生的影响就不知道了。我和高纪辉关系好，在一块儿玩。所以不是说我那时就很有革命觉悟了，我只是跟着我们的学兄一块儿跑，他们懂的事多。当时我完全不知道内战到底是怎么回事，唯一看的就是《世界日报》和《北平实报》。你可以再查一查。

陈：学校对参加运动的学生有什么特别的处理措施吗？

宁：没有表示。我们就是喊口号，那时候真的有点义愤填膺，大家就借着一件事情，爆发、释放、发泄、批判，乃至于到最后的对抗。

“反饥饿、反内战”大游行

高中曲折与青春记忆

宁： 求学记的初中部分基本上就是这样了。考高中，我真的不知道怎么就考上了。我的同学中上北京二中高中的并不多。

陈： 您还是成绩好，太谦虚。

宁： 不是。前些天我和高纪辉聊当时的情况，高纪辉说："你的数学是我替你考的。"那时候怎么作的弊我都不知道，一点印象都没有。

陈： 他替您考，那他没有考么？

宁： 哎，所以他高中没上北京二中。

陈： 他不能同时考两个吧？

宁： 这个就不知道怎么回事了。

陈： 您上高中应该是从 1946 年的下半年开始。

宁： 对。我上学时的优势科目是地理、历史。我们初中就有地理、历史课，当时成绩就不错，到了高中是升一级，成绩还是很好。地理最突出，老师姓封，他让我们做作业，中国那时候有 24 个省，要画每一省的图，给成绩。我画得比较好，也很感兴趣。每一个省用不同色彩的蜡笔，按照地图画，首先形要准确，省际边界要清楚。包括主要城市、省会在哪儿，还要画铁路，就是黑白相间一截一截的。对于各地山水矿产，比如说贵州盛产铜，都是从那时候记下来的。不夸张地说，我的地理、历史知识都是在中学时学的。所以我报考南开大学时，第二志愿是历史系（第一志愿是中文系），跟这个有关系。不过我幸亏没有上历史系，因为我背不下来年号、纪元。

另外你可能想不到的是，我曾经最感兴趣的课是生物课。你们有生物课么？

陈： 有的，现在初中就有生物课。我上小学时还有一门课叫自然。

宁： 对。我们小学也有自然课。那时候我们高中讲的还不仅仅是生理，也讲营养学。我记得生物老师给我们讲每天要吃六粒花生米，营养丰富。更主要的是讲动植物，这就跟我幼年时期玩的联系上了。我小时候就爱逗蛐蛐儿、逮蜻蜓、捉蝴蝶，而且我捉了以后都做成了标本。我父亲并不干涉我这个爱好，就是有一个嘱咐——活的别给弄死。这是很人性化的教育。我连蝎子、蜈蚣、壁虎、“钱串子”、蚂蚱，都千方百计逮来，做标本。另外我也养动物。我们家里，我父亲、母亲和我姐姐都喜欢养花，我是喜欢活物。

陈：他们喜欢植物，您喜欢动物。

宁：我养过各种小动物，养狗、养猫、养鸡、养鸭，很多。养鱼是因为我父亲养浮水莲，大缸里面就有鱼。我养鸡，留下很惨痛的教训。住在贤孝牌胡同的时候，前院因为买了一只可能有瘟病的鸡，传染性非常强，一天就死了好几只。哎呀，我哭得一塌糊涂，急得屁股上长了一个大疖子，现在还有疤痕。还有养猫，我家里曾经有各种各样的小猫，其中有一只狮子猫，花色的。狮子猫在青春期闹猫的时候，声音特别讨厌，结果碰上坏人了，有人就拿开水给它浇了。我们不知道怎么治疗，那时候也没有宠物医院，而那猫又习惯于睡在我脚下。它的伤口不断流水儿，活生生就没了。我也养狗，各种各样的狗。我们在东四六条住的时候一直养一只狼狗，还有就是板凳狗、哈巴狗。我最喜欢的就是狼狗。我们和二姐、二姐夫住在西城阴凉胡同的时候，放学一回家那狗就出来，扒住我的脸、肩膀一个劲儿舔！玩半天它才能够平复下来。狗通人性。后来抗美援朝时有一个口号“反细菌战”，你知道吗？当时说美帝国主义采用了细菌战，所以所有的城市都要消灭狗，说它们传染细菌。我们家里就找到在农村的朋友，把狗送到农村去了，走的时候大家难受极了！

陈：刚才讲到生物课。

宁：对。因为我有这个爱好，到了高一学生物，又增加了点有关动物方面的知识，所以我那时一心一意要考生物系，这是大家都想不到的。

后来为什么不成呢？生物系属于理科，得要数学成绩好，所以不行。

这时候我的悲剧来了。北京二中当时对成绩要求非常严格，有个规矩，一门主科不及格就要做“试读生”了。主科就是英语、语文、数学。

陈：英语是高中开始学的吗？初中没有英语吧？

宁：我不记得了，也许初三有。

陈：初中不是学日语吗？

宁：不，那是初一、初二，到初三抗日战争胜利了，就不学日语了。

当时北京二中的规矩，凡是有一门主课不及格就要做试读生，两门主课不及格要降班重读！我记得太深刻了，刻骨铭心，这跟我整个学业的进程有着密切的关系。我学业跌宕多次，真的学习不好，数学、英语老出问题！于是我在高一的时候就成了试读生。不是英语不及格，就是数学不及格，一直没有摘掉试读生这个帽子，终于在第二学期出现了主课两门不及格，试读生都没取得，成为蹲班生了。这是我的一个耻辱，也是我仅凭聪明和爱好读书的必然结果！就在这个时候我得了一场病，这个病好像是由感冒引起的。

陈：什么病呢？

宁：就是睡眠不好，具体情况我想不起来了，不过不是什么太了不起的病，肯定有一种心理原因，就是蹲班了嘛，面子不好看，不想上学。所以就在家养病，索性休学了。

这时我父亲提出，正好别在这儿读了，他希望我转到教会学校。我父亲一直比较欣赏教会学校，他并没有基督信仰，经常抄写《金刚经》和《心经》，但也不是虔诚的佛教徒。他可能是希望我多学点英语，他总觉得英语是比较万能的，以后不管在哪儿都用得上。我父亲英语就不错，可能因此他希望我上一个教会学校吧。那时候我们住在东四六条 32 号，离教会学校崇实中学比较近。崇实中学在地安门大三条，以后改为第二十一中学。旁边就是女二中。

陈：崇实是男校？

宁：男校，那时候男女分校。女校叫崇慈。

陈：您是 1948 年 9 月份开学就去崇实了？

宁：之前也有正式的转学考试。崇实考试的时候我印象很深。考试那个屋子比较宽敞，中间有一个隔扇似的，可以上下升降，抬起来就是一个很大的礼堂，隔上就成为教室。我就在那个屋子里考试，稀里糊涂地就考上崇实中学了。我就记得国文考试是写一篇文章，好像我答得还可以。

陈：说明您还是挺厉害的，想考哪儿就考哪儿。

宁：我进崇实中学的时候，北平和平谈判已经开始了，解放战争处于停停打打、打打停停的状态。局势比较混乱，我估计自己是“乱中取胜”了，不然的话，崇实也并不是那么好进的。

陈：这应该是 1948 年下半年，就是北平围城期间。您去了崇实中学就上高二了？

宁：对，转学上高二。在崇实中学的两年，是我的人生观、我的恋爱观、我的求学之路都发生变化的两年！

那时故事就很多了。我们这个教会学校属于长老会，你看二十一中现在还有一个钟楼，凡是教会学校都有一个钟楼。北楼是宿舍，西楼是教室，西楼上面是钟楼。院子里还有一个操场。我们校歌是用德国国歌的曲子，现在的德国国歌还是那样的，填词是另外的。

陈：填词是中文的？

宁：对，但是我现在背不出来。（哼唱）

政治上，这时候和平谈判，但是冷炮不断打，我们这些孩子都不在乎。我们亲眼看到解放军打的冷炮，打到东单练兵场。因为当时南苑机场和西苑机场已经被解放军占领了，所以把北京的东单练兵场作为机场，它的跑道也不是很长，就是土跑道。那时候蒋介石要接走一些人，都是用东单练兵场这个机场。还有一次，我们在学校附近骑着自行车，亲眼看到一个冷炮打下来以后，一个电工从电线杆子上给震得摔下来。当时电工戴着两个铁钩往上爬，一震，摔了下来。我们骑车到德胜门，看德胜门的城墙真结实，打不垮，一个炮弹都打不穿。它太厚了，顶多是让外头的砖有点碎。

陈：里面夯土。

宁：里面夯着土。这是一个景象，当时我们的胆量那么大，打冷炮还照样骑车到外头玩去。

陈：炮弹也得爆炸吧？

宁：爆炸，但是面积不是很大。当时谁都知道往东单练兵场打冷炮，这是和谈中间的事。后来傅作义的女儿傅冬菊跟我们说，当时是属于威慑，是谈判条件的问题。

陈：她是在什么情况下跟您说的？

宁：那已经是新中国成立后了。我的好友李思孝，他夫人的哥哥是《人民日报》的王若水，而王若水跟傅冬菊是“铁哥们儿”。我们叫她傅冬姐，她比我们大一些，当时叫傅冬。所以我高二的上半年是在混乱中度过的，可是还在玩呢。当时对我影响最大的老师是陈老师，教我们语文。他外号叫陈大腿，他把“大腿”读作“大 těi”。

陈：有点大舌头。

宁：那时候学生对他特别“不敬”，一提就是“陈大腿”。但是陈老师学问很大，而且他是进步的。他知道我比较喜欢文科，一再跟我说多读鲁迅。所以我高二高三以后读了很多鲁迅的文章。最早读的不是小说，而是鲁迅的杂文，包括瞿秋白编的《鲁迅杂感选集》，我是这么入门的。后来我有一段时间写文章都受影响，学鲁迅的那种讽刺语言，“吞吞吐吐”“不凉不热”那些。

陈：他是单独给您推荐的，还是在班里推荐的？

崇实中学昔日校景

宁：他是课下跟我谈的，有时候是根据我问的问题说出来的。有一次写作文，他批评了我。他说，你这个太学朱自清的《荷塘月色》了。就是提示我要多读名家的文章，从中受到启示，但不要套。我受到老师的教育，很多都是挨批评的，就如同我上大一的时候被邢公畹先生批评，说我写的诗公式化、概念化，就是喊口号。陈老师的教育让我开阔了视野，也纠正了我写作上的那种轻浮。所以师教对我来说是很重要的。

陈：我看您写的回忆文章中还写了一位韩老师？

宁：对，韩文佑老师，他当时在北京大学当讲师，给我们二中兼课。他是古典文学的一位大家，但是教我们时间很短。在崇实中学，当时教我们数学的也是一位了不起的老师，姓崔，外号叫“崔大头”。崔老师个头不高，特别圆的一张脸，是辅仁大学的一位讲师，在我们这儿兼课。大家都知道崔老师讲的是最好的，但是我几乎没听过他的课，到外头玩去了。我那时淘气到这种程度，立体几何、解析几何都没听过！厌恶数学到了这种程度。

陈：您是专门数学课出去玩？还是所有课？

宁：就是数学课，地理、历史、政治，我学得都还不错。

陈：那您出去是去找女朋友玩么？

宁：也不是，就是乱玩，逛商场，到北新桥，中午也不回家吃饭，上那儿去喝大米粥、喝豆汁儿，就是瞎玩，没有目的。我的玩完全没有章法，是乱玩，也没有说去看哪个名胜古迹。会朋友、打球，都是下了学以后。

陈：放学也比较早吧？

宁：对，下午四五点钟以后。那时候谈恋爱也不会，就是一块儿玩，不是说卿卿我我。上了大学才进入那种真正的恋爱状态。我高中时学习的优势是地理、历史、政治，我经常给别人答卷。

我的数学卷是我们班班长赵燕生帮我答的，浑水摸鱼。结果我的期末总平均分数竟然在 85 分以上。

北平解放前后

宁：我在崇实中学时，和两个同学关系特别好，我们是所谓的“三剑客”：王震一、赵赓廷、宁宗一。那时常去教堂玩。崇实中学是教会学校，但是并不等于在教会学校学习的都要进入教会。是王震一把我们引到了教堂。我们去的是德胜门里、鼓楼右边的一个大教堂，也是长老会的。王震一、赵赓廷都住在鼓楼东大街，离他们家近。每次下课，我们都骑车到教堂玩。那儿有一个青年契友会，在那儿认识了三个姐妹。这三个姐妹就是小东、尚素兰和王锡悌，小东叫张旭东。我们经常一起玩，于是开始萌发了爱情的种子，我和小东开始恋爱。那时候爱情太单纯了，就是一块玩，既没有什么甜言蜜语，也没有什么性的关系。小东她们整天弹钢琴，我们就打乒乓球、打网球。但是谁都知道我是她的情人，她是我的情人。很快北平解放了。

陈：您进入崇实中学后，过了一个学期，1949 年 1 月北平解放。

宁：我在那时仍然不是好学生，不听课，整天玩儿，谈恋爱，对很多事情毫无所知。但是欢迎解放军入城时，我们都上街了。

陈：这次是学校组织的还是自发的？

宁：我们自己去的。我们去了米市大街，看到当时部队的军纪很严肃，夹道欢呼的人也很多。有人就坐在坦克上。

在这个时间点上，我们学校的美国人回国了。我们最后跟着他们一块儿都集中到了钟楼，那儿有一个大的礼拜堂，都跪在那儿给他们祷告，跟他们告别。我们都不是基督徒，就是给他们送行。那时候我也去了，都上了那个顶尖的大钟楼上。

陈：学校里的外国人？

宁：美国人。他们没一个留下来，都走了，也找不着校长了，学校处于一个无政府状态。凡是教会学校恐怕都是这样的。解放以后，我们仍然就这么玩下去了。学校有一些新来的老师。这时教我们英语的是一位少妇，她是北平解放后从公安系统来的，很年轻，长得挺可爱的。我们经常拿这位英语老师开玩笑，她的读音并不是很好。而且对于我们中学生来说，应该学习些生活用语，但是她一上来就教英文版的《论人民民主专政》，就是“一边倒”“资产阶级”之类的。英文中资产阶级一词的读音是 bourgeoisie。这位老师当时穿旗袍，下面是丝袜，老有点往下滑。所以我们就说她“不揪袜子”，把 bourgeoisie 读成了“不揪袜子”，我们就这么调侃。

现在有疑问的就是，我们几个人参加开国大典了么？我问过王震一，他说：“咱们当时争论挺厉害，有人愿意参加，有人不愿意参加，最后都怕国民党的飞机来轰炸，说都不去了。”

我对这件事的印象模糊极了。开国大典的场景可能是电影给我留下的印象。

另一件事是，我们崇实中学有一次大规模的《白毛女》演出。不知道怎么回事把我选上了，男扮女装，演喜儿。我们是男校，两个男孩演喜儿，我演前半部分，我现在还能唱一点“爹爹，爹爹”，哭杨白劳。那时是死记硬背，整天在宿舍区排练，最终成功了。可能那时候我长得比较白净，瘦瘦的。

陈：导演也是学生？

宁：不，我们有一个音乐老师管着，不过他就是有时来看一看。主要是学生排练。我们主要集中在宿舍区整天地折腾、化妆。

陈：在哪儿演？

宁：就在学校礼堂，我转学考试那个有隔扇的地方。隔开就是教室，撤去隔扇就是一个大厅，在那儿演出。这次的演出还挺轰动，挺好玩，崇慈女生都来看我们男生演《白毛女》，算是一次庆祝活动。具体时间记不得了，好像是比较暖和的时候。

陈：开国大典以后？那是 1950 年的上半年吧？

宁：对，这在当时是一次挺热闹的、大家挺开心的活动，带有革命色彩。后面一个影响比较大的政治活动就是五四，大规模的集会。

陈：这是第一次？

宁：对，解放后第一次，这个可以查到。我穿的是长袖，像现在那种 T 恤似的，不翻领，白色的。我那时练的肌肉块头挺大。那天早上很热，天朗气清。我们是统一去的，崇实中学去了百十来人，现场人很多。

陈：游行？

宁：对，游行走过天安门，到西单那儿结束，我们都是步行。散了以后，我从平安里直接回到了鼓楼，走那条长路，去教会跟小东聚会。

陈：她没参加？

宁：她没去，我去了。王震一说，他印象中我没去，我说我真去了。开国大典的情况也许王震一的印象是对的，但是五四这个他肯定错了。当时穿的什么衣服我都记得。为什么呢？晚上突然冷起来了，小东就骑着她那辆女车，专门为我拿了她二哥的夹克，让我穿上。回家已经十点多钟了，她从她们家里给我带了馒头和咸鸭蛋。这是一次大的学生集会，好像是政府组织的，那时候很看重五四青年节。

陈：活动肯定是政府组织的，但是学校是怎么组织的？

宁：那个时候还是自愿的成分比较大，不是硬规定都得参加，但是这时大家有了一定的政治意识。

高考风波

宁：这时进入到一个关键时期。一方面是新中国成立，是一个时代的交叉点；另一方面对我个人来说，也是真正开始走上人生道路，之前就是浑然一个小不点儿。我一直感觉，不是我选择了命运，而是命运选择了我。我那时候始终不是什么好学生，整天玩，也没有什么头脑，没有什么追求。

陈：但是每次升学都很顺利。

宁：我那时候文科确实比较好，但是很奇怪，我怎么会被保送上燕京大学，保送的人很少，只有两个人。我报的是新闻系，原因是什么呢？跟小东有关系。我们那时没事就骑自行车到燕京大学玩。

陈：那够远的啊。

宁：20 多里地。小东的大哥叫张旭升，高个儿，挺英俊的，在燕京大学社会学系当讲师。

陈：燕京大学的社会学非常有名。

宁：他后来被打成右派就是因为支持他的老师费孝通的意见：不能取消社会学！到了“文革”的时候就给劳改去了，死在那里。那是一个悲剧。我俩正式谈话实际上就一次。他说我应该上燕京大学。我一门心思就想当记者，当时只有燕京大学有新闻系。我文科确实不错，但是理科都不成。可是很奇怪，在混乱中我浑水摸鱼，居然被保送燕京大学。但是复试要考英语，新闻专业要求分数很高。我没够分，结果就落榜了，上燕京大学的事告吹。

陈：不是保送吗？

宁：保送得有复试呀，很严格。

很快进入高考了。那个时候高考的招生制度和现在不一样。考试只是一次，但是每个地区都可以报几个志愿。分东北联合招生、华北联合招生、华东联合招生，所以机会很多。东北联合招生里面，我报了哈尔滨外专，赶时髦，知道那儿学习俄语。其实我缺乏语言能力，包括中国语言、方言我都不成。但是大家知道哈尔滨外专不是一般的专科学校，是正规的四年大学，是为了培养外交和国防需要的俄语翻译人才办的学校。另外，我想离开北京，我跟小东说，两个人别老在一块儿，不在一块儿反而亲近。所以当时我没报北大，不是觉得水平不成，而是就想离开北京。离开北京呢，华北地区最好的就是南开。我记得特别清楚，报南开时，我的第一志愿就是中文系，第二志愿是历史系。同时，我还报了华东地区的齐鲁大学，当时也是教会学校。

陈：可以报不同片区的大学？

宁：对。考试的时候妙不可言。我住在东四六条，考试的地点是辅仁大学。走地安门大街，过了北海后门，之后右拐，路很顺，所以一点都不紧张。中午回家吃饭，吃完饭我就睡着了。一醒来，好！快到时间了，于是猛骑车。就在北海后门的桥那儿，一下子跟人撞上了，我自行车的大梁都有点弯了。人倒是都没事。

陈：撞人了还是撞车了？

宁：两辆自行车撞一块儿了。我下坡，他急急忙忙地拐弯。我和人家说："赶紧放我走，我要考试。"

考数学时运气太好了，竟然是我背下来的那道三角题，至今不忘。就是 tanA+tanB+tanC，那是一个例题。考试一共五道题，我记得拿了 20 分，就是三角那道题的 20 分。

陈：一共得了 20 分？就对了这一道题？

宁：数学 20 分，你不要笑，很不错了。你想钱锺书他们很多人都是数学 0 分、15 分什么的……语文作文是议论文，不是记叙文，可能我写得还不错。政治、地理这些都挺好。英语不记得了。悲喜剧总是伴随着我，很快发榜了。东北联合招生先公布名单，哈尔滨外专让我立刻去面试，我就去了。

陈：去哈尔滨？

宁：没，在北京面试。面试、体检都在一个时间。他要求个子合乎标准，没有残疾，还要看语言表达。口试的时候，我印象最深的就是问我："你怎么没有加入团的组织？"我说："有的团员表现得还不如我好呢。"都是如实地说吧，结果我被录取了。后来，我要离开哈尔滨外专的时候，这位老师跟我说："我很喜欢你的坦白。"要去的时候我还在犹豫，因为当时有个谣传，传得非常真实。就是说，如果你被东北联合招生录取了，华北、华东的学校就不再录取了。

陈：相当于放弃了其他录取资格。

宁：因为不在同一天公布录取情况。可是我父亲知道我被哈尔滨外专录取后非常高兴，极力撺掇我去。他说我脾气不好，毛病太多，应该碰碰钉子。他原话就是："你应该多碰碰钉子。"他给了我三样东西：一块怀表，是瑞士火车头牌的；一条俄国毯子；还有一个马皮箱子。他支持我走，包括我母亲、几个姐姐也都没有舍不得、不放心，可能跟家里孩子多有关系。我临走时，只是在家里一个一个会见我的那些朋友。我们也没有大聚会，不像现在，毕业都要全体照相，都没有。我父亲也没有给我照相，家里也没有特别给我做点什么饭，就是很平常的事情。

我背一个行李卷到车站，很多同学都来送我，小东也来送我，那时候不讲究拥抱。同时录取到哈尔滨外专的还有我的同学李钦，我们两人一块走，场面热烈，都在月台等着车开。那时候到哈尔滨坐卧铺要 24 个小时。我和小东虽然不是生死离别，但是依依不舍的感觉还是很强烈。说是分开好，但是到真正要分开的时候，还是控制不住。不过那时还是单纯，没有想到别的。

这个时候整个的空气是紧张的，抗美援朝就要开始了。你看这个时间，抗美援朝具体打起来是 1950 年的几月？

陈：志愿军是 10 月份去的朝鲜。

宁：那就对上了。我到了哈尔滨，学校在南岗大直街。当时天气就很凉了，我们开始发大衣，还有那种绿色的棉靴子。每天都能看到教练机从早上到傍晚在天上飞。所以我觉得，那时候可能有备战的氛围。

陈：对，马上要打了。

宁：我到那儿是 8 月底 9 月初了，在哈尔滨加在一块儿待了 15 天。

陈：上课？

宁：上课。很快就上课，没有什么仪式。我们住的屋子里面是一个大教室。窗户是两层的，中间隔的是刨花，为了保暖。那时还没有给暖气。我和李钦住一个屋子。

陈：有分专业吗？

宁：没有，都是俄语。老师都是苏联的“马达姆”，就是妇女、大妈，没有年轻的，不会说中文。上大课不是很严格，一个班人很多，我印象中黑压压的一大片。也没有提问，就是跟着一块儿念，进度很快。我开始的时候也还可以，但就是打不出来嘟噜。我父亲后来嘲笑我说：“在咱们家里轰鸽子时你还会打个嘟噜呢。”我当时非常苦恼，不是想家，也不是想小东，就是因为打不出来嘟噜。

另外我吃饭不好，我以前脾胃就不好。那会儿是高粱米、玉米粒，一大盆，有点菜，吃得很单调。我最怕吃高粱米，因为吃了以后不消化。当地人也说，吃高粱米大便干燥。所以我经常出来买“列巴”，就是大面包，花钱不多，还买点鸭蛋。哈尔滨还有一个秋林……

陈：很有名的食品店。

宁：那儿的东西我们买不起，就是去逛了逛。这15天我一直很痛苦。吃高粱米造成我严重便秘，我一般都是晚上去大便。厕所不在楼里头。

陈：在院里？

宁：对。厕所有七八个坑，一个长排，都是木头板的，里头很深，灯光昏暗。我大便的时候顺手抄起一张报纸，应该是《人民日报》，在昏暗中一下进入眼帘的就是我的名字。

陈：就是华北片招生的录取名单，南开大学录取您了？

宁：对。而且是中国语言文学系，排在前头。我一看激动得要命。我没大便完就去找李钦，我说我得走了。可是李钦认为不可能。

陈：他觉得什么不可能？

宁：他认为哈尔滨外专不可能批准我走。他比我大一岁多，又是党员，比较成熟，比我清楚这些事。我那时候还不是团员呢。后来我找到我们的教导员，说：“我不适应这儿的生活，而且我打不出来嘟噜。现在南开录取我，我应该走。”他回答我：“列宁也打不出来嘟噜，没有关系，不影响。”我还说：“我也不是团员，你为什么那时录取我？”

陈：就是这位教导员面试您的？

宁：对，他说：“我很喜欢你，当时就很喜欢你的坦白。”人家一般招的都是党员、团员，因为哈尔滨外专的组织结构就是这样。哈尔滨外专那时候就是给外交部和国防部培养人才。

陈：专门培养、定向的？

宁：就跟后来北外类似，定点的意思。但是我那时候糊里糊涂，很幼稚。他当时就说不可能。

陈：教导员不同意您走？

宁：他不同意。我又找李钦，他也认为不可能。我当时就决定开小差儿了。我们有一位崇实的同班同学，姓熊，家在哈尔滨，我想找他帮忙运东西。也不远，我们走路或者骑车就可以到车站。这时李钦被我说服了。李钦不愿意我走，一是因为老同学可以就伴，二是觉得在这儿也不见得过不下去。后来，他说："这样吧，我再去做做教导员的工作，看看怎么样。"后来隔了三四天他来找我，说："有希望，你再去找他。"我去了，教导员说："你愿意走，那就走吧。"几乎也没办什么手续，就放了我一马。

我把怀表卖了买车票。李钦人很好，我临走的时候给我买了四个苹果，把我送到火车站。我一路昏睡。到了山海关，车上的一位大爷把我推醒，说该换钱了。那时候东北使用"流通券"。

陈：东北和关内用的钱不一样？

宁：对，换钱。大爷说："你给我看着行李，我帮你去换钱。"我就把钱给他，也不多，请他帮我去换钱。我一路就吃了四个苹果，回

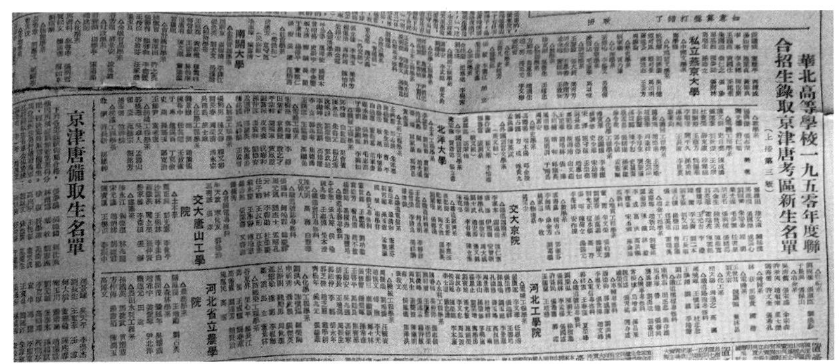

華北高等學校一九五零年度聯合招生錄取京津唐考區新生名單

私立燕京大學

南開大學

北洋大學

交大京院

交大唐山工學院

河北工學院

河北省立農學院

京津唐備取生名單

1950年8月28日《天津日报》刊登的华北联合招生录取名单

到了北京。

陈：没吃饭？

宁：没有，傻乎乎的，钱都是这位大爷给换的。回到北京并不愉快。

陈：家里知道吗？就是突然回来了？

宁：不知道。我父亲非常不高兴，就说为什么不在那儿，也怀疑我是因为谈恋爱。我说，既然回来了我就一定得上南开。我父亲有些生气。他一直认为男孩子闯荡很必要，所以他不支持我从哈尔滨回来上南开。我几个姐姐也没支援我，一般大姐是会支援我的，这次也没有。还是小东给我买的上天津的票。我到天津后好像没有遇到学校的迎新站，是我自己坐三轮车到了六里台。

我拿的东西就是马皮箱和一个小行李卷，一到了六里台我的心就凉了。

20世纪50年代的全家福，后排左一为宁宗一，前排中间为大姐的儿子

第三章

初识南开*

1950年步入大学至今，已在南开大学学习、工作、生活70年

* 2018年7月22日、7月29日采访，部分内容根据2018年春在文学院口述补充。2020年10月7日又对关于南开大学的认识有所补充。

宁：上次说到我在哈尔滨外专，那次晚上在厕所看报纸改变了我的人生。我们家里，我大姐、二姐、三姐，我的哥哥都没能上大学，因为物价飞涨、货币不断贬值，他们没有机会。只有我跟我四姐，是在新的政权建立起来后，才有上大学的可能。我四姐初中毕业后上了高等护士学校，毕业后到了北大医院，很快，一年转成了护士长，新中国成立后，比我晚两年，上了天津医学院，七年制，相当于研究生，其中前两年在南开大学生物系的医预班。我呢，从哈尔滨回来，紧跟着就到南开报到了。

一百单八将

宁：当时的南开大学有南院、北院、东院，南院是理工学院，东院是财经学院。文学院在北院，六里台。我是自己从车站到的六里台，提着一个咖啡色的马皮箱子，大约两尺见方，是我父亲给的，还有一个小行李卷，也没带什么书。到了北院，我的第一感觉是如此荒凉。我傻了，这就是大学吗？校园也没有明确的牌子，就是卫津河上一座桥，一个铁栅栏门。[1]

这个铁栅栏门后来对我们很有意义。因为上课的时候，传达室的老胡就把门关上，不允许我们出去，于是起得晚一会儿，就出不去了，得将手伸到栅栏门外，去买煎饼果子。

宿舍楼是一个L型，上下两层，楼上是女同学，楼下是男同学。宿舍和教室、图书馆连在一起，刮风下雨都不影响。L型的中间是一个小操场，篮球、排球两用，篮球架是固定的，如果比赛排球，就把网子拉上。小操场的西面是食堂、浴室、锅炉房。我们这个浴室呢，一三五是女生洗浴，二四六日是男生洗浴。

小操场的东南是中楼，一栋三层的楼，很多老师都住在这儿。再往南是和平湖。我认为南开大学文学院最诗情画意、能勾起浪漫情怀的就是和平湖，一个见方的湖，相当于咱们现在室外的三四个游泳池那么大。和平湖旁边儿是足球场。足球场的东南角是经济研究所，一座小楼。当时北院就是这么一格局。一会儿我再讲我们的一些趣闻。

我进校的时候，整个文学院的学生是108个人——所谓“一百单八将”。这真是巧。文学院当时有中文、历史、外文三个系。历史系的同学都好像老学究似的。中文系呢，都比较调皮。外文系则有很多漂亮女孩儿。

先说中文系的情况吧。四年级的大师兄，只有1个人：三年级，2个；二年级5个，中间还调走2个，剩3个。我们大师兄，姓陈名治文，后来在《中国语文》杂志做编辑。三年级的师兄，一个是李志强，一个是张国贤，我们叫他“张哥”，后来在南开中学教书。现在我还看

1. 按：南开大学老校园在抗战之初被日军完全炸毁，举校南迁，与北大、清华合组西南联大。抗战胜利后北返复校，但由于战乱，没有力量大兴土木。八里台南院是南开大学老校园，北院和东院为抗战后划归，院系调整后又被划出。

曾经的南开大学六里台校区

到他在《南开校友通讯》上写东西呢。二年级的有高玉振、陈坚，他们两位现在都已经故去了。还有马献廷，后来当过天津市委宣传部的副部长。还有李传琅师姐，毕业后去了《天津晚报》，听说还健在。还有一个叫董延梅。董延梅和马献廷都提前被方纪先生调到中苏友协。方纪先生当时是天津文化局局长兼中苏友协的会长，在中文系兼课。

我们那个年级人最多，开始时有 20 多个，但是，只有我和另外两个人是四年制，其他人定好是要支援中学的，1952 年院系调整以后，就剩 3 个人了。后来又从南京军事学院来了孙寿玮，他本来学俄语，转来上中文系，我们就成了 4 个“和尚”。

之前我们这一年级还有 3 个女孩。一个女孩是党支部书记，走路雄赳赳气昂昂的，像男孩子似的，我们都比较怕她。还有一个女生是张玉琴，长得比较漂亮。但是，有一次我们体检透视，大夫说看不见她的肺部，让她转过身来。有同学就开玩笑说：“哎呀，张玉琴的肺长在后头！”结果谁也不敢追求她了。其实，人家原来就有男朋友。还有一个女生是孙凯荣，后来到了南开女中，教语文。

中文系尽是小男孩儿，外文系是男少女多，那边有太多的漂亮女孩儿。有几个我到现在都没有忘记她们的名字，可见当时的情结。曹其缜，是曹汝霖的孙女儿。你看过电影《女篮五号》吗？里面有一个女演员，曹其玮，就是曹其缜的妹妹。曹其缜很漂亮，长得清秀，细高个儿，毕业留校，当过外文系的副主任，后来移民到美国了。施正霞，是上海的，排球打得特别棒，身体也很壮实。俄语专业的齐宗智，她的姐姐齐宗华是给周总理做翻译的。还有郭莹，上海人，她长得也很漂亮，很丰满，是跳芭蕾的，经常穿旗袍，当时选她做学生会的文艺部部长。其实她是不适合于做学生工作的，就是玩吧。外文系的上海人很多。俄语专业还有朱莉，还有一个男生是捷克的混血儿，他们当时在谈恋爱。

历史系呢，现在我知道的，一个是后来在中国社科院的喻松青，也是中国社科院古典文学研究专家陈毓罴的夫人。她后来专门研究道教，我认为她当时是历史系最漂亮的女孩。历史系的学生大部分都是老夫子的样子。

那个时候我们跟女同学一块儿玩，打球、办黑板报。有一次演一出话剧，曹其缜演女主角，本来安排让我们班上的贾彦德搭档。结果呢，曹其缜说不干，要和宁宗一搭配。我说我不演剧，我还挺坚守我的忠贞的，那时我是有女朋友的人（笑）。这就是“一百单八将”当时的情况。

陈：听您回忆当时的情况，真是感觉如在眼前。青春校园总是历久弥新的话题。宿舍当时是什么样的情况？

宁：我们宿舍是8个人一屋，四张上下铺。我们那屋是一年级、二年级混住。我印象中有王润德、陈坚、高玉振、马献廷、潘克明、吴凯勋、我……屋子很大，有20平方米，这是一个非常温暖的宿舍。高玉振师兄长得黑乎乎的，一个很厚道的人，是学生会体育部的部长。他有梦游症，经常晚上起来，拿着哨儿，喊“集合集合”，吓得我们一塌糊涂。

陈坚师兄后来留校了，他有点长兄的意思，比我们大几岁，抗战时他参加过青年远征军。他个子不高，陕西人，牙比较不整齐，黑黑

20世纪50年代的南开大学学生

的，是一个厚道人。那时候我老爱听他瞎聊天，他怎么打仗什么的。

马献廷是不怎么太说话的，他是党员，回民，虽然是天津人，但也不回家，就在宿舍住。他个子不高，方方的脸，脸色红润。他老是靠着走廊的窗户，看着我们打球，不怎么掺和，是一个很文静的、老在思考问题的人。他后来成为我的亲家，这是不可想象的。那是几十年以后了，我的女儿嫁给他的儿子。马献廷没有毕业，很早就被方纪先生调到了中苏友协。

我们屋还有潘克明，现在在天津大学。他当时给我们那个宿舍起了一个名字，叫“虎邨”。而且他画了一张画，贴在门上。我们这个宿舍紧挨着厕所和楼梯，每天晚上熄灯之前，我们排着队上厕所，唱着“虎邨歌”，就是自娱自乐编的歌儿。当时很多宿舍都是混杂住的，以某一个系为主，也有其他系的人。但是我们宿舍比较单纯，都是中文系的。

院系调整前的中文系

宁：当时中文系的教师是 8 位：彭仲铎先生、邢公畹先生、杨佩铭先生、孟志孙先生、华粹深先生、朱一玄先生、张清常先生、张怀瑾先生。

西南联大来的老师有四位：彭仲铎先生，他是我们的领军人物，当时是系主任；邢公畹先生，又叫邢庆兰；杨佩铭先生，他只教过我们文字学，是一个很沉闷的人，跟别人来往不多，后来他在"文革"初期自杀也绝非偶然；张怀瑾先生，当时是青年教师，前两年刚刚故去。

孟志孙先生，原来是南开中学的，很著名的一位语文老师，曾经跟何其芳是同事。

陈：何其芳也曾任教于南开中学?

宁：对。孟先生的"孙"没有草字头，有人说是草字头的"荪"，不是。

华粹深先生，是满族，1935 年清华大学毕业以后，因为太喜欢看戏了，就到了中华戏校，后来又到北京的中国大学教书，抗日战争胜利后到南开大学。他跟俞平伯、朱自清二位先生的关系很密切，朱先生给他留下来的书（鲁迅的《中国小说史略》上下册）都带有亲笔批注。

朱一玄先生是北师大毕业，原来在四川一所大专学校教书，也是当时中文系唯一的候补党员兼系助理。彭仲铎先生好像是无党派人士，邢公畹先生是党的同情组员，因为他参加过南开大学的护校委员会。[1]

---

1. 天津解放前夕，负隅顽抗的国民党守军大肆修筑城防并计划破坏城市，南开大学成为前沿阵地。此时，学校成立起护校组织，保护学校师生和贵重仪器、图书等校产，参见《南开大学简史（1919—2019）》。中国共产主义同情小组是新中国成立初期，由中共天津市委创建的。据《魏宏运自订年谱》记载，同情小组每周过一次组织生活，谈思想，当时党员很少，贯彻党的方针政策都是通过同情小组来实现。

陈： 这是解放天津的时候。

宁： 嗯。邢先生和张清常先生两位，都和语言学大师罗常培先生关系密切。邢先生是罗先生的弟子，张清常先生的姐姐嫁给了罗先生，是这样的关系。

下面说中文系当时开设了什么课。这是一个比较重要的内容，也有很多值得我们今天认真思考的问题。今天我们有比较规范化的课程设置，但是那个时候呢，还没有教育部制定的《中国文学史大纲》等，我们上这么几门课：

第一门是“现代文选及习作”，文选部分是孟志孙先生主讲。习作有三种文体：散文、小说、诗歌，几位老师分别讲。第二门课是“历代散文选”，彭仲铎先生亲自教，他上来就说：“我是‘桐城谬种’。”[1] 就说他是桐城派的。彭先生上课时穿长袍，夹一个布包，不用书包。“历代韵文选”课由孟志孙先生讲。还有“人民口头创作”，由华粹深先生主讲。这门课现在没有了，很遗憾。

“文艺理论”课，那时没有老师教，是请阿英讲的。他原名钱杏邨，是太阳社的领军人物，新中国成立后任华北文联主席。他给我们讲了两次京剧改革，后来他说：“我讲不下去了，在华北文联事儿挺多的，我给你们请一个大理论家。”这就是芦甸先生。还有“俄苏文学”课，请的是方纪先生。方纪参加过延安文艺座谈会，因为座谈会中途他跑出来了，还挨过批。这是他跟我说的。“中国新文学史”，这门课非常重要，是从北京师范大学请李何林先生兼课，两周来一次。我们一二年级同时听。李何林先生那时候还没当我们的系主任。他讲的内容到 1942 年延安文艺座谈会前，也到了学期结束的时候。接着讲的是

1. 新文化运动时期，主张白话文的先锋对桐城派古文家的讽刺。

清华大学的王瑶先生，他给我们讲 1942 年以后的“中国新文学史”。[1]

语言学方面的必修课，是邢公畹先生讲的“汉语语法”，张清常先生讲的“语言学概论”，杨佩铭先生讲的“文字学”。

选修课有“工具书使用法”，是彭仲铎先生教。这门课就我一个人选了。很多人认为宁宗一文献学不成，其实我真是彭先生教出来的。上课时，老爷子夹着包来了，就我们爷俩对着坐。彭先生打开那包，我一看就傻了：《二十五史索引》。后来他又给我讲了讲《佩文韵府》，就这两部。讲《佩文韵府》，可能是考虑到我们要学古典诗歌。还有一门是“修辞学”，由邢公畹先生教，他是用陈望道先生的《修辞学发凡》做教材。选修课里面还有一门是《水浒传》，朱一玄先生讲。[2] 另外，华粹深先生讲《红楼梦》，因为华先生在清华大学的时候就是俞平伯先生的得意弟子。他是一回一回地讲，但是讲了三十几回就没再讲下去。

我觉得，那个时候的学习比现在活泼。

比如，“现代文选及习作”的文选，孟先生是以讲鲁迅为主，我记得还有茅盾的《白杨礼赞》等。孟先生原来是在南开中学讲课，他很有激情，那激情我比不了。他爱拍桌子，当时学生都很爱冒坏，在底下总是琢磨老师，说孟先生是“三言二拍”（笑）。

“小说习作”就是写小说，请来冯大海先生讲，他是后来所谓“胡风分子”的四大金刚之一，从作协请到我们这儿兼课。我记得，我们写了三篇，都是小短篇。我写的那个，完全是虚构，内容是老农学文化，扫盲。我一开始寄给储安平主编的《观察》杂志，那儿有一个生

---

1. 据《王瑶年谱》：1950 年 5 月，教育部召开全国高等教育会议，通过了《高等学校文法两学院各系课程草案》，其中规定“中国新文学史”是各大学中国语文系的主要课程之一。此后，许多大学讲授“中国新文学史”一课的教师纷纷致信王瑶索取讲义或大纲。

2. 关于朱一玄先生讲《水浒传》的回忆，可参见本章附录。

活小故事栏目，没被采用。后来冯大海先生说："我给你送《新闻日报》。"结果发表了。这是我的处女作。

"散文习作"，是孟先生教，写了什么我已经记不得了。

最恐怖的是诗歌。谁教我们"诗歌写作"呢？是邢公畹先生。我们一般都是一个礼拜写，一个礼拜评议。当时我是很积极的。正好美国发表了"白皮书"，毛泽东写了驳美国白皮书的文章，我就带着强烈的革命激情，写了一首诗，非常得意。交上去之后，第二个礼拜该评议了。那个情形到现在我还记得，因为对我的"打击"太大了。邢先生上来读我这首诗，我坐在下面沾沾自喜，觉得肯定是表扬。结果他念完说："这是诗吗？这完全是堆砌的标语口号。"邢先生还说："不是我写诗，应该是诗写我。"我当时一下垮了，真的垮了，从此以后我再没写过诗。而且我也不明白，不是我写诗，是谁写诗呀，怎么诗写我呢？我回来以后就问我师兄马献廷。我说："今天邢先生批了我一下，而且说了这么一句话，'不是我写诗，是诗写我'，是什么意思啊？"老马说："我也不懂。"我又问我们班上的潘克明，他是诗人。我说："老潘，你懂吗？"他说："当时我也没听懂。"后来，我到了七十岁，有一次在圆楼[1]那片小树林里散步的时候，豁然开朗。噢，当时邢先生那种文体意识很强，是说必须用诗的这种文体，写出你心灵的东西。要用诗的文体来写，不是在那儿堆砌口号。这么多年之后，我才领会老师是这样的意思。但事情并没完，我留校以后，胆儿也大了，经常上邢先生那儿去。我开玩笑说："邢先生，您在我那么小的时候，就把一个天才的诗人扼杀在摇篮里了。"师母陈珍在旁边就笑，说："老邢说话就是老这么不留后路。"我说："对，给我打击得现在连一首打油诗都不会。"邢先生什么也不说，就在那里坐着。我一直想写一篇文章

1. 南开大学经济学院的一栋建筑，周围有一片小树林。

叫《我的师母》，我们这些调皮捣蛋的故事太多了。

邢先生还给我们讲“汉语语法”。这门课，我是课代表，但是真的，我听不懂。邢先生讲课呢，是画表。我永远忘不了一个例句，“台上坐着主席团”，他分析语法。我学得太差了，到现在都不知道，怎么解释其中的语法。可是，到了期末的时候，我们班的同学就说：“宁宗一，你是课代表，你跟邢先生说，这考试咱们都不及格怎么办呀，你去让邢先生出几道复习题吧。”我说：“成。”就跟邢先生说了。邢先生欣然同意，说：“好，给你们出十道复习题。”我们就死背这些复习题，后来都考了 80 多分。[1]

“文艺理论”，请了阿英先生给我们讲。他讲的是文艺学引论，但是内容都是京剧改革。讲完第二次，他请来著名的理论家芦甸先生接着讲。芦甸先生给我们的启蒙是什么？第一节课就讲形象与典型，真厉害。他分析的是经典小说《阿 Q 正传》。这门课是我们一二年级共同上课，最后考试每人都是 90 多分。后来芦甸先生也被打成“胡风分子”，在工农联盟农场劳改，我跟一个同学还骑着车悄悄去看他。当时真是重师恩，你知道，这样做也冒着点儿风险，得悄悄地去。

另一个“胡风分子”是阿垅先生。他给我们作过报告、讲座，偶尔讲一次。我们都买了他那三卷本的《诗与现实》。“胡风集团”中，胡风以下最有名的就是阿垅了。他本来是绝对进步的，曾经打入国民党内部。结果那个时候“肃反”，就是挖隐藏在人民内部的反革命分子，给我们阿垅先生也打成了“胡风分子”。阿垅先生方方的脸，右侧脸上有一个刀疤，说话是诗情画意的，很慢，给我们作报告很精彩。

华粹深先生呢，讲的是“人民口头创作”，从古代歌谣一直讲到了现当代歌谣。讲到了现代，华先生说，下面我讲不了了，请何迟先生

---

1. 关于邢公畹先生授课的回忆，可参见本章附录。

讲。何迟先生当时是天津市文化局的副局长，又是天津戏校的校长。他写了两个重要的相声本子，一个是《买猴》，一个是《开会迷》，这也是何迟先生被打成右派的一个“罪行”。

陈：这件事很有名，说这两段相声的马三立也受到了影响。

宁：其实那是因为方纪和何迟都是从延安来的，两人不和，这是后话了。“反右”的时候，天津戏曲研究界受批判的是有名的“龙头”“龙身”“龙尾”，“龙头”是华粹深先生，“龙身”是何迟先生，“龙尾”是吴同宾先生（吴小如的弟弟）。何迟先生的课讲得特别好，我永远忘不了他给我们讲民间讽刺文学。他说：“你们以后读文学作品，一定要注意‘形式就是限制，限制就是思路’。”比如，五言绝句二十字，七言绝句二十八个字，你绝对不能改变，这就是“形式就是限制”，但是这种规范也能够为你提供思路。思路是根据这种文体样式产生的。当时何迟先生讲了很多，但是这句话给我的印象太深了。我一直想单独写一篇文章，讲一讲我们现在的文体意识为什么有时会缺失。

华粹深先生的特点是什么呢？华先生和戏曲界非常熟悉，他讲“人民口头创作”和《红楼梦》时，给我们请了几位大师，当场表演。

华粹深先生

比如梅兰芳、俞振飞，他们跟华先生关系很好。俞振飞又带着当时还很年轻的言慧珠，现场给我们讲戏曲是怎么表演的。当时就在北院的大教室，把椅子一挪，他们在前面边说边做，虽然不是粉墨登场，但是唱念做打都有了。我现在忘不了的，是俞振飞给我们唱《长生殿》里面的“哭像”，是最能够表现那种悲剧情绪的。华先生还有一个特点，每次讲完课以后就问：“谁上我家里去听唱片？”有时候我们几个人就要去听一听。到了晚年的时候，他还有这习惯。华先生对我非常好，三年困难时期，华先生一看我瘦了、饿了，就带我去起士林“打牙祭”。华先生藏的唱片近千张，当时喜欢程派（程砚秋）的有名的人物包括贺龙和陈叔通，他们收集的都没有华先生收藏的这么全。但是“文革”时，红卫兵来抄家，当着华先生的面儿，把唱片都烧了。华先生最后病重的时候，一般是我值夜班，他对我嘱咐了很多。他说：“我这一生，没有什么让我痛苦和伤心的事，唯独就是这唱片。”这和我父亲去世前跟我说的话很像。我父亲在北京，那时候我们倒是没被抄家，就是扫“四旧”把我父亲的一百把扇子给抄走了。这是从五百把扇子中遴选出来的一百把，叫“定盦藏扇”，扇骨有象牙的、有潇湘竹的，都是名人画的扇面、题写的字。后来我父亲病重住在邮电医院的时候，我也是值夜班。他就叫我的小名儿，说：“煜格，退赔的话，咱们什么都不要了，只要那一百把扇子。”他们对自己收藏的宝贝很珍爱。还有一件事，是 1976 年，那时我还没钱买大衣。华先生给了我 30 块钱，说：“小宁，买件大衣。”我自己又添了 20 来块钱，买了一件活面儿的灰色长毛绒领大衣，到现在还搁在我的箱子里压箱底。这是一个纪念品。我们过去的师生关系，就如同家人一样。

方纪先生是当时的天津市文化局局长，又是中苏友协的会长，所以我们那时候有一个别人没法相比的、非常大的优势，就是可以看很多的电影，主要是当时没有在中国公开的苏联电影，几乎是两个礼拜一次。我们一个外文系的师姐，在中苏友协，她给传译。方纪先生最后做到了天津市委宣传部副部长，“反修”的时候因为他的小说《来访者》被批判。我跟刘家鸣合作写过一篇批判方先生的文章，现在想来，我们当时就是出卖了灵魂，按照组织的要求批判我们的老师。方纪先生给我们讲“俄苏文学”，开始讲的是普希金的作品，我们用的是戈宝权翻译的《普希金文集》。方先生不是先讲普希金的诗，而是先讲小说《上尉的女儿》。紧跟着就是讲托尔斯泰的作品，讲了两部，一部是《安娜卡列尼娜》，是周扬跟别人合译的。他说托尔斯泰并不想把安娜写死，但是一个人物自己行动起来，作者就控制不住她了，只能按着这个人物自身的性格逻辑和命运发展，所以最后写她卧轨自杀。另外一部是《复活》，讲的时间也比较长，“俄苏文学”是一年的课。讲到苏联文学，给我们讲的是肖洛霍夫的《被开垦的处女地》，绥拉菲莫维之的《铁流》，还有法捷耶夫的《青年近卫军》。这是人人都读的，法捷耶夫那时候还没有当苏联的作协主席。当时方先生并没跟我们讲《钢铁是怎样炼成的》，可能《钢铁是怎样炼成的》是每人都看的吧，他就没讲。我有一个很好的，也是很笨的习惯，就是我比较崇拜的老师讲的每堂课，我绝对做速录，都给记下来。方纪先生知道我记的笔记是最全的，就拿走了。后来他出了那本《学剑集》，有些就是根据笔记整理的。方先生给了我一本签名本，可是没还给我笔记本（笑）。“文革”后我们有时还去方先生家里，这就是原来的师生情。

李何林先生讲“中国新文学史”，他那时两个礼拜来一次，每次讲一个上午，一二年级学生同时听。他当时教导我们，说做事要“无愧于心，无愧于人”。我觉得我这大半生，就是按照老师的教导去做人的。这门课是两个学期，第一学期讲完了以后，他突然说：“下学期我不讲了。”大家都一愣。他说：“因为我对 1942 年延安文艺座谈会以后的文学史不太熟悉。我给你们请一位大专家——王瑶。”

王瑶先生那个时候已经开始写他的《中国新文学史稿》了，也是两个礼拜来一次。王先生很有意思，他那时候岁数不大，也就40多岁，山西人，牙很黄，老叼着烟斗，上课时不点着火，也得叼着。他念讲稿，怎么念呢，趴在讲台这儿，也不抬头看，用山西口音念他这个稿。这是他的风度，给我们的印象很深。我最近看钱理群谈王瑶，也是讲他这种风度。我们的考试成绩，也都是90多分。

院系调整前的两年，南开中文系真的是靠外援，但是也正是借助于外援，我们才能认识文化界、文学界的一些大家，所以收获还是很大的。

政治运动初体验

宁： 入学的前两年，我们很愉快，虽然也伴随着政治运动，但都没有直接触及我们的灵魂。比如镇反运动，跟我们没关系。我们文学院也没有参加“土改”（小东在辅仁大学，她就参加了）。大的运动跟我们有点关系的，就是教师思想改造，那是要转换教师的阶级立场。这和后来批判教师的资产阶级学术思想是两回事，完全不一样的。教师思想改造分两个层次，有的是在文学院的大会上批判，有的就是在班上让学生提意见。

陈： 上课时随堂提？

宁： 不是随堂，是单独的。我印象最深的是给孟志孙先生提意见，孟先生那时候还不是“红色教授”，他是后来入的党，那个时候给他提的意见比较多。本来是要提任课教师在班上有没有散布资产阶级的一些东西，可是那时候我们这些孩子根本不懂，也不知道什么叫资产阶级立场，没有上升到这种高度，就是提他讲课时的问题。孟先生讲课带有点原来教中学时的套路，还是主题、语言、结构、情节之类的，他讲课很有激情，爱拍桌子，被学生们起外号叫“三言二拍”。我们给他提的意见主要是这个层次的。

出面主持全院教师思想改造批判会的不是院长冯文潜先生，而是李霁野[1]先生，他那时候也没有入党呢，是党的同情组员。院里头批判的最主要典型是历史系的讲师戴蕃豫先生。戴先生为什么成为重点呢？是因为他的信仰问题。他好像当过和尚，头上有香疤。

陈：批判他的人是学生还是其他的老师？

宁：是历史系的学生。戴蕃豫先生个子不高，圆脸，没教过我们。他穿长袍，夹布包，典型的过去老先生那种样子。那个时候我们作为还不到20岁的孩子，好像对政治活动不是很关心，也没有那么强的政治意识，没有什么准备，提完意见就完了，在下面也没有什么议论。这是最大的特点。教师之间有没有活动，我们不知道。今天想来，可能互相要提意见吧。

陈：批判之后老师们有情绪吗？

宁：没有看出来情绪。这个批判大会没多少人参加，你想想，我们学生加一块儿百十来人，教师也不多，外援的那些教师都不会参加这些运动。那个时候并不激烈，就是文批，但是这让老师很难堪。孟先生是在讲台后头站着，我们在座位上坐着提意见。戴蕃豫先生也站在前头，大家给提意见。提意见的人坐在底下，不到上面去讲话，是这样一个形式。

真正成为运动、不断开会的，是参军参干。当时正在抗美援朝，参军是直接参加部队，参干是参加军事干部学校。我们文学院这儿是广播站大喇叭宣传，随时广播。谁当播音员呢？其中有曹其缜，经常

1. 时任外文系主任。

念错字。我那时候当然觉得这是一种爱国行为了，想要报名。但是小东说："你别报，如果你去了我怎么办？"她坚决反对。结果我没报名。我们班上的贾彦德和潘克明出了问题。贾彦德是团支部书记，他报完名又撤了，结果成了反面案例。潘克明是我们班上的候补党员，但是他做假了，说收到电报，家里有病人，没有报名。最后我们班只有一位同学——吴凯勋被批准去了军事干部学校。

陈：去朝鲜了？

宁：不知道，就是参干，并不都是上朝鲜，参军和参干概念不一样。

我们一年级的时候还有一个运动：批判电影《武训传》。这个很有意思。我们本来没看过《武训传》，后来是为了批判，让我们看了。赵丹演的，导演是孙瑜，老导演。当时是先入为主，告诉我们这个片子有问题。可是大家看完，不知道问题在哪儿。《人民日报》发表了社论，大家集体学过一两次，好像是用讨论的形式批判了一下。我估计教师的政治学习比学生多，就如同我当了助教以后那样。

陈：电影是怎么看的？到电影院？

宁：是在东院的电影房，规模不是很大。东院是两层楼，我们都在一层看，那时候完全不知道背景。我记得潘克明称赞赵丹演得还真不错。后来他因此挨批了，不是在我们班这儿挨批，可能是在支部，回来以后沉闷了一段时间。我们始终也不知道为什么要批《武训传》，要害是什么，为什么拿它开刀。我们那会儿都转不过来弯，太年轻，政治意识不强。

在"忠诚老实"运动中，我们的政治意识不断提高，这是触及我们灵魂的。"忠诚老实"运动已经是1951年底、1952年初的事了。当时有几项特别明确要向组织交代的：第一是政治面目，是党员、团员还是群众；第二就是出身，那时候已经定出身了，我写的是"自由职业者”，因为我父亲教过书，又当过小公务员，又卖字。后来我问魏宏运或是张佐（他们是当时文学院的党员，魏宏运是历史系的，张佐是外语系的，还有一位党员杨庆鑫，也是外语系的。马献廷是后来入党的）。他们说这个属于自由职业。当时一定要写出身，这一项很重要。

陈：出身是在“运动”之前就定的？入学的时候需要填这些吗？

宁：我记得可能有。第三还要交代“海外关系”，海外关系和社会关系不一样，那时候有严格的区别。海外关系包括两个内容，一个是有没有英美等国的关系，还有一个是有没有港台的关系。

另外还有一个“社会关系”。我填了一个问题，就是我在上德胜门教会时，认识一个姓胡的人，他老到教会去做礼拜，个子不高，后来知道他是军统特务。我们跟他再没有来往，但是我填了这个问题。后来“文革”时竟然没追查我，很奇怪。镇反运动的时候，报纸上登过军统和中统的名单，就有这个姓胡的。

陈：他跟您是什么关系呢？就是在教会的时候认识的？也没有什么特殊来往？

宁：对，没有私下的来往。我们那时候很小，他是大人。我见过蒋介石的事，也是在“忠诚老实”运动的时候交代的。都写在社会关系里了。

我父亲没有加入过任何党派。我们家里最麻烦的是我二姐夫的父亲戢翼翘，这是一件对我们来说很不利的事，但是没怎么被严查。“文革”的时候也没怎么追究。戢翼翘曾经做过一段时间张作霖的参谋长。这个人高高的个子，真是一表人才。他实际上是文人，我上他们家去过一两次，在南池子或是北池子那儿的一座豪宅，有游廊。他送给我父亲一部施蛰存删减本《金瓶梅》，后来我当了教师，我父亲才把它给了我。他组织过社会党，是社会党的主席，1949 年带着他的妾跑到了台湾。我二姐夫有一个弟弟、一个姐姐，他的弟弟在北京师院教数学，姐姐在北京图书馆工作，都没走。他们没受冲击，但我二姐夫受冲击了，1957年成了右派，把房子交出来了，把留下的金条也上交了。他原来在北师大当讲师教数学，后来调了出来。他其实没说什么惹麻烦的话，只是因为家庭出身有问题，这就是凑数。（平反以后，他当了石家庄水电局总工程师。我二姐夫受了那么多的罪，我二姐都不离不弃。我二姐长得最漂亮，二姐夫追她追得厉害，他本来是一个不怎么爱说话的人。）“文革”时他们把我在“忠诚老实”运动中写的材料都找了出来。定性的大字报说我见过蒋介石，别的都没有。没有提到戢翼翘，没有说我二姐夫是右派，也没有谈其他社会关系的问题。

陈：实际上提到蒋介石这事，是跟您关系最远的一个。（笑）

宁：后来大家开玩笑说，我差一点和蒋介石握手了。“忠诚老实”运动的材料，全体师生都要写，我们开始有政治意识了。

另外一个运动是“三反五反”，跟我们学生没关系，我们也没法揭发。当时全校批两个人，一个是黄钰生先生，一个是丁洪范教授。丁教授是财经学院的，说了一句话惹事了。什么话呢？他在“三反”前说过，他的地位、贡献和“马恩列思毛”并列，说是“马恩列思毛丁”。这是咱们南开大学的一件大事。我记得丁教授个子比较高，方脸，比较胖，当时就说他很狂，他被列为批判对象[1]。好像我们批黄先生和批丁教授到东院去过一两次。那时候不懂什么经济问题，只知道黄先生当过南开大学秘书长，秘书长一定有问题，于是就被搞臭了，后来听说也没查出来什么问题。

所以你看这几场运动，“镇反”“土改”我们没参加，抗美援朝参军参干、教师思想改造、“三反五反”“忠诚老实”运动，其中跟我个人直接有关系的，只有“忠诚老实”运动，提高了政治意识。

---

1. 当时丁洪范教授还有一个受到批判的问题，是提出“二马结婚”，指在经济学研究中要将马克思与英国经济学家马歇尔的观点结合起来。

50年代初的大学生活

宁： 院系调整前，1950年、1951年可以说是没有什么触及灵魂的运动，我们也是比较放松的。学习上由于一步一步有了外援，也算是正规的。我们那时候还是孩子，每天嘻嘻哈哈的，过的就是一种青春焕发、孩子气十足的生活。我在北院的时候是新闻社社长。

陈： 相当于学生社团？

宁： 不是，是由学校管的。南院、北院、东院都有新闻社，我从一年级下学期就接班儿当北院新闻社社长，我那时候也不是团员，就当了社长。我们北院的新闻社比较“惨”，只是出黑板报，组点稿，一个礼拜换一次。我们经常要到南院开会，南院是新闻社的总会，也是后来《人民南开》[1]的前身。

陈： 他们是印出来的报纸？

宁： 他们是油印的，我们交流很少，各搞各的。我们北院的新闻社，好像5个人，2个女同学、3个男同学。我们到南院开会的时候要经过荒草一片的七里台，那里只有小棵的树和草。

陈： 当时就叫七里台吗？

宁： 就叫七里台，我们从六里台穿过七里台到八里台，没走大路。那时候经常很晚才开完会，路上有点黑，我们专门吓唬那两个女同学。只要是南院开会，就会有这个趣事。当时在新闻社都是大家写点稿，拿粉笔抄在黑板上，搁在我们食堂前头的走廊那儿。我印象中那时候弄得五彩缤纷的。

陈： 学校什么部门管新闻社呢？

宁： 那时候学校还没有成立党委，只是党总支，最早的党总支书

1. 20世纪五六十年代时的南开大学校报。

记是王金鼎、张义和。党总支下面不知道设立没设立宣传部。我那时候还不是团员呢。

陈：有老师指导吗？

宁：没有，我们那时候没有任何老师指导。

陈：怎么选出来的这个社长呢？

宁：就是学生会公推。我同班同学潘克明是学习部部长，师兄高玉振是体育部部长，好像就是这么几个人，有点公推的意思。另外就是看谁比较活跃，谁愿意做什么。文体部长是外文系的郭莹，那时候她还穿旗袍呢，大家就觉得是一朵花似的，她到东院开会非常夺人眼球。

那时候最为闲适的，也是我经常怀念的，就是在和平湖划船。六里台的和平湖充满着诗意。和平湖的面积不会比咱们现在的新开湖小，是四方形的。北面是小操场，南面就是大操场。我当时最闲适的生活就是躺在和平湖里的大舢板上看书。湖中有五六条大舢板，比现在公园的那种船要大将近一倍，它的底子不是平的，是尖底，划起来往前的冲劲很大，可以比赛。我曾经参加划船比赛，得过二等奖。

陈：那还真厉害。

宁：因为我老在船上待着。当时开明书店出了一大套现代作家的选集，都是橘黄色的封皮。我总是躺在船上看这套书，我印象最深的就是看《叶圣陶选集》。有时看累了，就划划船。桨就在船上。半年有一次划船比赛，所以我们那时候身体特别好。

陈：不是划龙舟那种，就是一个人划？

宁：一个人能划，两个人也能划，四只桨。

陈：比赛呢？

宁：比赛就是一个人，单人比赛。

陈：是从湖这边划到湖那边？

宁：是来回的。它比游泳池要长。那时候每周就七八节课，没课

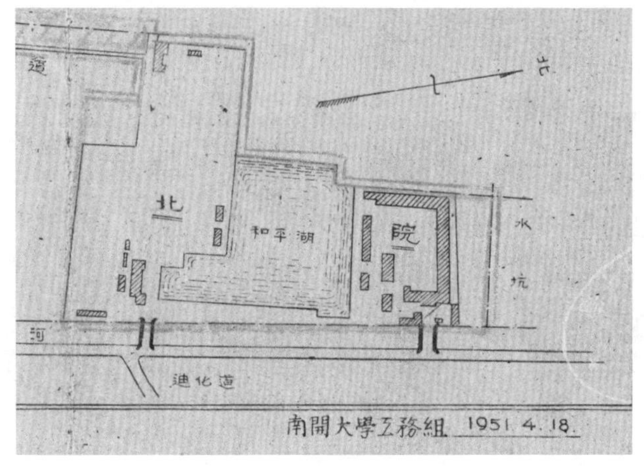

1951 年南开大学平面图北院部分

的时候就划划船。和平湖的西边完全是稻田，东边到操场有一条湖上小径，两边都是垂杨柳，再往东边就是卫津河了。卫津河那时没那么臭，它原来是一条运砖的河，河上有很多运砖的平板船，水也比较多。冬天专门有从卫津河里凿冰的。卫津河可以直接通到水上公园，那时候公园还没有完全建成，但是有荷花池。和平湖只有东边没有包着房子，因为东边是卫津河，沿着马路了。南边是大操场，操场东南角是经研所的一个小楼，旁边有个校门。

陈：相当于靠南边的门。

宁：嗯，不怎么开，是个小门。李霁野先生就住在那边，每天都在大操场散步。沿着湖北边有一排小平房，当时图书馆的赵霖老师就住在那儿，她经常打开门看我们在和平湖划船。她的脸上有一颗美人痣，当时刚结婚不久。我们借书的时候都找她，她态度特别好，看我们这些小孩像看着小弟弟那样。当时图书馆有两位馆员，一位是王文通，是岁数稍微大一点的男老师，一位就是赵霖。王文通就开玩笑说："你们不上我这儿借书，都找赵霖。"

每年开学的时候，正好是快到八月十五。我们为了讨好女生，就跟烧锅炉的夏师傅借马灯，到稻田去逮螃蟹，女孩儿都比较馋。稻田那儿有水渠，有木板作为水闸挡着，我们到那把挡板儿一提，往水渠里放水，一会儿水就灌满了。八月十五左右正是螃蟹配对儿的时候，我和另外一个同学到那儿把马灯一摆，一人拿着一个洗脸盆，边聊天边等着螃蟹，很快就看一对一对的螃蟹爬过那个挡板儿，我们轻松愉快地去逮，一会儿就一大盆。我们拿着装满的盆，乐嘻嘻地在宿舍楼下喊："朱莉！朱莉下来！"朱莉是我们北京人。听到我们的喊声，一块下来好几个女生。我们就请夏师傅帮忙，将螃蟹洗干净在锅炉房蒸，蒸着吃螃蟹。这两年中间，起码去逮过三四次螃蟹。我们那个时候，真的挺纯，没有什么坏心思，就是为了讨好女同学，看她们捧着螃蟹的时候那种兴奋之情。

当时还有一个工友叫高鹏，给学生们送信。如果是女生宿舍的信，他就叫一下，让她们出来拿。男生宿舍的信，他就送进屋里。每次有我的信，他就到我们宿舍，往床上一扔，敲桌子问我："请客不请客？是小东又来信了啊。"他开玩笑敲竹杠，说不请客下次就不给我拿了。有的时候就说："一套煎饼果子，一套煎饼果子！"后来都到七八十年代了，我看见高鹏（他那时在化学系当工友），俩人还打哈哈呢。

说我们那时吃饭的故事吧。我们都是公费的，而且都有助学金。甲等助学金，大约是 12 块钱，这是家里没有人工作、没钱管你饭的。乙种助学金是 7—8 块钱。我是丙等助学金 5 块钱，因为我父亲当时有工作。另外我是少数民族，又给加上 2 块钱（那时回民好像加 5 块钱，吃牛羊肉贵）。有了这几块钱，就可以买煎饼什么的。有的时候睡懒觉或者是考试"开夜车"，就到万德庄吃。那儿有一座破桥，颤颤巍巍的，但是有卖各种各样馅饼的。我们晚上一般都爱在那儿来个馅饼，喝碗粥，就在那儿"开夜车"复习。完了以后，再爬墙头，从栅栏上翻进来。

当时我们食堂大约有九、十张桌子，8 个人凑一桌，不固定，都是站着吃。我们一下课就往食堂跑，只要凑够 8 个人就上菜。四个菜，汤是自己往一个大桶里面扤。四个菜中有一个是荤菜，常常是炖肉，里面有点儿海带。主食以小米饭为主，偶尔有一点馒头。早点是豆浆、饼子，还有小咸菜。

我一直记得我的学姐刘露——外文系的大美女，个儿很高，北京人。她们外文系的课少，总是先到食堂。我有时候下课匆匆忙忙进来，她老远就叫我："小宁，过来过来，就差你一个人了。"凑桌嘛。她的未婚夫叫韩德扬，是企管系的，在东院，每礼拜都要来看刘露师姐。我们见着他，都叫姐夫，他是东院的排球队队长。你看，我们就亲如一家似的。我记得刘露师姐是英语专业的。我们进校的时候她是三年级，院系调整以后，她就毕业了。有人说她后来到外语学院了。外文系那会儿有北京帮、上海帮。上海帮呢，确实是有上海女孩那种特点，施正霞、郭莹、齐宗智，我们老爱一块儿打篮球、打排球。当时外文系别的地方的人反而少，以京沪两地为主。

再说我们那时的装束。大一的时候是穿长袍。棉的蓝长袍，里面穿西服裤，是带挽脚的，一定要露出将近一尺，就要那帅劲儿，穿一双破皮鞋。就很像五四时候的那样。女孩大部分都是穿旗袍，像那几个外文系的女孩都穿得很花哨。到了大二的时候，就不穿这个了，开始有"运动"了，主要穿棉服。

我们当时打排球，是男女合打，融合无间。大家都在一块儿玩，特别开心。南开大学教我们体育的，最有名的是侯洛荀先生，和清华大学的马约翰先生齐名。侯洛荀先生不是等闲人物，是全国足球总裁判，个子很矮，留德的，身体很棒。他住在南院，但是主要教北院文学院的体育。上课的时候是打篮球还是打排球，民主表决。考试是考广播操。那次考试，我不知道怎么一下乐了。结果他说："宁宗一，你一会儿再做一遍。你再乐的话，就不及格。”于是我就乖乖的，又给他做了一遍。

那时候体育课是每周两次。前两天我看到赵文选先生，他也是我们的体育老师。他是南开大学“五虎”之一，篮球队的。

陈：对。南开五虎队曾经打遍全国，非常厉害，还到东南亚打过比赛。

宁：“五虎”里就有赵文选先生，他的女儿是我师姐，大大的眼睛，高高的个子，是俄语教研室的，人特别好，温柔极了。有一次我在练双杠时差点摔下来，她赶紧跑过来看我有没有事。咱们当时体育教研室人才济济，侯洛荀先生、廖蔚棠先生，还有一个周先生是垒球专家。还有李宝华，这个人的身世很不简单，夫人跟瞿秋白有关系，所以“文革”时很受罪。李宝华擅长排球，廖蔚棠先生好像教游泳，赵文选先生教篮球，足球这边是侯老，后来刘国华开始教学生体操，是我们毕业时来的。[1]

院系调整后的中文系

陈：讲得太好了！下面是不是讲讲院系调整？

宁：院系调整以后全校都搬到了南院。我永远不会忘记走进南开大学南院的情形。大三那年开学时，我已经是老学生了，从火车站到学校不记得是坐公交车还是三轮车，依然提拉着我父亲给的那个马皮箱子，背着一个小铺盖卷。从校门口走到二宿舍，我当时想，大中路怎么这么

---

1. 按：大学入学一年后，宁宗一曾打算转学到北京大学，但系里没有同意。相关情况可参见本章附录，以为参考。

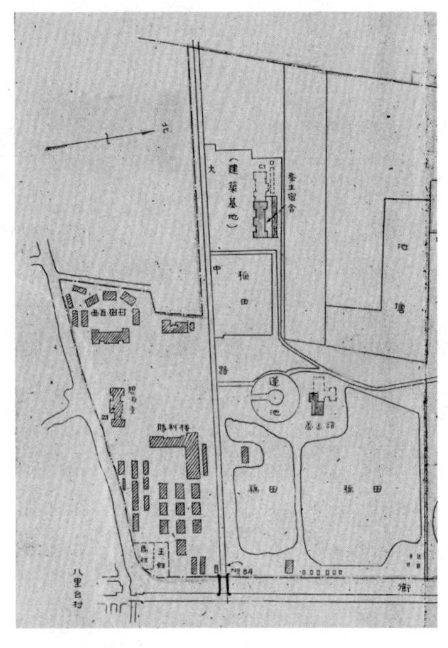

20 世纪 50 年代初的南开大学八里台校园，1937 年南开校园被日寇毁掠，此时仍在恢复建设中。东门入校后贯通学校的道路即大中路

长呀，走了很长时间。那时候南院比较荒凉，很普通的一个大门，旁边有一个小门，并不比北院好。从学校门口走到二号楼宿舍是一条漫长的路，也是具有象征意义的，从那个时候开始我走上了漫长的南开道路。

我记得男生住的是一、二、三、四宿舍，四座楼，我们是第二宿舍。女同学住在芝琴楼。二宿舍两层楼，好像就是文、史和外文系男生，我住的是 213。院系调整以后，人反而不多了，原来的文学院变成了文、史、外语三个系。

陈：当时就没有文学院了？

宁：没有了，取消院制。但是有重要的运动时，还是文科三系一起开会。另外财经学院变成了一个经济系。原来咱们还有企管系，我们还一块比赛过，这时就都囊括到经济系里了。咱们原来最重要的两个工科系，一个是化工系，一个是机械系，都给了天津大学。

陈：原来南开的工科、商科是比较强的，院系调整以后成为文理基础综合大学，变为以基础学科为主了。

宁： 就是按照苏联模式，南开大学变成了典型的文理学院。我觉得，院系调整以后南开的文史两家是大大地壮大起来了。中文系的新格局我可以说一下，院系调整后中文系以史、论为主，这就打破了我们所有上中文系的孩子们的一个梦想。这时李何林先生调来做了中文系主任。在开学典礼上，李何林先生说了这么几点，我永远不会忘。一是“中文系不培养作家”。听到这话，我们都快晕倒了，原来上中文系都是奔着以后当作家来的。李何林先生说得很简单：“你们以后就是从事教学、从事研究工作，还可以做其他别的社会工作，但是中文系不培养作家。”这是一点。另外，李先生说：“这次院系调整我跟高教部专门要了两位青年教师。”一位是陈安湖先生，清华大学毕业的，文弱书生，水平很棒，但是没待两三年就调到华中师大了，好像是回他老家。另一位就是许政扬先生。许先生是燕京大学研究生毕业，很奇怪，他学术水平这么高，竟然一开始被分配到新疆去，原因不明，后来李先生给要到南开来了。这是李先生说的第二点。第三，他说：“我们以后史、论就齐备了。”

这时我们系来了文学史方面的几位大家，其中有陈介白先生，他

李何林先生（弥松颐摄）

曾经翻译过叔本华《文学的艺术》。

陈：陈先生是教先秦文学史？

宁：先秦（他后来辅导谁呢？郝志达[1]。他给陈先生当助教，所以郝志达后来就教先秦两汉了）。教我们两汉魏晋南北朝这一段的，以王达津先生为主。中间也有朱维之先生。朱维之先生真是大家，学贯古今中外。魏晋时期有佛教文学、梵文，是他讲。王达津先生是以散文为主，他是一位研究散文的大家，是西南联大毕业的，跟历史系王玉哲先生都是唐兰先生的研究生。“隋唐五代文学”是孟志孙先生讲。过去孟先生有点孤掌难鸣，原来他给我们讲“历代韵文选”，可以从《诗经》《楚辞》讲起，隋唐五代是他的优势，再靠后的他不太熟悉（这时候彭仲铎先生已经不在南开了，院系调整后，我就没见过彭先生）。

“宋元文学史”是许政扬先生讲。我们当学生的时候，许先生在宋元这段只讲一部分，王玉章先生也讲一部分。王玉章先生是要好好提一提的，我们叫他玉老，他是吴梅的大弟子，写有一部书，叫作《元词斠律》。王先生给我们讲词和传奇。他对曲律是最为擅长的，能够吹箫、吹笛子，能够唱昆曲，是这方面的大家，这是很多人没有注意到的。但是他讲课也有很多的局限（他好像是在中国戏剧学院待过，但是不怎么受欢迎。这是院系调整的一个弊病，很多老师是在原来的学校待不下去，趁着院系调整就走了），王玉章先生的方言我们听不懂，他是南方人，我记笔记还能记 50% 左右，别人有时候都记不下来。王先生是老先生，不会新的理论、新的文艺思想，但是他又要追求用新的理论给学生讲。最有意思的就是讲《长生殿》“哭像”的时候，杨贵妃死了以后，唐明皇看着她的画像哭。这里要分析人物形象，王先生就说，唐明皇是“哭哭啼啼的形象”。这后来成为我们的一个笑话。王

1.1959 年毕业于南开大学中文系，旋留本系任教。

先生对词很熟悉，但就是分析不出来东西。老先生们确实有他的局限，你想当时新中国成立不久，新的理论他们还没有完全掌握。像孟志孙先生为什么被学生称为“三言二拍”，就是因为他努力地学习新的理论，但是当时并不能活学活用，不能够掌握新的理论、新的文艺思想的一些术语和论述的方法，有点生搬硬套的意思。

我们毕业以后，“宋元文学史”主要是许先生讲，那时候他还是帮着王玉章先生讲。许先生给我们讲的，我印象最深的就是《西厢记》，讲的时间也比较长，十多节课，好像讲了两个礼拜。他是从《莺莺传》讲起，讲董西厢、王西厢。许先生过去还给历史系讲“文学通史”。后来系里为什么要留我做助教？就是要我替他去历史系讲课，让他把主要精力放回本系来。[1]

“明清小说”主要是朱一玄先生给我们讲。朱先生基本上是按照中山大学的一本教材，讲的就是几部大的通俗小说。王玉章先生又讲了明清戏曲，明清散文是王达津先生串了一下，诗词就没怎么讲。

陈：每个历史断代都有专门的课来讲散文、诗歌等不同的文体？

宁：都有，但是各有重点，又有交错。

到了近代，这就是妙不可言的了。“近代文学史”是八位老师都上了，以李何林先生为首，朱维之先生、王达津先生（王先生还是讲散文），还有一个王泽浦先生，他是工农速中调过来的。

陈：工农速中？

宁：对，就是速成中学，原来在胜利楼[2]。他原来是在那儿教书，“文革”的时候他被斗得挺厉害的。还有孟志孙先生、玉老、陈介白先生、朱一玄先生，当时是“八大元帅”讲“近代文学史”，一个人讲一

---

1. 关于许政扬先生授课的回忆，可参见本章附录。

2. 南开大学内靠近东门的一座楼，现已拆除。

部分，谁都驾驭不了整个近代文学史，但是术业有专攻。达老[1]是贯穿历代散文。诗歌、词曲是孟志孙先生和玉老往下串。老师们基本上各守着一段，同时发挥各自所长。

陈：近代文学史就是接着古代文学史讲？讲到五四？

宁：对，是由古代文学教研室来讲。中国文学史一共是四个学期，每周六节课。

陈：是从院系调整之后开始？

宁：文学史课是在院系调整之后，一直上到四年级毕业。所以我们文学史的基础打得比较好。

陈：那几乎是一天一节？

宁：不是，一次上三节课，基本是讲一上午，每周两次。当时中文系把文学史看得很重。而现代文学史包含当代文学史，是五四到延安文艺座谈会讲话以后的文学史，就是几部小说点一点，是一年的课程。那时候还没有成立现代文学教研室呢。现代文学教研室是后来，过了很长一段时间才成立的。现代文学史是李何林先生牵头搞，外国文学是以朱维之先生为主，文艺理论是以张怀瑾先生为主。还有一个神秘人物是顾牧丁先生，他主要讲什么课，我和刘家鸣[2]记忆不同，现在还有争议。我记得顾牧丁先生是搞文艺理论的，但是没教过我们，因为他跟张怀瑾先生不和。

陈：他也是院系调整后过来的？

宁：嗯，他是从外校调来的，从哪个学校我不知道。顾牧丁先生的著作不是很多，为什么我要提呢？我留校以后，他经常上我们宿舍去聊天，当时我和陈坚、孙寿玮三个人住一个宿舍。顾牧丁先生是胡

---

1. 指王达津先生。
2. 南开大学中文系 20 世纪 50 年代学生，后留校任教。

风这一派的，所以他在我们宿舍调侃当时所谓延安派的，说："何其芳算什么？何其芳就是'多么香'。"他就流露出来了这个意思。他后来差一点被打成"胡风反革命集团"，因为他跟胡风这一派人都有很密切的联系。可是他又没有像吕荧（原来山东大学的一条汉子）那样，真正站出来为胡风他们辩护。顾牧丁先生在所谓"胡风集团"里面扮演什么角色我不知道，但是他没被打成"胡风集团"。他没有专门教过我们，可是我听过他的课。他讲课很棒，知识很渊博，个子不高，黑黑的，有点口音。后来我们当助教的时候，他有一段时间到北大去进修文艺理论。当时北大请了一位苏联专家叫毕达科夫，讲课的教材叫《文艺学引论》。毕达科夫今天来看是很浅薄的，就是北大请来的一个讲师或副教授，不是权威。后来我们这边也翻印了毕达科夫的《文艺学引论》，我也看过，是大本的。我对顾先生去进修的事记得很清楚，所以我一直认为他是教文艺理论的，但是刘家鸣认为他是教现代文学的。

古典文学教研室还有一位李笠先生，给我们开的课是"杜甫研究"，是专题课，我们那时候叫"专门化课"，不是选修。我跟他的关系很密切。他住在西村，当时西村都是小平房，排成一个圆圈式的，有很多松柏。西村的房子和东村相似，但是比东村显得艺术化。化学系的邱宗岳先生、体育部的廖蔚棠先生都住在那儿，李笠先生也在那儿。为什么我跟李笠先生关系密切？我觉得有这么两点：一是我听过他讲"杜甫研究"；二是有一年过年的时候我没回家，他知道了，让同学带话，叫我到他们家过年吃饭，我记得确实上他家里去了。他的口音很重，南方人。刘家鸣说，李笠先生教过他们"文字学"，我可真不知道。李笠先生学问很大，后来在这儿待不住，回到了复旦大学，那好像是"文革"前了。

陈：在南开待了十几年？

宁：对。师母给我的印象也很深，我知道师母老在屋里，我们去他家时，她在厨房炒菜，跟我们聊天。李笠先生调回复旦大学以后，我们通过一封信，好像是过年过节问候的信，那时候没有电话。

我觉得院系调整，让中文系整个教师队伍配备齐全了，各个地方的一些大家也来到南开了。比如朱维之先生，他原来是教会大学[1]的，来南开后教外国文学。新中国刚成立时，我在北京书摊上经常看到他那本《基督教与文学》。那时候我还不知道朱维之先生，也没买。后来见着朱先生，和他说过。我读了他的那本《中国文艺思潮史》。朱先生当时教外国文学，同时也教我们“现代剧作选”，也是“专门化课”。我们那时候对田汉、曹禺、夏衍、阳翰笙这些剧作家比较熟悉，就是朱先生给我们讲的。

院系调整以后，语言学教研室也比较壮大了。除了邢公畹先生、张清常先生，这时又来了宋玉珂先生，当时是青年教师，燕京大学毕业的。宋玉珂先生大高个儿，戴眼镜，非常文气，比较早就谢顶了，我们俩也经常聊天。他家在北京，也是一个人在这儿住。张清常先生也是一个人住，家在北京，夫人都没带过来。张先生在我们毕业以后支援内蒙古大学，后来就成为内蒙古大学中文系主任了。他原来一直是教我们“语言学概论”。我是他的“模特”，每当讲到北京读音的时候，他就让我站起来读，示范北京话怎么说。

教学与考试中的苏联模式

宁：院系调整以后，在教学环节有几个学习苏联的活动，不容一笔抹杀。这些是不是完全是学习苏联模式，是不是也结合了我们自己

---

1. 即沪江大学。

的独创，我不知道，但是我受益匪浅。一个是“希明纳尔”，你知道这个名字是吧？

陈：我看您写过，是指课堂讨论吧？

宁：对。“希明纳尔”，过去我们文学史的几位先生做得很好，印象中很多课都有课堂讨论，其中做得最好的是王达津先生。同学事先根据老师定下来的题目进行课下准备，到一定时候进行课堂讨论。课堂讨论一般都是两节课左右，最后由老师做一个总结。我觉得这个形式让我很受益。

陈：这是院系调整之前没有的？

宁：对，后来听说是苏联模式，上学时都不知道。“希明纳尔”，就是很注意调动学生的想象力，讲出自己的观点，锻炼表述能力，是一个综合的教学方式。我一直觉得这是一个很好的学习模式，现在我们缺乏的就是这个。我知道，现在文学院个别老师还会出一个题目，组织一些博士、硕士进行这种讨论。我们那时的课堂讨论是讲到一个阶段就会有一次，不是偶尔一次的，是比较多的。孟志孙先生也有过课堂讨论。但是我印象最深的就是王达津先生的课堂讨论。因为王先生有种跳跃性思维，有很多闪光的东西。他给我们选的文章也是很独特的，我原来专门写到他选的两篇，一篇是韩愈的《圬者王承福传》，讨论韩愈为什么写这篇文章；另一篇是王褒《僮约》。之所以我到现在也忘不了，其原因就是王先生给我们引导到当时的新理论。那时最热门的苏联文学理论是世界观与创作方法的关系问题，后来我在这方面写了好几篇文章。王先生一个最大的特点是追求新的理论，所以后来他搞了文学批评史，也是想用新的文学批评方法来研究古代文学批评。[1]

那时候考试也是一种新的模式。院系调整之前一律都是笔试，老

1. 关于“希明纳尔”以及王达津先生授课的回忆，可参见本章附录。

师给出一个题目或者两三个题目，简单进行答卷。但是在我三四年级的时候，尤其毕业考试的时候，有了面试。先是抽签。老师要写出大量的考题，搁在卡片箱里面，让学生抽签。抽签的话，也许抽到你的短板，也许是你擅长的。你讲，几位老师听，这也是一种锻炼。我们当时都怕抽到玉老的题，因为玉老讲的我们听不懂，尤其讲宋词，虽然我们很重视，但是记不下来什么东西。

命运决定了我，这次考试也是这样。我们每人抓两到三个题，其中有一道题可能是决定我命运的，就是“文学起源于劳动”。当时从文学史的第一节课就讲这个，之后才开始讲神话，才是《诗经》《楚辞》等。我面试答这道题的时候，答的是：一方面文学起源于劳动，另一方面文学反过来又影响推进了劳动。鲁迅不是也说“杭育杭育派”吗，讲小说起源于说故事，诗歌起源于“杭育杭育派”，就是拉纤时喊的吭吁吭吁的号子。我讲了点辩证法，好像因此获得了孟先生和其他老师的喜欢，这可能是我留校并且当了古典文学教师的因素之一。这不是夸大其词，因为我当时喜欢的是现当代文学，毕业论文写的也是当代文学。我那时候不敢说是已经明白了古典文学水深，但确实觉得难度大。不过这次抽签面试，我考得还是不错的。

那时候很注意教育学，因为以后学生出去很可能教书。当时学习苏联模式，“希明纳尔”和考试这两样，都给了我们锻炼的机会。

陈：面试也是原来没有的？

宁：没有面试。这个很有意思，抽完签回答这些问题，也没有时间准备，看完题就回答。老师也很辛苦，要出很多的题，把自己这一段讲的课程出成题、写成签。也要看你的手气怎么样，是不是你的所长。我认为现在应该保留苏联模式中的这两点。应该多增加课堂讨论，老师在这个过程中可以加以指点，最后进行总结，真正提升学生的认知能力、知识水平和理论分析能力。考试实际上也是一个灵活的形式，

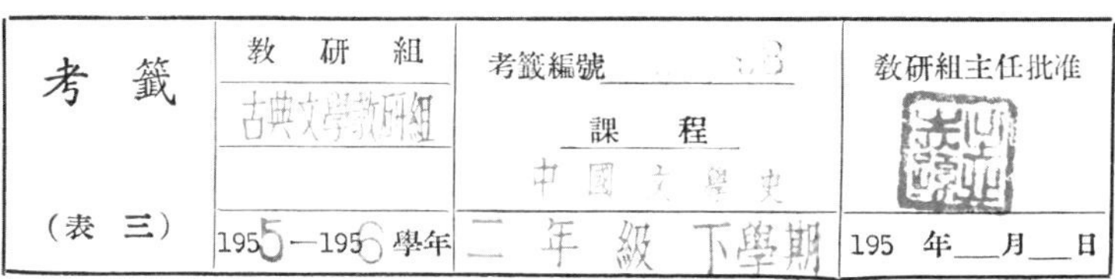

考籤	教研組	考籤編號	教研組主任批准
	古典文學教研組	課程 中國文學史	
（表三）	1955—1956學年	二年級下學期	195 年__月__日

1. 苏軾詩的評价

2. 水滸传的结构

3. 宋代的傀儡戏、影戏的种類。

许政扬先生写的考试签（许檀提供）

我觉得调动了学生的思维。不管是不是学习苏联的，这种提升的方式是应该被充分肯定的。而且我觉得课堂讨论当时很受欢迎，学生也很认真，我们都做了认真准备，有发言稿，同时也能够很自由地去表述。老师出的题目也都是有一定的理论空间值得你去发挥的。

所以院系调整后这两年，学习上做到了生动活泼，而不是在那儿死记硬背，我觉得这是一种比较好的气象。这两年中虽然在搞“三反五反”，但我们学生没沾边。这时基本上是平和的、能够念点书的，是比较完整的、正规化的读书时期。这两年的学习，我至今觉得是受用的、有好处的。

南开学风

陈： 宁先生，您 1950 年就在南开学习，后来又这么长时间在南开工作，您对不同期的南开校风、学风有没有什么特别的认识？上学时听说过张伯苓先生的事么?

宁：我上大学的时候，系主任彭仲铎先生和张清常先生、邢公畹先生都是西南联大的（杨佩铭先生、张怀瑾先生也是西南联大的，但我接触不多）。他们对西南联大的情况和南开过去的情况说得比较多，讲过张伯苓先生创办南开的事。我上大学之前甚至不知道南开最早是私立学校，连国立、私立的概念都不懂，是听老师跟我们说了才知道的。当时说的具体情况我已经不记得了，但是知道了张伯苓先生的大名。不过老师讲的也都是粗线条的。张先生并不在西南联大，有其他的工作。好像是邢先生讲过，张先生后来从政了，所以学校的事情就没有怎么过问。

陈：嗯，这是指西南联大时和抗战胜利复校以后。是不是有一段时间，大家是比较避讳提到张校长的？毕竟他在国民政府做过高官。

宁：我的师兄马献廷在宿舍里聊起过张伯苓先生，我那时候听得都不太认真。张伯苓先生逝世后，听说周总理来了学校，还在胜利楼的那个小平台往下看了看。我都只是听说，没亲眼看到。可是也有一些事是上学的时候就听得比较多的，一个是张伯苓校长很看重并推进话剧艺术的发展，另一个是南开的化工救国，咱们当时化工系也是比较强大的。

陈：对，南开原来是比较重视应用学科的，院系调整之后才变为文理基础综合大学。您说彭先生这些联大的老师会说起过去的事，大概是哪方面的?

宁：当时彭先生主要是介绍一些西南联大搞文学的名家，点过一些名字，但是那时这些名字对我们来说太陌生了，所以听完也就过去了，彭先生也没有深入地去多说。我还记得张清常先生说的一句话。他说："学生不要怕艰苦，艰苦生活出人才。"他大概说过不止一次。我不知道张清常先生是从哪方面得到这种感受的，估计就是在抗日战争时期，西南联大在那样一个非常艰苦的生活中，真的培养出来一些了不起的大师，所以他有感而发。

陈： 您上学时接触过南开的校训、校歌么？

宁： 没接触过校训，也没唱过校歌，那时候好像不怎么提，一点儿印象都没有。院系调整以后也没有，我觉得好像是更晚才响亮地提出来。是不是改革开放以后？我真的没有印象。这个很不好意思。

陈： 就我看到的资料来说，差不多也是这样。好像是1979年左右才恢复的，当时一方面是“文革”结束了，另一方面正好是南开大学60年校庆，有一个契机。

宁： 应该是这样，我想确实是那个时候。说句实话，包括我们的师兄、老师都不一定清楚这些。对南开的创始人也只知道张伯苓先生，对严修先生几乎都不知道，起码我是一无所知，也没人跟我提起来。这点毫无疑问你说的是非常精准的。粉碎“四人帮”、改革开放开始，走向一个新的历史阶段了，咱们学校才进行了校史方面的教育，包括校训“允公允能，日新月异”，我记得是“文革”后化学系的申泮文院士才在《南开大学报》专门解释过其完整的意思。

陈： 您觉得南开这所学校有没有什么特点？对所谓南开精神有没有什么体会？

宁： 我上中学时对南开就是比较崇敬的，名校的观念在我们这些年轻中学生头脑里是很深的。我们的语文陈老师也是这么介绍的，指导我应该报哪几个学校。陈老师当时就认为我理科根本不成，考文科呢，他就介绍了几所学校。崇实是教会学校，对口儿的当然是燕京大学，但是我获得保送资格却没有考上。而我高考的时候没有报北大，不是因为觉得自己考得不好，而是不想老在北京，想出来转一转、闯一闯。当时我们这些孩子都知道南开的名气比较大，曾经和北大、清华组成西南联大，所以要离开北京的话，可以说一门心思就是想上南开。我在华北联合招生中没有报别的学校，两个志愿都报了南开大学，一个是中文系，一个是历史系。后来哈尔滨外专先录取，一方面是赶时髦学俄语，一方面是听了传言，说被东北联合招生录取了，华北、华东就不再录取了，所以去了哈尔滨。当我在报纸上看到南开大学录取名单中有我时，我是兴奋不已的。我终于上了一个名校，当时就是这么一种感觉。可是来了南开六里台文学院，没想到是那样破破烂烂，八里台南院也是荒凉一片。这和我的想象大不一样，和我在北京见过的名校也不一样。

但是在南开的学习还是比较平稳的，就是在那儿踏踏实实学习、玩儿，即使有政治运动，对学生的震动也不大。在师资方面，既有西南联大的老先生，又有当时天津、北京的名流、名教授，像阿英、芦甸、方纪、何迟、王瑶几位先生，我觉得这已经很不错了。院系调整之后，对中文系而言，一方面教师队伍充实了，各门课完全都有了当时的所谓学术带头人，另一方面学习苏联的教学方式，这是原来没有的。对 1952 年院系调整的得失一直有争议，但是对于南开大学来说，文史两系的壮大是和院系调整分不开的，这也是事实。

南开文科的特色，我觉得它不是“嗓门儿”很高，而是很平实的，是在这种情况下培养出了一些比较出色的学生。就说南开大学，给我的印象也不是很张扬，我喜欢这种风气。当然有时我也对极个别人的作风有一些不满，但整体的风气还比较好。至于“南开精神”这四个字，我没有什么太深入的考虑，我也不敢概括，不知道应该怎么说，甚至我对这个概念也并不怎么往心里去。如果说的话，还不如回归我们的校训“允公允能”，实际上也是要我们的师生扎扎实实地去做你应该做的、有利于社会、有利于培养人才的事。我觉得南开有这个特点，跟北大确实有不一样的风气。

大学毕业

陈：您大学毕业是 1954 年？

宁：对。到了大四写论文的时候，我除了上课，整天就是在图书馆里写，写了十几万字。那时是竖着写的，蓝皮，我那本还请我父亲题了字。我最后悔的就是这本论文没有留下来。

陈：本科毕业写了十几万字！

宁：对，我写了十几万字。我的毕业论文是《论解放四年来的长篇小说》，可是我留校教的是古典文学。我们班当时留校了两个人。另一位是孙寿玮，他是从南京军事学院调过来的，院系调整时的插班生。他写的是《水浒人物论》，最后留校教“语言学概论”。

陈：留校后从事的领域都和毕业论文的方向不一样？

宁：对。我们班的贾彦德写的是《茅盾论》，结果分配到北大做语言学的研究生，后来留在北大任教（他六十来岁时因心脏病突然故去，我们俩关系很好）。再有就是潘克明，他是诗人，研究的是诗论，后来到了天津大学。

另外，我上学期间还“荣升”了班主席。你看，我在院系调整之前是新闻社社长，可是没有进入到学生会，我不愿意干那个。这时候却成了班主席。

陈：当时不叫班长，叫主席？

宁：对，叫班主席。

陈：班主席是选的吗？

宁：这个记不得了，老师不干预这种事，那时候也没有辅导员。当时的系主任助理是朱一玄先生，他是候补党员。我印象中班主席最主要的事是组织迎新会。我的前妻李蒙英就是我当班主席的时候迎进来的。当时我穿一件黑色的绒运动服，还致欢迎辞了。

我这个时候成为一名团员了。那时候不叫共青团，共产主义青年团是后改的，原来是新民主主义青年团。其实我一直不愿意入团，就觉得入团还得开会，而我有点自由散漫。可是，有一次贾彦德说：“小宁（他们都叫我‘小宁’），你该入团了，我当你的介绍人吧。以后毕业不一定哪儿去呢，你还得入团。”我说入就入吧，当时很快就入了。我好像是大四第一学期入的团，属于入团最晚的一个。当然，入团对我分配工作可能有好处吧，那时候也懂得要“服从组织分配”这六个字，毕竟是团员了。

陈：这时候还不知道分配的方向？

宁：不知道呢。毕业典礼的时候，全系的学生、老师都参加了，在胜利楼，很有意思。我作为班主席，代表毕业生发言，说了一些感激的话，也成为他们后来调侃我的一件事。我说：“在我们学习过程中，孟志孙先生的两鬓已经悄悄爬上了白发。”这是我的原话。他们就说，宁宗一一首诗都不会写，但是在发言里还玩了这么一手。大家哄堂大笑。我那时候已经有比较强烈的感恩意识，就看这几年自己的老师已经都老了。孟先生是四年一直跟着我们的，而且是古典文学教研室主任，我们与他交往比较多，“中国文学史”课程总是孟先生在主持。

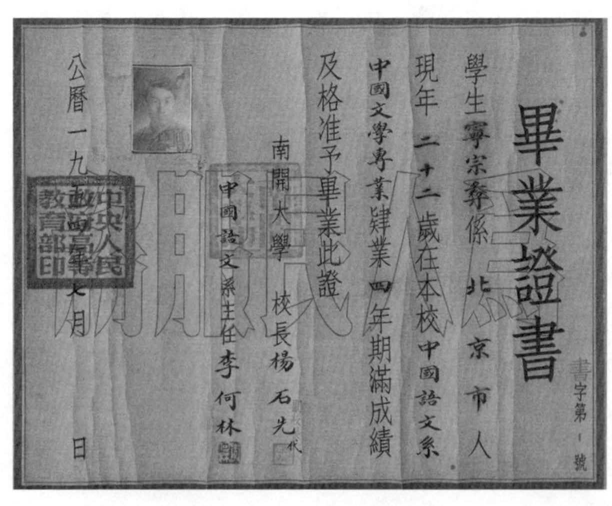

書字第一號

畢業證書

學生寧宗一係北京市人

現年二十二歲在本校中國語文系

中國文學專業肄業四年期滿成績

及格准予畢業此證

南開大學　校長楊石先（代）

中國語文系主任李何林

公曆一九　年七月　日

大学毕业证书，
“书字第 1 号”

附录[1]

关于入学体检的回忆

《朱一玄先生对我们的意义》：按惯例，入学第二天就是体检。当时，北院唯一的校医是任大夫。我只知道新生男同学都要经过任大夫仔细地通体检查，不知是因为年龄尚小，还是因为全体新生都要被一位只比我们大二十来岁的女大夫一一检查，所以回宿舍后，男同学只是互相开玩笑，倒也没有过多“害羞”。可是很快我们就从师兄处了解到任大夫就是朱师的夫人。所以我们新同学是先识师母，后拜朱师的。

转学未获批准

《朱一玄先生对我们的意义》：我入学刚刚一年，我的师兄白化文（当时叫白迺桢）就转学到北大中文系了。我和白兄联系后也想转到北大。说实话，一年下来我有点想家，又搭上我有个女朋友在辅仁读书；二是自己轻率地只想出来闯一闯，所以没报北大。而当时的南开大学

1. 为补充口述历史有关细节，本书摘录了部分宁宗一先生发表过的回忆文字及相关史料作附录，供读者参考。

北院似乎不是我想象的那样热闹，全院学生只有一百单八将，除了美丽的和平湖很诱人外，我觉得自己不适应在天津的生活。白兄是一个热心肠的人，真的为我奔波了一番，北大同意我转过去。关键是我要在南开大学提出申请。经师兄指点我找到了朱先生，应该说这是第一次正式谒见恩师。我开门见山地说明来意并提出要求。朱师似有点惊讶，沉吟一会儿，只问了我一句话：“你当时报的第一志愿是哪个学校？”我说：“南开中文系啊！”这时朱师又说了一句：“这得问问系主任啦。”我刚刚入校时，系主任是西南联大调入的桐城派散文大家彭仲铎先生，后来听说，中文系闹了个“宫廷政变”。我们这些傻学生也不清楚底里，记忆中后来是邢公畹先生代理系主任。不久朱师接见了我，明确告知我，经领导研究，凡第一志愿报南开的不予转学。一锤定音，这决定了我四年的南开中文系的学习生活。后来和北大朋友聊起这件往事，他们几乎异口同声地说，不到北大，未尝不是好事，像你这样的性格，很可能是“反右”时期的“当代英雄”（按：北大在 1957 年时，中文系青年教师和研究生办了个刊物，名字就叫《当代英雄》）。我忘记了当时听这话之后的反应。转学的事也许让我郁闷过，但朱师却说过一句令我终生难忘的鼓励的话：“在什么学校读书关键还是自己，你会有出息的。”

关于邢公畹先生授课的回忆

《邢公畹先生带我成长》：邢师讲语法常用的是层次分析图，记得最清楚的就是“台上坐着主席团”。邢师就在黑板上用那个“图”，层层分析什么主谓语等，结果我又陷入困境，脑子里一团乱麻。到了期末考试，几个对语法不熟悉的同学又鼓动我找邢先生请求出复习题，邢先生出了十道题，我就靠着死记硬背，才通过了语法考试。

关于朱一玄先生授课的回忆

《朱一玄先生对我们的意义》：明代的四大奇书朱师讲得最为详尽，学生关注对《金瓶梅》的评价，朱师以惯有的严谨态度对这部小说作了肯定的评价，给我们的印象也最深。新中国成立初期，特别强调农民起义的历史作用，所以也就径情直遂地把《水浒传》图解为农民起义的史诗，而且认为这是一个不可动摇的定位。可是就在1953年，朱师却论证《水浒传》是写市民反抗斗争的小说，即“市民说”。当时我们这些学生也就这么听下来了，有好几位同学还是力挺朱师的观点的，因为朱师是用细化的阶级分析的方法，一一把三十六头目的出身做了极其详尽的分析，从而得出了“市民说”的结论。今天看来，“市民说”可以说是先生的独立思考和探索精神的表征。

关于许政扬先生授课的回忆

《书生悲剧——长忆导师许政扬先生》：（许政扬先生）直到1953年第一学期，才给我们中文系本科生讲文学史中的元曲部分。他总共讲了二十四节课，四周的课让我们三、四两个年级的同学充分领略了许师的博学多才和个性魅力。这首先是一种崭新的感觉：用练习本写就的密密匝匝的讲稿；讲课时舒缓的语气中具有颇强的节奏感；用词用字和论析充满了书卷气；逻辑性极强，没有任何拖泥带水的枝蔓和影响主要论点的阐释；板书更极有特色，一色的瘦金体，结体修长，笔姿瘦硬挺拔，竖着写，从右到左，近看远看都是一黑板的漂亮的书法。如果说这是“形式”的话，那么他的讲授内容更令我们感到深刻和精辟。比如在讲《西厢记》时，首先是顺向考察，这样我们就把握了王剧创造性改编的关键。而在横向比较中，许师从俄译本直接引用

《家庭、私有制和国家的起源》中的话："结婚是一种政治行为，是一种借新的联姻来扩大自己势力的机会，起决定作用的是家世的利益，而绝不是个人的意愿。在这种条件下，关于婚姻问题的最后决定权怎能属于爱情呢？"这真是画龙点睛的一笔，使我们对《西厢记》爱情和婚姻的意义，有了一种豁然开朗、茅塞顿开的感觉。我敢说，在那个时代，我还真没有看到，哪本专著哪篇论文从如此深刻的理论层次上去观照《西厢记》的社会文化蕴含的。上大学期间，我对自己所崇拜的老师的讲课，一律采取"有闻必录"的方式。缺点是不能及时领会、消化课程内容，并在追踪其观点时展开独立思考，但好处是，有了完整的记录可以慢慢消化老师的授课内容。许师的课，最大特色是，只要你能"跟得上"，记录下来一看，就是一篇完整的绝妙的论文。我的办法虽属笨法之一种，但我觉得获益匪浅。

"达老"称呼的由来

《智者达老——跟随王达津先生四十五年》：当时王达津先生分讲散文。他从先秦、两汉一直讲到唐宋元明。虽然他的课要在各段文学史中穿插进行，可是从总的学时来说，他讲得最多，讲的时间也最长。一年多下来，他把中国散文发展史梳理得清清楚楚。更重要的是，由于他的课时多，我们接触他的时间也就多了很多。达津先生平易近人，开朗幽默，更增添了我们对他的几分亲近感，于是引发了后来对达津先生称谓的变化。一次达津先生给我们讲《左传·宋楚泓之战》，在解释"君子不重伤，不禽二毛"时，达津先生为了讲解得形象、生动，俏皮地指着自己的花白头发说："我这个头发就是二毛。"一句话引得同学哄堂大笑。其实达津先生当时刚刚迈入不惑之年。那时我在班上岁数比较小，又调皮，竟然从先生的"形象化"教学比喻中，引发了改王先生的称谓为"达老"的念头。把一位四十来岁的老师称为"老"，确实不伦，因为当时学界的范文澜、郭沫若和政界的徐特立、谢觉哉，他们的年龄或近花甲或逾古稀，且在学界、政界有威望所以才被称之为"老"。而达津先生那时还只是一位处于壮年的老师，这一颇带调侃意味的敬称，竟在同学中传开了，而达津先生知道了也未介意，颇有欣然接受之意。于是"达老"的尊称，就被我们从当学生时一直叫到先生仙逝，乃至今天我们追思先生时，还是尊称达老。达老谢世时享年八十有二，所以称先生为达老，算是名实相副了。

有关"希明纳尔"以及王达津先生授课的回忆

《智者达老——跟随王达津先生四十五年》：大三时达老讲到两汉散文时选了王褒的《僮约》，又在讲唐宋散文时选了韩愈的《圬者干承福传》。当时我们没觉得奇怪，更不会了解达老选文的深意，先生讲什么，我们就听什么、记什么。达老非常看重这两篇文章，他不仅疏解了文字，提纲挈领地分析了作品的题旨，而且还组织了两次课堂讨论。经历过 20 世纪 50 年代初的朋友都还记得，当时全国高校教学都在积极热烈地学习苏联的教学法，而教学环节中就有一种叫"希明纳尔"的活动。"希明纳尔"即课堂讨论。达老在前后组织这两篇重点课文讨论时，都要求我们写出详细的发言提纲，所以在课堂讨论时，同学们发言踊跃，各抒己见。当时，我也有一段很长的发言。最后是达老针对同学争论的焦点，发表了他的意见。而那时文艺理论界和教学研究中最热门的话题就是作家的世界观和创作方法的关系问题，达老正是抓住了这个复杂的理论问题，两次用当时的新的文艺理论帮我们诠释《僮约》和《圬者王承福传》的认识价值，同时也深入阐述了作家世界观的矛盾。记得达老在谈及《僮约》一文时，大致有这样的话：这篇赋体散文，表面似是游戏之作，它诙谐而有奇趣，其实在真切写出家奴便了的憨态形象时，表现了作家王褒内心的冲突，既有他阶级立场所决定的上下尊卑观念，又说出了统治者对奴隶的极尽苛刻之能事，那居高临下的调侃和奴隶的苦况形成了一个不和谐的矛盾体。达老在重点总结《圬者王承福传》时，大致也是说作家韩愈既有劳心者治人、劳力者治于人的封建意识，又通过王承福之口，真实地描绘了当时长安富贵之家的荣枯、贵贱无常的现实，即“多行可愧”“食焉而怠其事”的丑行。这些话和当时的情景，我为什么记得如此真切，现在想来，就在于达老当时已经意识到必须以新的理论之矢去射作品实际之的，即理论结合实际。当然这也和当时文艺理论界正热烈探讨“形象大于思想”“作家世界观与创作方法的矛盾”等问题有关。但从达老方面来考虑，他真是用心良苦。当时我们在做学问上，还处在“浑浑噩噩”的阶段，全然不了解理论如何指导实践等诸多问题。时至今日才明白，达老的“选材”不仅是严，而且是要通过选材这一环节去进行启发式教学，他不仅在思考，同时还帮助我们去思考。而注重新的文艺基础理论和文艺思想的学习和实践，达老在中文系教师中也是站在前列的，这无疑对我们以后把文本解读和理论研究结合起来的思路起着不可代替的启蒙作用。达老教学的最大特色是时有思想火花的迸发。

第四章

教学生涯的开始*

从登上讲台的那一刻起，注定以一生去做教书人

* 2018年8月23日、9月4日采访。

宁：现在可以进入正式主题——我留校以后的生活。

陈：对，开始教书了。

宁：这是重中之重！那时我所有的生活内容就是两项：第一，教学；第二，参加政治运动。我这两天一直在想，还找了点材料。我已经多次说，1954 年毕业留校，这跟我原来的理想是不一样的，我从前是希望当记者。毕业时填的三个志愿，第一就是记者，第二是文艺干部，第三是什么不记得了。但是最后却留校任教了。而从事的工作内容又不是我的所爱，所以那时候是诚惶诚恐的！

陈：本来是对现当代文学更感兴趣，结果却教古代文学。

宁：对，我的毕业论文是《论解放四年来的长篇小说》，却留下来搞古典文学。如果不是朱一玄老师说，让许政扬先生做我的导师，那我恐怕连今天的一点点成绩都不会有。因为我心里拒绝，就怕古典文学。有了许先生直接引导，我才有点信心，因为我也一直佩服他，这位青年教师不同一般。所以他后来在“文革”时自杀，是我生命中一次很大的打击。我就觉得，在学术上无依无靠了。这是后话。[1]

1. 关于毕业志愿与留校的回忆，可参见本章附录。

初登讲台

宁：我留校后就开始面临密集的教学任务和政治运动，而且直接触及我的灵魂。这个没有夸张，因为之前是学生，好像是一个旁观者，这时当了教师，而且已经是团员，后来又是团干部，从教师团支部副书记到书记，又是教研室秘书。衔儿不多，都是老师让我跑腿儿的事情，但是教师、团支部书记都是带有政治性的工作，就跟政治运动密切联系了。

教学呢，也是不可思议的。许先生原来给历史系讲“中国文学通史”，1954 年我毕业后，就开始让我试讲这门课。1955 年许先生完全调回到中文系讲“宋元文学史”。我也就完全接过历史系的“中国文学通史”，从先秦到明清分时期“穿靴戴帽”。比如讲先秦时，先讲这一时期的文学概况、社会背景，之后讲代表作品，讲两汉魏晋南北朝也是这样，依此类推（这门课没有讲到近代）。这是一年的课，每周三节，共 108 节课。所以，我从 1955 年就全身心投入到教学之中了。[1]

那时系主任李何林先生听了三次课，许先生听了六次课，他们对我的严格要求，让我受益无穷。李先生对教态、教容等都做了指点。比如，李先生说我的尾音太轻。第一节课一下课，他便从最后一排走过来，对我说，教室太大，后面听不清楚。所以后来我的声音就比较大了。他还指出我板书潦草的问题，我们那时候竖写板书。[2]

---

1. 关于中文、历史两系互相开课的情况，可参见魏宏运在《李何林先生在南开的岁月》中的回忆：上一世纪 50 年代初……历史系系主任郑天挺和中文系系主任李何林经常在一起研究教学。郑、李有相同的看法，认为必须加强学生的基础知识。他们决定中文系马汉麟到历史系讲古代汉语，许政扬讲古代文学。历史系派我（魏宏运）到中文系讲中国古代史和中国近代史。

2. 关于李何林先生听课并进行指导的情况，可参见本章附录。

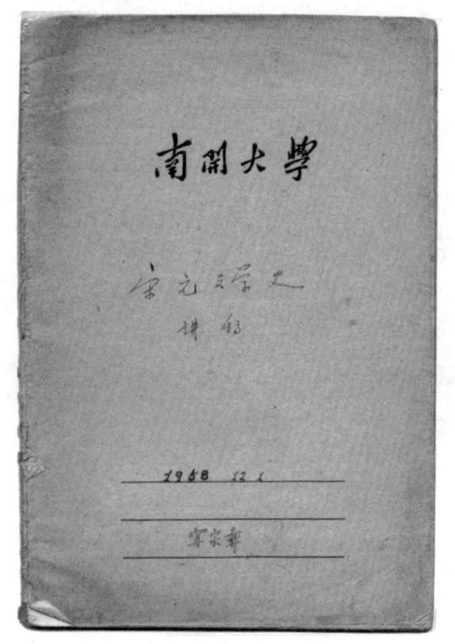

保存的讲稿

许政扬先生看过我的讲稿，修改过我的讲稿，我在教研室也试讲过，但是还会出错，还要改。我上学时在古典文学上没有深入学习，只是听课、背笔记，以这样的一种情况去讲课，困难很多，但是那时候我真的是比较虚心，老师怎么说我就怎么改。我当时统计出一个学时能讲将近三千字，包括写板书的时间。但是我的讲稿一般要写四千多字到五千字，让它有一点富余。这是一个流程式的：我写讲稿，交给导师，导师修改，然后在教研室试讲，之后再登台，系主任和导师还要听课，这真是最严格的。我一直想把这样一个好的传统往下传。

陈：许先生好像还给您开过书单？

宁：对，那时候许先生还给我开了一个三十部书的书单，他明确地说“不求甚解”，但是要一篇一篇地读，一首一首地看。这实际上是帮我打下基础，他选的都是名著经典，也是最基本的，从《诗经》《楚辞》开始,《乐府诗集》《昭明文选》都要求全览,《元曲选》，也就是“元曲百种”，还有《六十种曲》，都看了。

从某种角度来说，我这一生确实就是教书人，不像很多所谓“文人墨客”，我对烟酒茶都没有嗜好。人家送给我茶叶，我很快就转手了。但是，我就是有着一个教书匠的习惯，买书、看书、教书、写书，成为循环。有钱就买书。真的，一看见书就动心。经典作品以外，我其实更偏爱文艺理论方面的书。那时候比较年轻，买后就抓紧看完了。以后自己有了心得，也开始写文章，慢慢地攒成一本书。但是写文章、写书也还是服从于我的教学。我不是博览群书的人，我的短板就是文学作品读得很少，特别是外国名著看得太少，缺少中外比较。我也经常谴责我自己，书看得太少，当时也是忙于写讲稿，忙于讲课。幸亏有我的导师许政扬先生给我开的书单。[1]

我是新中国成立后中文系留下来的第二个助教，第一个助教是陈坚老师，是我的师兄。陈坚留校后就上北大进修了，回来教语言学，所以他没有经过我这个训练程序。我接受的训练程序算是完整的。当然我在讲课时仍然毛病很多，我性格浮躁，有些形式上的问题注意了，但是内容不是一下子就能提高的。当时给历史系上课，有一个同学递给我一个条，问“六朝是哪六朝”。可能在当时学生的心目中，我跟他们岁数差不多，我讲课时随便地就说到“六朝”，他们就问“六朝是哪六朝”，有点“将我一军”的意思。这使得我谦虚下来，一个人讲完这门课。

陈：他们是哪一年级？

宁：大概是 1954 级，当时上二年级。我们中文系学“中国文学通史”从一年级开始，历史系好像是二年级。过去一般严格规定助教进

1. 关于许政扬先生开书单的回忆，可参见本章附录。

修三年，或在外面或在本校进修，之后才能够上课。但是那时候系里急于要把许先生调回本系教“宋元文学史”，所以让我很快就登上了讲台。我觉得，这也是教研室孟先生和其他几位老师对我的信任，否则的话我不可能被推上去。既有工作需要，又有点提拔后学的意思，我就是这样走上讲台的。

从批《红楼梦》研究到批胡适

宁： 看起来全身心地投入教学成了我的理想，可是政治运动也伴随而来，刚刚毕业就赶上了批俞平伯的《红楼梦》研究，后来又引发出批胡适。最早是山东大学的李希凡、蓝翎写了批评俞平伯先生《红楼梦简论》中一些问题的文章，在他们母校的刊物《文史哲》上发表。[1] 毛主席对这篇文章很重视。但是，《人民日报》觉得他们是“小人物”批评大权威，文章也有些问题，没有及时转发，最后是在《文艺报》转发，发表时又加了按语。毛主席善于因势利导，他一直要改造知识分子，就抓住了这件事——“小人物”批大权威的文章在大报上难以发表——开展了一场运动。

我们开座谈会的场景历历在目。当时文科三个系一块儿，在图书馆西翼四楼大厅，摆着桌子，三个系的老师围坐。完全都是老师，没有学生。

陈： 西翼？

宁： 图书馆有东西两翼，这次是在西翼。大家都在那儿坐着，各自发言，主持的是李何林先生。因为《红楼梦》研究毕竟是属于文学

1. 文章题为《关于〈红楼梦简论〉及其他》。

性的，所以是李何林先生主持，不是李霁野和郑天挺先生。发言很有意思，我印象最深的是郑天挺先生和我自己的发言，因为郑先生是大权威，他有他的特色，而我闹笑话了。当时主题既有批判俞先生的资产阶级思想，也要说这个事件中《文艺报》压制小人物的问题。郑先生给我的印象再深不过了，那天他专门站起来讲，手里拿着卡片。他没有怎么批判俞平伯，谈的是《红楼梦》的社会历史背景，讲的是清史。所以你看，当时这种批判不是声色俱厉、上纲上线，基本上是带有学术性的批判。

我作为青年教师，也做了准备，发言的主题是世界观与创作方法。没想到我的发言后来在《人民南开》发表了。我说的时间挺长，还拿着个稿子。当时谈了曹雪芹的世界观问题和他的创作方法问题，这是苏联当时很流行的一种研究方法。过去有一种理论，说很多大作家的世界观和创作方法是矛盾的，比如说巴尔扎克，他的世界观是反动的，但是他写出了现实主义作品。可是当时我要讲的，是分析曹雪芹的世界观本身就是矛盾的，所以他的创作方法也并不是纯现实主义的。

陈：就是说也不是涉及俞平伯先生的问题？

宁：也涉及，总得有帽儿。有人说俞先生的学术思想问题，我就提升到所谓理论的高度，郑先生谈《红楼梦》的背景是什么，也都捎带一点俞先生，但是基本上是学术性讨论。[1]

陈：会前没有什么安排？

---

1. 据《人民南开》报道，1954 年 11 月 19 日中文、历史、外文三系会同民盟南大区分部及有关工会部门委员会联合召开《红楼梦》研究座谈会，批判资产阶级化学术思想。到会近百人，副校长杨石先（当时无校长）、党组书记刘披云出席。12 月 6 日，召开第二次座谈会，讨论俞平伯《红楼梦》研究的错误表现及原因等。郑天挺、雷海宗、李何林、谢国桢、王玉哲、张怀瑾、王金鼎及青年教师宁宗一等发言。宁宗一先生回忆的即第二次座谈会。

宁：没有任何安排，就是通知哪天开会，大家就都做了准备，都得发点言。我当时引经据典，说过去说“世界观与创作方法的矛盾”是说不下去的，其实是作家的世界观内部就有矛盾。我是谈一个理论问题，捎带着批了一下俞先生，因为俞先生是考据，没有理论深化，没有看到《红楼梦》的价值，所以才研究错了这些问题。但是，当时我说来说去说得不明白，没把自己的观点说清楚。结果李何林先生站起来了，彼时彼景我还记得。李先生说：“小宁发言绕了半天的弯，实际上说了一个问题，他没说清楚，就是作家的世界观内部矛盾。”我很尴尬，大家就笑了一番。但是那次我是冲上前去了，政治运动来了。

陈：青年教师就您一位？

宁：对。在我之后王达津先生有一个发言，历史系还有谁发言我记不得了。

陈：我查了当时的报道，郑先生、雷先生都发言了。

宁：雷海宗先生我还真不记得。

陈：李何林先生也发言了。

宁：对，针对我的发言他又展开了。

陈：还有谢国桢先生、王金鼎先生。

宁：王金鼎先生没在我们文科那个会上吧？他当时是学校的党总支书记，全校还没有成立党委呢。（拿报纸看）《人民南开》1954 年 12 月 11 日发表的，王达津先生这篇文章是《对俞平伯〈红楼梦研究〉所持的观点方法的批判》。这个是我的，《关于世界观和创作方法的问题》，转页接第六版。之后我又在这个发言基础上写出一篇大文章，在《南开大学学报》正式发表了。

陈：《论古典作家的世界观与创作方法》？

宁：对，1956 年是吧，中间隔了一段时间，提升了一下，因为李先生给我纠正了。《红楼梦》这个会后有一件事。华粹深先生是清华大

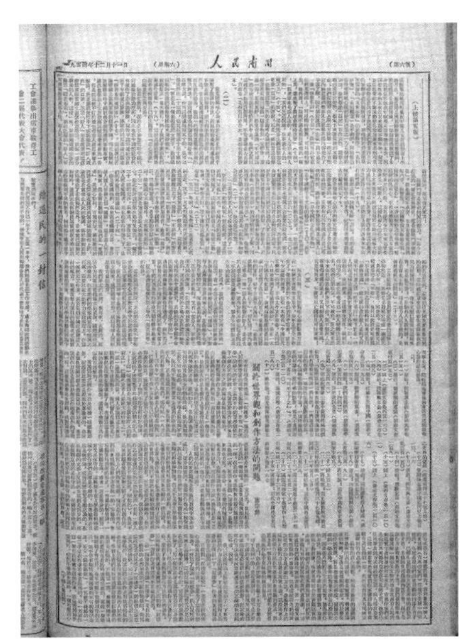

1954年12月11日《人民南开》刊发《批判〈红楼梦〉研究中的资产阶级观点》，其中包括我的《关于世界观和创作方法的问题》

学毕业的，又是俞平伯先生的得意弟子，他又在市里的戏曲部门担任要职，所以让他参加天津市里批俞平伯的活动。

陈：天津市的会是在南开大学的会之后？

宁：对。那天李何林先生、华先生、我，我们从图书馆前的斜岔道往大中路走。

陈：就是那次您发言后散会时？

宁：可能是靠后一点，因为这个会开了两三次，是哪次散会不记得了。我们三个人一块儿出来，一般就是我们一边聊天一边走。华先生很紧张，说："到那儿我去说什么呀？"我印象很深，我给出主意，说："这是让您跟俞先生划清界线。"结果李何林先生说："划清什么界限？就是让你提提意见！"李先生纠正我，那意思是师生划清什么界限？就是对于俞平伯的研究有什么意见可以提什么意见，就完了。一下子给我顶回来。

20世纪50年代的南开大学图书馆

后来，中文系又单独开了批判胡适的会。我跟李何林先生又有一次争论，而且后来有余波。所以我说有点触及灵魂的东西在里面。当时我刚刚毕业，又担任青年教师团支部的工作和教研室秘书，什么都走在前头，很“左”的。系里头批判胡适，李先生在谈的过程中突然提出一个问题，说胡适谈“文学是表现人的思想感情的”，这没有错。这个情景我记得很清楚，李先生是研究五四时代的权威。我立刻接过来就怼李先生。我说，胡适这个提法根本就是错的，我们说文学是反映社会生活的。你看，当时我幼稚到这种地步！反映社会生活就不能反映人的思想感情了？幼稚和教条以至于此！我竟然脸红脖子粗地跟李先生辩论起来了？弄得其他人都不怎么说话了。我真的不知道天高地厚，就是紧紧抓住《在延安文艺座谈会上的讲话》里面谈文学是反映社会生活的，应该深入生活、表现生活，文艺要从属一定的政治路线这一套。李先生就认为胡适说“文学是表现人的思想感情”并没错。

陈：李先生也跟您在辩论？

宁：辩论，但是我没大没小了，不知天高地厚。这一幕我至今作为一次大大的教训。可是故事并没有完。也很巧，很快我就感冒了，扁桃体发炎，恰好这时要开一个会我没去。令我感动的是，李先生到宿舍看我来了，给我拿体温表，还让他的弟弟（我们都叫他二先生）给我送粥来。感动之余，我给李何林先生写了一封检讨书。真的，我经常在李先生面前冲撞他，李先生既爱这个学生，又讨厌这个学生，但又很关心这个学生。我写了这封信，一再说我不知天高地厚、没大没小。我那时候真的是发自肺腑地检讨，自己做了一次真诚的、由衷的反省。李先生对我这么好、这么关心，可是在那种场合，我不懂得尊重自己的老师和系主任。今天想来也感到非常惭愧。

所以，我现在想跟你谈的是，我这一生讲课和参加政治运动没有什么可以得意的，都是反思。你看，每件事情我都带有自我批判的意思。我当时认为自己是左派，就冲上前去，很多的事情就坏在像我们这样没有什么头脑、一号召就冲上去。应该分析，应该思考，应该知道什么事情用什么样的姿态去对待。为了胡适的这个问题，我和李先生发生了争论，但是我既受到了教育，又得到了老师的温暖爱护。

陈：李先生收到信就来看您了？

宁：对，他说，下不为例。我在《灵前忏悔》那篇文章里面写了。

陈：对，文章中还记了李先生说，从您身上看到他年轻时的影子。

宁：他说，什么事情都要多想想。那次谈的时间挺长的。

陈：李先生是经历过很多批判运动的。

宁：有些细节我真的是刻骨铭心，我那时候对尊师重道还没有太深的体会，只是享受到了老师对我的关怀。实际上，老师也借此机会给我一些教育。这件事说明了我的无知，胡适并不是每句话都是错的，那时候我们不懂，政治运动一来就用教条来面对。我自己的反思是一点一点地、慢慢积累下来的，至于内心的那种感恩思想，也都是后来慢慢强化的。我自己当了老师以后体会更深。我也像自己的老师一样，爱学生，保护学生，自己受的委屈都忍了。那实际上就是学习我的老师给做出的范本。

所以我觉得，我在毕业以后伴随着教学和政治运动，实际上多元地提升了思想境界，或者说那时候还没有“境界”两个字，自己还离着“境界”两个字很远，就是怎么提升自己做人，怎么做一个教师，怎么样对待自己的老师，以及怎么样对待你批判的对象。这些问题我刻骨铭心地记住了。

陈：批胡适，您印象比较深的就是这一次？

宁：对。中文系批胡适的运动没怎么搞起来，比批俞平伯更少。这个很奇怪。批判胡适是旗帜很鲜明了，批判资产阶级的唯心主义，批俞的时候还不是一开始就上纲到这么高。但是，后来就把俞平伯先生跟胡适挂钩了，所以可以看出是有针对性的。那时大家都认为肯定要批判周汝昌，因为周汝昌有两卷本的《红楼梦新证》。

陈：而且是在胡适的影响下写的。

宁：但恰恰没批周先生。周汝昌先生反而写了文章，既有批判俞的，也有自己的小检讨，就这么过去了。我记得《胡适思想批判文集》最早是白皮的两本，后来是八大本，成了集子。对批胡适，第一，我不太懂；第二，我没有参与太多，就是那次批判会上发生争论，而争论中就把我性格上的、学识上的和修养上的问题都暴露无遗，这是我忏悔的原因。

我今天真诚地反思，反省过去自己的冒失，这些冒失是在政治运动中推进的。我是到今天才感觉到有问题吗？其实当时就感觉到自己的幼稚，包括跟李先生吵，给华先生出那些不高明的招儿等。但是那时候还有一点“直来直往”，老师也借此机会批评我几句，所以我觉得在毕业以后好像不断在受到启蒙。

从批胡风到“肃反”

宁：你看时间的滚动很快，跟着就批判胡风了。这时搞政治运动并不停课，还没有说“停课闹革命”，我一直在教学，教学是平稳的，是一边讲一边运动。批判胡风进一步触及我们这些人的灵魂，因为我们跟胡风集团关系最密切了。你看，胡风的几本代表作我都有，原来非常佩服这位理论家。此外，我花那么多钱去买阿垅先生的《诗与现实》，三卷。我们的现代文选及习作是冯大海先生教的，芦甸先生又是我们“文学概论”的老师。他们都和胡风关系密切。

批判胡风，一开始只是批判胡风文艺思想。团市委组织教师宣讲团到各区去宣讲批判胡风的文艺思想，我和苏振鹭几个人是教师宣讲团员。我好像也写了一篇小文章。这时批判胡风的座谈也比较密集，但是具体内容不记得了，就是批判他的文艺思想。《文艺报》出了一个小册子，就是那本胡风的“三十万言书”。当时只要订《文艺报》，就送一本。那时候我们教文学的人基本都订《文艺报》。“三十万言书”里面有关所谓胡风的思想，就是上书言事嘛，就是针对文艺问题向中央提出批评和建议，在今天来看胡风思想是对的。但是，当时认为他给我们的文艺政策提出了“五把刀子”之论，这个不得了！胡风文艺思想的根是“到处有生活”，但是那时候认为这是错的，我们应该是深入到工农兵生活中，不是到处有生活。具体内容我不记得了，但是他的“五把刀子”论是我们专门批判的，说他完全是跟党的文艺政策对着干的。

可是，后来运动急转直下，而这中间的契机是舒芜的一封信，他把胡风所谓的“密信”交出来了，引起轩然大波。多年以后大家谴责舒芜，其实当时有很多人都如此，人格分裂，像我们这些小不点儿也跟着形势跑，而且认为自己是积极的，今天值得反思。在那个时候，是有功利的想法？还是划清界线？还是真正站在革命立场？这个很复杂，人性的那些问题也都出来了。结果胡风的问题不再是一个文艺思想的问题，最后就挖，说胡风真名叫张某某，是国民党暗藏在革命阵营里面的反革命分子。这一下子就变得复杂了，成了“肃反”。这时候在中文系跟胡风集团有联系的就是顾牧丁先生，在之前批评胡风文艺思想时他还站出来为胡风辩护，但是后来真的变成肃清反革命集团的问题了，大家也就鸦雀无声了。

陈：对顾牧丁先生进行处理了吗？

宁：没有，对他也没有怎么处理，就是不了了之，也没查出他有什么问题。但是所谓胡风几员大将中的芦甸先生他们，被打成了反革命集团里面的骨干成员。

陈：芦甸先生当时已经不在南开讲课了？

宁：他就教了我们一届，当时在天津文联工作。后来他到工农联盟农场进行劳改。我跟一个同学骑车上工农联盟看过他一次，跟他聊聊天，他给我们一些嘱咐，说的话现在也记不得了。芦甸先生是一个很温和的人。

陈：这是反胡风之后，您去看他？

宁：对，他被改造了。所谓胡风集团的“四大金刚”还有冯大海先生。我知道，冯大海先生从天津作家协会出来后到了张家口，在那边很受压，自杀了。这个也是听到的消息。

紧跟着就是“肃反”开始，这跟原来的“镇反”完全不一样。“肃反”的时候，我只参与了魏宏运、刘珺珺两位当组长的“肃反”小组，也只是参与了对查良铮先生（穆旦）的审查。[1]我当时没有发言权，就是负责接送、记录。每次要对穆旦进行调查的时候，都是我到东村接他出来，两个人一路不说话，到胜利楼的一楼，有一个教室。那时候完全是文斗，就是审查，提一系列的问题。“肃反”小组就是我们三个人，不是批斗会，没有那么多人观看。

陈：问了很多次吧？

宁：我印象中起码三次。问得非常细，他交代得也比较细。会后，我曾经问过老魏，说当时青年远征军挺棒的，还是抗日的、爱国的什么的。那时候我还不知道查先生是专门给杜聿明做翻译，也不知道过野人坡的事。老魏对我说，你不要提这些问题。我们审查都很平和，提问也很平和，他就是回答问题。当时坐的是扶手椅，有一张桌子，我这边记录，记完了就交，也不整理，我也没有提问题的资格。

每次审查完了以后，我再把查先生送回家。我每次习惯性地一推他家的房门，就会看到迎面的茶几上，都是周先生[2]给他预备好的牛奶、水果。我那时候很感动。这边被审查，可是他的夫人对他还那么照顾。后来我和查先生也算认识了，一直到他搬到北村13楼，到学校图书馆工作，我们俩见面都会打一个招呼。他那时候算是所谓改造了。他当时有两个问题重叠着，一个是1954年所谓的“外文系事件”[3]，另一个是他原来的国民党军衔。所以后来给他戴上了“历史反革命”的帽子。

陈：“肃反”是1955年？

---

1. 按：穆旦曾经在抗战期间参加过远征军，有国民党军衔。

2. 周与良，穆旦夫人，南开大学生物系教师。

3. 1954年，外文系几位教师对系领导专断和不民主作风有意见，事态发展愈趋激烈，被称为“外文系事件”，最终部分教师遭受批判，穆旦也被牵连其中。

宁：1955 年了，“肃反”运动的时间很长，大概一年。

陈：但是穆旦先生被打成“历史反革命”是 1958 年的事了。“肃反”当时没有什么结论？

宁：当时没戴任何帽儿[1]。1958 年补了一批右派，估计是经过一段审查才批下来，扣上了“历史反革命”的帽儿！

“肃反”运动跟我们批判胡风文艺思想的时候不一样。批判胡风文艺思想，是我们去区里宣讲党的文艺政策。我们胆儿也大，就那样一知半解地去讲。我记得那时候讲了三四次，很忙，这边还讲课，那边又得去宣讲。但是到了“肃反”，我们的事倒不多了。其他事情，比如外文系颜毓蘅先生在“肃反”中自杀了，但是不知道详请，我不在他那组。颜先生有两个女儿，有一个是留在外文系教俄语的，我跟她见面打招呼。我知道颜先生在清华大学读书时与钱锺书、曹禺并称“龙虎狗”，业务很棒的，但是对他的身世不了解。当时给他扣的帽子是汉奸，原因不知道。

后来一切稳定住了以后，中文系请来了李希凡、蓝翎这“两个小人物”作报告。李何林先生认为李希凡一看就是厚道人，还不错。蓝翎不成，李先生认为他无知，没什么了不起。这是他直接跟我说的。

还有一些就是碎片式的记忆了。当时我们开系里的大会或者文科会一般都是在原来木斋图书馆的西翼，开完会以后，我都是和李先生、华先生、许先生一起出来，先把李先生、许先生送到北村口那儿，他们住北村，然后把华先生送到东村。当时荷花池中间有一条土路。有一次也是我们一块儿走，李先生非常坚定不移地说，胡风被整是因为有“前因”，就是因为周扬他们有宗派主义思想。

陈：这是什么时候说的？

---

1. 按：1956 年穆旦的问题按一般政治历史问题予以结论。

宁：就是在批评胡风文艺思想的时候。这跟李先生写《近二十年中国文艺思潮论》有关系，他一直坚持这个理念，认为当时宗派主义是交错的。延安派冯雪峰到上海做鲁迅的工作，冯雪峰跟鲁迅原来就很好，没有和当时在上海的周扬联系。结果周扬吃醋了，说你到上海为什么不跟党组织先联系。他们闹得很厉害。胡风跟鲁迅关系也很好，和冯雪峰他们就都在一块儿。当时阿垅恰好也在上海，他们这么一大批人，其中也有舒芜。后来又有两个口号之争，一边是以鲁迅和冯雪峰、胡风为首的提出“民族革命战争的大众文学”，一边是周扬、张庚等提出来的“国防文学”。这两边互相怼，咱们今天来看，也弄不清楚，相关论文太多了。当时以鲁迅先生的名义写出的那篇文章，是冯雪峰起草的[1]，因为那时候鲁迅身体很不好了。所以李先生就认为，本来胡风与周扬就有宗派主义问题。在批胡风问题的时候，李先生是坚持一种学术立场。[2]

陈：后来批胡风反革命集团呢？

宁：没见李先生再说什么了。因为那时候冲锋陷阵的是我们年轻教师和研究生。一会儿我谈“反右”的时候也可以看出来这个情况，老先生一般都是蜻蜓点水，我没有看见声色俱厉的，很少有一定要把对手打倒的情况。那个时候像李先生还是爱发言的，许政扬先生根本不发言。

---

1. 即《论现在我们的文学运动》。

2. 关于批胡风期间宁宗一与李何林先生的谈话，可参见本章附录。

向科学进军

宁：当时政治运动可以说是密集的、轰轰烈烈的，但教学没有受什么影响，学生们也没有太多参加，没有让他们参与批判。我们古典文学教研室当时在业务上做得最好，因为有业务理论学习。业务理论学习，孟志孙先生授命让我主持，一周一次，或者隔周一次，只有武装好自己，才能讲好课。当时学习的材料有《在延安文艺座谈会上的讲话》；苏联文艺理论；维诺格拉多夫的一个论集，是从经济基础与上层建筑的关系等方面讲的；还有"苏联文艺理论译丛"，里面有苏联或者东欧理论家的文章。

那时候一些重要命题都是从理论学习中来的，比如我谈的世界观与创作方法，那是当时最热门的问题。不是像现在谈叙事学，那时主要谈现实主义、浪漫主义。自然主义是作为反面的，现实主义是正面的。我们熟读恩格斯的著作，特别关注恩格斯给哈克纳斯写的信，里面说了什么是现实主义，"现实主义除了细节真实之外，还要塑造典型环境中的典型人物"。

这些学习老专家都参与了。当时积极分子是王达津先生，他是最爱发言的，还有一位是王泽浦先生。许政扬先生那时已经能够自己阅读俄语的《马恩选集》了，他自己进修。许先生非常了不起，他对理论非常关注，写的文章理论性都很强。我们一直认为，古典文学教研室的业务理论学习搞的是最好的（二十几年后，我当了小说戏曲研究室的副主任时，还把这个传统带过去。华粹深先生觉得我以前就是教研室秘书，文艺理论学得还好）。

我们那时教研组织得也非常好。在李何林先生领导下，中文系每年有一次科学讨论会。古典、现代、语言每个教研室，每年每人都要提供一篇文章。每年的这次讨论会促使我们都有了一个大的提升，是很有章法的。科学讨论会每位教师都要参与，许先生的《论高祖还乡》，我的《关于世界观和创作方法的问题》，都是系里讨论会上的发言（后来我又是继承了这一点，通过讨论会鼓励学生们搞科研，我觉得这个办法很棒）。这是配合教学的科研。好像学校层面也有科学讨论会，有时还会请外地的专家来作报告，比如北大的中文系主任杨晦就来讲过。

陈：当时组织科研活动主要是通过讨论会么？平时有没有什么科研的任务？

宁：那时候都是老师们自己在教学之余发现问题，写论文、出书。

陈：也没有要求必须得写论文？

宁：那时候没有这种评价系统，是以教学为主。教学严格极了，尤其我们青年教师都要写讲稿，在教研室试讲，导师听课，这是常规

1955 年 5 月 29 日，南开大学首次科学讨论会召开，照片中的发言人为时任副校长杨石先

的。写书、写论文都是自发的，一般没有任务。

当时还有一点我觉得不能够忽视，就是学习苏联。苏联当时的教学环节是比较科学的，有很多是值得吸纳的。这个我上次也说过了，一个就是考试有面试抽签，一个是“希明纳尔”，这些办法在一段时期得到延续。

陈：您在文章中还提到过当时工作量统计也是学习苏联？

宁：当时朱一玄先生是系助理，他要统计每个教研室教师的工作量，我是个小助教，朱先生拉着我一起干。我们有时工作到很晚，就我一个人陪着他。毫不夸张地说，当时全系几十个教师的工作量都是他统计的。朱先生列表，粘成一丈长，我就帮着他搞这个。我虽然数学不成，好在那个统计就是简单的算数。但是，最后都成了废纸，没有用。

陈：您说都没有用是什么意思？跟工资不挂钩？

宁：没挂钩，那是一个虚妄的东西。

陈：那个也是从苏联学的？

宁：工作量这个提法好像是从苏联来的，是不是跟现在的绩效考核有点相似？我和朱先生累坏了，有的时候到晚上十一点多钟，看门的工友轰我们出去，因为到锁门的时候了。中文系当时在现在的生物楼，那时是刚刚盖起的几座楼之一，我们在那儿上课。只要一到年底或者学期末就有这一大工程。

1956年中央提出了“向科学进军”。“向科学进军”不是政治运动，是中央提出来的口号，当时并没有提出“超英赶美”那样的目标，就是觉得中国应该开始向科学进军了。

特别是，周总理关于知识分子的报告，是振奋和鼓舞知识分子的一篇长篇报告，公开登出来可以看到的。这个时候，老师们好像得到了一次精神的解放，特别是那些老先生受到的鼓舞是惊人的。

陈：有什么表现吗？

南开师生响应党的号召“向科学进军，学好功课”

宁：哎呀，孟先生就跟我说，他过去老感觉讲课缩手缩脚，害怕。

陈：这是在什么场合说的？

宁：就在教研室里面。教研室学习总理的那个报告嘛，那时候都是在礼拜二的教研室会议上学政治。老先生形之于色，确实有精神解放的感觉，可以看出来，高兴！摘帽了！总理当时威望多高，而且他是专门作关于知识分子的报告！过去一直讲“皮之不存，毛将焉附”，现在知识分子是工人阶级的一部分了。这是知识分子的一个春天！

1957年毛泽东在宣传工作会议上的讲话，也专门提到关于知识分子的问题，指出缺点、总结成绩、指明方向，这和给知识分子摘帽是相互呼应的。这一下大家心里就踏实了，不是那种诚惶诚恐、担心害怕了，感觉经过这么多年的政治改造，现在毕竟中央说话了。

但是时间也不太长，只是一个短暂的转折期，我们并不知道当时的大背景。说到这儿，我想起最近苏驼[1]先生说的话。前几天，我看到苏驼先生，他人非常好，比我大三岁，90 岁了，还是那么瘦。他叫我说："嘿，老没见了。"我当时正在报栏那儿等人，看报纸。我们俩就一起聊天。他跟我说："我不知道你怎么看。有些事，我到现在刚明白一半，还有一半不明白。"

"反右"运动

宁：向科学进军是大家一次精神的、灵魂的解放，老师们觉得可以轻松地前进了，可以好好教书，好好搞科研，把中国的教育搞好了。但是不知道怎么回事，很快就转入了"反右"。

引发"反右"的是什么事呢？是整风，批"三风"，批官僚主义什么的。这时候实际上底下已经开始提出点意见来了，毛主席号召大鸣大放、大字报后，这场运动可就轰轰烈烈了！可是当时有一个前提、一个铺垫，就是知识分子已经觉得我们是工人阶级的一部分了，应该帮助党整风，所以提的意见就比较多。问题就出在这儿。意见一提就什么问题都有了，民主党派有章伯钧他们的意见，储安平他们又提出轮流做庄等，从这就开始了"反右"运动。之前鸣放过的，很多都被打成了右派。

陈：《人民日报》那篇社论叫《事情正在起变化》。

宁：我印象中好像上海的鸣放搞得厉害，北京是首都，当然也很多。南开大学这边都没怎么鸣放。当时我们中文系的党总支书记是吴火，他是李何林先生的研究生，是从延安来的，年轻，过去管过日本

1. 南开大学社会学系创系主任。

俘虏，会日语。我那时候是教师团支部副书记（因为我们团支部人多，助教、研究生、进修教师都在一起，所以设了副书记），鸣放的时候，吴火跟我说：“小宁，少说。”这时候天津的大鸣大放还没有起来。

陈：他是到南开来工作？

宁：他读研究生，是副博士，后来当了总支书记，再后来搞美学，在天津社科院当哲学所的所长，我们比较熟。当时我就提了两条意见：一是《参考消息》为什么不让助教看，这个我记得特别清楚，当时“大参考”是校长和党委书记那一级才能看，我们助教没有资格看，看的是“小参考”。这是我给提的一个意见。还有一个是关于一位青年教师党员的婚恋问题，他抛弃了他的女朋友，大家对他的作风有意见。那也是扯淡的事，随便提了点意见，都是不痛不痒的。

可是大鸣大放时还是有人发表了意见，这里面有一个和我有些关系。我要发展从兰州大学来的进修教师张效良入团。他是一个粗粗拉拉的人，结果在鸣放中说了一些话，“反右”时被批了，最后还被划成了右派，进修教师中只有他被打成右派。为此我也吃了挂落儿，因为我要发展他入团。

教师中，邢公畹先生和朱一玄先生被打成了右派。

邢先生在新中国成立前的时候，是护校委员会的成员，是革命派，靠近组织的，后来又是党的同情组员。1954 年，他去莫斯科大学讲学两年（大约同时，华先生到蒙古大学讲学，不是内蒙古，是蒙古大学，这段经历造成后来华先生得了哮喘病）。邢先生从莫斯科大学讲学回来以后，当了中文系的工会主席，那时候工会主席还管点事，也算是系里的一个角色吧。邢先生说话有一点直，有的同事就感觉他看不起人，但是学生感觉不到。有一次他参加了校党委宣传部关于宣传工作的会议，各系工会主席也都参加了。邢先生说了这样的话：“当时学校宣传部的副部长曹 ×× 跷着二郎腿，觉得自己了不起，有什么了不起？”这被认为是对党组织不敬！当时有这样一个逻辑，你反对党员就是反对基层组织，反对基层组织就是反对党，一层一层地往上推。邢先生说的这话，我们当时也没听清楚，是后来被揭发出来的。“反右”的时候，邢先生就被批为目无党的领导，扣上了这个帽子。我们参加过批判。

朱先生好像是有点历史问题，这是后来被揭发出来的。鸣放时，朱先生对后勤工作有意见。因为我们师生都要上锅炉房去打水，朱先生说后勤锅炉房烧的都是60度的“老白干”，就是说水不烧开。这个你可以查到，《人民南开》登了他给后勤提的意见，妙不可言。

陈：是因为朱先生提了水不开的问题，所以觉得他是一个右派分子，然后再去找他的历史问题？

宁：我认为就是因为这件事，别人攒他的材料嘛。后来又捯出朱先生讲课的问题，他讲《水浒传》说是市民起义，在当时被认为是错误的。主要是这两件事。

陈：朱先生当时是预备党员？

宁：那时候叫候补党员，系助理。他被打成右派，恐怕跟他的历史问题也有点关系，不清楚。

陈：中文系成为右派的就是他们两位？

宁：教师就是这两位。进修教师刘星耀也说了点什么话，捎带批了一下。我是被分到批邢先生这一组的，我当时的发言稿写在练习本上，刘家鸣还给我题名为“锄草集”，每次批判的时候我们都写发言稿。[1]那时候就是压住教师们的傲气，说他们目中无党，他们的话都被

1. 参见宁宗一口述，晨思整理《邢公畹先生带我成长》：在这场“反右”斗争中，作为青年教师、教师团支部副书记的我，当然听从党的指挥，冲锋陷阵，彻彻底底地扮演了一次“左派”的角色。我们几个年轻教师，大会、小会都发言。发言稿密密麻麻地写在一个练习本上，师弟刘家鸣还在我这个本子上题了“锄草集”三个革命性极强的钢笔字。

当作反党的言论。邢先生从四级教授降到六级，朱先生先去农场劳动，后来转到资料室工作。

陈： 朱先生是讲师？

宁： 讲师。我问刘家鸣，他们也记不起朱先生还有什么问题，好像就是对党不敬吧。

陈： 有没有右派指标、任务？

宁： 当时中文系右派不多，吃挂落儿的是李何林先生。他“反右”时的罪状是叫“五类”人员为同志，比如他发言时称邢先生为同志。批评他时就说，邢先生都是右派了，你还叫他同志。结果李先生又挨批。其他很多情况我们一般的团员都不知道。

陈： 右派是谁定的呢？

宁： 更高层的。“反右”跟“文革”不一样，“文革”开始时被批判的很多是领导层，“反右”搞的是一般教师，在学生中间也搞。我的前妻李蒙英，那会儿她还没毕业呢，还是中文系的学生。她是团支部书记，给党支部的一个党员提意见，在《天津日报》登出来了。后来，她的团支部书记就被撤了。本来她是应该留校任教的，结果就没让留校。后来我们就结婚了。

陈： 就是这时结的婚？

宁： 对。咱们学校还发生了程京的事件，物理系的程京先生，原来是英国皇家学会的会员。他受过刺激，一个人痴呆呆的，住在东楼，像《夜半歌声》里那样，很可怕。大鸣大放时，有一个人到二宿舍门口贴上大字报，为程京喊冤，说他是被迫害的。后来有人说，他根本不是被迫害的，是失恋造成的。因为他的地位很高，这件事影响很大，当时叫“程京事件”。南开最大的右派是谁，我记不住了。

陈： 雷海宗？

宁： 我们都没参加批雷先生的活动。他是全国都有影响的，但是怎么批的，我不知道。

中文系的右派，教师很少，学生多。1956级打了好几个右派。我有一个叫施建伟的学生，他后来在上海一个大学教现代文学，他是1956级最年轻的右派。但是没有被送去改造，因为他太小，还上着课。考试时，他答得很好，我给的分数也很高。他一直记着我这件事。后来我对他说，我没偏见，主要看卷子不看人。

南开大学是各单位揪右派分子、批判右派分子，不记得有全校性大规模的活动。

陈：持续了多长时间？

宁：1957年年初就开始了，1958年又补漏，之前有一些没戴帽的又给戴了帽，延续了一段时间。

“反右”的情况，我要说的基本上就这么多了。当时铺的面很大，我只能就中文系教师的情况谈一谈，全校被打成右派的那就一大片了，我不一一说了。那时候我还是积极分子，走在第一线，这都是值得忏悔和反思的。几所名校“反右”的侧重点不同，北师大那边是以黄药眠、钟敬文为首的著名教授被打为右派，北大是以研究生和助教为主，著名的就是“当代英雄”了。

“大破大立”的1958年

宁：下面我要讲1958年的故事。这时“大跃进”、总路线提出来了，实际上造成了我们的浮夸，那时候“超英赶美”等口号太多了，这是一个值得总结的问题。我们也大炼钢铁，各个地方只要有条件都要大炼钢铁。南开大学的大炼钢铁就在校办公楼旁边，原来的露天游泳池那儿，电影广场靠后。

陈：电影广场北边？

宁：靠北。当时是轮班，昼夜不停。

陈：全校都在这一个地方？

宁：就是集中在那个地方。为什么我印象很深？当时说，不用的铁器都献出来拿去那儿炼，有人把箱子的锁、合页都给拆下来了，不管大件小件都收走。我参加了几天，那时候是轮班，教师、学生都参加。

陈：一共持续多长时间？

宁：准确时间记不住了，我觉得差不多半个多月，我们好像干了好几天。露天烧这些烂铁，弄出来都是铁疙瘩，怎么可能炼出钢铁来？后来就堆在六里台一座工厂的把角那儿。

陈：拿什么烧呢？

宁：就是柴火什么的，煤都很少见，通天一片红。1958 年很多地方都是丰收年，但是到了 1959 年，立刻就一个轮回，变成三年困难。这就是另外的问题了。

1958 年我切身感受最深的是“大破大立”。这个口号是“不破不立，大破大立”。这两件事情对我是触及灵魂的。

陈：“大破”是指什么？

宁：就是“拔白旗”，批判资产阶级的学术思想。这跟 1951 年的教师思想改造不一样，那次是解决资产阶级立场问题，就是转换立场，1958 年改造的是学术思想，简称为“拔白旗”。触及灵魂最深处的就是你的学术思想。比如说，这个人教学好、学术成果多，但是这里面表现出很多资产阶级的学术观点，以这个衡量标准，那时候就成为批判对象了。当时我还是当教研室秘书，担任团支部书记，所以我比较了解，特别是开会送通知，我知道很多老先生战战兢兢很害怕，有点大难临头的意思，就怕批到自己头上！只有像李何林先生这样经历过大风大浪的人无所畏惧。但是没想到，我们没有批判一些老权威，而是批判了当时只是讲师的马汉麟先生、许政扬先生。

马汉麟先生，大家都知道他是游国恩先生的女婿，我跟马先生和他的夫人游老师关系走得很近。我当了助教以后还去听马先生的“古代汉语”课，还闹过笑话。我坐在第一排，他提问，把我点了起来。我当时真的是不会，我的古代汉语不成。可是，他一看我戴着教师的红校徽，知道我是青年教师，就立刻让我坐下了，没让我回答。很有意思，如果我不带着教师的校徽，那就很尴尬了。

陈：那是他刚来的时候，还不认识您？

宁：对啊。那时候我知道他学识渊博，是北京马列学院调过来的。他和许政扬先生被李何林先生称为“两匹好马”。我和马先生、游老师后来越来越熟，他们就住在现在的16楼那儿。游老师在外面教中学，非常有学问。他们的儿子赶上了多次政治运动，后来就没怎么读书。马先生个子不高，身体宽宽的，脸也是方方圆圆的，待人接物非常亲切，但是话并不很多。我经常到他那儿坐一会儿，虽然他比我大不了太多，但是毕竟是长辈（他也知道我的古代汉语不成）。当时他影响最大的是古代汉语讲义（后来继任者还被人揭发，说是用了马先生的讲义，又署了个人的名字。这个公案说不清。但是，南开中文系的“古代汉语”课的地位是马汉麟先生奠定的，他是第一位把“古代汉语”作为一门主课来教的，这是毫无问题的）。我们那时候万没想到，他成为被拔的第一面“白旗”。批判他的时候比较激烈，但是激烈的程度又不如批许先生。我没有参与批判马汉麟先生，原因是什么呢？分科，基本上是搞语言的老师批判马先生。后来马先生跟我说，他没想到会批判他，第一他是认真教学的，第二他搞的是语言，意识形态性不是很强。这是他一直没有想通的。我后来跟他总结说：“马先生，这次‘拔白旗’，主要的是在学生中影响大、有学问的，成为‘拔白旗’的对象。”他哈哈大笑了一下，他说：“我明白了。我不敢往这儿想。”教得好竟成为被“拔白旗”的原因。他当时算是资深的讲师，还没升副教授呢，可惜他在运动中得了心脏病，后来走得太早。

我真正参与的是批判许政扬先生。批判许先生也是大家开始没想到的。许先生就是因为讲课讲得确实好。有一个学生批他最厉害。这个学生原来是志愿军，在战争中耳朵被子弹打穿了，还写过抗美援朝的小说。许先生讲关汉卿的杂剧《玉镜台》，肯定了这部杂剧的价值。他的观点没有写成文章，但是作为课程的内容讲过，当时就遭到了批判。（批判的人认为《玉镜台》对女性不尊重，是关汉卿的败笔。而许先生认为《玉镜台》恰恰写出了权力干预婚姻。许先生研究得非常深。我后来有一篇文章就在许先生的基础上做了一些发挥，我让许先生看过。许先生点头说：“你还支持我这个观点？”我说：“有同，有不同。”）另外，还有批判他烦琐考证的。

关键是教师里面的批判，而我是他带的助教，是必须站出来批判他的一个人。党总支要求我和许先生划清界线。当时我还是积极的，也是必然要走在第一线的，因此那时候我没有什么太多的思想斗争，也没有这个认识，就觉得他现在已经是“白旗”，是批判对象，我当然要划清界线，何况还是帮助他“进步”呢？

陈：这是组织给您的一个任务？

宁：对，因为是他带的我，只有我一个人是他真正的助教嘛。划清界线，当时我们都要“通稿”，写出大批判稿，然后要党总支通过，再在会上进行批判。这可是大会，师生在一块儿。

陈：您刚才说的学生，他起什么作用？

宁：他是学生代表。

陈：他也是在党总支安排之后批评的？

宁：那就不知道了，他是老党员。

陈：马先生的批判会也是党总支安排的？

宁：当然了，这一切都是在组织领导下的，定格在这两位身上，不是自发的。当时的党总支书是马文恭，是一个比较平和的女性，我对她印象还不错。她是咱们人事处处长王震宇先生的夫人，王震宇有时候吃完饭愿意跟我散散步，叫“小宁，过来”，在北村的荷花池那儿聊聊天。

陈：这是之前的事？

宁：对，我刚毕业留校时。王震宇先生对我不错，马文恭对我也还可以。而我又是青年教师的团支部书记、教研室秘书，也是积极分子。1958 年时青年教师并不多，像我师兄陈坚那是靠边站的，而我比较活跃，这些都是很沉痛的教训。最应该忏悔和反思的正是这些。

第一次写的批判稿就是为了划清界线。我当时谈的是许先生过去受的教育。我记得很清楚，说他过去在燕京大学，自身就带了一些资产阶级的东西。另外，他的研究方法太注重考据。我就抓住他的《论睢景臣的〈高祖还乡〉》，说这里面太多的烦琐考据，等等，没话找话。第一次通稿时，马文恭并不太懂，当时的副书记刘 ×× 说的话多。刘 ×× 是我的师弟，属于调干生，农民出身，又当过干部，我们俩是同一个教研室的，他后来又当了总支副书记。原来我对他印象很好，因为我觉得中国的农民就是朴实，另外他的夫人是小脚，给他生了两个儿子，他对夫人不离不弃，我觉得了不起。但是，他这个人有点嫉贤妒能，看不惯有点才气的人。

陈：他本身也在教书？

宁：教书，双肩挑。我们俩的矛盾是在后头，反右倾机会主义的时候我给他提了意见，遭到报复。这是后话，到时再说。

这时我这个批判稿子交完了以后，刘 ×× 就说：“你这个稿子根本不成呀，没有抓住最关键的问题。许政扬的关键问题是知识私有！”我一下就懵了。他说，知识分子教师中间的资产阶级学术思想，最关键的问题是知识私有！什么叫资产阶级学术思想？他还给我举例。他说，你忘了批俞平伯的时候，是他拿着古本《红楼梦》不让周汝昌看，周汝昌才发奋写了《红楼梦新证》，这是知识私有。我说：“许先生对我没有知识私有的问题呀，只有我不懂、不明白的，他没有向我保密或者不给我什么知识，是我的水平、接受能力有限。”我又说：“我过去没搞过古典文学，后来跟着许先生才能搞古典文学，我真没法上这个纲。”这就涉及我当时没有“上纲”，没有抓住“知识私有”这个问题，这是“拔白旗”当中的一个纲。“拔白旗”时还经常提烦琐考证、篡改历史等问题，但是资产阶级学术思想里面最主要的是知识私有。我当时跟刘 ×× 辩论。后来马文恭的意思是：“小宁，你回去再改改。”回去我改，还不成，我就又改了一个稿，当时很痛苦。我记得跟我前妻还说，我没有任何材料，这怎么弄。她说你得上纲啊，不上纲，你这个批判稿就通过不了。我到现在也不记得我怎么上的纲。结果第二次通稿，刘 ×× 又说：“你这个还是空洞，没有真正上纲。”这时候马文恭说了一句话：“就这样吧，让他去发言。”后来我就发言了。许先生好像一共被批判了三次，每次都有人发言，学生发言、教师发言，时间都不长。

陈：每次都是这样？

宁：我就发了一次言。结果最后一次会上，许先生在燕京大学的同学宋 ×× 发言了。他是搞语言的，他们俩之间没有什么来往。宋先生高个儿，很文气。会前他跟马文恭说，他了解许先生的一些情况。马文恭就同意，说既然了解，可以去揭发批判。结果呢，宋先生在会上就胡说了。他说许先生的很多东西是抄袭孙楷第先生的。许先生是孙楷第的学生，可是孙楷第先生研究小说戏曲目录学，他们做的并不一样。宋先生说《论睢景臣的〈高祖还乡〉》里面有很多东西是抄孙楷第的。我们都傻了。当时大家坐的都是扶手椅，许先生在我前头，我在他后头，他的每一幕我都看得特别清楚。我看到许先生激动的时候手都哆嗦了，脸色煞白。宋 ×× 还没发完言，许先生当场就晕倒了。会就这么停止了，一下子我就慌了，不知道怎么办了。李何林先生他们都参加这个会了，李先生就让我和马光琅（他是古典文学教研室的）过来，让我们慢慢地给许先生喝点水。许先生本来身体就不太好，你看他文弱书生，瘦瘦的，美男子。结果这个会没法开了，学生也撤了，教师也撤了。我都不记得马文恭和别人还在不在。李何林先生等许先生缓过来以后，说："咱们搀着。"那时候也没有车，我和马光琅就把许先生搀回家去了。这时已经很晚很晚了，从上午就开始开会，一直

许政扬先生

开到晚上。

从此以后许先生一病不起，后来又查出有肝炎。许先生也很紧张，一有肝炎他就按照人家的要求不能随便吃东西，只能吃点瘦肉，老得躺着。我每次去的时候，他都是躺在床上。只有他的小女儿许棉是他的一个安慰。许先生最早是给我们年级上课，我还没毕业的时候，他就讲“元代文学”，讲元杂剧。我毕业以后，他又承担整个“宋元文学史”课程。从许先生一病不起，我才开始代这门课。让我来代这门课是许先生的意见，他说：“如果孟先生问的话，就说是我的意见。你讲这段吧，这样的话我好指导一下，可以给你提点意见。别人讲的话，我不好说话了。”

陈：批判完了有什么结论吗？

宁：没有任何结论。

陈：就是这么一个过程？

宁：对。不是说批判完了以后才戴帽，是先给你定了性，你就是“白旗”了，“白旗”就该拔了，就该批判了。这个东西没有任何结论，也没有人为许先生做一个辩护，我也没法辩护。

陈：这不光是“拔白旗”的问题了，还涉及抄袭？

宁：不对，当时抄袭、剽窃、知识私有就都给归到资产阶级学术思想里了。

陈：也没有再追究？

宁：没有结论、没有深入讨论，只有李何林先生大不以为然，华先生也跟许先生好。李先生欣赏许先生，称为“两匹好马”之一。他深知许先生的学问好，就是做学问的人。我们知道许先生的家学，他是海宁硖石镇人，他家三代出进士，他在燕京大学又是高才生，研究生毕业，那时候就会法文、日文、英文，新中国成立后又自学俄语。许先生这一病以后，我去看他，有时候他让我帮他借点书。我印象最深的就是伦勃朗的画册。那时候我又闹过笑话。他说："你看，伦勃朗的油画最突出的是质感。"我问他："什么是质感？"那时候我连油画的质感都不懂。我还问过他："您老谈思想艺术构思，我们一般谈艺术构思。"这些我都不懂，他就给我讲一些基础知识。我问得比较多的是宋元话本的问题，关于创作时间是怎么判断的。许先生了不起的地方就在于，1958 年年底的时候，他注释的《古今小说》在人民文学出版社正式出版，现在出版社仍然用这个本子。这时候他才 33 岁。

陈：受批判以后出版，之前已经交稿了？

宁：对，就是这个时候。但是他这书拿在手里以后非常不满意。因为《古今小说》又叫《喻世明言》，"三言"中另两部《警世通言》《醒世恒言》是由顾学颉、严敦易作注，但是他们都是简注，没有注明出处。结果呢，出版社为了统一，删了许先生的一部分出处，又删去了一些条目。许先生校这个稿子的时候，人民文学出版社把保存在日本的《古今小说》影印给他了，我想看，许先生没借给我，我也不知道是什么原因。可能那是没删节的，"三言"里面有一些所谓的黄色描写，不多，跟《金瓶梅》没法比。我跟他借，他说他要用，没借给我。我也不认为这是知识私有的问题。

我到一定时候去看看他，包括打扫卫生。后来黄克[1]做了他的研究生时，我们一块儿打扫卫生。朱老师[2]不怎么理我们，不怎么跟我们说话，心情也不好吧。华先生有时候来给送吃的，李先生也给送吃的。中间有一次出问题了。因为许先生一病没上班，好像要扣点工资，收入就少了，李先生就给他申请了补助，那次的补助还比较多，五六十

1.1956 年入南开大学中文系，师从华粹深、许政扬。

2. 许先生的夫人。

块钱呢（我们的工资那时候是 68 块钱，我在“文革”的时候是 78 块），是李先生直接跟学校财务室申请的，交给我送去。许先生拒绝接受，有点“不食周粟”的劲头来了。最后我又把这个钱交给李先生了，李先生也没说什么话。

这段我觉得是一个很大的悲剧，这个悲剧是一次人性的考验，也是对我们做学生的灵魂拷问。我现在只有忏悔，只有反思这件事情。

陈：像邢公畹先生和朱一玄先生被打成右派之后，还继续教书么？

宁：邢先生继续教书，他是降了三级。朱先生不一样，先在咱们南开大学的农场劳动，后来有一段时间调到资料室。张效良戴了帽儿回了兰州大学，据说后来命运不怎么样。

陈：许先生当时的情况是因为生病了不能再教书吗？

宁：对，没法教了。

陈：马汉麟先生呢？

宁：马先生还教书，但是得了心脏病，所以“文革”结束后不久他就走了，几次打击得的病。我跟马先生探讨比较多，游先生虽然不是我的师母，但对我挺好。“文革”以后还有王克让，他经常去马先生那儿，有时候拉着我一块儿去。马先生的古汉语教材确实是编得好，有特色。到了 1960 年、1961 年，所谓文科教材建设，王力先生把他调去参与《古代汉语》的编撰工作。他负责写星辰的部分。

陈：古汉语中有关天上星星的内容？

宁：对，他研究这个，非常博学，这方面的古汉语问题都是他来做。马先生讲课明晰清楚，讲得非常好，有他自己的体系，跟王力还不太一样。

许先生是一位非常注意理论和思想的人。他被诬蔑说《论睢景臣的〈高祖还乡〉》抄袭孙楷第先生，孙先生的优势我们不去说，但是许先生的优势是别人没有的。《论睢景臣的〈高祖还乡〉》，发表在咱们学报上，当时可不得了。他的不得了在于他的考证是为了说明观点。《论睢景臣的〈高祖还乡〉》第一句就是“社长排门告事”，他就考证这个社长是元代才有的，就是保甲长似的。里面讲的“卤簿”，都是元代的典章制度。他所有的考据最后要论证的，是说《论睢景臣的〈高祖还乡〉》不是写刘邦还乡，是用象征手法借古喻今，是元代的睢景臣来批判元代的皇帝（后来我受到许先生的启发，写了一篇文章，又往前推进了一步，是说这个作品也不仅仅是反映元代社会生活，而且是有着超越题材、超越时空的象征意蕴，是说过去历代的统治阶级都是流氓）。许先生的《论睢景臣的〈高祖还乡〉》是1956年在系里面的科学讨论会提出的，很了不起！这篇文章许先生自己也是很满意的，他寄给了何其芳先生。何先生那时在北大的文学研究所，专门给许先生写了一封信。许先生让我看了一下，何其芳先生做了一番肯定，最主要的是说，这个稿子是最符合古典文学研究的考据，夸许先生的考据是作为一种手段，来说明这个作品的社会思想意义的。有人认为许先生就是一事一考，其实不是。咱们看一看《许政扬文存》，他对宋元话本的研究，有些看起来是解释词语，但讲的其实是宋元时代的风俗，等等。

陈：不了解当时的词语，文字背后的意思也理解不了。

宁：对。比如说“太平车”，有人理解应该是贵族坐的车。其实太平车是载货的大车。为什么叫太平车呢？就是它走得太慢，也平稳，只能太平时用。许先生找了很多的材料证明。

回过头来说，许先生以前常带我到天祥市场。为什么呢？他是要一一指点我应该买什么书。他当时告诉我，《辍耕录》你得买，《南部新书》你得买，《鹤林玉露》你得买，宋、元、明的笔记史料也要买，等等。我那时候看得不像他那么细致，比如《古今事物考》，特别是《续释常谈》里面有一些古代名词的解释，讲哪些说法是对的，哪些是不对的，都是他告诉我的。他还提到过一本书——《江湖切要》，这本书太重要了，他说必须看这个。但是咱们图书馆没有，后来我是从人民文学出版社的弥松颐那儿借来的。因为当时的小说戏曲里，有很多词语是江湖的黑话，不是一般的俗语，不了解这些还真不行。许先生说，这些书应该看。[1]但是，许先生当时的著作不太多，因为他的研究一下子被中断了。

陈：他有没有研究的计划呢？

宁：他给我们铺垫了小说、戏曲同步研究的问题，这是他的理念。我以后一直秉承这个传统，就是说中国的戏曲和小说都源自瓦舍艺术，它们之间不仅仅是题材的互相借鉴，而且在表现形式上也互相沟通。所以中国小说的结构往往是戏曲的，戏曲的结构往往是小说的，叙事模式跟西方的完全不一样。这是因为中国的瓦舍艺术，就是市民文艺，是在庙会里面表演的。包括我们曾经一块儿研究“结局”的问题，为什么中国戏曲的结局往往是大团圆呢？因为说书的必须这样，如果弄一个悲悲惨惨的结局，你试试，要不来钱的！你要想收人家的钱，就得皆大欢喜。宋元文学话本、杂剧、诸宫调诸多艺术形式，我们都不能否定一点，它的艺术性和商业性往往是交织在一起的，这也是双刃剑，有两重性，掩盖了一些社会现实真相。

许先生研究的内容是很多的，但在短暂的研究生涯中，很多东西没有正式写出来。可是光是一个他注释的《古今小说》，也就是《喻世明言》，就定春秋了。我们现在用的一直是这个版本，也就是说还没有人超越。但是我觉得遗憾，我没有能够就这部书最大的特点、最大的贡献写评论文章。“三言”的注释是严敦易先生、顾学颉先生、许政扬

1. 关于和许先生淘书的回忆，可参见本章附录。

1963 年的许政扬先生

先生，这里面许先生最年轻，但是他注释得最好。当时冯雪峰[1]有一个批示，充分肯定许先生的校注是最严谨扎实的。

另外就是我跟许先生的师生关系。许先生对我是有意见的，这个意见是误会。我觉得，我跟许先生的误会不存在恩怨问题，确实是误会。后来我的一篇《书生悲剧》才释疑了吧。是在什么时候许师母才又理我了呢？是在李何林先生逝世的时候，我们在李先生住的北京大院那儿碰上了，她跟周先生[2]同去。我叫了一声："朱老师，周先生。"周先生说："你过来！你的《书生悲剧》我看了。"是周先生先说的话，后来朱老师才说话。那是我第一次放下包袱，我觉得我心里非常委屈。

许先生故去后，我总共写过大体相似的三篇文章，后来还有短篇的《淘书况味》。在我的老师中，许先生在我心中太重要了！但是呢，1958 年"拔白旗"中，许先生认为我没有能够维护他，而且站在批判他的立场上。当然，许先生不了解这个背景，那时候是不允许我们不

1. 时任人民文学出版社社长。
2. 许师母后来的丈夫周绍昌先生。

说话、不划清界线的，这是不可能的。许先生他当然不会这么想，他就觉得对我这么好，对我寄予希望，我竟然批判他。所以他对我有意见，后来我去他家的时候，他对我很冷，朱老师也不理我，但是我还照样去。李何林先生有什么事也让我去。我曾经把我的委屈跟华先生说了，华先生说："这件事跟许先生很难解开，随着时间再说吧！"后来我们同时在"文革"中受迫害，都被要求去拔草示众，我帮他拔草的时候，他说"拔一根少一根"，我没有听出那个预感，没想到一语成谶。[1]我后来在文章中如实地写出了"拔白旗"是怎样一个过程（虽然没有点其他当事人的名），在当时我只是一个听命者，我没有那个力量，我没有独立的人格，我也不可能站出来维护许先生。这不是我为自己辩护，1958 年我还是所谓的积极分子，还不是 1959 年以后的宁宗一。许先生不了解，每次的政治运动不是以个人的意志为转移的，更何况许先生是被盯住的。那时候李何林先生说出"谁教书好谁就挨批"的话，这只有李先生敢说，我们不敢说。

陈：这是中文系党总支定的吗？还是学校党委定的？

宁：党总支。许先生对我的误会，我不能说蒙受了一些不白之冤，但确实也有我的难言之隐。我没有到许先生面前去解释过，为什么呢？我是两重性，那时候有难言之隐，我必须划清界线，我批判稿写得不到位还得挨批。运动来了，我们都干过这种出卖灵魂的事情。这些事，我们只有以后受到灵魂的拷问。我确实没有在许先生面前道歉，那时候没有这样的觉悟，没有向他忏悔。许先生自身根本不存在资产阶级学术思想的问题，他也没有"知识私有"，我在这个问题上也没有说过他"知识私有"的话。当时给他致命打击的是宋先生，原因很简单，许先生是连升两级，就快升为副教授了。马先生和他都是李先生

---

1. 关于许先生在"文革"中的悲剧，可参见本章附录。

极力提拔的，而宋先生介于助教和讲师之间，那时候叫教员，我印象中是这样。他心理不平衡，或者说因为人性中的某些嫉妒，所以他受不了把许先生抬得那么高。他的发言造成了很多不堪设想的后果，也是出人意料的。这是致命的打击。你有机会再看看《书生悲剧》，我在那里谈了这个过程，充满了忏悔。有一些事我感觉到也是没办法，许先生可以说一直到他走都对我有误会。

这个事情，你说我冤枉吗？我不冤枉。因为我当时就是站在批判自己老师的位置上，对他来说，就是承受不住！我带的学生怎能对我这样呢？不管我有什么理由，许先生接受不了我对他的批判。就是这样一种尴尬，是百口难辩，但又是现实。我觉得重点就在这儿！上面布置下来，你是青年教师，是被组织上看来还有用的，你得服从组织分配，首先得带头。这些情况，那时候经历过政治运动的，像李何林先生他们，能看得淡然。但是许先生绝对不能理解。李先生可能知道其中的一些奥妙吧，历次的政治运动恐怕都是这样。

许先生的事后来成了我终生的遗憾。所幸我后来能够获得师母和许檀、许棉的谅解。但在这中间何尝没有很多的错误呢？既不是我的力量所及，我那时候又没有应该有的风骨。作为一个 20 多岁的人，又正在上升期，错误多多，所以伤了老师的心！终生悔恨！我们可以说是当时的政治运动造成的，但是我们也不能完全推给政治运动，我们自身有人性中或者其他一些弱点，也在那个时候暴露出来了。

陈：1958 年的“大破”刚才讲了，“大立”又是指什么呢？

宁：“大立”比较简单了。批判资产阶级学术思想，是要推翻他们，然后怎么样呢？就是以青年教师为主，带着学生编教材。

陈：这也是“大跃进”的一种形式吧？

宁：对。当时我们古典文学这块儿，走在最前面的是北大、复旦、中山、南开。北大的书成形了，1955 级编的《中国文学史》、1956 级编的《中国小说史》，复旦大学也编了一本“文学史”。当时老师分组带着学生搞，学生哪知道什么？他们还在学习呢，就是老师主持。我们南开是“作品选”和“文学史”两方面都在搞，分组，一组负责一个历史阶段。我总共搞了两次作品选，一次是 1958 年，之后到了 1961 年文科教材建设，跟顾随先生又搞“宋元文学作品”。

1958 年这次是集体的，一个屋子坐得满满的，大长桌子，分组，不同老师带着不同组。这里面有一个学生叫闵贵云，1957 级的。那时候她遭到了不幸，这个小女孩是回民，圆圆的脸，胖胖乎乎的，大眼睛，很可爱。1957 年鸣放时她提了点意见，一直挨批。这时分到我们这组，在我的手下了。

陈：那她是右派么？

宁：不是。闵贵云这个小孩儿非常好，我教她们的时候，她学习就很好，结果上面告诉我，说她不能参加编写，只能管资料。哎呀，她每天以泪洗面，我心特别软，她不想告诉我原因，但是我慢慢也就知道了，她可能不小心提了点什么意见，得罪了什么人，没给戴上帽，但是受了很多的委屈（闵贵云后来分配到了北航附中教语文，最后做了特级教师。她爱人是张光璘，他们是同班同学，张光璘留在咱们外国文学教研室，后来为了解决两地分居，调到北大东方语言系，一直是季羡林先生的助手，《季羡林先生》那本书就是他写的）。最后，南开大学分组的“作品选”“文学史”也没见到成果。

陈：干到什么时候呢？

宁：那时是大热天，天很热，大约是两三个月，不了了之。这次师生共同编教材要“大立”。“大破大立，不破不立”，这是当时的口号。实际上现在看一言以蔽之，当时师生合作，还是以老师讲课的东西为主，拿出来，大家一块儿再检点一下哪些可以用，再编写。我印象中最后没有正式编出书来。所以“大破大立”最后是“破”了，伤害了一些优秀的教师，“大立”却没有见到什么，反正我没有见到中文系有任何成果摆出来，这是一个不可否认的事实。不知道别的学科有没有成果。生活就是这样，这个时候正好小东来找我，她那时来天津中央音乐学院进修，结果让我妻子起了疑心，这个咱们以后单独谈。这个时候还掺杂了这么多不十分愉快的事。[1] 今天就谈到这儿吧。

1. 关于小东的情况详见第十一章。

附录

毕业志愿与留校任教

《书生悲剧——长忆许政扬先生》：转眼到大四了，毕业志愿书上我明确填的是：一、报社记者，二、文艺工作者。第三志愿则记不得了。很快毕业分配确定下来，我竟然被留系做助教。乍听之下，我极度不安，我明白自己的性格：心浮气躁，做学问不踏实，又不懂循循善诱，再加上几年学生生活中政治运动频繁，所以自知底子太薄，绝不是做教师的料。而让我更加不安的是，朱师正式宣布我是留在古典文学教研室。当时我真的傻了，心中有一股说不出的恐惧，竟然在分配宣布会上流了眼泪。

我无法拒绝当教师，但我怕自己教不了深奥的中国古典文学。我提出的唯一理由是，我的毕业论文是李何林先生指导的《论解放四年来的长篇小说》，所以请求从事现当代文学教学任务。

后来还是朱先生单独找我谈了一次话，才使我有了些许信心，现在能记下来的有这样几点：一、我留在古典室是经过系主任和教研室主任考虑再三才定下来的，所以我要服从组织的安排；二、留下我的目的是让我接下许政扬先生的历史系中国文学通史的课，许先生好回来加强宋元文学史教学力量；三、为了正规化，教研室要配备秘书，我要腿勤手勤，做好孟志孙先生的助手。最后，朱师像抖包袱似的告诉我："我们已经商量好，你刚刚毕业就独自担任一门课，是急了些，所以经许先生同意，今后他担任你的指导教师，所有教学和科研问题，你都可以找他帮忙。"坦诚地说，朱师的这一点照顾，才是给我的一粒定心丸。

李何林先生听课并进行指导

《书生悲剧——长忆许政扬先生》：五十年代的南大中文系由李何林先生定了一个规矩，青年助教上课前必先在教研室试讲，正式上课时，导师要进行抽查。我在给历史系讲文学史课时，李师共听了三次课，而许师竟然随堂听了六周课。李师一般多从技术上和仪表上提出意见，比如板书太草，写完挡住了学生视线以及说话尾音太轻，后面学生听不清楚，以及中山服要系好风纪扣和皮鞋要擦干净，等等。而许师则着眼于讲授内容的准确性，分析阐释上的科学性，等等。对读错的字，也一一指出，即所谓匡正悖谬，补苴罅漏。而我也要在下一次上课开始时，就要向同学正式纠正自己讲错了的地方。这种从对青年教师的严格要求开始，就奠定了南开大学中文系严谨的学风和科学的教学规范。这一点应当说是和李何林先生的严格治系分不开的，也是和系中像许师这样认真负责的课徒态度分不开的。

许政扬先生开书单

《书生悲剧——长忆许政扬先生》：（决定留校）当天下午去拜见许师。许师仔细听了我的自我介绍——忠诚老实地交底——沉吟片刻后说："我先给你开个书单，你从现在起就边讲课边读这些书。"两三天后我就收到了许师给我的一篇三十本书目单。这是一个既"简明"

而又沉重的书目，从朱熹的《诗集传》、王逸章句、洪兴祖补注的《楚辞》，一直到龚自珍的诗。三十部书中竟包括大部头的《昭明文选》和郭茂倩编的《乐府诗集》以及仇注杜诗和王注李诗。许师看我面有难色，于是做了如下的说明：一、这些书都要一页一页地翻，一篇一篇地看，但可以"不求甚解"；二、这些注本都是最基本的也是最具"权威性"的，注文要读，目的是"滚雪球"，你可以了解更多的书，包括散佚的书；三、把有心得的意见不妨记下几条，备用备查。一纸书目，三点意见，对我一生教学治学真是受用无穷。我就凭着这三十本书的基础，教了三年历史系的文学通史和三年外文系的古典文学名著选读，应当说基本上没出现大的纰漏。而且随着时间的推移，我一步步明辨出许师的一片苦心：第一，我的国学底子太薄，必须先打基础；第二，让我硬着头皮苦读几部较大部头的原著，如郭编《乐府诗集》和《昭明文选》，而不让我先看各种流行的选本，目的就是让我避免某名牌大学出来的毕业生竟不知"古诗十九首"出自何书，乐府诗又是怎样分类的！

《我与南开大学图书馆的情与缘：宁宗一先生访谈》：许先生还明确提出了这样一个要求：你没课、不备课时就给我去图书馆，进书库里去看书！这里有两种用意：其一，我必须了解所有中文书在书库里的位置，包括线装、古典、现代，分别都在哪里；第二，开阔眼界，必须了解我校藏书情况，这样才算是一个够格的南开教师……当时我一周六个工作日，起码有三四天泡在图书馆里。书库中只有一两张桌子几把椅子，设施很是简陋。我在书库里转的时候，三番五次遇到当时已调任馆长的冯文潜先生。有一次发生了这样一段令人印象深刻的对话。冯先生问我："你了解咱们学校的孤本书和善本书吗？"我当时确实不太懂相关知识，只好回答不了解。冯先生说："好，跟我走。"我跟随冯先生来到馆里把角的一间偏僻小屋，这里面收藏的全都是珍善本文献，还见到了蓝底白字“晒蓝图”的特藏书，冯先生亲自给我介绍了图书馆的特藏文献情况，并展示了微缩胶卷。透过他深深的眼镜镜片，我切切实实感受到了一位大学者对爱读书的年轻晚辈的厚爱之情，这给了我无限鼓舞，更加坚定了我精研学术的信心。

批胡风期间与李何林先生的谈话

《灵前的忏悔——我心中的李何林先生》：反胡风开始时，我们几个小青年觉得大有用武之地了，写批判文章，作巡回辅导，还有各种大会的发言，当时风头出尽，颇为得意了一番。一天中文系散会后，有李何林先生、华师和许政扬师，我们一路往家走。李何林先生突然带点激动的口气说：胡风和周扬积怨太深，周扬的宗派情绪一直很强，鲁迅如在世，日子怕也不好过。我听了真是陡然一惊，先生，这不是您在《近二十年文艺思潮论》中阐发的观点吗？可是今天的气候，您怎么也给抖了出来？在当时的政治气氛下，我们几个人的态度只是沉默，谁也没说什么。然而我私心却隐隐感到李师的这些话是不是在有意提醒我一些什么？

古典文学教研室的业务理论学习

《智者达老——跟随王达津先生四十五年》：政治学习由支部的党员主持；教研室例会由孟志孙先生主持；业务理论学习，由于主要是学文艺理论，就由我这个小秘书代替孟先生主持了。当时的业务理论学习其实就是学苏联的文艺理论，而又以“苏联文艺理论译丛”为主要参考。讨论学习的时间最长也最热烈的是上层建筑与经济基础的关系、世界观与创作方法，另外就是形象思维和逻辑思维的关系的问题。王达津先生是会上发言的积极分子。他思维活跃，最喜欢提出自己的意见，往往能打开理论的另一个层面：智慧和智性的表达。他掌握的文学史资料丰富，又对古今中外的文艺理论很熟稔，于是，他的发言总会引起更加热烈的讨论。现在印象最深的是讨论古代具有“革命性”“民主性”的作品是不是当时的上层建筑的问题。达老坚持古代具有“民主性”和“革命性”的文学作品，如《水浒传》《窦娥冤》等，是“未来上层建筑的萌芽”。此说的提出，竟引起一个学期的争论，直到我读了维诺格拉道夫的论文以后，才知道达老是“赢家”。

与许政扬先生淘书

《淘书况味》：1955年底许政扬先生开始为人民文学出版社校注《古今小说》，我又开始向他学习如何进行科学研究的新历程。许师注《古今小说》，征引书目闳富丰赡，为了考证“行院”一词，查遍各种笔记，只是当时图书馆没有车若水的《脚气集》，他竟然到处搜寻。后来“老天津”告诉他，天津的天祥商场是个买书的宝地，于是从1955年底到1958年初近三年的时间，许政扬先生总是在十天半个月中挑一个闲暇的日子带我到天祥商场去淘书，而《脚气集》得以在天祥购得，更使许师着迷。跟着许政扬先生，就像跟着一位高明的书海的导游者一样，他不时指点、提醒我应该买什么书。比如《事物纪原》《古今事务考》《释常谈》《续释常谈》《通俗编》《挥麈录》《梦溪笔谈》《辍耕录》《鹤林玉露》《邵氏闻见录》(前、后)、《侯鲭录》《齐东野语》《云麓漫钞》《独醒杂志》《能改斋漫录》《夷坚志》《老学庵笔记》等，还有其他“万有文库”和“国学基本丛书”中一些代表性名著，我都陆陆续续买了回来。书极便宜，出去一趟，花不了一两元钱就会满载而归。不到两年时间，学校发给每位助教的一个六层书架，就能插得严严实实。

许政扬先生在“文革”中的悲剧

《书生悲剧——长忆许政扬先生》：（1966年）许政扬先生和我们这一群一块儿在烈日下主楼旁拔草示众。我虽然当时已自顾不暇，可是看到被风一吹即可倒地的许师的瘦弱身体，站也站不住，蹲也蹲不下，而“专政”人员的吼声一声接一声，我实在难以再忍受下去，跑了过去，把他那未竟的拔草任务完成了大半。他那无神的眼只是望了我一下，几乎是趴在地上又一根一根地拔那残余的荒草了。我记得分明，他竟反复地自语：“这草，拔一根就会少一根。”我当时认为这不过是一位遭受凌辱的书生的双关语，而我却没想到更没体悟到这竟是他自沉前的一句偈语！所以一当红卫兵抄家，许师数万张用心血积累的卡片和著述手稿被付之一炬时，许师终于感到尽力从文字中寻求生存的点点慰藉完全破灭了。第二天，在劳改回家后，他没有喝一口水，吃一口饭，没有留下一纸文字，他出走了。第二天，我们这些“有罪”的人正在资料室学习“十六条”时，得知许师自沉于他住处旁的小溪中，终年41岁。

第五章

『两用人才』*

『两用人才』：既要被用作『政治运动』的对象，又要被使用在教学科研一线

* 2018年10月2日、10月28日采访。

宁：我觉得今天要谈的这一段恐怕是我人生的一个大拐点，也是一个“大变局”。从大的方面说，国家这时遇到一个“大变局”。从小的范围讲，也是我人生道路的一个拐点。不管过去我的自我感觉怎么样，1958 年以及 1959 年上半年还是顺风顺水，还是被组织和系里用的一个人，虽然有时候快人快语，跟组织有所顶撞、有些自己的看法，但是没发生什么太多的事情。以至于 1957 年“反右”没有任何事情，1958 年“大跃进”“拔白旗”，只是历史系给我贴了张大字报而已。

陈：历史系还给您贴了大字报？

宁：就是李端美，那个细节我说了吗？1958 年“拔白旗”期间，我们有一天正在教研室开会，突然门打开一个缝，我一看是李端美，我跟她很熟。

陈：她是历史系的？

宁：历史系的学生。她说：“宁老师，一会儿开完会去图书馆看看我们给你贴的大字报。”散会以后，我直接到图书馆。一看题目，是《宁老师在文学史课上宣扬的是什么？》。其中主要的就是我在文学史课上讲了《金瓶梅》，宣扬了《金瓶梅》这本“坏书”。我认为这本书是一部好的小说，但是呢，那时候同学就认为是坏的小说。看了大字报，我感觉腿都发软了。我很尴尬，因为什么呢？我那时候还是积极分子，虽然我没给人贴过大字报，但是总是要给老师提意见或者就叫批判吧，积极地参与“拔白旗”运动。可是没想到，我自己竟然挨了大字报。那时候我就是一个助教，这件事没有什么后续，也就不了了之了。“拔白旗”的对象重点还是资产阶级学术权威，我这个小不点儿也就过去了。

陈：当时您正给历史系开文学史的课？

宁：对。1958年，我还是顺风顺水，就是有这么一个插曲。可是，到1959年下半年就出现了一个转折。

困难时期

宁：1959年确实是不一般的。对我来说有几件事情，第一件事就是小群诞生。我是1957年结婚的，结婚时李蒙英还没毕业呢，那时候是允许结婚的。[1] 当时我是助教，她跟我结婚了，我们一开始不敢要孩子，直到1959年7月14日小群出生。小群的这个名字是我起的。

陈：就是庐山会议召开的时候。

宁：是吗？

陈：我查了下，庐山会议的时间是7月2日到8月16日。

宁：他是7月14日出生，也是巨蟹座的，星座是现在才知道的。[2] 宁群承受了三年困难时期的很多痛苦。这件事对我来说是件大事。

小群先天发育就有些问题。为什么呢？李蒙英怀孕的时候，有先

1. 详见本书第十一章之“时代悲剧中的二度离合”。

2. 和宁宗一先生星座一样。

兆性流产。她那时候在铃铛阁中学教高中语文，每天上班坐公交车，坐在后排很颠，她就老流血。当时用黄体酮治疗，但是没有控制住。今天如果出现这种情况，就让她流产了，那时候不懂。有人介绍我们到多伦道的中医医院找院长顾小痴先生。顾大夫给她用了十几副药保胎，算是保住了。可是，她孕期后面又赶上进入困难时期，各方面营养不良，所以孩子的发育就有些问题。

那时规定妈妈喂奶 56 天必须上班。因此，56 天后李蒙英就不能喂奶了。她早上上班走得早，就由我送小群到咱们学校的托儿所。当时已经实行配给制，定量，牛奶很难订，配给的奶粉也很少，是海河牌的。那时海河奶粉质量很差，冲完了以后，奶粉沉淀到底下，上面浮一层水。我们因为没有育儿知识，受了伪科学的影响，听说牛奶里面一定要兑 1/3 米汤，才能给婴儿吃。可是那时候牛都吃不饱，牛奶也不纯，还兑别的，所以小群的营养很不好。

小群在托儿所，给他奶吃也哭，不给他奶吃也哭。管他的那个阿姨特别好，很喜欢小群，她发现小群这时有软骨病的问题，而且因为他出生前发育不全，还有隐睾，就是有一个睾丸在腹腔里没有下来。有人说应该动手术引下来，我们一直没敢做。后来到“文革”的时候，他得了肾炎，因为吃中药，反而自己下来了。

他妈妈产后 56 天就上班了，我在大学，课相对少一些，不上课的时候就带小群。最狼狈的是他经常生病，一病就不能送托儿所了，而我当时又不能不上课，所以往往是给他换完裤子，用被子、枕头围一圈，就像一个小堡垒似的，把他搁在里头。大热天的就这样。我去上课，上完三节课赶紧往回跑。

陈：还真是够危险的。

宁：到后来呢，托儿所就觉得这个孩子还得治病。那时候没办法，我就把小群送到北京，希望我大姐帮忙照顾他，可是我大姐也在上班

（那时候在北师大），结果也是托给别人。真是感谢上苍，人家说应该补充维生素 D2，他吃了以后，在北京不到半年恢复得还可以。回来以后，就继续把他搁在托儿所。那几年的这种状况我永远忘不了。我当时住在九宿舍 104，是筒子楼，一家一屋，厨房、厕所是公用的，蜂窝煤都搁在屋门口，都是这样。

陈：就是现在的九宿舍？

宁：对。现在已经是危楼，我看可能学校也不想修理了，恐怕要把它推倒。南开大学很多后来的名人都住过那儿。

后来，我们研究出来用小站稻每天给小群熬一锅白米粥，点一点儿香油，香油也是配给的，很少，就给他点一点儿，再点一点儿酱油。我们全家三口人，一个人一月配给一斤小站稻，此外还有些南方那种很柴的、没有油性的米。我们全家的小站稻就完全都给小群熬粥。结果他这时候反而胖起来了。有一个景象是我忘不了的，我备课写讲稿，小群很老实，就围着一个八仙桌玩。八仙桌是学校配给我们助教的，还有一把椅子、一个书桌、一个书架，就是这些配备。

陈：书桌就是写字台？

宁：对，八仙桌是饭桌，这都不是折叠的。还有一个四层的书架，比较小的。那个八仙桌很漂亮，上面是福建大漆，黑色的，底下是黄色的，我们用了很长时间，很好。我现在保存的这把椅子，就是那时候发的，60 多年了。

陈：都是当时用的？

宁：对。那时候我备课，小群就在家里头，自己围着八仙桌玩，长得白白胖胖。后来我才知道，白米是很养脾胃的。

我曾经写过一篇文章，是关于一个竹筚暖瓶的故事。我住在 104 的时候，晚上给小群冲奶粉，结果不小心把暖瓶弄破了，那时候这是宝贝，需要凑工业券才能买。后来是李何林先生、华粹深先生他们给我凑的工业券。[1]那时候蜂窝煤是不封火的，水壶一直搁在上头保温，就为了孩子在晚上有温水冲奶。那个时候的艰苦生活难以言说。

1959 年对我来说是什么样的呢？这个家还是个家。但是 1960 年，因为政治上的一个转变，我成了被批判对象，夫妻之间关系也不太好了，到 1961 年我们就离婚了。

离婚后，我住在九宿舍的 312，跟我的师弟苏振鹭和郝志达一起。但是，我每天都要下楼来送小群上幼儿园。那是三年困难时期，我的定量是 31 斤粮食，离婚后减了 2 斤是 29 斤，这不成问题。但是米饭等都是用“增量法”，里面都是水分，你吃了这个米饭就撒尿。而且太缺副食。那时候，我们三个人住在一块儿，晚上饿了就冲一种八宝粉。

陈：八宝粉是什么东西？

宁：是八寸长的一个纸袋，写着“八宝粉”，红色字，那是可以自由买的，也不知道是什么，没什么甜味。那时候没有微波炉什么的，喝的时候就上水房打水，拿开水冲一下，或者是在蜂窝煤炉上热一下，趁热喝。喝完就钻被窝了，冬天暖气也不热。第二天上课，我的课当时比较多，有历史系的课，有外文系的课，还有我已经代许先生讲本系的“宋元文学史”课。那时候要站着讲课，不能坐着，中间也不能喝水，是比较规范的。真的，当时确实腿上没劲，有点打哆嗦。

食堂的饭那时也出现了“危机”。当时学校采取了一个办法，因为发展国防体育嘛，有小口径步枪，还有摩托车，后勤的人就到内蒙古去打黄羊，我不知道有没有学生参加。

陈：学校专门派人去的？

宁：对。当时有摩托车。我为什么知道呢？我那时当过摩托车教

---

1. 关于竹�J暖瓶的回忆可参见本章附录。

与儿子小群合影

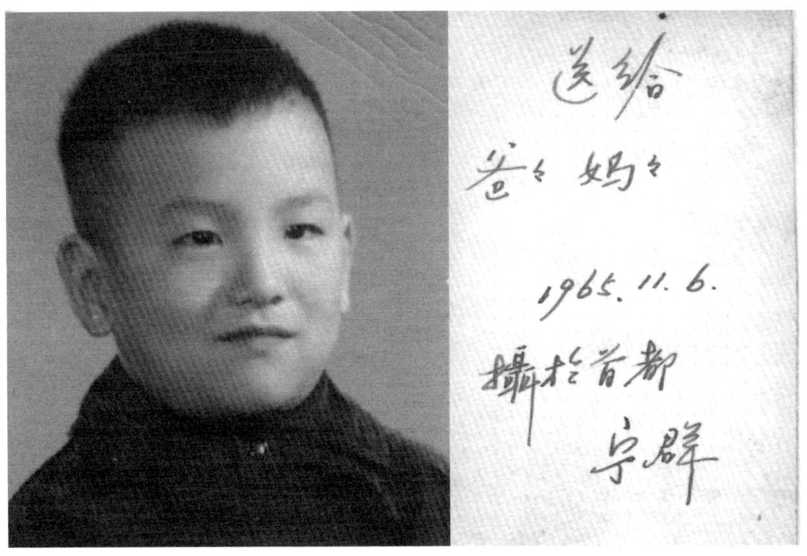

祖父宁伯龙为宁群摄影并代他题字

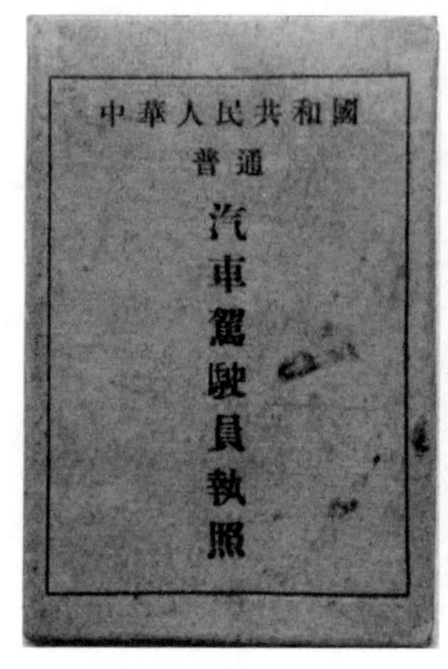

中華人民共和國
普通
汽車駕駛員執照

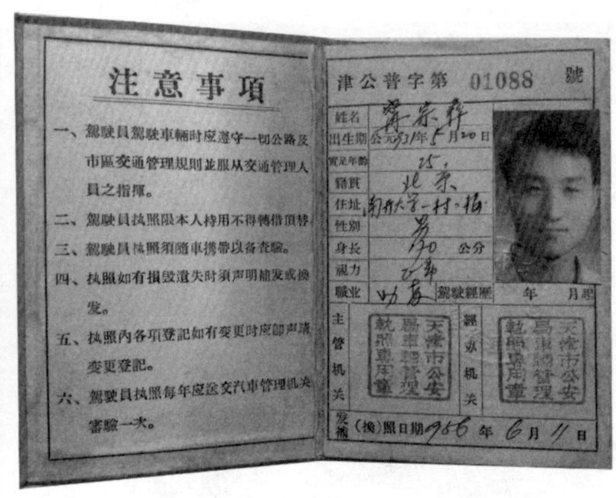

注意事項

一、駕駛員駕駛車輛时应遵守一切公路及市區交通管理規則並服从交通管理人員之指揮。
二、駕駛員執照限本人持用不得轉借頂替。
三、駕駛員执照須隨車携帶以备查驗。
四、执照如有損毁遺失时須声明補发或換发。
五、执照內各項登記如有变更时应即声請变更登記。
六、駕駛員执照每年应送交汽車管理机关審驗一次。

津公普字第 01088 號

姓名
出生期 公元 年 月 日
實足年齡
籍貫 北京
住址
性别
身長 公分
視力
職业
駕駛經歷 年 月起
主管机关 天津市公安局車輛管理處執照專用章
經办机关 天津市公安局車輛管理處執照專用章
发補(換)照日期 年 月 日

宁宗一的驾照

练，当教练的时候就知道他们骑摩托车去内蒙古打黄羊了。不见得完全是打的，可能还得买点，回来以后就分配给职工食堂一些。但是我不能吃，黄羊那个膻味特别厉害，所以只能饿着。那时还有一种朝鲜进口的明太鱼，你听说过吗？

陈：现在韩国饭馆里好像也有这个。

宁：是吗？明太鱼确实没有刺，就是一根骨头。可是我也不爱吃鱼，所以每次能买的话就让给别人。我基本还是吃素。当时我们家里的人浮肿最厉害的是我四姐。她原来在天津医科大学，又打篮球，又骑摩托车，吃得多，困难时期她浮肿得就很厉害。她八十多岁以后得病，就是源自三年困难时期，她是肾衰竭，浮肿和肾有直接关系。我们那时候也是吃不饱，所以脸浮肿，亮亮的，大便都像羊粪蛋似的，上课的时候确实没劲儿。可是，还得熬夜，还得写讲稿。

宁群就是诞生在这样一个特殊的时期。他的预产期不是7月14日，是比较晚的，出生时还没到预产期。可是那天晚上他妈妈就说：“宗一，我想上厕所。”夜里头，我说别上外面了（公用厕所在楼道里），就在屋子里头用便盆吧。她就觉得肚子往下坠。我说：“这是怎么回事呀？”她说有点难受。我们那时候没有这方面的经验，不懂得早产这个概念。幸亏我们九宿舍离校医室比较近，我赶紧跑到那儿。谁值班呢？校医室的主任张桂茹大夫（高高胖胖的一位大夫，特别好），她值班！真的是上帝保佑，我一去，她就问：“怎么啦？”听了我说的情况，她说：“我得看看去！”你看，那时候的大夫多好！她来了以后，说：“哎呀！都快破羊水了，赶紧送医院！”我赶紧骑着自行车到东门的汽车队。这时候可以派车，就把人送到了天和医院。一到天和医院，小群就顺产降生了。

因为我们不懂，弄得很狼狈。小群姥姥是上海的，本来都预备好了，等孩子出生过来。结果，早产让我们措手不及。我们当时惨到什么程度？没做任何准备！是孟志孙先生的夫人、我的师母用旧床单给我们弄的褯子，还给了一个小单被，因为是夏天嘛。

你看这个孩子！他是灾难时期的一个见证人，经历了三年困难时期，中间我和他妈妈离婚又复婚。

陈：是1961年离婚，1963年复婚？

宁：对。李何林先生就认为，这根本就是年轻夫妻吵架，感情没破裂，别再瞎闹，应该复婚。当然，孩子也是我们复婚的一个原因。到搞“四清”时，我和李蒙英两个人都得去，就把小群寄托在工人新村。以后就是“文革”，我到干校，然后又是唐山大地震。我从干校回来的时候才发现，小群已经急性肾炎转成慢性的了，高一休学一年，后来完全是中药治疗。治疗差不多时复学，不久就在黄河道战备劳动，一下又病了。当时他表现好，老师带他们到北京爬香山，这些学生走错了路，又累着了。转天回家以后，就发现得了尿毒症，很快就去世了。有机会的话，我再说这段灾难史。今天我要说的就是，在三年困难时期最紧张的时候，宁群诞生。

“暴露思想”

宁： 另外，就是政治上。这时，我的课程还比较顺利地在讲。我还被正常使用，没有什么问题，也担任着团支部书记的工作，还比较其乐融融吧。可是就在这个时候，没想到一件好事转化成为我的悲剧。

1959 年庐山会议批评“军事俱乐部”，批判彭德怀。我们当时都不知道详请。大概 1959 年下半年很晚的时候，地方上开始批右倾机会主义。那时山西大学的阎凤梧来南开进修，我们俩成为很好的朋友。前些天，他给我发微信，说他记得很清楚，他是 1960 年 5 月到南开，那时我已经被批判，他对我表示同情。因此这个时间我就完全算出来了。

那时候可能已经是进入 1960 年了。我们中文系当时是在胜利楼。记忆犹新的是，学校的党委书记高仰云先生来这蹲点（后来“文革”时我们才知道他是老革命）。高仰云先生比较平易近人，我们也算有过交谈。过去讲究领导蹲点，下到基层了解教师思想与教学情况。而这个时候正好在反右倾机会主义，高仰云就说了这么一个问题，说党内的暴露思想不如人意，所以提出来“党外促党内”，号召大家暴露自己对“三面红旗”“大跃进”、总路线等的“错误”的看法。因为要让人暴露思想也并不容易，凡是有经验的人，都有了 1957 年的教训，不敢轻易暴露自己的思想。

陈： 当时上课是在胜利楼？

宁： 在胜利楼，我们的教研室也在胜利楼。

陈： 文科的都在吗？

宁： 对，我们文科三个系都在那儿，外文、历史、中文。高书记听说古典文学教研室比较活跃，其实教研室的青年教师当时主要是我。那时教研室每个礼拜都有活动，有时是内部的业务理论学习、研究会，有时是政治学习。正好那天政治学习，是我暴露思想，高书记他参加这个会了。当时我就举了一些例子，比如大炼钢铁炼出的都是废铁，农村大锅饭农民都不种地了，还有就是后来被揭出来的——徐水的每亩高产都是假象。就是暴露这些思想，我也没觉得怎么样，当时脑子里面就想我得带头，我是教研室秘书，又是团支部的书记，想得很简单。那时还没有“向党交心”这个词，就是要如实地暴露思想。

过了不久，组织通知说让我好好准备准备，高书记准备在全校职工会上让我作一个典型发言。当时叫作典型发言。他们说是一老一小，老的是经济系的潘先生。潘先生是一个圆脸，个子不高，很绅士派头的一位，他曾经住北村，是民主人士，当时也让他暴露思想。不久，我们就在大礼堂作典型发言，先是潘先生，然后是我，就是讲自己对错误的认识。最后是高书记讲话，对我们给予充分肯定，说对于错误的认识应该真实地暴露出来。那个会很大，在大礼堂，教职工都参加，没有学生。那时就是要达到一个党外促党内的效果，就是说你看，党外人士——像民主党派的潘先生、团员宁宗一都肯于暴露思想，党员应该更积极。这件事当时就过去了，我觉得那时候我也很幼稚。

陈：这是1960年的事情？

宁：现在看起来是进入到1960年了。因为1959年底开始批党内的右倾机会主义，这时已经进行了一段时间。今天来反思这个问题，就是一旦把你选成了一个典型，作所谓暴露思想的报告，就会有典型化的问题，原来没有那么多的想法，在会上就自己添枝加叶的，说自己怎么样怎么样。我是犯了这个错误，但是也没有说什么出格的问题。当时我们对中央的斗争、对庐山会议也不怎么了解，报纸也没怎么细看，而且那个时候会议精神也没有传达到我们团员这层。给我们的任务就是暴露思想。

这次会过去以后，我觉得也就过去了，但是后来反右倾机会主义推进到了团内。当时召开中文系教师团支部会，我是团支部书记，又做了检查，我咬定一点，我这是暴露思想。可是，团支部会上大家就批判我。批判我最厉害的是两个人：一个是青海师院的进修教师，教现代文学的，另一个是北师大来的研究生。她是因为在 1957 年有右派言论，但是没有戴帽儿，这时为了表示积极，所以抓住我就批判，似乎有欲加之罪何患无辞的味道。结果，我就很反感，我们越来越“顶牛”，越来越激烈，我就是不承认。那时两个礼拜批判我一次，时间延续了一个学期，就是因为顶牛。支部警告我说，我要是态度不好的话就给我处分。但是我就一直顶。当时我家里面也挺复杂，还得带孩子。

就在最失落的时候，有一件事感动了我，可以说是刻骨铭心。我师弟刘叔新，他跟我前妻李蒙英同门，后来成了语言学大家，研究词汇学。他当时也是一个青年助教，就在有一次开完会以后，他拍了我一下，递给我一个小条。这个条的内容大致是说：我的发言你别在意，这是必须完成的任务，我们不得不发言，必须得批判。从他的字条，我感觉到凡是有正义感的人，当时的发言都是口是心非、言不由衷的。

当时中文系教师团支部里面有好几个跟我很好的朋友，在当时的形势下批我，我觉得可以理解。只有前面提到的两个，一男一女，让我非常反感。而我呢，主要是说我是在暴露思想，我在大会上的发言高书记也是肯定的。但是人家就说，你有这种错误思想就得批判。最后的结论就是提请中文系团总支给予警告处分。为什么？就是态度不好，没有什么别的。

陈：给处分是谁说的？是党委？

宁：不是，就是团支部。

陈：支部这个决定是由谁做出来的？

宁：大家谈的，说我态度不好。后来总支又派了一个人，准备接替我担任团支部书记，他是候补党员。我估计可能是代表总支的意见了吧。可是有意思的是，后来“文革”结束，中文系党总支要负责销毁一些档案里不要的材料，大家可以去找总支，把过去那些不实之词的东西拿回来。我没去拿，只是问负责这事的任兴福：“那里面有处分我的材料吗？”他说：“没有呀！”当时好像是李国骥当学校的团委书记。后来我们俩见面时，他也说：“我真记不得有这事了。”所以这事其实是不了了之，材料送没送上去不知道，校团委批没批下来也不知道。看起来是没批下来，因为没在档案中。

但是，我觉得这个不了了之后遗症很大。我被罢免了团支部书记，并且给了威慑，宣布要给我警告处分。那么，我就从一个紧跟党的积极分子，变成了被批判对象。这对我的上升也是有直接影响的。我1954年毕业，1959年无论如何得升讲师了，但是没有。一些比我资历浅的助教，他们都按期升成了讲师。我职称的晋升一直是好事多磨，过去助教升讲师一般三年到四年就可以了，而我当时完全没有可能，因为成为一个批判对象了。

陈：罢免团支部书记也没有文件？

宁：没有没有，什么都没有！就是这么一说，那时候没有任何文字的材料，就是大家开会批判：“宁宗一，你现在有什么新的认识？”我说几句。然后大家发言，都是这样。

可是后来呢，这件事情传得挺厉害。到了1960年5月，阎凤梧来了。我有一个习惯，就是对外面来进修的，或者是从外校来这儿工作的人，都比较热情，主动跟人家接触，让他感觉到这是一个很温暖的地方。阎凤梧来南开后，我们俩很快就成为知己，我也把我的事情跟他说了。一直到后来，我跟李蒙英离婚，我有几天没有地方去，就住在他们宿舍上铺。他当时住在学生宿舍。

陈：他们进修多长时间？

宁：阎凤梧的时间长，两年，他的业务很棒。他是姚奠中[1]的弟子。他知道我挨批以后，写了一个条幅，是用杜甫赠李白的诗："世人皆欲杀，吾意独怜才。"他没跟我说过，这个条幅写完了以后，被他屋子里的人发现了，汇报到他们党支部。党支部就批他，说："你和宁宗一划不清界限，你写这幅字是什么意思？"阎凤梧的特点是左右逢源，但是心里头有一根准绳，他始终认为我快人快语，但是并不成熟，好在这儿，吃亏也在这儿。一直到今年，我和卞红去看他的时候，他说："你一直都没改这个毛病。"我说，我也许是想追求"存童心，做真人"。但是呢，我没有修行到这一步。

阎凤梧曾以此诗感叹宁宗一的遭际，晚年复书以相赠

老阎的记忆力非常好。我们一起回望过去的时候，他把前后的事情跟我说了。根据他来进修的时间，我回想，我应该是被批判了整整一个学期，这一个学期我们团支部的组织生活的内容就是批判我。有些跟我私交很好的，后来都跟我说，他们也不同意那种说法，为这点事何苦呢。我坚持的一点就是，那是高书记让我发言的，我没有其他什么问题。

1. 著名学者、书法家，师从章太炎。

“小修批大修”

宁：1959年、1960年确实是我人生的一个节点，这个节点发生的事情也能够反映出我人生的多重性。我们原来有位总支书记叫李华，这是一位非常朴实、宽厚的总支书记，也是我碰到的最好的一位书记。后来我们都住在同一个楼里，他住在靠东面的门，我住在靠西面的门。我印象中，他后来在校党委统战部或组织部，再往后他就调到天津师大了。有一次，我去他家里，我们非常郑重其事地谈话。我说：“您现在调到师大了，能不能把我带走？”

陈：那时候的天津师院？

宁：对。他笑了半天，说不可能。他说：“我很喜欢你，你快人快语，心里没有那些很杂的东西。但是你不可能走，你是‘两用人才’。”我那天想起来，我在那时确实扮演了这样的双重角色，“两用人才”，这是很有意味的。一方面，运动需要我，因为我可以作为运动的对象。每次运动都需要有一些对象啊，不找出几个对象不成。我有时候口无遮拦，或者因为有人看不惯我的行为。也许有人认为，我作为一个团员，不怎么靠拢组织。所以这些就让我成为被批判的对象。但是“两用人才”的另一面，就是我还能教书，虽然没有太了不起的科研成果，但是也还能写一些东西。那时南开大学中文系每年都有科学讨论会，我都要拿出一些东西来。其他老师也都有成果，我们分组讨论，都能有所获。所以“两用人才”最典型的事情就发生在这时。

陈：“两用人才”这个头衔真是意味深长。

宁：反右倾机会主义的运动，在党内搞完后在团内搞，我受到批判。可是我最近为了做口述历史，查了一些我的材料。我竟然找出了当时组织上让我执笔写的《批判李何林同志修正主义文艺思想》。这件事情前前后后你也比较清楚。李先生写了一篇有关延安文艺座谈会的文章，开始时投给《新港》，《新港》没有刊发却转给了《文艺报》。后来李先生发现有点问题，想撤回，可是周扬、林默涵、张光年他们扣住了稿子。因为他们正需要一个批判对象，这就掀起了全国性的批判李何林先生修正主义思想的运动。[1] 所以你看这个节点，反右倾机会主义和反修正主义就结合起来了，李先生被抓取为典型。

李先生写的是文艺理论中的一个"小问题"[2]。可是这篇文章到了文艺领域的领导人那里，就抓住了他文章里的一些"问题"。我到现在已经记不起来，李先生这篇文章中有什么了不起的"问题"。当李先生想撤回来修改的时候，他们就不允许了。于是就掀起了批判。

李先生不接受这样的批判，曾经自己提拉了一个竹箪暖瓶，到学校大礼堂进行答辩。李先生从来不隐瞒自己的观点，上台讲你们批判的哪点对、哪点不对。他看我写的批评他的稿子，说我批判的不是他的观点。他跟别的人不一样，是他的观点他承认，不是他的，绝对不承认，一定要辩论到底。这种气魄在知识分子中，我只见过他有。他拒绝错误的批判，而且光明磊落地进行答辩，讲他同意的是什么，不同意的是什么。这个场面今天看来了不起，极其辉煌，也体现了李何林先生的人格精神。但是追述其背景，我觉得这可能跟过去李先生毫不掩饰地指出周扬等人的宗派主义倾向有关。

而我，作为一个"两用人才"，在受批判的同时，又被要求执笔写了批判李先生的文章。这篇文章写得非常长，在《河北日报》发表，两期登完，一万多字。当时河北省还有一本《文艺哨兵》，也转载了。

---

1. 关于当时批判李何林先生的运动，可参见本章附录。
2. 李何林先生文章题为《十年来文学理论和批评上的一个小问题》。

这篇文章的署名是中文系古典文学教研室，没署我个人的名字，但文章从头至尾是我写的。所以你可以看出来，在这场文艺上批修的活动中，我是最典型的一个“两面人”。

我那个时候没有像现在这么清醒，就觉得我暴露思想了，肯定是要批我，但是组织上让我写文章，毕竟是信任我。所以我就在这种模糊认识的基础上，扮演着双重角色，这也就是后来被人们“传诵”的一句话“小修批大修”，说宁宗一始终扮演着小修批大修的角色。这个角色一直延续至“文革”期间，那时让我执笔写批判周扬“全民文艺论”的文章。这个情况讲到那时再说。

陈：批判之后，对李先生有什么影响呢？

宁：没有什么影响。因为李先生那种气魄，当时也没有停止他的工作。后来到20世纪70年代时，他调到鲁迅博物馆，做鲁迅研究室的主任，还是经过中央政治局研究通过的。

与此同时，当时又批判了方纪，批判他的小说《来访者》。所以，那时是理论上批判李何林先生，创作上批判方纪先生。文学的两翼——理论和创作，当时都有动作。这不是南开大学的事，也不是河北的事，是掀起了全国性的批判，但是时间比较短暂。

批方纪的《来访者》，中文系是让我和刘家鸣执笔。我写的初稿不短，交给了刘家鸣。刘家鸣看了之后不满意，他又重新写，后来才得以发表。方纪先生也教过我，我也没发现《来访者》有什么问题。

陈：批方纪也是上级的意思？

宁：是啊，批《来访者》时间靠后一些。方纪先生这个人也是比较复杂矛盾的，很有才气，也善于讲解，善于与学生交流。他讲的又是苏俄文学，因此苏俄文学对他的影响比较大。至于批《来访者》，我们的批判文章，正式发表出来的是刘家鸣先生写的，他写得比我要好。我们当时也练就这么一个“笔杆子”，就是批判性，千方百计找出对方的文章里不符合“左”的思想路线的东西，一律上纲上线。所谓大批判文章，就是把对方的问题提高到路线的、思想意识的高度。这没有什么新鲜的，几乎都是这样。

说回我写的批判李何林先生的这篇文章，也是从世界观与创作方法去讲的。那个时候我愿意看苏联的文艺理论，而其中专门有一本书就是谈世界观和创作方法的。我写这篇文章时，是点灯熬夜，几天突击出来的。当时写大批判文章轻车熟路，知道应该怎么写，抓住哪几点。所以说我“小修批大修”，在当时也是符合实际的。今天看来“小修批大修”这话是调侃、是讽刺！

我觉得我这个人，如果仔细地剖析，不知是没心没肺呢，还是麻木？我现在自己也很难有定性的看法。批判我的时候，我在顶撞，不接受，认为我暴露自己的思想，是一种相信组织的态度，是跟党一条心的，符合当时领导跟我谈话的要求，也得到了领导的肯定。你们现在批判我，我当然不能接受，这种冲突很激烈。而与此同时，又让我写大批判文章，折射出当时的一些领导对我的态度也是矛盾的。

运动间隙的戏曲研究

宁：1961 年以后就是“整风整社”了。[1]“整风整社”，我倒没去，因为什么呢？是华粹深先生把我留下来了，说我还有用。当时咱们天

1.《南开大学大事记（1919—2019）》：1960 年 12 月 15 日中文、历史、政经三系师生干部 800 余人赴河北省内丘、曲周参加“整风整社”运动，至 1961 年 4 月 15 日返校。

津不是直辖市，是省会。

陈： 河北省省会。

宁： 他正要跟河北省文化局戏研室一位姓马的先生[1]一块儿编《河北梆子史》。华先生就理所当然地让我跟着他，也是唯一一个跟着他的。这个事学术性很强，我就是负责记录。

陈： 相当于口述史？

宁： 对。我们走了很多地方，重点是去北京。那时候见了几位名家。比如，给梅兰芳拉胡琴的徐兰沅，还有筱翠花。

陈： 都是京剧界的？

宁： 他们都有梆子底子的。他们讲了一些细节，包括筱翠花练踩跷多艰苦。那时候都是男扮女装嘛，凡是像筱翠花这样演花旦的都得踩跷，练跷功，我们听他当场述说。还到了当时的艺校，采访了五盏灯[2]；拜访了荀慧生，他原来叫白牡丹，也是演梆子出身。

陈： 哦，这还真不知道。

宁： 没能见到梅兰芳[3]，见徐兰沅了。本来华先生要带我见欧阳予倩[4]，好像正好赶上他去世了。筱翠花、荀慧生，我的印象特别深，徐兰沅印象也很深。也是在这个时候，华先生对我进行了戏曲教育，讲“风搅雪”“两下锅”。就是过去的一场“晚会”演京剧，但不是完全的京剧，有的时候前面可能演梆子。过去“文武昆乱不挡”，梆子实际上跟京剧关系很密切，这就叫“风搅雪”“两下锅”。

陈： 我在电台里听过那样的，一出戏里面，比如《铡美案》吧，

---

1. 指马龙文先生。
2. 河北梆子演员王贵山的艺名。
3. 梅兰芳于 1961 年 8 月去世。
4. 欧阳予倩于 1962 年 9 月去世。

秦香莲唱评戏，包公唱京剧，陈世美唱梆子。

宁：我没有听过。京剧里面有很多梆子腔、昆曲，你看，梅兰芳的昆曲一样唱得很好。京、昆、梆有不解之缘，所以当时也见了一些京剧大师。可是那时候我真的全然不懂，就是记录，记录完了以后略做整理，华先生过目。

陈：主要就是在北京采访?

宁：天津也采访过一些人，但是我现在一时想不起来了。采访记录，我用练习本记了两本多。我是跟许先生学的，他写讲稿都是用练习本。我那个本子写得密密麻麻，记录完了以后用稿纸整理。我们把采访整理的材料交给了河北省戏研室，后来出了书。

陈：就叫《河北梆子史》对吧?

宁：对，就是《河北梆子史》。这个工作做的时间是比较长的。我回来以后，就听别人述说了“整风整社”时的艰苦生活。是 1959 级的杨钟贤和刘莲丽跟我说的。他们拿刘莲丽开玩笑，说她不吃胡萝卜，每天先在锅那儿闻味，慢慢地等肚子饿了，还是得吃。胡萝卜不能老吃生的，当时就像烤山芋一样烤胡萝卜吃。他们还说了一个趣闻。当时是滕维藻先生带队，每月发给半斤红糖、一斤黄豆，还有胡萝卜什么的，剩下就是“瓜菜代”。因为怕老鼠偷吃，就把发的东西吊在房梁上。“整风整社”时住的都是通铺，每人头顶一个筐。结果呢，老鼠攀着那个绳子，从房梁下到筐里吃东西。都饿疯了。

陈：这是从哪年到哪年?

宁：到 1961 年了吧，他们走的时间也不短。因为华先生把我留下，我就没有参加“整风整社”。我跟华先生的这段时间，可以算是真正地对戏曲有点入门了吧，这也奠定了我后来搞戏曲研究的基础，对戏曲的本体特性有了比较初步的认识，与戏曲界的一些先贤元老也有些接触。华先生认识戏曲界的很多人，这次虽然没有采访到梅兰芳，但是梅先生跟华先生有私交，曾经到文学院讲过一次课。

陈：是您上学的时候?

宁：对，在当时的六里台文学院，那是华先生给请来的。后来俞振飞和言慧珠也来过一次。像我见田汉，也是华先生带我，戏演完了以后，上后台见的田汉。和曹禺也有一面之交。

通过和华先生做《河北梆子史》，我在戏曲知识这方面长进比较多，开始逐渐积累。此外，我教“宋元文学史”要讲宋杂剧、元杂剧，又跟许先生学习了宋元戏曲和话本研究。我觉得，我对杂剧、话本里面的市民文艺，就是瓦舍勾栏的艺术，也逐渐有点自己的思考了。过去上课讲宋元时代就是挑出一些话本、杂剧，讲讲《窦娥冤》等，而这个时候我的讲稿还可以涉及市民文艺的东西了。华先生、许先生带我，师傅领进门。

紧跟着，1963年，我有两篇文章引起了小小的波澜。我查了一下，这两篇文章后来都收入了我在粉碎“四人帮”后的第一本论文集——《中国古典小说戏曲探艺录》。一篇是《关于戏曲表演艺术特点的几点理解》(以下简称《戏曲表演艺术》)，发表在《南开大学学报》，署名是古典文学教研室，后面写了“宁宗一执笔”。这篇文章没有经过别人修改，就是我自己写的。另一篇《中国戏曲艺术发展规律浅探》(以下简称《规律浅探》)，是中文系科学讨论会上我的发言，被《光明日报》驻天津记者杨先生发现，他觉得不错，之后就发表在《光明日报》了，署名是宁宗一。我记得，我和我前妻一块儿上大街买东西，路上有一个人跟我说，你的文章在《光明日报》上发表了，而且是整版，很惊叹。我也大为吃惊。可是，后来这篇文章招来了小小的批判，因为我署的是个人的名字。总支的刘 ×× 点了我的名，他说：“你为什么没有经过组织，就用个人的名义发表了？”但是，这已经成为既定事实，后来也就不了了之了。不过，批我的那几个词儿：个人主义、名利思想、白专道路，我已经倒背如流，这三者是合一的。

这两篇文章其实是很肤浅的。在我们开科学讨论会的时候，请来了张庚先生和郭汉城先生。我这两篇文章张庚先生都看了。当时我刚刚三十出头，在老先生看来，好像是感觉《规律浅探》写得有点教条化。我写的是形式主义和自然主义的斗争、现实主义和浪漫主义的斗争等，是从各种斗争来分析中国戏曲的发展规律。但是他肯定了我的《戏曲表演艺术》。在这篇中，我谈了几个传统的美学观念，大致是三大点：第一是传神的问题，形与神；第二是虚与实的问题，即中国戏曲为什么和话剧不一样；第三是规矩与自由的问题，就是中国戏曲有它的程式，但是表演艺术家都在规矩中有自己创作的自由度。这篇文章写得比较长，一万来字。张庚先生专门在会上谈，说这篇文章是符合中国戏曲表演艺术的。我的研究是受过张庚先生启发的，也受过阿甲先生的启发。阿甲先生也专门谈过中国传统戏曲。我那时候开始比较重视中国自己的理论，特别是中国戏曲的传神性，以形写神等；也比较注意一些画论，因为中国画论看重形神的关系，传神是关键问题。

陈：艺术是相通的。

宁：因为戏曲的写意性与中国艺术整个的写意观有关系。《戏曲表演艺术》这篇文章受到张先生的肯定，我当然高兴。这篇文章发表时署名是古典文学教研室，我执笔而已。事情不大，但反映了那个时候个人是不能出头露面的，你一旦出头露面，就是个人主义、名利思想、白专道路。

陈：这两篇文章的写作，都是为了讨论会？

宁：对。几乎是同时写的。因为我教书，教宋元文学、宋元杂剧了，所以对戏曲比较关注。今天看来，当然都是很教条了。《规律浅探》是按照当时的理论教条写的。《戏曲表演艺术》是在继承先贤的基础上写的，可能我归纳得还可以，有些自己的心得。而且，我那个时候已经

中国戏曲艺术发展规律浅探

1963年10月27日，《光明日报》发表的《中国戏曲艺术发展规律浅探》

按照华先生的教导，看了些戏了，这和我爱好的戏曲理论又有所结合。但是，在那种背景中，两篇文章使我得到两种命运。一个说我是个人主义、名利思想；一个是我被纳入集体协作的框架中，又得到了张庚先生的小肯定，所以立住了。粉碎“四人帮”后，我就大胆地把这两篇文章都收入自己的论文集，虽然很幼稚，但是不存在署名问题了。

我在研究生涯的前期，戏曲的东西写得比较多。如果进行学术的反思，我就感觉到自己胆儿比较大。写的都是需要宏观观照的一些问题，怎么能够轻易地就谈戏曲艺术发展规律呢？这个题目太大了！我不是说现在才要反思这篇文章的教条性，当时一定有人看后觉得有教条性。只不过那个时候大家还没有那么多地关心戏曲问题，探讨戏曲规律的也比较少。《光明日报》当时可能就是觉得有必要提出这个问题。

陈： 您刚才提到有人在路上看到您，就提起这篇文章。我看您回忆天津师院的李厚基先生，他也是因为看到这篇文章认识您的。还有，刘泽华先生也提到过，从这篇文章知道了您的才华。

宁： 刘泽华先生后来在给我的一本书[1]写序时说到这事。可能1963年能够在《光明日报》发整版还是很不容易的。但是，专门研究戏曲的人，那个时候肯定也看得出来其中的教条性，都是什么和什么斗争，这离不开当时的时代色彩。《戏曲表演艺术》是合，形神的合、虚与实的合、规矩与自由的合。《规律浅探》则是分、是斗、是对立。可以看出当时思维上的分裂。

陈： 一篇谈分，一篇谈合，很有意思。

宁： 谈到这儿，我觉得可以有所总结。那时我是自己有想法想写文章，总之动笔比较多。更不要说看了戏曲、看了话剧之后，只要有导演、作者让我写，我就要写剧评，总是在写、在练笔。我过去写的剧评比较多，都是在《天津日报》或是晚报上发表。当时的晚报不叫《今晚报》，有一段时间，我的师姐李传琅在那儿工作，总找我约稿。

陈： 是不是叫《新晚报》？

宁：《新晚报》，好像是。我那时候经常写。甚至于往前再推，结合20世纪50年代批判“庸俗社会学”，那个时候《天津日报》还让我写过《什么是庸俗社会学》。

陈： 我看过这篇。

宁： 我都不知道当初我是怎么写出来的，我也弄不清楚什么是庸俗社会学，但我写《规律浅探》这篇，我觉得就带有庸俗社会学的特色。（笑）当时还是年轻，欠于思考、缺乏思辨，也没请我的老师多提提意见，那样也许会好一些。不怕写错，只怕当时想得不够周全，也没有广泛征求意见。再有，也和当时的社会思想背景、文艺理论发展

---

1. 宁宗一：《教书人手记》，大象出版社，2002年。

水平有关，我沾染着那个时代的特色。报社也不见得能发现更多的问题，就是觉得新颖、胆儿大，能够系统地来谈这个问题。

写出这些文章，也和这时华先生带我去采访那些戏曲界的大师、前辈有着千丝万缕的联系。我原来受到过华先生的批评，不知道“场上之曲”的特点，从那时就开始有探索戏曲艺术的强烈要求了。老师的教导显然有很大的好处。[1]

陈：您当时授课就是讲宋元文学么？

宁：1958 年许先生病了，到了 1959 年我就开始给中文系 1956 级讲宋元文学史。

陈：但是关于戏曲没专门开过课？

宁：后来给 1959 级讲过元曲专题课。

陈：也是元曲，而不是后来的戏曲，京剧、梆子那些？

宁：元曲分为杂剧和散曲，实际上我讲的就是元杂剧，但是课程名字叫“元曲”。

陈：您对戏曲的研究，就是从教课开始的？之前您说，小时候对戏曲兴趣不大。

宁：对。我们家里人都爱好戏曲，我父亲、大姐、三姐都能唱，二姐马马虎虎，四姐喜欢但不怎么唱，我母亲就是听。我父亲是在北京市戏曲学校退休的，最早叫艺培戏校，校名、匾都是我父亲写的。程砚秋是校长吧，有几位大师级的人物都担任过校长。萧长华也在那儿兼课。教老生的是非常了不起的王少楼，他在舞台上一直没有挂过头牌，但是很多名角是他带出来的。

当时的戏曲教育已经从科班转到戏曲学校了，一个是中国戏曲学校，一个是艺培，后来转化为北京戏校。从前像富连成、中华戏校那

---

1. 关于华先生提醒关注“场上之曲”的回忆，可参见本章附录。

种科班，这时已经被推翻了。

陈：您以前对戏曲兴趣不大？

宁：对。就是慢慢熏陶，不像家里其他人。我父亲当时是行政干部，并不教戏，但是后来在艺培是很有名的了。孙毓敏、张学津都回忆过。

陈：孙是荀慧生的弟子吧？

宁：对，但是她突破了荀慧生的艺术，有人认为她离格儿，实际上她是有所突破。当时她是小姑娘，经常到我们家里去，我家里姐姐多，还给她衣服。另外就是张学津也上我们家去，他是张君秋的儿子，我父亲认为他的老生唱得真不错。他在回忆北京戏校的时候也提到我父亲。我在那种环境下也受到熏陶。1979 年南开大学中文系成立小说戏曲研究室，华先生说，别人都报名研究小说，你就跟我研究戏曲吧！

陈：华先生研究元曲么？

宁：他是戏曲通才，他还写昆曲剧本呢，如《哀江南》等。另外，他还跟许先生合写过一个剧本——《虎皮井》，没演出过。但是后来我们编华先生的剧作选，把它收进去了。因为那是他们两位合作的，许先生提供话本小说的素材，觉得有戏剧性，华先生写成了戏。我没有看见过华先生粉墨登场，但是他讲课的时候，有时有点旦角的味道。他从清华大学毕业，情愿到中华戏校教文化课，因为愿意和学生在一块儿，带着学生看戏。他写的随笔《听歌人语》，是随性的，但是非常精准。他作为一个老师看这些孩子，点评他们聪明处在哪儿，缺失的地方在哪儿。而且他不断和这些孩子交流，那是他的一大愉悦。他说："我宁肯吃窝头，也得买票带着学生们去看戏。"这种精神，我觉得我继承了一些，要带着学生们去看"场上之曲"，扩大对戏曲的认知。我看现在没有人这么做了。

受华先生的影响，我很早就认识到，中国的地方戏有300多个剧种。每一省、一县甚至有的镇，都有自己的戏曲。

陈：这是华先生跟您讲的？

宁：有时候聊天就聊出来了。后来我带研究生到山西考察的时候，他们都很奇怪我怎么知道山西这么多种演出形式。包括敲着锣鼓点“跑村”，那种演出形式、大众艺术、创新意识，难以想象。虽然身处当时的逆境中，但我还是享受到老师的指点，自己发表了一些文章。

陈：您发表的那些剧评，现在还有么？

宁：现在还能找到几篇，太少了。当时是发在几个地方，比如《天津日报》，当时的《新晚报》，我师姐李传琅在《新晚报》当编辑，有时打电话到中文系，说：“小宁，给我们写篇剧评。”我就写了。还

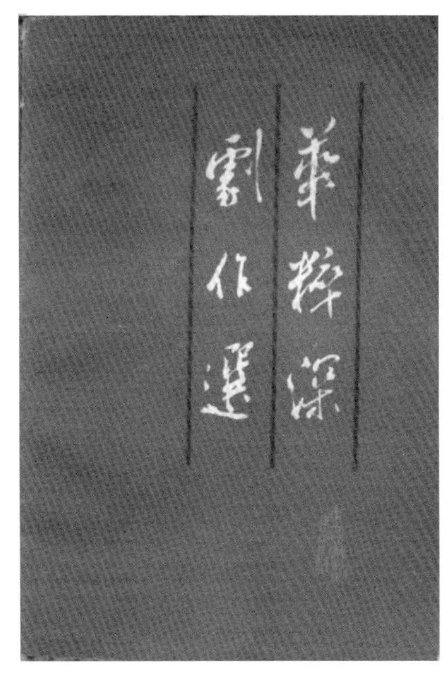

《华粹深剧作选》，收录了昆曲《哀江南》、京剧《虎皮井》、河北梆子《秦香莲》《打金枝》等剧作及系列随笔《听歌人语》

有就是《戏剧报》，是杂志。后来还有《剧坛》《戏曲艺术》《戏剧文学》等。

陈：都是看戏之后写的？

宁：对。理论色彩比较少。

陈：没有收到您后来的文集中？

宁：对。这些都是断简残篇，很多，但是很难找。我甚至在《郑州日报》上还写过呢。我当时有一个想法，只要约我，我就写点。对了，还有一份报纸，好像是《戏剧与文学》，我发表过几篇短文章，比如《戏曲的反思》等，是一个系列。上世纪八九十年代我还给《文史知识》写过一系列，那是偏重方法论的。我现在不写了。

陈：您是从五六十年代就开始写剧评了？

宁：对，比如我跟华先生合作的《舞台上的曹操》，是《天津日报》约稿，华先生就让我执笔，我们给刘毓忱也带上了，算是我们三个人合作。当时郭沫若提出来为曹操翻案的口号，他写了《蔡文姬》，文艺界也掀起了小小的为曹操翻案的风潮。我是在华先生的指导下写的这篇文章，那篇文章写得比较平实，公正平和，没有趋时。按华先生的意思，就是说舞台上的曹操和历史上的曹操不是一回事，历史上的曹操就是历史上的，戏曲舞台上的曹操就是戏曲舞台上的。当时我们主体性比较强，没有为一时热火朝天的东西去闹腾。

陈：文学作品和历史是两码事。

宁：对。另外历史学界也有意见，说他们对曹操原本就是“一分为二”来看的，是戏曲把这个人物形象给白脸化了。这篇是华先生领衔，虽然是一篇小文章，但是我们师生之间的合作。华先生不怎么爱动笔，他就有一篇在《光明日报·文学遗产》上发表的谈《英雄谱》的文章，他爱写剧本，但是理论性的文字他几乎不怎么写。

后来有一段时间全国批判张庚先生，也是60年代的时候。我执笔过一篇，批评张庚先生谈戏剧规律的，那时都发表在《戏剧报》上。当时我们署名是“南开大学中文系地方戏研究小组”。

陈：这是个实体么？

宁：实体啊，不仅有老师，还有两个学生。那时署名一律用“南开大学中文系地方戏研究小组”。总括这个时期，我是作为一个“两用人才”“小修批大修”，扮演着双重角色。不是我人格的分裂，是时代要求我扮演了这两个角色。

两次“四清”经历

宁：20 世纪 60 年代初我是在双重轨道上行走。到了 1964 年，那就是“四清”了，我觉得，我是全身心参加的。我们去的是唐山地区的抚宁县，这是个好地方。[1] 我们工作队在鲁庄，在那里待了三个月，不许暴露我们是学校来的，就是工作组。

这时候“四清”走的还是刘少奇的路线，“四清十条”，重点是解决“四清”和“四不清”的问题，后来才改为毛泽东的“二十三条”，说不是“四清”“四不清”的问题，而是要抓出走资本主义道路的当权派，纠正刘少奇的路线。

在抚宁的三个月，我做了两件事情。一是“扎根串连”。我找的这个“根子”真的很穷，是典型的贫雇农，几代人都当长工，可是孩子很多。我到他家，看到他们的大炕，简直是惊讶了。他们就一条被子，

---

1. 1964 年 9 月 15 日根据河北省委的安排，南开大学师生干部 4000 余人，从 9 月 17 日起，分赴天津、唐山专区十个县参加农村“四清”(即“清政治”“清经济”“清组织”“清思想”)。

夫妻俩带着孩子。怎样睡觉呢？脚对脚，把一条被子盖上。我当时搞了点“小恩小惠”，他们孩子病了，我给了他们点阿司匹林。我经常去他那儿“扎根串连”，那家是我的“根子”，有了“根子”就能把贫雇农串到一块儿了。

陈：中间还回天津么？

宁：那次三个月，中间没回天津。

陈：药是之前带去的？

宁：带着的，那时出门都带点平安良药，要不发烧了怎么办？虽然有队医，自己也得带着点。

当时农村不仅物质贫穷，精神生活也很匮乏。我在那儿负责团支部活动，跟他们青年打成一片，也是非常幸福的一件事，我做得比较好。我当时刚三十出头，他们开团支部会我也都参加，给他们讲话，整天在一块儿，通过他们进行“社会主义教育”活动。

我们当时要求“三同”，同吃同住同劳动。我做得也比较好，获得好评。我住在一个大娘家里。大娘住在北屋的左边，我住在右边。大娘对我太好了。她家窗子是窗户纸贴的，很冷。她知道我就带了一床被子，就给我一床破被子压脚，又把她从来不用的狗皮褥子给我了，说“你这太冷了”。她还为我烧炉灶。家里是盘的灶，北屋一左一右各有一个灶台，我不做饭，但是大娘为了把炕烧热了，就把我这边的炉灶也烧起来了。我们发的煤，我都给了大娘。我扫门口，大娘门口最干净了。另外，我给她家挑水。因为我们村里的水发苦。我是从地里头给她挑水来。我原来不会挑水。我们没进村以前，住在县里的招待所，我在那儿就练习挑水。村里打水的地方井台很大，一开始我怕打水时桶掉到里面去，都把扁担钩和桶绑在一起。我不会换肩。人家讲究的，一边走一边换肩，就不累了。我老是右肩，开始的时候两个水桶还总是来回摆。后来虽然不能换肩，但是挑着水能步履如飞，走得很棒了。后来也会“摆水”了，挂上桶之后，一摆水，就打上来了，我的桶也没掉到井里去过。我给大娘从地里挑一担子水，两桶，缸就满了。大娘总说：“这水跟汽水一样甜。”她姓吴，我问她：“吴大娘，您喝过汽水么？您怎么知道汽水甜？”她说没喝过。她家里很穷，真正是五保户[1]，但人善良、宽厚。

陈： 就一个人过？

宁： 就一个人。那时候，你看，团支部那些小孩总围着我转。我回来以后，他们还给我寄过小米呢，知道我爱喝小米粥。

陈： 就是已经知道您是南开大学的了？

宁： 慢慢就都知道了。因为和我们一起去“四清”的还有学生，他们就露出来了。

那时村级制度都打乱了，当时的制度是大队、小队，没有村。我包的生产小队，队长姓王，小伙子，人很好。当时“扎根串连”本来是要揭发支部书记、队长有没有“四不清”的问题，有没有多吃多占等。但是我查不出来问题。

陈： 工作组每个人包一队？

宁： 一到两队吧。别的人一到开会的时候都说，他们那儿查出了哪些“四不清”的问题，都有数字的，比如谁多吃多占，什么情况。我这儿老报不上数来。

陈： 怎么查呢？

宁： 查账啊。要跟会计个别谈话，要查收支情况。我一是不懂什么数学，二是“扎根串连”时，大家都说这个队长好，这个小伙子好，在这儿干得那么苦。那三个月，我真的知道了农民之苦，农民的朴

---

1. 五保户是保护农村老人、儿童的制度，指保吃、保穿、保医、保住、保葬（孤儿为保教）。

实。还有，那些干部并不是都有问题，有些问题是被整出来的。那时我们的学生有“熬鹰”的，有一个姓赵的中文系的学生，每次开会就他报的数最多了。“熬鹰”，就是跟你谈很长时间，熬得你受不了，就胡说八道了。那时学生很多都会抽烟，用一张纸，撒上烟丝，一捻。我们坐在炕头开会，让队里交代问题，学生一抽烟，我就跑出去了。

陈：那学生为了什么呢?

宁：积极啊，到哪儿都要表现积极。我呢，在农民圈里评价真的挺好的，同吃同住同劳动我都做到了，我说出这话，脸上无愧色，真做到了这点。但是我真的没有搞出“四不清”的问题。那会儿也没有队长打压、给红包什么的。几个月的“四清”运动，我们最后做的一项工作，就是重新改选支部书记和队长。结果，大家还是选小王，他确实很宽厚，带头干。

陈：选举也是您主持?

宁：对。那时王光美在桃园“四清”，谈桃园经验。我没去听，中文系是总支副书记姚耀去的，去的应该都是领导。

我们从抚宁回来以后待了几个月，又去了枣强。那是第二次参加“四清”。

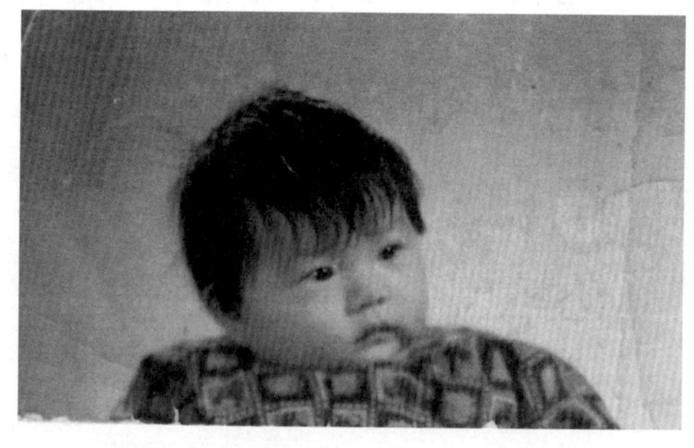

女儿宁清

陈：我看过魏宏运先生写的到盐山“四清”，那应该是第二次这个时间了。

宁：那时候我本来该给1961级讲“宋元文学史”，我都去听郝世峰[1]讲隋唐五代文学的课了。我有一个习惯，每次文学史课快要到我讲了，我先去听听前面老师讲的，好接他的课。这时来了命令，说现在要到枣强搞“四清”了，所以我的课就没讲。

为什么我的女儿叫宁清呢，就是因为她是在搞“四清”中间休息的这段时间有的。我的前妻李蒙英是在小站[2]搞“四清”，也是回来休息，这时我们有了孩子，所以叫宁清，是1965年生的，纪念“四清”。

陈：去“四清”的人是怎么选的呢？李先生他们去了么？

宁：去了，李先生是在区里工作，没有下到最基层。郝志达他们几个党员也是在区里头。王达津先生、华先生好像都没去。

陈：“四清”期间就停课了？

宁：停课了。走的时候，我本来应该接郝世峰的，课就没上了。

陈：我看魏宏运先生写历史系的“四清”是在盐山。

宁：我不知道怎么分工，中文系都在枣强。他是哪年？

陈：他写的是1965年8月做动员，9月走的。[3]

宁：时间可能差不多。当时我们这个层面是各搞各的，之间也不来往。

陈：我上中学时的校长，1960年代是历史系的学生，去的也是盐山，最近他还回去看过。您回忆的这段很重要，还没有见人写过枣强

1.1961年南开大学中文系毕业，留系任教。

2. 天津南郊。

3. 魏宏运《南开大学师生参加“四清”回忆》。按：1965年9月11日南开大学师生3000余人分赴河北省衡水、沧州两个专区参加“四清”运动。

“四清”的情况。

宁：枣强是属于衡水地区，而且是最穷的地方，真的很苦。现在衡水大概不错了，但是那时枣强真的太穷了。人不多，房子都是很破烂的，八面透风。我们都住在五保户家里。和在抚宁一样，我把煤都给了我的房东。这个房东也是一位大娘，更老的一位大娘。我记得她的形象，她每次都是扶着门框，问我：“老宁，起来了没有？”早上派饭都是小米粥。吃点饼子、腌菜什么的。中午工作完了，就到指定的地方吃饭，各户轮着，不是固定一个地方。一边吃一边聊，也了解点情况。他们都很愿意我到家里去吃饭，每顿饭付 3 毛钱，他们也知道我的吃饭问题比较容易解决。

但我大便的习惯很麻烦，茅房底下养了猪，刚蹲下，猪“噜噜噜”地就拱过来了，吓得我真是那个词——亡魂皆冒。后来，我就在坟地里大便，真看到过“鬼火”，就是磷。有一家厕所在外边，很干净的，有时我也在那儿。但是我那时痔疮比较严重。当时营养不好。在抚宁的时候，吃的是红薯切成片，拿水泡，大缸，一缸一缸的，泡完了捞出来，在房顶上晾，晾完了再磨，完全是普通淀粉了，可以做饼、做面条，就没有甜味了。吃这个我能适应。那时的咸菜是用西瓜皮和瓤，加上豆腌的。我也可以吃。红薯饼、面，有碗小米粥就可以了，不挑食。在抚宁，老乡还给我们做了点旱地种的稻子，那是很好吃的，油性大。但是到了枣强就不行了。枣强比抚宁还苦，这些都享受不到了。我那时怎么补充营养呢？那儿只有一个小卖部，我在那儿买红糖、买枣。可是我吃了这些以后便血，都是热性的，我的体质不适合。那是困扰我身体的一件事，我去那儿将近一年呢。

陈：在枣强待的时间长？

宁：后面就接上“文革”了。其间，最艰苦的就是冬天抗旱种麦子。那时我是出奇的棒。那儿的井口非常小，没有辘轳，井绳长极了，就得拿手摆，一桶一桶的。当时是轮换作业，你摆水，倒给他，他再扛到地里浇地。然后别人摆水时，你再去担水浇地。从前胆儿小的时候，一看到井口就害怕，那时候也练出来了。枣强不像抚宁，抚宁的水还比较充裕。枣强就不行了，很深才有水。抗旱种麦子，你知道吗？那多少天呐！一亩一亩地浇地。正是天冷的时候，所以那时候我经过艰苦锻炼，练出来了。挑水虽然还是不会换肩，但是不管走多少里路，肩膀都压红肿了，也没问题，手也练出来了。摆水的时候，关键是盘绳。那么粗的绳子，往上捣，捯绳子，很自然地就盘在左胳膊上了，那是一个技术活。放下去，再摆第二次。他们也鼓励我，说你这摆水可以了。

那时政策也发生了变化，已经不是“四清”“四不清”的问题了，是按照“二十三条”，农村抓“走资派”了。我这时包了两个小队，五、六两队，是模范队，也查不出任何问题，民调的过程中都认为队长不错。我当时仍然管团支部，也是每次报不上数来。当时我们有两项工作：一是培养典型，“忆苦思甜”；二是宣讲“二十三条”，给农民灌输“二十三条”的精神。

这时没有“扎根串连”，但是要培养典型，就出了一个笑话。当时要“忆苦思甜”，在枣强，每个小队都要培养几个典型，要发言的。我培养的那个典型比较年轻，在大队开会时没说出所以然来。可是，大队里有一个发言的出现了问题。让他“忆苦思甜”，他忆什么苦呢？是三年困难时期。工作组的人就赶紧制止他，当场提醒，说让他忆地主阶级的残酷剥削。但是当时农民记忆最深的是三年困难时期，是共产风、饿肚子的情况。这是有些普遍性的，因为三年困难时期他们经历过，而所谓的地主阶级剥削，他们没经历过，那是他们的父辈或上上辈的经历。

陈：新中国成立已经十六七年了，确实是过了一代人了。

宁： 当时有些人真是“左”得挺厉害的。我们的工作组成员，有些是之前被整过的社长，被“解放”后，就参加工作组了。可是，被整完之后的人，整别人的时候比谁都“左”。他们往往批我，让我来厉害的。

陈： 如果不厉害，对您有什么影响么？

宁： 他们倒也没有说我太“右”了，就是让我不要那么客气，说我太软。时间很快，到了后来就抓“走资派”了。可是农村有什么走资派呢？我当时真的搞不出来什么问题，一方面队里反映都挺好的，另一方面大家都很苦。我在枣强时，有一个最典型的例子，是一个小学老师，我经常上他那儿去。他有八个孩子，妻子还怀着孕。因为都是女儿，不生儿子誓不罢休。很惊人。他个子不高，瘦瘦的。他妻子也很好。他跟我说，他们带孩子容易，大的带小的，不影响，生活上也能维持。他是民办教师，就是得要男孩子。我还跟他开玩笑，说我母亲也生了九个，可是不像你这样。他的房间我记得还很清楚，其实很苦。

陈： 是当地人么？

宁： 都是当地人。不过毕竟是民办教师，大队专门给老师拨粮食，记工分，不下地劳动，但是有工分。

陈： 当地就这一位老师么？

宁： 我包的队里就这一个老师。我包的是小队，是最基层。当时另一项主要工作是宣讲“二十三条”。

陈： 就是向普通的农民宣讲么？

宁： 对啊。就是在小队的队部那儿宣讲，有的时候是白天，有时是晚上。后来天冷了，地里的活儿也很少了，我们搞运动的时间就多了。时间就这么慢慢过去了，到了1966年，开始批判《海瑞罢官》了。那个时候主要是我来宣讲，宣讲的教材就是姚文元的《评新编历史剧〈海瑞罢官〉》。那时没有直接点《海瑞罢官》的要害，没有点出彭德怀，批“彭罗陆杨”反党集团是后面的事情。一切都是根据布置，到一定时候，各小组组长往下布置。

陈：多长时间开一次会？

宁：那不记得了，都是随着运动的形势。这是“文革”的前奏了。我当时是积极分子，也挺出风头的，我讲的时候，百十来人都在那儿听，就给他们讲什么是海瑞罢官。有些农民愿意听听，跟他们也没有什么利害关系。在农村，这时也没有斗谁批谁，都是正面地给他们灌输，现在中央要求我们应该抓什么问题了。

在枣强这一年反而是平和的，大事情就这么几件，没有什么太突出的。民风朴实，就是太穷了。没有什么斗争，宣讲的时间比较多。我们也接受贫下中农再教育，“三同”，我觉得我做得都可以。我思想里总觉得中国的农民过得太苦了、太穷了，吃不上饭。有一种原始的悲悯之心，就是朴素的想法。带着这种心理，怎么能搞出生产队的问题呢？

当时还有一个大的问题，就是邢台大地震。一天下午[1]，我正在地里干活，就看到门楼摇摆，尘土扬起，驴挣脱了拉磨的绳子跑出来。那个场景我都看见了。地震，真的觉得地动山摇，尘土从地上弧旋形飞起来。

陈：枣强这个地方地震受灾严重么？

宁：地震受灾不太严重。因为是白天，不像唐山大地震的时候是凌晨。到了1976年唐山大地震的时候，就有了些经验，我正好起来撒尿，那时楼就摇晃了，我第一反应就是拿毛巾被把小群蒙上，我们俩穿着小裤衩就出来了。邢台地震是在下午。

---

1. 邢台大地震两次主要地震的时间为1966年3月8日5时29分和3月22日16时19分，此处应指第二次，震中为邢台专区宁晋县。

总结起来，在枣强的时候，我深深认识到农村的贫困，这还不是山区那些最贫困的地方，是平原地带。我觉得那时候的干部还是比较清廉的，没有太大问题。

我自认为，跟群众关系比较好，被选为工作组的三好队员。我确实做得可以，我们是带着政治任务下去的，也是接受贫下中农再教育。当时只有个别学生有点出圈。不过也没有发生过绯闻、男女关系的事。但是我在“四清”中得到一个很大的教训，就是那些以前挨过整、现在被“解放”的人，参加工作组以后，就出奇的“左”。他们被“洗过澡”，整人时手比较黑。那些基层的生产队长反倒没什么，就是敲着铁轨，招呼大家下地干活，没有什么问题。真正的问题是农村的有些中层干部，这些人又不下地，又是领导，失去了农民的本性，这是比较麻烦的。这一层农村的干部，不给予好好的教育，农村的发展就很麻烦。

回来的时候，在火车上发生了一幕。我的对面是张光璘，他是留校生，在外国文学教研室，1957 级的。我们都是一块下乡的，但是不在一个队。我跟张光璘关系不错，前两年他们一家回国时，我们还回忆起那时火车上的场景。当时已经知道学校“文革”开始了，很兴奋的。我在农村时就往下宣贯过党的政策，这时还带着革命气氛，回来也很高兴。我当时说：“咱们回去又要参加一场大的革命，真好。”完全是肯定的语气。张光璘真是一语成谶。他笑了，说：“弄不好你就是革命对象。”可是我觉得，我在农村一直是干革命呢，回来肯定是革命派啊。

我当时兴奋之情还有两点，一个是我们完成了“四清”任务，终于回来了，二是我还没看见过女儿呢。

陈：还没见过呢？

宁：没呢，她是 1965 年的 9 月生的。我们已经走了。最“悲催”

的事情莫过于此。我们下了火车，背着铺盖卷，提拉着破书包，坐上接我们的大巴，到学校工会那儿。欢迎的人群站在那儿，这个情景印象太深了。迎接我们的有孟志孙先生和苏桂珍大姐，我下了车，热情地向他们伸手，他们两个把手都收回去了。别人我就记不得了。我很敏感地知道，这回坏了。我从工会回九宿舍，要穿过一座小桥，那个小木桥，晃晃悠悠。我走在上面，非常颓唐，心里百感交集：盼着回来，怎么谁也不理我呢？我经历过一些运动，可是这次怎么到了这种程度？

回到家，李蒙英正抱着孩子，她可能知道我回来。我进门，她第一句话就是："110 贴满了你的大字报。"（主楼 110，是一个阶梯教室）我又累又惊恐又不解。我睡的床是用上下铺锯下一截的小床，我听完这话就颓然倒在床上了。李蒙英也没多跟我说。到了晚上有人敲门，我也不知道敲门的是谁，就听见说："明天去看你的大字报去！"我说："哦。"这一晚上恐怕是最痛苦的，我现在不能想象到我当时都想了什么。盼望着，盼望着回来，想回家看孩子……我到家竟然都没抱一下小清。我真的不知道这一晚上我是怎么想的。

第二天，我不想去。好像李蒙英跟我说："你还是去看一下。"我去看了，我的名字已然被打上了红叉。

附录

竹筚暖瓶的故事

《买竹筚暖瓶始末》：在1962年数九寒冬的一个晚上，我把烧开了的水，往一把竹筚的暖瓶中灌时，不知是瓶胆质量差，还是暖瓶中没留下温水底儿，开水还没灌满，只听“砰”的一声，我家这唯一的暖瓶顷刻间即报废了……孩子的妈开始犯了愁：“夜里这奶粉怎么冲？”……当时的“海河”奶粉却没有现在“即冲即饮”的质量，一旦用了稍温一点的水冲就会出现上下两层：上面是清水，下面是黏黏糊糊的奶羹。有一次儿子吃了就碰巧拉了肚子，于是我们就再不敢用温一点的水冲那质量低劣的奶粉了……一把暖瓶真的让我中了病，所谓朝思暮想，魂牵梦绕。日有所思，夜里睡觉都变成了大喜、大悲和大惊的梦。不是今天从商店抱回个特大暖瓶，就是明天梦见手里的暖瓶被强人夺走，或是不小心跌了跤，把暖瓶摔个粉碎……一天，我们的系主任李何林先生路过九宿舍，到我家歇脚，当然也就变成了一次“访贫问苦”。我无意中提起了暖瓶爆破之事，由于都是闲聊，李老师也没说什么。过不了几天，系里教师开会，李老师顺手交给我一个小信封，我当即打开，一看竟然是数张“工业券”（记不准几张了），我睁大了有点潮湿的眼看着先生，他只是向我微微点了一下头。一两天后，我的另一位授业恩师华粹深先生也赞助了我两三张“工业券”，于是我终于买上了一把崭新的天津生产的“飞马牌”还带提梁的竹筚暖瓶！是呵，在生活“细节”中，我只是遇到了这么一点点雪上加霜的事，但却又一次领受到恩师们给予的温暖情意。为了纪念这一有特殊意味的“事件”，我在油印自家讲义时，顺手用油墨在竹筚壳上重重地写上了两个大字——“梦壶”。“梦壶”一直为我服务到“文革”后期，由于竹筚底部腐朽变黑，总觉得缺乏安全感，所以咬牙把它淘汰了，后来换上了两把塑料壳的，一红一绿，使用至今。

执笔写文章批判李何林先生

《灵前忏悔》：李先生为了“一个小问题”招来了大麻烦，全国展开了批李运动，中文系首当其冲。真不知当时系里的某些领导出于什么样的考虑，找我谈话，命我执笔写批判李先生“修正主义”文艺思想的文章。我“受宠若惊”“废寝忘食”，整整干了两天两夜，一篇洋洋洒洒的大文章——《批判李何林同志修正主义文艺思想》炮制出来了。文章写就，我却有点良心发现，我自问：我是在干什么啊！我现在要点名批自己的老师？一点点可怜的良知驱使我在晚上带着文稿悄悄地到李师家，我请他过目这篇“奇文”。有趣的是，先生仍像修改自己学生的作业那样严肃认真地看了一个多小时，沉思半晌才对我说：“文章写得太长，句子仍然是那么欧化，有的地方批我批的不是地方，有些地方你根本没理解我的意思。”这真是一出含泪的闹剧。我不知道我当时为什么会鬼使神差地要找我“批判”的对象去看批他的稿子，我更不理解李师又为什么能用他那凝重、严肃、认真的态度去看他的一个“背叛者”写的稿子。后来批判文章以南开大学中文系古典文学教研室的署名在《河北日报》上用两天两版的篇幅发表了，而且《文艺哨兵》杂志当期加以全文转载。我记不起我当时是什么滋味，我只知道，未动笔而署名者觉得算是认真地参加了这场捍卫马克思主义文艺理论纯洁性的斗争。事情过后我曾暗自高兴，当时幸亏没署执笔者的名字，不然我将无地自容。然而历史的反思就是如此残酷：白纸黑字是抹不掉的。这篇混账文章毕竟是出于我之手啊！这良心的谴责，这沉重的包袱，这欠下的债，何时才能从我的心灵上抹掉呵！我负恩师！

关于华先生提醒关注“场上之曲”的回忆

《戏魂——追思恩师华粹深先生》：我是中华人民共和国诞生以后第一个留在他（华粹深先生）身边工作的助教。也许正是因为这个关系，他对我的关怀可以说是无微不至的，是他手把手把我送上了讲台。可是有一次我竟然把这位好脾气的老师惹得发了火。那是因为有一天他带我去看京剧《玉堂春》，我竟然在座椅上昏昏入睡了。戏散后，在路上他“训”了我一顿，并且提醒我说：“你现在正教元曲，怎么能不看戏呢？不看戏，就很难讲好戏。”也许他觉得自己过分严厉了，所以又用温和的口气对我说：“剧本只是半成品。要理解一部剧作的全部构思，是很难离开舞台艺术形象的创造的。今后要多从‘场上之曲’来分析作品。”

第六章

一夜白头*

在结束『四清』回天津的火车上，对即将投入新的革命充满期待。同事开玩笑说：『弄不好你就是革命的对象。』

* 2018年10月28日、11月4日、11月11日采访。

宁：先补充一点，历史上很多事情，实际上都带有笑话性质。那天在平板电脑上，看到有人传当年所谓的荒唐事，勾起了我的一段回忆。1958 年“大跃进”，当一场全国性运动来了以后，会有一系列连锁反应，也有奇人奇事。当时在“消灭四害”的基础上，又有一个消灭麻雀的运动，真的是运动。我们之前对麻雀所知不多，上面怎么说我们就怎么做，麻雀一下子变成了害鸟。南开大学是全校师生全动员，除了非常老的教师不参加以外，中年教师都参加了。我当时作为一个毕业刚四年的青年助教参加了这个活动。

那天吃完午饭，师生们匆匆忙忙集合，分好地方。我记得，我跟我们系一位比较年轻的老师登到了南开大学大礼堂顶子上。我们手持长竿，竿上拴了很多的布条，就在那儿甩起来，甩得很厉害。在整个校园一片摇旗呐喊中，凡是栖居在南开房檐底下的麻雀都飞起来了，不敢落地。麻雀只能短途飞，不能长飞。我站在大礼堂的顶子上，眼睁睁地看着一只只麻雀从天空中坠落下来，有的一下子摔在水泥地上就死了，有的还再扑腾两下。

事后，我们出于好奇，把一些死了的麻雀提拉回宿舍，打开它们的嗉子，就是储存食物的地方，一看里面粮食很少，甚至有小土渣，另外黏黏糊糊的多半是吃的昆虫类的东西。其实，麻雀根本吃不了大粒的粮食，要让它吃个麦子就很费劲了。

现在，我经常在我家阳台的两个盘里面搁点小米，我是带有赎罪的性质，每当想起这段事情，就觉得那时候怎么那么残忍，怎么就不会跟上面辩解一下，麻雀不是害鸟，它吃不了什么东西，夺不了人类的什么食物，相反它是益鸟，是吃虫子的。这样一个浅显的道理，那时候真的不懂。我觉得，在很多的政治运动中，都是上面说了，我们下面就做，不动脑筋。同时，也有起哄的性质，登上楼顶吆喝，觉得挺好玩。但是一个一个的生命眼睁睁地就消失了。所以在这件事上，我的忏悔弥补不了过去的幼稚。

“大跃进”“三面红旗”的同时，可笑的事情连续发生，我在那时候也参与其中。茅盾先生在写《夜读偶记》的时候，最后的落款是“首都人民围剿麻雀的胜利声中写完”。这篇长文是1957年在《文艺报》连载，1958年出了本薄册子。你看，这真是全民运动，从上到下。茅盾当时是文化部部长，他写了这篇长文章，都要有纪念意义地去写上“围剿麻雀”。这事情很小，但是我们多无知呀，伤害了多少小小的生命。在今天来说，动物保护组织对这件事情肯定要提出抗议了。我总觉得，有很多的小事在发生之时也没觉得可笑，今天我们恐怕就得反思了。

狂飙席卷

宁：上次谈的已经进入到一个大的历史节点，就是“文革”。我觉得现在谈“文革”的东西很多了，中央也早就有了“历史决议”，这是一场浩劫，是一场灾难，打乱了我们整个国家建设的节奏。“文革”的历史教训不用我去说，大家有目共睹。对历史上发生的问题，每个人站在自己的立场，结合自己个人的和亲朋好友的遭遇、经历，当然都会有不同的看法。我也只能站在我的立场，从一个“文革”的受害者去谈，凭着我自己的良知和我所有的记忆慢慢道来。

当时我们都意想不到，觉得“文革”肯定不是针对我们这些普通教师的，不会面对广大师生员工。“四清”回来以后才知道，南开大学不能独立事外，所有教职员工无一例外都搅进去了。那个时候几乎没有旁观者，所有人都和“文革”发生了千丝万缕的联系。这是我们始料不及的。在从枣强回天津的火车上，我真的是觉得回来要参加这场革命，我们在农村已经在宣讲了，回来是要干革命的。张光璘拿我开玩笑，说“你可能就是革命对象”，结果一语成谶。枣强到天津的火车就这么几小时，我的命运却发生了根本的变化！

回来第二天，我去看我的大字报。当时主楼 110 已经贴满了，有批教师的，也有批学生的。这时的大字报还是学生贴的。形势确实像泰山压顶，让我感到极大的压力和羞辱。后来出现大量揭批反党集团的大字报，先是“老反党小集团”（都是老教师）。不到三周左右，批我们这个“小反党小集团”（青年教师）的大字报也出来了。

当时写大字报的情况是这样的。“文革”一开始的时候，有一些以个人名字写的大字报，后来就没有了，都是以战斗小组的名义，起个名字，某某战斗小组，有人执笔，就可以写。但是中文系起到定性作用的是“五人大字报”，他们写完就算定性了。五个人署名，这五个人有中文系党总支秘书，有出点子的，有负责抄写的，有积极的，也有被拉进去的，不都是党员。

陈：都是中文系的？

宁：都是中文系的教师，青年教师。背后是总支副书记刘 ××，但是刘不出面。

陈：当时总支书记还起作用么？

宁：当时中文系党总支书记兼任人事处处长，是邢玉亭。具体情况我记不清楚了。但是当时主事又了解情况的就是刘 ×× 和那位总支秘书。另一位总支副书记姚耀，这时被打成“何娄黑帮”走狗，被说成是中文系两个“反党小集团”的“后台”。

这时南开大学顶层的斗争太激烈了！这都跟我们中文系有着密切的关系。党委书记“舍车保帅”，这在当时是很普遍的情况。首先抛出来“何娄黑帮”，校党委副书记、副校长何锡麟和副校长娄平遭到批判。何锡麟后来被调到中国社科院搞经济，是一个瘦瘦的文弱书生。娄平是晋察冀根据地建立过功勋的人物，老早参加抗日战争，也是一个非常平易近人的人。中文系抛出来的是姚耀，她是从海军文工团来的，“文革”前是中文系总支副书记。

中文系有一老一小两个“反党小集团”。一个都是老知识分子，清一色是我们的老师。以李何林先生为首，包括朱维之先生、华粹深先生、陈介白先生。李先生 1960 年有一个“修正主义”的问题，而且他是系主任，当时凡是头头都是“走资派”。另外就是李先生的“两匹好马”——许政扬先生、马汉麟先生被批。还有王泽浦先生，他被批斗的时候血压很高，回去以后就得脑溢血了。王达津先生的历史很清白，也没有参与什么事情，但是他的夫人——我们的师母被整了。王师母被整得很厉害，她曾经跳楼，从四楼跳下去，结果没受什么伤，这是个奇迹。但是师母可能在精神上受了刺激。教我们文字学的杨佩铭先生，投新开湖自杀了。

陈：“反右”时挨批的邢公畹先生和朱一玄先生这时怎么样？

宁：朱先生没有怎么遭到太多的批判，我们劳动的时候给学生打扫卫生，朱先生都没有参加，他那时候可能已经去农场了，“文革”后期他又被调到资料室。

中文系的青年小黑帮就是所谓“宁任黑帮”——我、任家智、郝世峰、鲁德才。“五人大字报”的标题说的就是批“宁任黑帮”。他们三个都是党员，就我一个团员。

陈：但是把您说成“领头的”？

宁：研究了半天是“宁任黑帮”，还是“任宁黑帮”，最后说宁宗一影响大。当时批“何娄黑帮”，批“老反革命小集团”，我们“小反革命小集团”就当作陪衬。大字报的内容都是我在“忠诚老实”运动中自己写的。[1]他们把我的档案翻出来写到大字报中。比如，写我见过蒋介石，我二姐夫的父亲在台湾，是社会党。另外还说我是华先生的干儿子。

我们受到最大侮辱的，是被剃了阴阳头，我觉得非常耻辱，简直见不得人了。我被剃了，郝世峰被剃了。任家智、鲁德才没有被剃，他们的“问题”轻一些，任家智是“红小鬼”出身，鲁德才有军人背景。剃头就在主楼西翼的门口，是1961级两个女学生干的。后来我们和她们的关系还挺好，都不提这事了。姚耀也被剃阴阳头了，背后贴着“何娄黑帮走狗”。

陈：剃头是一次？

宁：就一次。后来长出的，很多都是白头发。

陈：真是“一夜白头”，心理压力太大了。

宁：后来一个男同学又让我给朱维之先生剃。我拒绝，说不会，被他们推搡了一下。当时有些老师被抄家，我们家倒没被抄。

陈：都是系里的师生来抄么？

宁：错了！大学生没有抄家，都是中学生。许先生为什么被抄？因为他女儿许檀正在天津大学南开大学附中上学，同学知道她爸爸有“问题”，就抄。当时监督我们劳动的是大学生。徐 × 看着我们，

---

1. 参见本书第三章之“政治运动初体验”。

经过“文革”初期的狂飙，30 多岁就有了花白头发

从文滋知道我们剃了头形象不好，就让我们戴着帽子。那简直是太大的恩典了！

当时老先生们中，我觉得受侮辱最突出的是李何林先生和朱维之先生。李何林先生被戴了高帽子（用厕所里铁丝做的纸篓糊上纸做的，套在他的脑袋上），在学校里游街。

陈：什么人给戴的？

宁：也是中学生。有一个细节让我们大家都吃惊，就是游街时，那个帽子一歪，李先生拿双手摆正了又戴好。这个细节我永远忘不了，李先生对待任何事情都是郑重其事，真的很镇静。

还有就是朱维之先生。当时在主楼楼道里，让他站在凳子上，因为他是一个有宗教信仰的人，所以给他打扮成不伦不类的样子，披着像神父或者牧师的衣服，拿着一把破扇子。最可怕的是，脸上被抹了蓝色的油墨，是中文系的学生干的。这是张光璘后来告诉我的。他说：“我们不能不佩服朱先生。他白天这么受侮辱，回去以后洗了脸、吃完饭，晚上还去电影广场。我们看电影的时候，回头一看朱先生也坐那儿看电影。”不是说朱先生没有尊严，而是朱先生有太坦荡的胸怀了！他看透了这一切！他没有什么问题，只不过是过去在上海教会学校里面当系主任，写过《基督教与文学》等。但是这都成了罪过。

和朱先生形成对比的，是我的好朋友、外文系的教师林震宇，他就忍受不了这些，自杀了。他的儿子不知道怎么把毛泽东还是列宁的像搁在茶壶里头了，抄家时被发现，一下把他打成反革命。当然还有其他的问题，他是官僚出身。当时让他跪在二宿舍门口。我们打扫卫生，出来就看见他跪在那儿，低着头。后来在主楼的五楼批斗，给他脸上抹了

李何林先生与师生谈话

朱维之先生

红油墨。他感觉没法回家了，就从五楼跳了下去。我当时都没敢去看。

陈：这些都是“四清”回来不久的事?

宁：对。那时晚上最怕的一个词，是“勒令，勒令”，深夜里大喇叭喊，叫谁谁谁去接受批判。一听到心里就打鼓，不知道叫谁去。另外就是，一有“最高指示”来，我们就被要求集合听传达，从九宿舍出来排着队去。

我跟郑天挺先生的缘分也是在这个时候结下的。当时每天对“牛鬼蛇神”进行大展示，让我们扫大中路。郑先生叫我“小宁，小宁”，后来又叫“宗一”。他不会用笤帚，问我怎么扫。我就笑了，教他。这也是一件苦中作乐的事吧。

我们作为青年小黑帮，没有游街，没有戴高帽子，没有被画鬼脸，没有被拉到批斗场去挨批斗，是不一样的。

“反党小集团”的由来

宁：做一个重要补充，我从“四清”回来直接就被打成“反党小集团”，这不是无源之水，是有原因的。第一次“四清”回来时，正搞城市“五反”。[1]搞“五反”时也是让给提意见，我给我们总支副书记刘××提了一些意见，就得罪了他。后来，河北省委抓阶级斗争，学校让党办副主任逄××写材料。他发现了我们中文系有一个“裴多菲俱乐部”似的小集团。那时匈牙利作家要求自由民主，成立了叫“裴多菲俱乐部”的组织。在逄××写的材料中，我们就也被说成是“裴多菲俱乐部”式的小集团，我们自己当时都不知道。

我在离婚到复婚之间，有一段时间和苏振鹭、郝志达住在九宿舍312。中文系的青年教师都住在九宿舍，我们312是最活跃的一个寝室。苏振鹭搞现代文学，郝志达和我都是搞古典文学的。我一离婚，他们就让我到楼上来住，三个人一屋。当时通常是十点钟备完课以后，大家都上我们屋来聊天。

陈：这是哪年？

宁：大概是1961年初，还在三年困难时期。我们天南海北地聊，很多人都来，比如任家智、黄克、张广均等人。我们经常“精神会餐”，就是一起怀念在职工食堂吃醋溜鱼片、炒肝尖那些菜的情况。另外，我们白天还轮流上吴家窑菜市场买小豆冰棍，吃几颗里面的红小豆都觉得解饱。结果，不知道谁给汇报了，说我们谈吃谈喝、革命意志衰退。

当时还有一个问题，发生在郝志达身上。他正在跟外文系的学生

1.《南开大学大事记（1919—2019）》：1964年6月学校在全体教职员工中开展“五反”（反对贪污盗窃、反对投机倒把、反对铺张浪费、反对分散主义、反对官僚主义）运动。

董嘉茗谈恋爱，每天送董嘉茗回女生宿舍。但是郝志达胆小，送到女生宿舍之后董嘉茗又把他送回来。那时候我们都年轻嘛，就经常用各种方式吓唬郝志达，跟他开玩笑。结果当时又有人汇报，说我们谈狐说鬼。

第三个问题跟我的关系更密切了。我当了助教以后，我父亲把那删节的《金瓶梅词话》三卷本给我了，我就摆在书架上（当时九宿舍的书架是镶在墙里面的），谁来了就借，都好奇。结果又是一条罪状——传阅“黄书”。

这些罪状我们当时真的不知道。这是逄 ×× 搜集到的材料。

陈：这是 1961 年的事，但是到 1966 年才知道?

宁：对，如果不是“文革”，我们都不知道自己当时被打成了“裴多菲俱乐部”。

后来有人问我：“你是不是很恨逄 ×× ？”我说没有，没有“反修”，没有阶级斗争天天讲、月月讲、年年讲的路线，也不会让他去写材料。我们是在被抓“阶级斗争新动向”的时候，作为一个典型给抛出来的。可是我们不知道，他上报给河北省委了。

自杀冲动

宁：在“文革”最初的这几个月中，我在心灵上发生了一次最大的危机。第一，被剃成了阴阳头，无脸见人，觉得太丑了，太恐怖了；第二，家庭没有任何温暖了；第三，过去不错的朋友都不敢接触我了。这跟我之前 1960 年挨批的时候不一样。

这时记忆深刻的还有两件事，一件小事、一件大事。我当时的手表，是我用《光明日报》给我的稿费买的，第一代西铁城手表，结果被学生红卫兵“借”走了。家里也没有小座钟，我只能去看前妻李蒙英的手表（她的手表是从上海来的时候，她父亲给的罗马牌手表），后来她因为我在政治上出了问题，也不借给我手表看了。当时她在外面是革命派，我在这边是“小集团”。结果有一天，我睡着觉忽然醒了，觉得外面很亮。哎呀，是不是到了得去劳动的时候了！赶紧起床。我想，要劳动一天，得先吃点什么，还得顺便买一天的饭食。我就到马蹄湖旁边的早点铺去买大饼。可是我到了早点铺，迎面的玻璃门上有一个电子钟，我一看，才凌晨三点钟。那天皓月当空，月光很亮，我以为是太阳光。因为没有表，闹了一次大笑话。这是一件小事。

还有一件大事，就是在这种强大的政治压力下面，我觉得内外交困，我的人生观和起码的自尊心出现了问题。有一天晚上，我坐在南开大学和天津大学交界的地方，就是咱们现在体育场检阅台后头。原来那儿有一个湖，湖边有一块大石头，我坐在那儿，思想斗争极为激烈。我觉得太冤枉了，心情很复杂，有一种想投湖自杀的冲动。

我当时朦朦胧胧地认识到这是有人在报复，我得罪人了，特别是我得罪了刘 ××。他希望别人都听他的话，而我是一个桀骜不驯的人，包括批判许先生的时候我没听他的话，我觉得我得罪他了。我找不出来更多的原因。另外，他嫉贤妒能，看不得他不喜欢的人有一点好。所以我内心感觉简直是太冤了。

陈：“五人大字报”实际上是刘 ×× 负责的？

宁：他不是“五人大字报”的负责人，但是他掌控全局。他是副书记，又是教师。他的出身好，真正的农民出身。我过去对他的印象挺好的，认为他朴实无华。但是我说话不怎么看对象，有的时候他让做什么，我总有异议，可能让他感觉到我不是很听话的人吧。

那时我感觉到前途渺茫，家里面也跟我划清界线，而且我知道，李蒙英在重压下揭发了我一些问题。那时候有一些个人表达不满的情况，都是跟自己爱人去说的，实际上也没有涉及什么根本问题，没有什么反党反社会主义的言论，只是一些抱怨，对某一个人有看法。但是这都是可以小题大做的。

所以当时我坐在湖边百感交集，就是因为系里、家里这两个原因。就在这时，我收到了四姐的一个电报。

陈：就是在湖边的时候？

宁：差不多。她的电报内容很简单："相信群众相信党。"就这么几个字。这个口号平时对我没起过什么作用，但是在我生死关头，它起作用了。就是说还要等一等，要相信群众、相信党不会一直冤枉你。

另外，那时候凡自杀者，都会牵连到自己的家属。自杀说明你是"死不改悔"，这个帽子要扣上。你的孩子就变成了"死不改悔"的家属了。我那时候不是党员，只是一个团员，还不会有"叛党"的问题，但是一定会戴上"死不改悔"这个帽子。我觉得，不能因为我的事情，让孩子再背上这样一个黑锅。于是我姐姐的话，真的起了作用。

陈：这是在许先生自杀之前还是之后？

宁：之前，许先生的自杀还略靠后一点点，我刚刚剃完阴阳头。那个时候，除了像李何林先生那种有大胸怀、什么事都见过的人能够泰然处之外，很多人都不知道怎么办了。反顾我自己，之前没经历过什么事情，虽然 1960 年挨批，但是基本上是属于走上坡路的。现在突然坠入"十八层地狱"，不知所措，不懂什么原因，不知道什么道理，也没有自我解脱的办法，看不到出路。

陈：这种状况持续了多长时间呢？

宁：三个月左右。"打击一大片，保护一小撮"那个社论出来后就完了。[1]

1. 指《人民日报》1967 年 4 月 24 日社论：《为什么要着重批判"打击一大片，保护一小撮"这个资产阶级反动路线的组成》。

就在这时李蒙英跟我说："你们可能要平反了，之前是'打击一大片，保护一小撮'，你们就是被打击的一大片。"我听到这个消息很兴奋。那时我们这些被打倒的人，都集中起来劳动。休息时，我对一同受难的人说，咱们的光明在前面。不久，看守我们的张师傅找我说："老宁，你别胡说八道！有人把你告了！"就是和我一同劳动的人告的密。

张师傅是洗浴室的工友，他对我们挺好的，说："你们没一个人像反革命分子。"每次我们干一点活儿，他就让我们到胡国定先生家休息。我在胡先生家，有时看他儿子的小人书消遣一下。当时还有一个给校长开车的苏师傅，他的儿子消息特别多。我们都住在筒子楼一楼，他们在最西边，我们在最东边，他经常从门缝塞进一些油印材料，内容是北京一些揭露"迫害老师何其毒尔"的大字报。这些都是平反之前的风声。张师傅也曾经告诉我们，快见到光明了。

我们是在主楼110给平反的。人事处处长兼中文系的总支书记邢玉亭，他宣布给我们平反，说以系主任李何林先生为首的教师们是"老反党集团"，这是错误的。说以宁宗一、任家智为首的青年教师是"小反党集团"，也是错误的，都是被打击的"一大片"，现在咱们要齐心合力来揪出"走资派"。

今天看来，打错了我们是需要道歉的，可那时候就是平反，很多人还感恩戴德、感激涕零。许先生的平反比较晚，是1979年。那时候还写套话呢，说许先生因为对党的政策不太理解，所以才会自杀。

派性分立

宁：当时不同的派性也开始显露出来。在学生中间、在青年教师中间（老年教师没有），开始亮出不同的政治立场。这就是后来人们所说的“保皇派”和“造反派”。

这个时候形成一种乱局，我们这些人不知道上面的策略，也不懂，真的没这个头脑。可是现在回过头来看，有一点比较清楚：从第一阶段发动红卫兵、打击反革命，到第二阶段“造反有理”、打倒刘少奇，在红卫兵中间就必然要分化出两派。因此有人认为，我们这些人被平反，是因为“造反派”起来了，是“卫东”给我们解放了。而当时的大环境是批判“打击一大片，保护一小撮”，说我们是被打击的一大片，是被冤枉的人，是刘少奇“反动路线”打击了我们。所以那时候必然就使得我们去恨刘少奇，恨他的“反动路线”！“造反有理”这句口号可不是一般的。

原本各个红卫兵组织没有太大分别，可那个时候南开大学的两个红卫兵组织——“卫东”和“八一八”完全分化了。“八一八”这个时候极为被动，基本上就成了所谓“保皇派”，“保皇派”最上面的就是刘少奇，其次就是本单位的头头。南开大学的党委书记臧伯平这时候开始被整了，被批得很厉害。批他的主力就是“卫东”。很多“文革”初期整人的人，这时也都被整了，成为“走资派”的代表人物。你看这里面的互相消长。上面一句话，到了下面就发生了根本的变化。

陈：您得到平反也是在这个时候？

宁：嗯，我们就在这个夹缝中间，得到了平反。很快，我们这些过去受到迫害的人，都加入了“卫东”造反派。

我们这些人在夹缝里面，反而比较宽松了。我又重走老路、重拾旧业，当时给我纳入中文系的大批判组。一直到1970年战备疏散的时候，我们中文系都有这个大批判组。

陈：从1967年到1970年？

宁：很长时间。我还保存有当时写的东西。中文系大批判组的骨干人物基本上就是四个人，两个“卫东”的，两个“八一八”的。

两个“卫东”的是我和刘家鸣，是所谓的“笔杆子”，另外两个是雷××和宋××。很有意思的是，当时有人说我们大批判组曾经要搞政变，说我们不按照上面的意思写大批判文章，这件事我感到莫名其妙。

陈：大批判组是受谁之命呢？

宁：是代表中文系。我当时执笔写的最大的批判文章，是《彻底批判周扬鼓吹的“全民文艺”论》，署名是“红剑”。后来有人告诉我，说兰州的语文课本选了里面的一段，可以看出来当时的语文课本也跟得很紧。

陈：中文系具体是什么人指导大批判组呢？

宁：也不知道是谁。那时候有“文革小组”，每一个系里都有。

“斗、批、改”与战备疏散

宁：另外一件比较突出的事，是我们开始“斗、批、改”，这时工宣队、军宣队进来了。[1]

陈：是哪年进来的？

宁：1969年前后。军宣队没起什么大作用。工宣队极其复杂，是从很多方面调来的，这个要作很细致的分析。现在可能有很多人还熟悉这段情况。开始时，驻南开大学中文系的工宣队基本是几个女同志。她们跟我们打成一片。我记得我们一块儿爬主楼的顶子，在上头瞭望，

1.“斗、批、改”即斗争、批判、改革。《中国共产党历史》（第二卷）：“教育改革”是“斗、批、改”运动的主要内容之一。“教育改革”首先“必须有工人阶级领导，必须有工人群众参加”。于是，各类城镇学校普遍实行工（军）宣队、革命师生和革命领导干部三结合的领导体制，以工（军）宣队负责人为核心建立各级党组织……（814–817页）

一块儿玩，她们也不怎么管我们。开始她们不说自己的情况，后来知道，都是天津河北区的，有织袜厂的、有河北药厂的，都是从工厂选拔的优秀分子。

可是很快，也就是两三个月吧，变成铁路系统向南开大学派驻工宣队了。当时铁路系统也出现了“保皇”与“造反”两派。我们不知道这些人的具体情况，但是知道谁是掌权的、谁是被整的，他们把被整的也都带来了。

我们这儿最凶的那个领导是王师傅，个子不高。这个人流氓气很重。我说这话是不带偏见的，今天来看，他就是性骚扰。女同学在胸前戴着毛主席徽章，他一定要摸。所以他的名声很坏。他看起来是铁路系统的一个小干部，不是真正的工人，但他是驻扎在中文系的头头。

这个时候咱们国家在国际上的压力很大，与苏联的关系断绝了。当时有个第一号军令，战备疏散，准备打仗。毛泽东提出来“备战备荒为人民”“深挖洞，广积粮，不称霸”。南开大学组织战备是疏散到腰山，工宣队也一块去了。[1] 我去得晚了一点，因为让我留下来帮助图书馆，选择一下哪些书是必须战备疏散的，运到腰山比较保险的地方。我到腰山后被分配在第二排。

陈：一个排里头全是南开大学的人？

宁：对，都是中文系的人。我们占着一个地主大院，基本上这几间房子住的都是中文系的师生。我们大批判组四个人单住一间，在门口的一个西屋。

驻我们排的工宣队马师傅是个麻子。另外有一位张师傅，这个人

1.《南开大学大事记（1919—2019）》：1969 年 11 月，学校实行战备疏散，教职员工步行到达河北省完县（今顺平县）腰山基地。驻校工宣队、军宣队指挥部，校革委会机关也迁到腰山，并在此开办五七干校。1970 年 5 月，师生陆续返校。

很凶，他是在各排巡回。有人嘱咐我说："宁宗一，你注意点，他们工宣队从铁路来的是两拨人，一拨是现在掌权的，一拨是被整的，要看在这儿表现好不好。过去被整的，往往在这儿表现得很积极，整人很凶。"工宣队完全支持"八一八"，受压的是"卫东"。

在腰山就是进行"斗、批、改"，基本上是整"卫东"。我那个时候虽然已经被平反了，但是我是有过问题的人。有一次在学习毛主席著作后发言，我说："毛主席说，每一个人犯错误，都有主客观的原因。"就在我发言的时候，那个张师傅进来了。他听见我的发言就说："我刚才闻见一股味，竟然说犯错误还有什么客观原因！"他没有什么文化，也没读毛泽东的著作。其实我是引经据典，就说"斗、批、改"嘛。"斗、批、改"得向党交心，当时让我去揭发和交代自己还没有交代出来的问题。

当时青年教师被整得最厉害的是陈 × ×，女的，是我们古典文学教研室的。她的丈夫在高教部，叫魏 × ×，高教部那边整他，说他是"五・一六"分子。陈 × × 当时怀着孕，工宣队的师傅威胁她说："你不好好揭发交代，休想回去生孩子。"当时，中文系一个最有特点的问题，就是揭发原来的青年"反党小集团"和学生的小集团有勾结。陈 × × 当时就被迫说："我承认中文系的青年教师小集团跟学生小集团确实是有勾结的。"这事让我们气愤得要命！

教师中间重点整的不是我们第二排的，而是郝世峰。郝世峰为什么成为重点呢？他原本就比我们问题多，但是也已经被平反了，可这时又变成了"现行反革命"。在腰山，有一天他上厕所，蹲坑去了，厕所里还有一个跟我们很好的学生叫王克让[1]。他们俩在上厕所的时候就

---

1. 南开大学中文系 1965 级学生，1984 年先在南开大学古籍整理研究所任教，后调至四川大学中文系。

开始议论，说现在林彪搞的就是军事共产主义。林彪那时候还没有垮台呢，结果被旁边女厕所里的女同学听见，给揭发了。当时批判得很厉害。郝世峰和王克让都被戴上了“现行反革命”的帽子，成为批斗对象了。当时二排的排长张 ×× 就压我，让我揭发郝世峰。

陈： 张 ×× 当时是教师么？

宁： 学生，那时候二年级，是党员，也是二排的排长。那人是非常“左”的，整人很厉害。当时工宣队要用这些党员，但是要跟他们“观点”（派性）一致，张 × × 是“八一八”的，当时掌权。后来有几个“卫东”的也开始倒向他了。张 × × 老是让我揭发郝世峰。我说：“我不知道他有什么问题，怎么揭发？我自己的问题太多了。”我有时候写一两段自己的问题交给他。他就骂我，说：“你太狡猾。”我调侃说：“我罪行大。”他那时候是一脸铁青地训斥我，也不管谁是老师、谁是学生了。

当时有一个男生叫李时平，这个孩子特别好，我们很喜欢他。他有点崇拜郝世峰。郝世峰平时不怎么说话，但是很有思想，不像我们皮皮溜溜的。李时平跟郝世峰接触得比较多，结果批郝世峰的时候，有一条是说他腐蚀、拉拢李时平。李时平家在农村，是中医出身，这时也遭到批判，给批得灰溜溜的。他曾经住在我对面的一间房。

李时平有时候向我打招呼，说没钱了，买不了烟卷，他们都抽烟。我给他塞了两块钱，就塞在窗台底下的青砖缝儿那儿。他拿着钱就去买烟卷了。

我给他钱的事后来被发现了，这两块钱让我们俩都受到批判。他本来正在被批判，我又给他提供抽烟的钱。据说是一个女同学揭发的，说李时平是有问题的人，有人还在那儿给他传递东西，还给他钱。那次被批得不算太厉害。

陈：在腰山战备疏散的时候就是“斗、批、改”么？还有其他活动吗？

宁：就是“斗、批、改”和学习。没有参加劳动，不像后来在干校。当时我们中文系的那些老先生倒没怎么看到。战备疏散的时候，老先生们可能是留在学校了，也许是因为岁数大了。都是我们这些中青年教师和学生搞“斗、批、改”。

在腰山待了几个月，我们就回学校了。有一部分人留在腰山，主要是1969、1970届刚毕业留校的一些青年教师。这些留下来的人主要是“八一八”的，也有组织上是“卫东”，但观点上是“八一八”的。当时工宣队支持“八一八”。“卫东造反派”曾经辉煌过一段时间，可能到战备疏散的时候完成了“历史任务”。几个代表人物，都挨批了。

大苏庄干校

宁：从战备疏散回到学校，很快宣布了三条路：一部分是到农村插队落户，像来新夏先生他们[1]；一部分继续在腰山；一部分是到大苏庄的“五七干校”。[2]按照毛泽东的“五七指示”，走五七道路，接受贫下中农的再教育。“五七指示”影响很大，全国到处都成立了干校。你看中国社科院的俞平伯、钱锺书，他们都去了“五七干校”。干校都

---

1. 1970年6月，经中共南开大学革委会核心领导小组批准，全校有100多名教职工连同家属被疏散到天津郊区农村插队落户。

2. 据魏宏运《“五七干校”生活琐记》：大苏庄属静海县一个村落，距天津市区约100华里。1971年市军管文教部选择此地为天津高教“五七干校”地址，“五七干校”……下辖8个分队，南开为第6分队，校址原先是市劳改农场……干校是是年3月份创办起来的。

不带家属，插队落户是带家属的，全家走。插队落户的都是教师，我本来应该是插队落户的，可是因为我的妻子当时在市里有工作，就让我一个人到干校了。我们南开大学的大苏庄干校原来是一个劳改农场。我是骑车去的，要骑过一个大堤，当时胆儿也挺大。

去干校的是三种人。一种是去“镀金”的，是准备留校的红色助教，他们有资格到干校。第二种就是我们这种人，是“修正主义苗子”，以及有问题还没弄清楚的一些人。比如丁大同，以前说他弄“黑电台”，在主楼发信号跟敌人联系，说得很邪乎。实际上，后来丁大同跟我说，他们当时还真的是发信号，是想跟中央汇报南开大学的“斗、批、改”情况。第三种人是确定有历史问题的人。这里面有老工人罗尚鳌，他是八级工，教我们木工。还有体育教研室的两位老先生，都是在国民党时期的历史问题。领队的是逄 ××，他属于“八一八”这派的。到了大苏庄的时候，是由逄 ×× 正式向我们宣布“你们已经不是南开大学的编制了，要长期在干校边劳动、边改造”。我们在大苏庄干校的人，后来都戏称为“留苏同学”，其间是半农村生活，半劳改。

陈：一共多少人？

宁：将近 200 人吧。流动性不大，中间有极个别的人被调走。

陈：去时是一块儿去的？中间还有去的人吗？

宁：中间没有，三路人是非常明显的。在大苏庄农场劳动的过程中，我认识了一些原来不认识的领导和其他系的教师，包括滕维藻先生、王大璲先生等，他们有的是短期，有的去几个月，我在那里将近一年。

陈：去的时候不知道要待多久？

宁：不知道。我们是一个大院子，四周是平房围着，中间一个场子。我们这个院儿里，西屋住的是老贾他们——会计系的贾秀岩在干校当会计。北屋是校医张宏奎大夫，跟着我们去干校，没什么事时就在卫生室。我们住南屋，西屋是外文系和物理系的。这个院里不会超出百人。别的地方还有人，有的在养猪场。

我在干校是炊事班的，让我做饭。他们开玩笑说："你没历史问题，不会给我们下毒药。"我们炊事班是一个天堂，单独有一个屋子，是当时大院的南屋，很大。炊事班的人因为要早起晚睡，所以跟别人睡不到一块儿。我申请了几次要求去养猪场喂猪，我觉得喂猪更省事，结果呢，一直不批准。于是我就是"喂人"。有一天早晨，是我跟郑师傅值班，闹出了一个大笑话。

陈：值班是干什么？

宁：那时炊事班是头天晚上把窝头、馒头、饼子都预备好，搁在屉上，大柴锅里放好水。第二天值班的人早起，点上火，用鼓风机一吹，把锅里的水烧开。师傅来后，把屉拿下来，把小米或者棒子碴下到锅里，熬一锅粥。早上时间很紧，很快大家就要拿着饭票来买饭了。那天是我跟郑师傅值班，我五点钟起床烧火，差不多到六点钟水开时，郑师傅也来了，就要做早点。正准备下小米或者棒子面，揭锅一看，锅里面竟然有一只大耗子！

炊事班的厨房是土地，一边是两个大柴锅，一边是水缸，还有我发面的两个大缸。这个耗子很厉害，看见有缝就钻进锅里去了，闻见味就吃，可是它出不来了。结果一烧水，你想想这个耗子……揭开锅时，我和郑师傅都吓呆了。郑师傅是原来劳改农场留下来的一个女师傅，我们的关系挺好。她说咱们赶紧弄，我说这得拿碱水刷，不然怎么吃，上头屉里的主食也得换。郑师傅说，不能换主食，来不及了，就刷锅吧。我赶紧写了一个字条——"因故推迟半小时"，然后赶紧刷锅，又烧水。这件事一直到干校解散我才公布，一直不敢说，说了都不敢吃东西了。这是值班时的一个笑话。

当时我管主食，经常发面、搋面，所以你看，我的指甲到现在还老有缺口，就是被碱水破坏了。面发了以后搋面，所以我的腰也有点劳损。搋完以后，上案子，女老师、女学生就来帮厨，帮着揉面，等等。可是当时白面、米饭是很少的，发两缸面要慢慢吃好几天。基本上是棒子面、黄豆，大家总是吃窝头，都腻了。

怎么改善主食呢？这时候，我就想起过去在家里吃的“两面焦”。把棒子面里加一点镇上买来的糖精，揉成面团。在烙饼的铛上刷一下油，把面团往上一摊，浇上一点水，盖上盖儿焖，过一会儿定形了再翻个儿，两面都熟了以后，就做成了“两面焦”，很受欢迎，吃着很香，还有点甜味。黄豆怎么处理呢？那时候也没法磨豆浆。

陈：没有磨？

宁：没有磨。我又把小时在家里面学的酱油豆做给大家，得到好评。世界经济教研室主任张世元先生一直称道不已的就是“宁宗一的酱油豆”。

陈：那是怎么做的呢？

宁：头一天泡好黄豆，第二天放在锅里加酱油煮，放一两颗大料提味，煮熟、焖烂，晾干，就成了“酱油豆”。就着棒渣粥和小米粥吃，作为一个咸菜。“两面焦”和酱油豆是我的两大“发明”，改善了主食的供应。

我们炊事班养了几头猪，当时又有所谓“火箭猪”的故事。我们在离烧锅炉很近的地方养了四五头猪，厨房剩下的泔水都喂猪。那时难得宰一次猪，得吃好几天。我不敢宰，大苏庄有一个高个儿的师傅会宰猪。我发现猪是有感应的。我到现在记忆犹新，我们都是前一天研究好宰哪头猪，结果我喂猪的时候，这头猪就不吃食了，好像它有感应似的。这几头猪中有一头，我们叫它“火箭猪”。

陈：为什么叫“火箭猪”？

宁：乱起名，希望它长点个儿，像火箭一样飞速长大。但是它总也不长。后来我们说赶紧把“火箭猪”宰了吧，有人就说再让它长一长吧，结果这头猪永远不长个儿！一直也没宰。有一次我们还拉来一头羊，要宰的时候这头羊是真的哭了，流眼泪。我在这方面真有所悟。

我们炊事班要能买来鱼，大家就能打牙祭了。当时掌勺最有名的是生物系的刘汝籛，他很爱炒菜，只要有鱼的时候，我们就把老刘请来，施展他的“高端技术”。这都属于苦中求乐的事情。

炊事班自由度很高，没有太多的“斗、批、改”，没事的时候有人爱下棋，我不会下棋，就去看书。去干校时，我带了一些鲁迅的作品和马、恩的作品，书也不能多带，但是还能够看点东西，也没人管了。另外，我在房檐里面掏了几只小鸟，这种鸟在黄嘴叉子的时候跟小鸡似的，我们炊事班蒸窝头，就掰点窝头喂它们，我走到哪儿，小鸟就跟着我走到哪儿。炊事班的刘国均用高粱秆扎了一个鸟笼，把小鸟搁在里面。但是没想到，这件事情又被作为典型进行批判——宁宗一到了干校仍然玩物丧志。

在干校也不是说完全没有斗争。当时在市里的“斗、批、改”并没有结束，中文系的阮国华被下放了。他很有才，写过一个剧本——《红灯照》，被认为是有问题的。

陈：是关于义和团的？

宁：对，当时还在咱们学校演出呢。阮国华是属于“卫东”的，“卫东”掌权的时候演出过，革命的小剧，写的是造反有理嘛。他在干校下放的时候，突然，学校来提人，要去批斗。我们几个当时睡通铺，都在一块儿，也是哥们儿。我和膳食科的老张就帮着阮国华打行李，而这时出了一个“内奸”，把我们帮阮国华的事报告给了逄 ××。很快，逄 ×× 找我们谈话，问我们跟阮国华的关系，有没有参与阮国华的创作。

我们说没有。从这里面可以看出来，干校这段生活也还是比较复杂的。

干校的故事是很多的。当时我们已经明确了是编外人员，不是南开大学的人，是干校的人，所以我心里非常平和。

陈：干校在大苏庄里是单独的一块地方？

宁：荒无人烟，就是一个劳改农场，一串平房。

陈：平时除了赶集都在这个地方待着？

宁：对。应该是一个月可以回天津市里一次，但是有时候不允许回来，像炊事班回来的次数就少。

陈：坐汽车回天津？

宁：嗯。

陈：除了炊事班，其他的人各干各的事？

宁：对，干活。徐江是专门喂猪，谷书堂他们养马。

陈：干校有地么？

宁：有地，也得种地。

陈：那里全都是学校去的人？没有农民？

宁：没有农民，有原来劳改农场的几个干部，他们都变成管理人员了。后来干校散了，郑师傅他们三四个人跟我们回了南开大学，成了学校的职工。

陈：当时的政治运动呢？

宁：有一定时候的学习，也有“斗、批、改”。但是我那时心里反而踏实，原因很简单，反正我也不是南开大学的了，以后就生活在这个大苏庄了，也没有什么指望了，就是这么一种想法。所以，我当时就是那种半休闲的状态，批也批不到我头上了，没什么可批判我的，我已经在炊事班了，每天供应别人吃饭。

那时我也练了很多能耐，掌握了一点知识。包括我们要掏茅坑，轮流掏，不光是炊事班的，大家都要锻炼。在大苏庄，我认识了很多人，这么一大批人，晚上没事了，就瞎侃，什么故事都说，我只要是刷完家伙没事了，就跟他们聊天去，也建立起“留苏同学”间的友谊。我们就是农场的职工，已经形成了一个集体。

直到后来林彪死了，这是解散“五七干校”的一个重要原因，我们就都回城了。回去后又开始“批林批孔”，那就是另外一个节点了。

附录

“裴多菲俱乐部”

《五十年友情实录——我和郝志达的故事》：离婚后，从九宿舍104室被“扫地出门”，我就寄居在312室，与振鹭（外号胖子）、志达为伴。三年的零距离接触，我这个“失意者”竟然得到了志达和振鹭带给我的亲如兄弟般的温暖。本来饿肚子的“三年困难”使我们只能摇摇晃晃地在讲台上讲课，晚上又在烧不热暖气的宿舍撰写讲稿。从体能上来说，我们几乎是耗尽了最后一点点热量，但是在精神上，我们的心却贴得很紧，那时的我们真的化苦为甜，化悲为乐。由于312室人气旺，每到晚10时后，二楼的研究生和助教们都会聚集在我们那个小屋，而小屋也就立即变得热乎乎的。这是那个时候我们最开心的时刻。也就是在那个时候，我们却已被有些人盯上了，认为那间小房是一个“裴多菲俱乐部”。这虽是后话，但我至今可以坦诚地告知众人，那时我们真的是一群乐观的热血青年，人人一件破旧的棉中山服，天天吃不饱肚子，我们竟然没什么怨气，如果把那时的生活条件搬到今天，那真的会闹翻天。说句实话，我们那时真的都很单纯，很“左派”，都不说“过分”的话，都表示要和国家、人民共渡难关，都是在默默地克服自己饿肚子的痛苦。在那艰苦的岁月，我总不能忘却振鹭在写完讲稿，准备第二天上课时，翻着白眼去“背”讲稿的情景。

老人家曾说人都是应当有点精神的，我敢说，我们这些青年教师就是有这点精神的。所以，后来在揭开了以宁宗一为首的“312裴多菲俱乐部”搞自由化时，我们都傻眼了。搞了什么自由化了呢？说我们聚在一起，谈狐说鬼，传看《金瓶梅》（注意，我是有一套删节本的《金瓶梅》，曾被搞小说的几位青年教师翻阅过），和学生谈恋爱，用“精神聚餐”（特殊名词，肚子饿，就不可避免地幻想吃一顿饱饭）来腐蚀党提出的艰苦朴素的作风……

第七章

风雨兼程*

干校归来，开始了『复课闹革命』

* 2018年11月11日采访，部分根据2020年8月8日采访补充。

宁：那天谈到在干校的情况，有一件事没说，我在干校受过一次大伤。我在炊事班，每半个月得跟着师傅赶着大骡子车去赶一次集，把主副食带回来。骡子车很大，我那时劲儿也大，抬粮食、买菜，就一个人跟着师傅去。我坐在前头，就是大辕子上。结果没想到，有一次车掉到一个大坑里，这一颠非常厉害，我疼得不行，现在来看应该是尾椎骨骨裂了。可是没有药，跟我们一块儿到干校的张宏奎大夫也没什么办法，只好等着伤口慢慢愈合。那段时间不管是大便，还是迈高台阶的时候，都疼得厉害。过了好长一段时间才好，真的是伤筋动骨一百天。

陈：受伤期间还得干活么？

宁：还在干活。当时我就认为，这是劳动锻炼的一部分，受伤是很自然的，所以也没有让太多人知道。那几个月是够疼的，但是不可能去休息，该干什么干什么，只能自己忍着痛苦。

还有一件受罪的事，是因为吃得不太好，总感觉肚胀。“留苏同学”李德中是位华侨，他这个人很会养生，帮我治肚胀，让我拿艾条熏肚脐眼，他自己也薰。每天饭后一小时，屋里都是烟熏火燎的。结果又是不小心，艾条筛得不干净，里面有石头子或者小煤渣，艾条一烧糊了，小石子就掉在我肚脐眼里头了，疼得要命！后来肚脐眼这点地方就烂了，也没什么药，就拿碘酒消毒，没有其他办法。

陈： 您那会儿快 40 岁了吧？

宁： 是。当时我身体还可以，每天早起早睡，到时候就熄灯。虽然要从事很多劳动，不过去干校之前，我们已经经过许多锻炼。比如，支援农村的三夏劳动、三秋劳动，在学校的农场插秧，400 亩水稻田，那是很辛苦的。插完秧那几天，上床都困难。更累的一次是 1963 年天津发大水，我们去抗洪，用木头杆子挑大麻袋，里面装的是水和泥，一担一担的，肩膀的肉都快压得不成样子了，半个月左右，睡帐篷，底下只有一个草垫子。晚上有水蛇爬到身上来，女同学就叫呀。还有就是“四清”时同吃、同住、同劳动，给五保户挑水。因为有过这些锻炼，所以在干校的时候，那些劳动就不在话下了。

当时我已经是“五七干校”的学员了，接受贫下中农再教育，不属于南开大学编制，也不是批斗对象。所以这一年我内心反而平和，一切都想开了，就在那儿耗时间，顺其自然、苦中求乐。

复课闹革命

宁： 一直到林彪的事情发生[1]，我们在干校的生活也就结束了。回来以后，就开始“复课闹革命”了。学校招收工农兵学员，也让我们重拾旧业，又教书了，也不再提我们是不是属于南开大学的编制，反正都回来了。

陈： 到这个时候，您已经有七八年没有上课了吧？

宁： 差不多。

---

1. 指 1971 年的“九一三”事件。

陈： 学校的课是从“文革”一开始就停了，而您是从到枣强“四清”就开始没有上课了。

宁： 对。就没有学术活动了，“文革”时整天是斗私批修，转战各个地方，到腰山、大苏庄。

陈： 这时学生都是从哪儿来的呢?

宁： 工农兵学员，四面八方的都有，很多是“上山下乡”的。比如段梅、刘棣民是从山西来的，黄传会是海军部队的战士。还有很多部队的干部子弟。

当时说是复课，但是“文革”期间很难恢复正规的教学活动，系里就是有一个教学领导小组，负责相关的事，课程都是临时定的。中文系的教学领导小组是郝志达负责。

陈： 这个教学领导小组是每个系里设的?

宁： 对，是在“革委会”下的，实际上它的负责人大概相当于后来管教学的副系主任。复课也没有正式的教学计划、课程安排，只是没有问题的老师给上课。我们是平反的了，所以可以给学生上课。

第一届是1971级，好像我完全没有讲课，几乎没有涉及学习的问题。当时上课少、实习多。到1972级的时候，略微正规一点，讲课就比较多了。我问过段梅，她说记得我给她们讲过散文，韩愈的《师说》。但是也不系统，就是每个老师讲一点，零敲碎打的，有时候下去实习，有时候回来上课、讨论。所以粉碎“四人帮”以后，又让留校当教师的工农兵学员回炉补课，原因之一就是当初刚开始“复课闹革命”的时候，教学秩序还比较混乱，老师也不知道应该怎么开课。

“复课闹革命”有点半工半读的意思，有的时候在学校里上课，有的时候带着学生到县城、农村实习。老师们分头各带一组学生，我记得几位老先生曾经带学生到杨柳青。我去的是河北省的兴隆县，山区，盛产山楂，有坦克兵在那儿驻军，坦克都在山洞里面。部队对我们这些师生热烈欢迎。最有意思的就是，团长出面，说：“请宁老师给战士们讲讲课。”因为当时毛泽东要求领导干部读点小说史，周总理也传达了这一精神，所以这时几乎所有人都想要了解点小说史的知识。他们知道我教小说，就让我讲。我是在兴隆县政府大礼堂讲的，讲了一天，还闹了笑话。中午吃饭的时候，部队有一个习惯，无论职衔大小都要向客人敬酒。我是老师，又带着一个学生小组到那儿，所以人家很热情，团长、政委、营长、连长、指导员都来敬酒。我是沾不得酒的，一沾酒就脸红，但是盛情难却，象征性地喝了点。到了下午也没休息，又继续讲，刚一上台，下面哄堂大笑。为什么呢？我这个脸跟关老爷似的。幸好神志没有乱。这是当时的小插曲。一天讲完了中国的小说史，就是一个轮廓，点几个代表作的名字，完成了这样一个工作。

我们还曾经去拉练。我又在炊事班，我和1972级的刘棣民一起打前站。每天要先出发，到了指定的地方准备饭，等大队伍来了好吃饭。完全是步行。

陈：怎么能够先到呢？就是先走先出发？也是步行？

宁：对，拉练嘛！完全没有机动车，都是走路。真的是埋锅造饭。我们走得很长，拉着板车，里面都是我们的炊事用具。

陈：是到天津郊区么？

宁：不是郊区，很远很远了，我们一站一站走过去，好像都到蓟县那边了。走了好几站，一拉练就是十天半个月。

陈：住在哪儿？

宁：具体记不清了，都是找一个地方，人家有接待。那时真正在学校的时间很少，离开学校当然就没有什么系统的教学了。

当时没有一个系统的安排，没有真正复课。说是复课闹革命，两者兼顾，但主线还是闹革命，革命尚未结束，不是现在想象中的那种复课，是既有“斗批改”，又上点课。后来又有学军，上部队、上工厂，还有编书，和工农兵三结合。这段时间很长，一直到“文革”结束，但时间都被肢解了，有的时候和同学在一块儿，有的时候就搞运动去了，今天干这个，明天干那个，没有一个系统的章法和安排，所以是一个碎片化的“复课闹革命”。记忆具体的时间节点，是我的短板。我跟你说，你要是在那个时候也记不住，每天乱哄哄的。

陈：那肯定的。我觉得您说的“碎片化”，可能是对这个时期很准确的概括。现实生活是碎片化的，反映到记忆中也是碎片化的。

批《水浒传》

宁：1975 年有一场批《水浒传》运动。毛泽东有一个谈话，有一句话是“《水浒》这部书，好就好在投降”，又讲了架空晁盖的问题。这些最高指示都是有所指的。那时《红旗》杂志要发表一篇评论《水浒》的文章，把我选到了写作组。之所以选我是有前因的，这就要先讲 1972 年的事。

1972 年，人民文学出版社找人为《三国演义》《水浒传》《西游记》《红楼梦》四部经典小说各写一篇导读。按当时的规矩，不能署个人的名字。《三国演义》执笔者署名何磊，其实是复旦的章培恒先生。《西游记》署名上海师范大学《论西游记》写作小组，是郭豫适先生执笔。《水浒传》则是由我执笔，署名南开大学中文系古典文学教研室。其中只有《红楼梦》是李希凡先生写的，可以署真名，也不写单位，这是例外。这些背后的故事，可能现在知道的人也不多了。当时明确地说，这四篇文章要作为这四部经典小说的导言。

陈：就是作为人民文学出版社版《三国演义》《水浒传》等的导言，放在小说的前面？

宁：对。但是这时候要“批林批孔”了，形势发生了变化，这些书就没出。但是，人民文学出版社认为这四篇文章好，就出了一个小集子，叫《四部古典小说评论》。这本书影响挺大，印了 10 万册。

我当时写的就是评论《水浒传》，估计《红旗》杂志是看到了这本书，就选了我去参加评论《水浒》文章的写作。这是 1975 年，天比较热的时候，我们到了北京《红旗》杂志编辑部报到。当时一共去了七八个人，我都不熟悉，可能大部分是学校去的。我那时还是一个年轻的讲师，可能他们也都是我这样的，都是笔杆子，能写点东西的。写作组的组长是胡锡涛先生。

我们每天上下午都是学习体会毛泽东的最高指示，另外就是集体看《水浒传》，讨论。当时胡先生定的，要把最高指示和原来读《水浒传》的理解结合起来，重点就是宋江招安的问题。因为“最高指示”说《水浒》好就好在投降，所以要讨论宋江这条路线，要上升

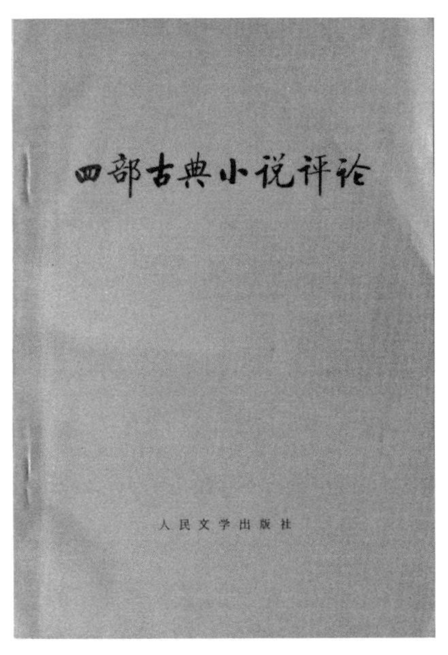

《四部古典小说评论》书影

到农民战争里的路线问题。讨论很有意思，重点是梁山有人主张招安，有人反对招安，比如李逵、武松等，要分析谁是招安派、谁是反对招安派，讨论得比较热烈。这篇稿子的写作时间定得很紧，顶多一个月。

当时天比较热，可能因为知道我们要开夜车，《红旗》杂志安排了夜宵，地点在沙滩那儿。大概是我们报到的第五六天，在吃夜宵的时候，我就问胡先生："'《水浒》好就好在投降'不太通吧，是不是应该是'好就好在写了投降'？"结果，胡先生眼睛就瞪着我看，说："你现在是要体会最高指示，怎么会提出这个问题呢？"底下话没有说，我也就明白了。当时也没有第三者在场，再讨论时，我也没再提出这个问题。后来我被遣送回来，没有再参与写作。

陈：您说，是因为您提出了这个质疑，所以被遣送回来了？

宁：我估计是这样，我当时竟然提出这样幼稚的问题。后来这篇文章发表在《红旗》杂志上，我没有在那个写作班子里。应该承认，不管当时是功还是过，我没有参与这个写作。我估计就是因为我提出了这个问题，是对最高指示的认识不正确。[1]

我估计我如果参与了，可能也和"梁效"一样，成为一个写作班子的成员。那时候的认识和现在的认识完全不一样。那时候就认为这是组织上信任，自己还能写一些东西，还很得意。不过回来的时候，也没有太多思想活动。

陈：当时还没有"四大名著"的说法？

宁："四大奇书"是明代就有的，当时还没有《红楼梦》，是《金瓶梅》，而"四大名著"是改革开放以后提出的。

---

1. 据查，1976 年第 1 期《红旗》杂志发表了署名尹铭的文章《评论〈水浒〉的现实意义》。

陈：但是您为人民文学出版社写《水浒传》导读的时候，他们就选出了这四部古典小说，就是后来所谓“四大名著”这四部？

宁：对。

陈：批《水浒传》时，咱们学校有没有什么动作？

宁：肯定是学了最高指示，但是没见什么文章，当时真的是很乱。

“三结合”编教材

宁：这段时间还有一件事比较重要，就是工农兵学员参与编教材。中文系分了两支队伍，一支是郝世峰带着到北京，和人民教育出版社的人一块儿编《法家诗选》(后来北大正式出版了《法家诗选》，南开的没出版)。另一支是我和鲁德才带着1972级的学员到塘沽碱厂，实行“三结合”——工人、教师、学生一起编教材《中国小说史》。因为毛主席、周总理都指示要读些小说史，所以这个时候就开始“三结合”编小说史，要拿出成果来。

陈：编教材的时候就住到塘沽碱厂去了？

宁：就住在那儿，同吃同住，我们两个礼拜回一次学校。刚去的时候还要跟工人忆苦思甜，当时也闹了笑话。回忆旧社会怎么苦，结果老工人讲的都是过去侯德榜大年三十儿跟工人一块儿包饺子。我们说，不能美化资本家。我们在工厂时和到农村“四清”不一样，是来接受工人阶级的教育，因此工人想说什么就说什么。

我们把文化程度比较好的工人纳入教材编写小组。跟着我们时间比较长的是一位王师傅和一位胡师傅。胡师傅是一个非常和蔼的人，跟我关系非常好，生活在一块儿，也很照顾我们。王师傅好像是塘沽碱厂工会的干部。他们两个都是比较有文化的。

陈：是工厂派的，还是咱们选的？

宁：是厂方派的，三结合嘛，这是从 1975 到 1976 年。

陈：前后在塘沽待了一年？

宁：将近一年，时间比较长。在塘沽的生活很愉快，我们住在他们的宿舍。碱厂的饭很好，我们都在那儿吃，我特别爱吃他们烙的大饼。我们跟师傅们的关系也很好，编教材之余，没事就跟他们打乒乓球，一块儿玩。晚上跟同学散步，就像上班、下班似的。

这时我个人又出了一件事情。我们是带着任务去的，要编小说史。工人师傅说，我们对小说史毫无所知，也没有书可看，请老师先讲讲吧。结果公推我讲。这次比在部队那次讲得详细一些，但也就是勾勒梳理一下，以小说类型划分，讲演义小说、英雄传奇、世情小说等。讲完后，大家都觉得有一个眉目了，就查书、看书、开始编。就在这个时候，郝志达和张红作为中文系教学领导小组的人突然到塘沽了。郝志达跟我谈话，问："是你讲的小说史吗？"我说："对。"他说："你没有贯彻'评法批儒'，是吗？"我说："没有呀，就是讲一个概貌嘛，不存在儒法斗争，没有讲阶级斗争贯穿线。"他点了点头。那个时候意识形态的战线热火朝天，编小说史也要贯穿阶级斗争这条红线，还有评法批儒，要以儒法斗争为贯穿线。后来知道，是有人给我向中文系教改小组汇报了，说我没有贯彻评法批儒的精神，所以我是受累不讨好。二十多年后，我问郝志达，当时是谁给我汇报的。他说："不提了，不提了，反正是你们编写组的人。"[1]

1976 年是一个不平凡的年份，发生的事情太多太多。首先是周总

1. "三结合"所编教材于 1976 年印出油印版《中国小说史话》（征求意见稿），相关情况可参见本章附录。

理故去。这时我们已经恢复教师身份了，回到学校参加追悼大会。大会是在学校电影广场举行的。我们哭得死去活来。当时我说：“我的眼泪哭干了，以后谁再死了我都没眼泪了。”我确实说了这句话。那时内心充满着对周总理的爱戴、崇敬，我们不知道更多的内幕，只知道他一直跟病魔斗争，为了国家、为了中国人民，在“文革”中忍辱负重。另外，周总理还跟南开有一定的关系。在我们心中，周总理就是一个标杆，是清廉的、爱民的、亲民的好总理，当时几乎没有一个人是不动感情的，都感到非常痛心。

陈：在电影广场举行的是一个全校性活动吗？

宁：对，全校性的，学校领导都出来了。那时候已经没有那么多的批斗大会了。没有问题的人都上课了，有些遗留问题的，也都是个别谈话，去写交代材料。

陈：4 月 5 日在天安门纪念总理的时候，咱们学校有人去吗？

矗立在南开大学校园中的周恩来塑像

宁：有人去，都是悄悄的。我们没去，因为当时带着学生在塘沽。但是有人去，传回来在天安门纪念周总理的诗抄，后来编成了书。我有三本《天安门诗抄》，有所谓内部发行的，还有后来正式发行的，我那时候还能背其中几首代表作。这些诗的矛头指向“四人帮”，那是我们第一次了解真情。当时也不敢多传，就感觉到挺出气的。

到了毛泽东去世的时候，我正在塘沽碱厂，那时候给我们派了点活儿——在厨房择菜。这是唐山地震之后了，大家都住在帐篷里。我干完活，正光着膀子冲洗，听到中央人民广播电台的播音。第二天我们带着黑箍，在碱厂转了一大圈以示悼念。整个的场面是冷寂的，已经没有总理走的时候那么反应强烈了，其原因可以追溯到此前的唐山大地震。

唐山大地震

宁：唐山大地震的时候我们正好放假。

陈：回到学校了？

宁：是在回学校的时候。地震是 7 月 28 日凌晨。那天很巧，我前妻带着女儿小清上同事家去了，晚上就没回来。我带着儿子小群在北村五号楼那儿住。大概三四点钟吧，正好我起来撒尿，就感觉到地动山摇。我在邢台大地震时有过经验，这时毫不犹豫，一下子把小群抓起来，嘴里叫着“起来！”因为正在睡觉，所以都只穿一个裤衩，我把小床的毛巾被扣在他的脑袋上，就往下冲。我们住在二楼，但是这时下不去了。等地震停止了之后，我们俩才下去。

陈：下不去是因为晃得厉害？

宁：晃得太厉害了。我们下去以后，见到当时教务处的姚副处长也跑出来了，他原来是化学系的，他家的楼房后来倒了。当时跑出来的人几乎都穿着裤衩背心，因为那天闷热极了，女性也是衣冠不整，就这么稀里糊涂地出来了。小群觉得我们不太雅，就回去拿衣服。他当时十七岁了，胆儿很大。很快通知来了，不许再回楼！

陈：地震时倒塌的楼里有没有人？

宁：楼房往往是在余震摇晃中塌的。当时十宿舍有一个青年女教师被砸了。这个女老师很年轻，可能也是跑出来时穿的衣服少，就往回跑。十宿舍坐北朝南，在西山墙那儿有一个大烟囱。结果大烟囱倒了，正好砸到这个女老师住的房间，她便去世了。在余震中还有很惊险的一幕：那天傍晚接近四五点钟，据说何炳林先生正往元素所那儿走，不料主楼上面的高顶子整个坠了下来，幸亏有钢筋撑着，砸在主楼的平顶子前的房檐上。我们从远处看，震得很厉害，从地皮上扬起了黄沙。另外，东楼也在余震中塌了。

当时物理系有一个年级在唐山实习，据说是有惊无险。地震后，

地震后的南开大学主楼

学校派国防体育的摩托车队去接他们。摩托车队的人跟我都很熟，回来告诉我说惨不忍睹，唐山死的人太多了！铁轨都拧得像麻花似的，余震很厉害，就像筛子一样，砖都被震碎了，没有整块的，很多之前没有倒的房子都在余震的时候倒了。咱们物理系学生住的是一个四层楼，直接倒下来，就把里面睡着的人给扣住了，反而没有生命危险。

更可怕的是地震之后的生活。工作都中断了，也提不到上课的问题了。我们千方百计盖临建棚。小孩儿们把旁边花园的葡萄架都给拆成竹坯子，我和小群在我们楼下用大竹坯子搭框架，再用家里的床单、塑料台布罩上，这才有一个安身之地。可是紧跟着就下雨，住在临建棚很受苦。

我带着小群。小群的妈妈住在同事那儿。搞现代文学的张学植一家起初和我们一起住，夫妇俩带着两个女儿，后来搭了自己的临建棚才搬出去。住在一起的好像还有谢文庆，是河北大学调来的。幸亏我家里存着西红柿，回去煮了一锅西红柿面汤拿来，几家人算有些东西吃。所以我后来养成了一个未雨绸缪、有备无患的习惯，家里必须有一些吃的备用，一直到现在都保持着这个习惯。

住在我们北村的王梓坤先生当时成了一位“红人”。他是数学系的，现在是院士，那时岁数并不大，长得白白的、瘦瘦的。他的夫人是北师大教外国文学的谭老师。王梓坤先生学数学，好像跟地震没关系，但是他成了我们全北村最尊敬的一位“地震预报员”。为什么呢？他通过概率论来研究地震，从历史的周期、地震带活动最频繁时的情况等推算，具体怎么算我不懂。我们总是问他，地震情况怎么样。他就带着微笑说没事，有时也给我们讲一点概率论。我们听了他的话，心里好像有了着落似的，也长了很多知识。王梓坤先生是一个非常平和、非常好的人，也没有架子，后来他当了北师大的校长，也是非常好的校长。

当时天津的地震带很奇怪，是一条线。地震最厉害的是富有的和平区、河西区，房子倒塌得最多。比较穷的南开区、红桥区受灾比较轻，死的人也比较少。

陈： 最厉害的是不是后来抗震纪念碑那里？

宁： 对，就是黄家花园那儿。为什么呢？据说是地震带经过。我也问过王梓坤先生，他也说是地震带。天津师院有一个大屋顶的房子，地震带经过那儿，就从房角往下塌。

陈： 离咱也够近的，就是马路对过啊。

宁： 对，据说地震老是走那条线。后来一切都平复下来，我又重返塘沽碱厂，就在这时听到毛泽东逝世的消息。地震以后再回到碱厂就住帐篷了。那个帐篷是很棒的，绿色的，特别大。我们两个老师跟着十多个学生就住在一个大帐篷里面。虽然离开家，我也知道我的孩子身体不太好，可是呢，这时一切都平静下来了，继续“三结合”编教材。

我们在塘沽的时候，和海军后勤部驻塘沽的一个办事处关系很好。他们住的是一个大四合院，我们经常去那儿，他们也常到碱厂这边来。那时候我们已经恢复了教师身份，不再受气挨批，也有点资格跟他们交往了。就在 1976 年 10 月的一天，我跟他们一个营级干部一块儿坐公交车回市里，他悄悄地跟我说，“四人帮”被粉碎了。当时我吓了一大跳，又惊又喜。所以我得知粉碎“四人帮”的消息比较早，还没到传达的时候就知道了。很快，我们就正式从塘沽回来了。

陈： 10 月份就回来了？

宁： 对。回来以后，就不是“复课闹革命”了，我们开始一点点准备正式上课。“四人帮”被粉碎了，大家都有一种重获新生的感觉。

《中国小说史简编》

宁：1978年初我们接受了一个任务，就是要修改我们在塘沽碱厂编的小说史，正式出版。我们此前已经有一个框架了，学生也参加了编写，工人也写了一点。当时人民文学出版社找到南开大学，跟我们正式谈。人民文学出版社当时的社长是韦君宜，古典文学编辑室的主任是孟庆锡先生。按照中央的要求，小说史要编出两本，一本是北京大学编，在“大跃进”时他们1956级编的小说史基础上，编一本学术性比较强的《中国小说史》；另一本是南开大学编，在“三结合”的基础上，编一本供工农兵及其干部阅读的《中国小说史简编》。

于是我、郝世峰和碱厂的工人胡师傅就到了北京，去人民文学出版社，住在他们后楼招待所。我们一边改一边重新写，胡师傅待了不到一个月就撤了，他觉得他难以参与这项工作。紧跟着郝世峰也回去了，最后就留下我在那儿，待的时间最长，有半年多。我们基本上是把过去“三结合”的本子推倒了重来。全书总共是15章，我写了一半多。朱一玄先生本来写了《金瓶梅》一章，可是到送审的时候，孟庆锡先生认为这是普及书，就不要写《金瓶梅》了。其实朱先生写得比较平易，没有什么问题，没想到审稿要砍掉。我们展开一场辩论，说鲁迅先生的《中国小说史略》也讲到《金瓶梅》，咱们只是评论“四大奇书”之一，没有什么不适宜的内容。但是这一关还是没能过，那个时候仍然是很“左”的。北大的《中国小说史》里面有《金瓶梅》的评论，南开的《中国小说史简编》里竟然没有，这是一个笑话。这也成为后来我写关于《金瓶梅》的文章进行反思的一个原因。[1]

---

1. 编写《中国小说史简编》的相关回忆，可参见本章附录。

《中国小说史简编》书影

在人民文学出版社编《中国小说史简编》的时候，还有一些趣闻可以讲一讲。我们那时候白天就是闷头写，晚上却有机会跟同在那里写作的作家和理论家进行交流。其中我印象最深的是刘亚洲、大冯和叶辛。

陈：冯骥才？

宁：对，我们四个人挨着，住得很近。

陈：他们那时在做什么？

宁：冯骥才在修改他的小说《义和拳》，人民文学出版社对他很照顾，每天给他补助 5 毛钱的菜钱。刘亚洲和叶辛也是改他们自己的小说，都要出版。我当时跟他们都很熟了，一块儿聊天。我们白天在办公室改稿，晚上去看电影，那时候刚刚解禁，苏联展览馆播放一些内部电影，有专门给人民文学出版社的票，可以内部观摩。我们一起坐公交车去看，听几位作家聊电影的艺术手法，感觉他们都很了不起。

20 世纪 70 年代在承德

有时我们一起散步，刘亚洲很能侃，天南海北，给我的印象很深。后来他当了国防大学的政委，发表过很多高论。

原来我和郝世峰两人住，后来他走了，就剩我一个人。叶辛常上我那儿去聊天。他后来成为一个大作家，最著名的作品是《蹉跎岁月》嘛。他跟我说了几条，给我的印象太深了。他说："我故事太多了，因为在插队的时候农村有太多的故事，我写不过来。"他还说，读初中时他母亲每月给他两三块零用钱，他都用来买了名著，只要攒够钱就买，看了就知道什么书是好书，什么书不够格。叶辛说的这点对我启发很大，他看的不是那些烂书而是名著，所以内心有一个很高的标杆。

陈：眼光不一样。

宁：对。1979 年我们南开大学版《中国小说史简编》正式出版，印了10万册，这个数字是惊人的。署名是南开大学中文系，编写说明中提到宁宗一、郝世峰主要执笔。

我们完全没有想到的是，这本书受到两位小说研究专家的好评。一位是南京师大的副校长谈凤梁先生，他在《南京师院学报》发表了一篇书评，就粉碎“四人帮”以后北大和南开这两部最早的小说史进行评述，说它们是“拨乱反正、正本清源”的两部小说史。竟然给了这么高的评价！文章中说，两部小说史各有千秋，都是正本清源之作！[1]这给了我们很大的鼓励。另一位是北大的吴组缃先生。《中国小说史简编》出版不久，我们请吴组缃先生来南开讲一次小说史，在图书馆的一个大会议室。他非常谦虚地说，北大的《中国小说史》没有南开大学《中国小说史简编》编得好。他说：“北大的《中国小说史》还有很多‘左’的东西，南开大学《中国小说史简编》是以小说作品的分析为主，没那么‘左’，我看南开这个比我们北大那个在这一点上要好得多！”又给予一个正面的评价。应该说，当时我们那种对待学术问题的“左”的观念并没有完全清除，但是真的改变很大。没想到在一场浩劫之后，在那种混乱的局面刚刚过去时，我们竟然编出了这么一本书。

1. 欣命笔、方正耀：《简评两部古代小说史》，《南京师院学报》，1981年第3期。

附录

“三结合”编教材

《给历史留一份底稿——从〈中国小说史话〉到〈中国小说史简编〉》：还是上世纪的1975年，毛泽东在号召“批林批孔”以后，又在一份上报材料中指出“《水浒》好就好在投降”，由此全国又掀起了批判古典小说《水浒传》的热潮。当时在学校都能领悟到，老人家的批示矛头直指当时中央领导班子中的“投降派”。到了1975年初，人民文学出版社突然邀请北京大学中文系和南开大学中文系教改组和几位教师，提出编写《中国小说史》的动议。显然，人民文学出版社在北京“得风气先”，听到了毛泽东号召“要读一点小说和小说史”的“最高指示”，所以人民文学出版社闻风而动，立刻组织两校紧急编写新的小说史。出版社主持此项工作的是古典文学编辑室孟庆锡先生，孟先生出身于北大中文系文献专业，比较年轻，但稳重且平易近人，也熟悉文学史，所以他与我们谈编写小说史诸多问题时，说的都是内行话。孟先生根据社领导要求，向我们交代：南开和北大有个“分工”。北大中文系编一部学术性强的小说史；南开编一部供工农兵及其干部阅读的、偏重普及性的小说史。任务布置下来以后，南开中文系教改组指派教师鲁德才、宁宗一参加，带领1972级部分工农兵学员到塘沽天津碱厂与几位工人组成“三结合”的写作班子；人民文学出版社还特意指派山东大学中文系出身的古编室中年编辑刘文忠先生参加指导工作。我们在天津碱厂，与工人师傅实行“三同”（同吃、同住、同劳动）。编写工作展开之初确有诸多困难，工农兵学员都没学过小说史，古典小说也看得不多；碱厂派来参加编写工作的，一位是工会宣传干部王师傅，一位是负责厂通讯报的笔杆子胡师傅，同样，他们也不是十分了解小说史的发展脉络。后经“三结合”的负责人研究，就指派我给编写组讲讲，勾勒一下中国小说发展史的轮廓和几部代表作品的内容。记得我是趁轮休的机会，回家又翻了一遍鲁迅先生的《中国小说史略》《中国小说的历史的变迁》，以及1958年“大跃进”时期北大1955级同学编写的《中国小说史稿》（人民文学出版社1960年版，后经北大古典室教师修改，1973年再版）。回到塘沽，我按照自己的思路，删繁就简，写了一份“小说史大纲”。内容是按鲁迅和北大1955级的《中国小说史稿》的脉络，勾勒了一个自己认为明晰的中国小说发展的轮廓。指导思想是“厚今薄古”，重点放在明清和近代小说发展史上。在横向上，我以小说类型划分了历史演义、英雄传奇、神魔小说、世情小说等。在此基础上，列举名家名作。按我的记忆，经纬交叉地进行梳理，没作什么细致的思想艺术的分析。后来就按人头分工写作。至于谁写什么我已忘得一干二净。唯一给我印象深的是工农兵学员黄传会，他是写《儒林外史》部分，我看后觉得他写得不错。他毕业后回到海军司令部文化部创作室任创作员，一段时间我们还有过联系。

在紧锣密鼓的写作过程中，突然有一天，南开中文系教改组副组长郝志达同志带着两位青年教师来塘沽“视察”，说是了解小说史编写的进度情况，在见面会上是鲁德才老师和王师傅作的汇报，印象中似乎也只是谈了谈分工、进度和讨论中出现的问题。郝老师好像只是听，没发表什么让我记忆深刻的话。可是在送他上车的路上，郝却低声地问我，我讲的那几次课是不是没突出“阶级斗争”的“红线”，“评法批儒”也没糅进去。当时我有些丈二和尚摸不着头脑，因为我脑子里想：我只负责介绍，梳理脉络，并没一一解读作品的思想和艺术！听了郝的“警告”，我也忘了当时是怎么回应的，事情也就这么过去了。不过朋友兼领导的郝志达的“打招呼”，对我还是很有帮助的：无论是讨论文稿时，还是写作时，我自己注意了“阶级斗争”的“红线”和“评法批儒”的指导思想；我还不时提醒学生多加注意。今天翻阅这部油印本的《中国小说史话》，无论是批《水浒》，还是讲《三国演义》，儒法两家泾渭分明，批《水浒》一章批投降派也是写得最充分的。不过，我不记得是谁执笔了。至于到中文系教改组“告我的状”，是何许人，事后，即“四人帮”粉碎后，我问郝老师，他始终保密，只说是有人到教改组反映情况时说的。至于我的那种“受累不讨好”的委屈，随着形势变化也就烟消云散了。后来工农兵学员随着他们即将毕业，一些未完成的稿子，也是老师和师傅给草草收尾的。这就是我们还能看到的这部油印本《中国小说史话》的由来。今天看来，这是一部在特定时期具有鲜明的、强烈政治色彩的小说史底稿。

编写《中国小说史简编》

《给历史留一份底稿——从〈中国小说史话〉到〈中国小说史简编〉》： 1976年10月“四人帮”彻底覆灭，经过短期休整，人民文学出版社并未放弃北大和南开这两个小说史的项目，仍由孟庆锡先生主持此项工作。为了便于修改书稿，出版社与南开中文系和天津碱厂联系，建议暂调中文系的郝世峰与宁宗一、碱厂的胡师傅到北京修订、重写小说史，于是，三个人就住在了人民文学出版社后院的招待所里。当时韦君宜女士已上任主持全社工作，她约了冯骥才、叶辛和刘亚洲修改他们的小说，其间，我们也进行过一些交流，后来考虑，应当多多听取专家的意见，由我出面和北大编写组在北大校园内进行了一次充分的交流。北大周强先生、金开诚先生，好像还有吕乃岩等几位先生，都热诚地接待了我们。给我印象最深的是周强先生的开朗和幽默，他对我们说："虽然咱们是两家，各自编小说史，但要互通有无，你们随便用我们的材料，我们也可以用你们的材料。"那次碰头会，几位同行非常开心。当然在写作过程中，我们也未能"互通有无"，而是各干各的。后来我又提议去征求一下李泽厚先生的意见，因为我很早就佩服此公的学问，他对中国古典文学有独到的看法。经打听，知道他住在和平里一个小区里，较艰难地找到了他，但李泽厚先生也许出于谦虚，也许出于慎重，再三表明，他对中国小说史知之不多，提供不出什么意见。当然这是一次很扫兴的拜访，无功而返。

在出版社刚住了一个多月，胡师傅说他想回碱厂，出版社也同意了。这时只剩下了我和老郝坚持写作。大约三两个月后，老郝完成了"唐传奇""宋元话本""西游记"和"明代短篇小说"的写作，他也决定"撤"，结果只留下我一个人"收拾残局"。这时我只好求助于我的老师朱一玄先生，请他写《金瓶梅》和《三侠五义》两章，朱师欣然接受；最可惜的是朱师的《金瓶梅》一章却被整个删去，孟庆锡先生认为，普及本小说史不必要介绍《金瓶梅》，最终只好听从出版社的决断。《红楼梦》一章是请王双启先生执笔，《聊斋志异》则由刘文忠先生协助完成一章的大部分。而我则硬着头皮，从"小说的酝酿和萌芽"，一直写到"资产阶级民主主义的革命小说"。而万言"前言"，竟占了14个页码，此"前言"由我草拟，经过老郝修改定稿。总之，十五章与一个"前言"，我写了八章，并补上了《聊斋志异》的艺术性部分。这就是后来人民文学出版社1979年5月版的《中国小说史简编》，共22.6万字，第一次印刷出版竟然是10万册！至于书的署名，南开和北大用的是同一个规格，都是署中文系，在“前言”部分写有一段“说明”文字（北大与我们的也大同小异）：“先后参加本书讨论和编写工作的，有我系古典组部分教师，文学专业部分同学和天津碱厂部分工人。负责修改和定稿的是宁宗一、郝世峰。”这就是由《中国小说史话》发展而成的《中国小说史简编》成书始末。

第八章

生命的交叉点*

顺中有逆，喜中有悲，在万象回春之际，却走到生命的交叉点上

* 2019年1月28日采访，结合2020年7月23日、8月3日、8月8日采访以及2018年4月20日宁宗一对文学院学生的口述补充。

陈：今天咱们谈20世纪80年代以后的情况。

宁：大家都认为80年代是我们中国的春天，但是这个时候我在顺中又有逆，在喜中又有悲。80年代对我来说事情太多，既有个人的事情，自己糟蹋了三四年，也有工作的问题，还有80年代后期社会发展的大波动，诸如此类，不是像现在想象的一帆风顺。

陈：咱们今天先谈您的总体经历。关于学术上的研究、思考和情感上的波折，咱们可以之后专门来谈。

宁：好。

天时地利人和

宁：我觉得，当时咱们学校最大的变革，就是“四人帮”被粉碎以后，杨石先校长、滕维藻校长上台，党委书记张再望，副校长吴大任、胡国定、王大璲，党委副书记任家智等，都比较开明。

杨石先校长人非常好。以前我上学的时候，一到期末考试，杨校长就自己掏腰包，为学生们加餐，尤其夏天的时候，为我们加凉拌西红柿、拌藕片这些凉菜，从中能看出师生那种亲情。我们都很尊敬杨校长，1985 年他去世的时候我哭得非常厉害。

陈：“文革”结束后，杨石先先生又当了一段时间的校长。

宁：对，虽然时间不长，但留下了宝贵的遗产。继任的滕校长也很开明，几位副手也都兢兢业业抓工作，没有条条框框。咱们南开大学那时真是展现出复兴的面貌，我也享受到了这个“温床”。

陈：可能那确实是南开大学各方面都很好的时候。

宁：最好的时候！我曾经和文学院的同学讲，我说你们要记住南开大学的“春天”，这跟整个的政治形势、社会形势、人际关系都有联系，可谓天时、地利、人和！

陈：是怎样的天时、地利、人和呢？

宁：首先，天时。“四人帮”被粉碎，十年“文革”结束，社会进入较为平静的状态，十一届三中全会为改革开放打下了良好的基础，这一点真是再好不过了。

其次，地利。天津不再是河北省的省会，成了沟通北京、连接三北——华北、东北、西北地区的交通枢纽，而且是尽显人杰地灵的现代都市，如此优越的地理优势，让很多发展机会随之而来。

最后，人和。就像马克思所说：“人是社会关系的总和。”人是在社会关系中生存的，好的现实生活和社会关系，能调动人的善性；在恶劣的社会现实里，人的恶性往往就会暴发。总体来说，那时的领导班子愿意接触下层，和教师相处比较愉快，没有过于行政化和官僚化的问题。他们在此之前也都受过这样那样的冲击，有些是当年我在大苏庄干校时熟识的“留苏”同学，比如滕维藻校长。在大苏庄，大家不分彼此、不分长幼，这样的关系一直延续到了重返南开教书的日子。大家都历经过磨难，在那春风和煦的环境中，平等相待，知道这种关系多宝贵，坚持了人性中的善。

那时候师师关系、师生关系都很和谐。从中文系来说，老中青三代相得益彰。“四人帮”被粉碎之后的第一任中文系主任是朱维之先生，之后是邢公畹先生。朱维之先生、邢公畹先生、华粹深先生都对我有莫大的信任和恩情。邢先生当中文系主任时，有一次让我代替他到北京开会。回来后，我想给邢先生汇报会议的内容，邢先生说：“不用，等开会的时候，你传达一下就行。”邢先生对我信任到这种程度。当时南开的老师对学生就像对待自己的孩子似的，学生与老师之间的关系也是亦师亦友。

这个时候我们请来一批外援做兼职教授，是几位高明人士，比如刘叶秋先生，他是《词源》的副主编。还有王朝闻先生、张庚先生、郭汉城先生。张庚先生、郭汉城先生都是华先生的朋友。当时主要是我去接送这几位先生，接触很多。

还有叶嘉莹先生。叶先生来南开，我还参与了一些事。我那时候已经当了中文系学术委员会的副主任，朱维之先生说：“小宁，你去见叶先生，看她需要什么。”叶先生说想要一幅范曾的画。我当时找了郑天挺先生等三位先生写介绍信，拿着三封信到北京和平里找范曾，范曾欣然说：“很快我就给你画出来。”

陈：我看过有关叶嘉莹先生的报道，好像她之前就很喜欢范曾画的屈原？

宁：对。叶先生后来扎根在南开，跟这也有些关系。我只是秉承朱先生的指示办这件事。叶先生当时也与四川大学合作，也去北师大讲过课，但是常驻的还是南开。她讲座的时候在主楼阶梯教室，很多人去听。每次朱维之先生都从始至终听完。我听过五六次。叶先生的老师是顾随先生，我过去有半年跟顾先生在一起编教材，所以我比较了解叶先生的路数。那时候可以说是南开大学发展的一个大的高潮。

这时我们也有很好的生源。1977 年恢复高考，南开大学迎来了一批优秀的学生。尤其是底层插队落户的知青、在工厂工作的人都有了

南开大学中文系教师与归国讲学的叶嘉莹（第一排右三）合影

高考的机会，如此便出现了学生中的精英——1977、1978、1979级，他们有些岁数较大，有丰富的生活体验，视野更加开阔，有些人还潜心读书，因此整体水平较高。

总之这段时间，教师自由、学生勤恳，在此过程中，大家都发挥了自己的潜能，真是天时、地利、人和。

古典小说戏曲研究室

陈：在那个大发展的时期里，中文系和您都迎来了事业的春天吧？

宁：是。“四人帮”被粉碎了，中国人民可以说是得到了真正的精神解放，历次政治运动付出的代价太大，一旦风平浪静，真的进入一个新时期，每个人都是思绪万千，都想弥补失去了的岁月，想有所作为，把自己原来的理想投入实践。崇高点来说，真的都甘心献身于教育事业。

陈：这时候您已经年近五十了。

宁：对，我们这代人这时都已经50来岁，虽然往日不可追，但是必须得弥补！1978年我写出了“文革”后自己第一篇纯学术性的文章，是研究《醉翁谈录》的，发表在《南开大学学报》上。[1] 从此，我的个人学术研究走上正轨，不再像过去只是执笔写大批判文章了。

陈：您晋升副教授也是这个时候吧？

宁：对。我做助教9年、讲师16年，后来副教授又是9年才升教授。人家都是3—5年就升讲师了，我用了9年。我真的不在意职称。我觉得学生接受我、喜欢我就成，很愉快，对职称真的无所谓。

陈：但是您评副教授在当时算早的了，是“文革”后第一批？

宁：对，我是最早的。大家都说“宁宗一翻身了”。你想，我晋升的时候，是跟朱一玄先生、张怀瑾先生一起升副教授，他们都是资历这么深的老先生。张先生是从西南联大来的，做了这么多年的讲师。

陈：听说您升副教授也还是有过一些障碍的？

宁：这也是我后来听说的。据崔国良补充，当时有人抓住我给同学写的信说事。实际上是“文革”时，传说我和席淑华关系比较密切，就造谣。

陈：是什么信呢？

宁：席淑华是1972级的工农兵学员，和我一样都是北京人。她有一次去我家时，我正吃炸酱面，就请她一起吃。后来她父亲就对我印象很好，希望我过年回北京时到她家去，请我吃饭。可是就在这个时

1.《从罗烨〈醉翁谈录〉谈“说话”艺术》,《南开大学学报》1978年第4、5期合刊。

候，我的女儿小清得了痄腮，我去不了。我是因为这个给席淑华写的信。席淑华是个没有什么心眼的孩子。她春节后回来，在宿舍有点炫耀的意思，跟同学说老师都给她写信了。结果屋子里的人就给捅到她们班主任那儿了。另外，席淑华回来时还给我带了点儿瓜子，她说："您看您也没去，我父亲让我给您带点吃的。"我说了一句"瓜子不饱是人心"，就是开玩笑。这时我正在备课，谈话是在大庭广众下。我估计有人听到耳里，也和她的班主任说了。她的班主任是"八一八"的，一直对我有成见，认为我是有问题的人。他发动1972级的学生写了几张大字报。而当时，1971、1972级一些同学就说，这是故意要毁谤人。郝志达为此还找我谈过话。谈过之后，他没说什么，认为都是正常的，这事就压下来了。

陈：就是贴大字报的时候？

宁：对啊。我们就在总支办公室谈的，我觉得挺可笑。席淑华的班主任可能还出面找过她的父亲。她父亲后来有些困惑，不知道我是不是真对他女儿有意了，"文革"期间什么事都不好说。后来席淑华就不敢和我联系了。这时大概是1975年吧。

陈：但是评职称的时候，有人又提起这个事？

宁：对。当时崔国良是中文系党总支副书记，参加了学校评职称的会。他后来跟我说："你必须是第一批升职称，因为你，学术水平和教学好。"去开会时，他有精神准备，是带着我给席淑华的信去的。

陈：信是什么时候上交的？

宁：不知道。可能席淑华认为她和宁老师没有任何问题，就把信交出来了，因为这些谣言对一个学生来说也是侮辱。结果，学校开会的时候，真的有人提出来这件事。崔国良就把信念了，里面内容完全是冠冕堂皇的，没有任何问题。这都是最近几年崔国良才告诉我的。[1]

---

1. 1988年宁宗一升教授时又起风波，可参见本章附录。

陈：所以您就成了“文革”后最早一批副教授。

宁：对，当时副教授很少，副教授就有发言权了。

陈：这一点很重要。当时副教授很少，这和现在很不一样。现在副教授太多了，大部分都是年轻人，但是那时候升到副教授就很厉害了。

宁：对，太少了。当时教授都是我的老师。

陈：这个时候中文系又成立了古典小说戏曲研究室？

宁：1979 年，中文系成立了古典小说戏曲研究室，其前身是地方戏研究小组。

陈：之前提到过，“文革”前就成立地方戏研究小组。

宁：对。成立古典小说戏曲研究室后，华粹深先生是研究室主任，我是副主任。当时研究小说戏曲的重镇是中山大学、复旦大学和南开大学。南开大学的特点是小说、戏曲同步研究。这时我和我的老师华粹深先生、朱一玄先生一起带研究生。李剑国、罗德荣、许祥麟、薛瑞兆等就是我最早一批研究生。

我和华粹深先生一起给研究生上戏曲课，一个礼拜上三节，元杂剧是一个剧本一个剧本地讲。其他各位老师也各自发挥所长。那时候不是年年招研究生，是上一届快毕业了，才招下一届。

陈：当时中文系除了古典小说戏曲研究室，其他还有哪些老师可以带研究生？

宁：达老、朱维之先生、邢公畹先生都带研究生。但是古典小说戏曲研究室只带研究生，不教本科生。而我这时又有一个得天独厚的地方，就是有机会给本科生上课，因为古典文学教研室的鲁德才生病，任兴福又当了党总支副书记，我当时代替他们讲宋元和明清的文学史课，因此 1979、1980 级的本科生也成了我的学生，有些到现在关系还很好。

古典小说戏曲研究室很快就出了成绩。虽然华先生身体不好，但是我可以跑腿儿。为了加强业务理论学习，我们托叶嘉莹先生从台湾、香港买书，叶先生很快就帮忙买了很多我们这儿看不到的有关文艺理论、小说戏曲等的书籍。一个小小的古典小说戏曲研究室，办得风风火火，很多人都愿意到我们研究室来。

陈：当时古典小说戏曲研究室有多少人？

宁：老先生有华先生和朱一玄先生，很快华先生去世，就只有朱先生了。年轻的主要是我的第一届、第二届研究生。

陈：和您年龄相仿的呢？

宁：有薛宝琨、任兴福，还有陆广训。华先生故去以后，我说，咱们干脆就和古典文学教研室"一套人马，两块牌子"。当时华先生希望我能够接班当研究室主任，但是我自感当不了领导，于是请古典文学教研室主任鲁德才兼任古典小说戏曲研究室主任。我继续担任副主任，管财务、管资料。当时的古典小说戏曲研究室真的是做了很多贡献。

陈：您觉得贡献主要有哪些？

宁：第一是培养了一批研究生，引进了人才。刘叶秋先生、张庚先生、郭汉城先生都在古典小说戏曲研究室做兼职教授。那时候我们和天津师院中文系关系也非常好，真的是互通有无，研究生一块儿听课。比如李厚基先生、陈玉璞先生，他们的水平相当高！我们的交流特别好，私交也很深，研究生之间也都成为很好的朋友。第二是发表的东西很多，影响比较大。第三是理论提高比较多。那时候开始了完全正规的学术研究，我们继承了20世纪五六十年代的经验，开展业务理论学习。当时主要围绕两大问题：一是研讨中国小说观念更新的问题，也就是小说审美意识不断更新的过程，后来简称小说观的讨论；二是探究中国小说和戏曲的血缘关系。大家谈得很深入。我们贯彻了许政扬先生和华粹深先生的理念，提出"同步研究，互补相生"这8

个字。我们一直主张中国小说和戏曲的关系不同于西方，因为中国的戏曲、小说繁盛于宋元时代的瓦舍艺术，所以戏曲、小说不仅在题材上相互借鉴，在表现形式上也很类似。

陈：您觉得这段时间，古典小说戏曲研究室代表性的成果是什么？

宁：我们这时出的成果比较多，在《文学遗产》《戏剧报》《戏剧电影报》上发表了很多文章。有一些文章还被《文史知识》选中转发了。也出了一些书，比如李剑国的《唐前志怪小说史》，朱一玄先生整理的《三国演义》《水浒传》《西游记》《金瓶梅》《聊斋志异》等许多小说的资料汇编。

陈：华先生的书也是这个时候出版的？

宁：对，华先生 1981 年故去，我们就开始整理《华粹深剧作选》。主要是我、许祥麟和北京的校友弥松颐一起编的，不仅收录了华先生的剧作，还通过翻旧报纸、刊物整理了华先生的系列戏曲评论短文《听歌人语》。《听歌人语》里的文章不只发在一种报刊上，所以需要查阅大量资料。

陈：您这时候也出了好几本书，发表了很多文章吧？

宁：我和鲁德才编过一种《港台学者论中国小说艺术》，是根据当时叶嘉莹先生帮助从香港、台湾买的书籍编辑的。我的第一本书是我的论文集《中国古典小说戏曲探艺录》，选收了我之前写的 20 多篇文章。

那时的古典小说戏曲研究室真是硕果累累！可惜后来中文系重点发展方向发生了转变，没有人抓古典小说戏曲研究室了。1987 年我调到东方艺术系，鲁德才到日本讲学，研究室就从名声显赫到不死不活了，到了 90 年代彻底取消。只有朱一玄先生“自作多情”地在每篇文章后署名“南开大学中文系古典小说戏曲研究室”。现在很多外校的学界同仁，还为我们感到遗憾。我觉得这作为一个历史教训，应该总结。

教学探索

陈：我记得您在回忆邢公畹先生的文章中，还提到，邢先生曾经希望您能出任中文系副主任，协助他工作？

宁：邢先生大概是1981年底接朱维之先生做系主任的。那天下大雪，我正好有课，中午回到家，我的前妻李蒙英说："刚才邢先生来了，说让你当副系主任。"我感动得要命，下这么大雪，邢先生还亲自来说任命我的事。于是，我没吃饭就赶紧到邢先生家。邢先生全家正在吃午饭。他就说："现在学校已经定了我当系主任，接朱先生的班。你就给我当个副主任，跑跑腿儿。"师母更是跟我说："老邢当系主任，你不帮他干活成么？"我说，有郝志达呢。他说："不，就你当。"我当时说的话，现在还记得。我说，虽然我这个人比较热心，但是工作办法很少，而且说话太直，会得罪人，不太适合当领导。另外，就是"文革"留下的"肚子"太大，泻不下来。

陈："肚子"是指什么？

宁：就是老师们的晋升问题，"文革"积压得太多。

陈：您觉得不好处理？

宁：名额太少，我觉得这个事不好办。邢先生让我再考虑考虑。结果我第二天又去向邢先生说。最后，他同意不让我做副系主任，但还是让我做了系学术委员会的常务副主任。[1]

80年代初真是中文系的春天。我从学术委员会的角度也做了一些事情。我们继承了南开大学原来每年开学术研讨会的传统。以前五六十年代每年每个系都会开科学讨论会，后来"运动"一来就终止了。这个时候，我倡议要继承好的传统，把文脉传下去。我说，要振

1. 相关情况的回忆，可参见本章附录。

邢公畹先生

兴中文系，就一定要抓住现在的学生搞科研。因为这时进来的学生都很棒。1977 级、1978 级、1979 级藏龙卧虎。当时是我作的动员报告，最后总结也是我作的，还进行了评奖。

我那个时候花时间最多的，就是每天晚上参加学生们的分组讨论，比如现当代的、古典的、语言的。那时，他们每天晚上讨论，宣读他们的学术论文。我挨组“巡视”，想发现人才。我至今还记得，中文系李瑞山的《论巴金》获得一等奖，王力研究郁达夫的心理学小说也让我耳目一新。整体来说，让学生参与科研活动的方式很好，在一定程度上也促进和提高了教师队伍的科研能力。同时，这项活动真正调动了学生进行独立钻研的积极性，使他们提高了研究能力，为今后从事学术研究打下基础。李瑞山他们都是以本科毕业生的身份留校的，这跟他们突出的科研能力有一定关系。

我觉得那时是中文系一次大的苏醒！邢先生对我的信任也鼓励了我动脑筋。现在的学术委员会多是挂名，可那时候得干实事，不仅参与评奖、评职称，也做了一些真正的学术性工作。郝世峰接邢先生当系主任后，让我当教学改革小组的组长，崔宝衡、张学正是教改小组成员，我们调研怎么推进一步中文系的教学，怎么创新。最后我们写了一个教学改革的建议，由我执笔。

这时我们还开设了新的课程，比如正式开设了戏曲研究课程，重点是我教的1979级本科生，请来中国戏曲研究所的研究员和青年教师讲课，这真是让老师和学生大开眼界。戏研所那些艺术实践丰富的研究者来到中文系讲课，各自发挥所长，课程不仅是元杂剧、明清传奇等，而且将地方戏的剧本和戏曲表演结合起来，将戏曲现状与历史挂钩，形成一种较为立体和综合的课程。这门课程带有开创性质，也密切了我们与戏曲研究界的关系。当然，这离不开过去华先生为我们打开的疆界。

我秉承了华先生从事戏剧研究的路数，即讲戏曲、学戏曲一定要重视"场上之曲"这样一条铁律。这是华先生奠定的优良传统，我不会忘记华帅的谆谆教导，所以有一次我带1979级学生集体去北京看戏，那次经历也让学生们至今念念不忘。当时我们跟车队联系，请求车队派出大巴车载着学生去北京，我们看了当时第一个小剧场的作品——高行健编剧的《绝对信号》。后来，我经常带学生在北京、天津看戏，学生们观摩了很多剧种的舞台艺术，京剧更是近水楼台先得月了。将古代与现代、剧本与舞台表演结合起来，这一点北京大学中文系都没做到，但南开大学中文系做到了。

总之，那时候通过"请进来、走出去"的方式，让戏剧研究不再是平面的剧本研究，而真正是作为立体的舞台艺术去观照，既是欣赏又是研究。

这段时间整个的工作气氛都很好，办事也顺风顺水。不知道有没有人统计过中文系在80年代的研究成果，我记得《文学评论》《文学遗产》这些有影响的刊物上经常出现南开大学中文系的名字，真的不少。

1985 年的人生转折

宁：1985 年是我人生的一个节点。本来此前工作事业各方面都比较顺利，这时因为我个人生活的一些变故，成为我人生的一个重要转折点。1982 年我和李蒙英再次离婚。我们是 1957 年结婚，中间经过离婚、复婚，之后又分居，到这时再次离婚。离婚后，李蒙英很快就又结婚了。我呢，是在 1983 年认识了小韩，后来开始谈恋爱。到 1984 年我们同居了。1985 年，她家人不同意，就到我这儿来闹。

陈：是谈了一段时间之后，她家人才来闹的？

宁：同居了一段时间。主要是她爸爸不同意，觉得我们年龄悬殊太大，小韩小我 29 岁。

1985 年 3 月 4 日那天，他们全家轮番上阵，在我这儿闹了一宿才走。就是劝小韩回家，但是小韩不愿意走。3 月 5 日上午，正好在学校大礼堂举行杨石先校长的告别仪式。我参加告别仪式后心情非常不好，因为对杨校长很有感情，哭着回来。再加上一宿没睡，迷迷糊糊的。回到家，小韩就一直念叨没有办法了，要吃安眠药自杀。我一时激愤，就真的吃下了大量安眠药。当时真的不是殉情，是激愤。而后小韩也吃了安眠药。转天我们被人发现送到医院，经过几天抢救，才几乎同时醒来。这件事情我以后再详细说。[1]

陈：好的，我想可以就您的婚恋问题详细聊一次。

宁：本来这纯粹是我个人的事情，但是后来引发的事情后患无穷，我也错失了良机！并不是说那时候我正好做副教授五年了，这时可以升教授了，也不是因为我当时正要入党转正。1981 年中央正式发表《关于建国以来党的若干历史问题的决议》，我确实感受到了当时中央的魄力，

---

1. 参见本书第十一章之“生死一念”。

此前从来没有感受过的，产生了一种内在的动力。我是 1983 年底成为预备党员的。1985 年正要转正，但是因为我自杀，升教授的事耽误了，入党的预备期也被取消了。这些并不是我觉得最惋惜的，最惋惜的是当时整个顺风顺水的状态被破坏了。

陈：您说之前您快要入党了？

宁：当时吸收所谓优秀知识分子入党，形成一次高潮，我的介绍人是郝志达，后来他又拉上鲁德才，两个人介绍。郝志达说："你也应该入党了。虽然历经这么多磨难，但你毕竟是追随党做了很多工作的。现在一切都很好了，也升副教授了，应该成为一名党员。"这是 1983 年底的事。

陈：说您追随党做了很多工作是指在系里学术委员会的工作？

宁：对。也包括我在科研、教学上都有成果吧。当时党组织要吸收在某一方面贡献比较大的业务骨干和业务尖子。这时党委副书记是任家智……

陈：学校的党委副书记？

宁：对，他也敦促中文系说："小宁得入党，你们得做他的工作。"我觉得大家都是好意。另外，我也得克服我过去那种不想受约束的思想。你看，我入团就是到大四快毕业才入。我这时觉得，我性格太随便，应该受些约束，于是我正式申请入党。当时我们中文系古典文学教研室和外国文学教研室的教师党支部一共 13 个人（两个教研室的党员合成一个支部），在开会讨论时，支部书记张红发言，对我提意见，说外面有人对我的看法是霸气、狂妄、盛气凌人，入了党以后要克服这方面的问题。这本来是很正常的提意见。可是我呢，觉得自己根本不是这样，结果听取意见的时候态度不太好。我说，我不过是说话高八度，直来直往，这么多年，大家都知道我的性格。我还说了一句比较重的话："你们觉得我条件不够的话，那就以后再说吧。"有点不愉快。散会以后，郝志达跟我谈，第一句话就是："你有毛病啊？听听意见，也不见得就是坏事。总之是有人这么看你，你就别说话，听听意见。"后来，我觉得我态度确实是不太好，人家有意见，正好有这么一次机会，听一听嘛。所以第二次再讨论的时候，我就接受了一部分意见，并且说自己上次态度确实不太好，做了一些解释，也做了一些检查。后来支部就算通过了。中文系党总支当时是副书记毛翀管这件事，她对于我入党很高兴。

我正式成为预备党员的时候，中文系党总支召开了一个比较大的会，在主楼的218，凡是党员都参加了。毛翀主持。我记得最突出的就是，朱维之先生首先发言，说："小宁入党是好事，他这种性格，就像一匹野马，现在带上了'笼头'，以后说话要注意，做事要小心。"

陈： 朱维之先生比您入党早一点？

宁： 对，他比我早。好像他当系主任的时候就已经是党员了。我的师弟蔺羡碧也说："小宁就是诗人，浪漫，以前他总是要随心所欲。"那次会议又是大家提意见，也是鼓励、祝贺。在会上我就成为预备党员了。毛翀说："宁宗一这么多年也经历了很多磨难，现在入党了，这是一个典型。"就是把我作为高知入党的一个典型。

我呢，也觉得入党前后，自己的心理感觉是不一样的。没入党以前觉得无所谓，可是入党以后，我还是很看重这件事的。当时改革开放，国家、社会整个处于上升趋势，我走的路也是越来越顺，又担任点所谓职务——系里的学术委员会副主任、古典小说戏曲研究室的副主任。入党是调整我的心态。特别是从总支的角度很看重我入党这件事，也通过这件事，起到对我教育的作用。

陈： 讨论您入党是1984年的事？

宁： 对。那个时候上面的总体意见，是要发展一些比较精通业务的人入党。

陈：是，像杨敬年先生、来新夏先生都是这前后入的党。

宁：入党真的不一样，真的是对自己有所约束。我在处理有些事情的时候比以前要好一些了，不像过去那样自由散漫，有些事情不加斟酌。该跟组织上说的，也会跟组织上说一下了。

可是，1985年我即将由预备党员转正的时候，我出了自杀这件事。这年春节比较靠后，所以到3月初才开学。就在我刚出院，身体还没恢复的时候，通知我说要在我们家里开一次党支部会，讨论我这次的错误，要不要给予处分。可是后来又说会不在家里开了，改在系里。有一天，唐子弈突然骑车来接我，到主楼105开会，我当时褥疮还没好，就坐在他的车后面。我一进屋，觉得很尴尬，13个人分坐两列，就像批斗会似的。

陈：这是支部会？

宁：对，支部讨论我的问题。我至今也不否认，我当时非常理性地、非常带有忏悔意识地，对我的事情进行了自我批评。我说我是一时冲动，真的不是殉情，是激愤！我们俩的事情，干吗要闹成这样？

陈：主要是和小韩的家人闹别扭？

宁：对，主要是对她家人。

陈：那个时候周围同事没有说什么的？

宁：没有，同事都知道这件事，我们也是光明正大地谈恋爱。在支部会上，我做的检讨还是比较真诚的，承认给党带来了不好的影响，自己也吸取了沉痛的教训。我当时起码检讨了半个多小时。

陈：大家也都发表意见了？

宁：没怎么发表意见，之后就是投票，让我出去待一会儿。我在外面大厅转了一圈。回来以后，告诉我13票一致通过——取消我的预备期，明确告诉我："这不是给你的处分，是取消你的预备期。"（后来支部的潘建国跟我说，其实当时他投的是不同意票。）我一下子站起来，在大厅吼起来了。我说："如果说要取消我的预备期，我可以不做这个检讨。如果要让我检讨，就应该根据我的态度来讨论。"我至今也是这个看法。我气冲冲地自己走回家了。很快张红、唐子奕、马光琅来到家里劝我，我大哭了一场。他们围着我劝。我说："如果我检讨得不好，对我处分也好，取消预备期也好，可是你们根本没有谈我检讨得好不好！你们得允许我做自我辩护。很多人都自杀过，也没有取消党员身份。"事后我才知道两件事情：一是任家智说"小宁来了这么一手，我们脸上无光"；二是多年以后，郝志达已经移民新西兰，他回国时，我半开玩笑地问他取消预备期的内幕。他很严肃地跟我说，当时讨论得非常激烈，两派意见，最后是党总支书记郭 ×× 拍板，说取消宁宗一预备期。其中原因之一，是说宁宗一影响太坏了，就是说我影响大。

陈：意思是，开会之前就已经定下来了？

宁：对，会前就定下来了，支部会就是听一下我的意见。所以我检讨后，没有人发言。后来我说，取消我的入党资格，这对党好，对我更好。

陈：这是从医院回来过了一段时间？

宁：时间不长。当时，我周边的人就一分为二了。我自杀的事，可以说是令亲者痛仇者快。有的人觉得"宁宗一这棵大树倒了"。一些关心我的朋友则认为我是一个"不争气""扶不起来"的人，中文系的老朋友没有一个人来医院和家里看望我。这个时候，我也一直病着，不愿意出去。首先来看我的是历史系的刘泽华、冯尔康先生。他们两个人的性格不一样。冯尔康慢条斯理地说，这纯粹是你的个人问题，你不要羞于见人，应该出去。老刘则指斥我是"胆小鬼"。他说："没有人可以干预你。你找的媳妇不就是岁数小吗，谁管得了你？"[1]

---

1. 关于刘泽华、冯尔康来看望的回忆，可参见本章附录。

我自杀后在医院和家中看护我的，主要是学生和进修教师。远在成都的小侯（侯永毅）和她的丈夫李中茂也来看我了。

陈：他们是已经毕业的？

宁：对。当时没有高铁，火车上人很多，他们躺在座椅底下一个晚上才到天津。我还记得，小侯不避我醒来后的口臭为我梳头洗脸。小侯是1979级年龄最小的一个。郝世峰知道她和我的关系好，就打电话通知了她。

陈：当时您家人是什么态度？

宁：我母亲埋怨我说："你出了这个事给别人添了多少麻烦！"我回北京时，因为手坏了，我大姐还帮我擦后背。

后来我的身体逐渐恢复，但是右手还是不成。令我感动的还有，河北北京师院的朱泽吉先生，是我们研究《儒林外史》的同道，他也知道了我的情况。这一年他有两个研究生要毕业，就派助教来接我，做毕业论文答辩会的主席。我当时吊着三角巾去他那儿。这两个毕业生一个叫刘勇强，一个叫周月亮，后来和我关系非常好。我闹了这么大的事情，朱泽吉先生还请我做答辩会主席。

那时我已经练左手写字了。1985年的时候我用左手写了一篇论文《吴敬梓对小说美学的贡献》，准备参加《儒林外史》研讨会，是竖着写的。

陈：您的手是什么问题呢？

宁：因为自杀后侧卧太久，右手全面麻木了。我本来就有颈椎病，自己之前不知道，就认为是工作太累，脑供血不足。那时候都是开夜车写讲稿，老婆、孩子睡觉的时候，我自己写。我写字的姿势也导致压迫右手，长期积累，到了1982年我离婚之后发展到高峰。

陈：症状就是晕？

宁：很可怕，一起来就吐，来不及到厕所，就吐得一塌糊涂，苦

与刘泽华合影

与冯尔康合影

胆水都吐出来了，浑身没劲儿，就像踩着棉花似的。到了校医室，医生给拿的是脑益嗪，就是扩张血管的药。后来住过两次院，也就是输点营养液，不知道是颈椎的问题。

1985 年我吃安眠药自杀后，就斜躺在床上，正好压迫手的神经。另外，抢救我进行透析的过程中，切的也是我右胳膊的血管，所以后来造成后遗症，整个手都发黑。那时我很悲观。

陈： 有点要坏死的样子。

宁： 这时候，我四姐的同学介绍了一位负责家庭病床的杨大夫给我，杨大夫是我的恩人。杨大夫很快就判断出来，我这个是颈椎的问题。此后她一直帮我治疗，一个礼拜来两次，从牵引到按摩。经过两三个月，突然她发现我的大拇指和食指能合拢了。她说："你的功能恢复一半了！"我都不知道。她让我用右手写一个字，我就用铅笔写了一个"谢"字。她高兴极了。

到 1986 年我的身体才完全恢复。但是我还是不愿见人，就在家里看点书，给研究生上课也是在家里面。当时正好赶上带陆林、田桂民、张惠杰三个研究生。一方面他们照顾我，另一方面我又给他们上课。这个时候我取得了两个成果，主要归功于陆林和田桂民。我那时候还是一板一眼地去讲元杂剧，正好这时天津古籍出版社和天津教育出版社开始策划一套"学术研究指南丛书"，第一本就是约我写。

陈： 出版社的编辑来约您？

宁： 对。叫许幼珊，是一位校友，我的师弟，现在也退休了。"学术研究指南丛书"是吴小如先生起的名字，这套书有很多本，比如关于美学的研究概述、现代史的研究概述等。我们写的是《元杂剧研究概述》，是最先出来的。这套丛书是总结历来的研究成果。他们认为，我们这本概论的架构很合适，发给很多其他作者作为样板。后来因为他们的信任，我们又编出了《明代戏剧研究概述》。

左起：陆林、宁宗一、田桂民、张惠杰

陈：是学术综述？

宁：对，我把题目告诉陆林之后一个多礼拜，他就把一个框架给我了，我特别佩服他。陆林现在故去了，我写怀念文字的时候特别提到，编写《明代戏剧研究概述》他功不可没。[1]我为《元杂剧研究概述》写了一段非常长的导言，一万字吧，是比较偏重于方法论的，那时候方法论热。《明代戏剧研究概述》谈的是发展脉络，一部戏剧史就是一部更替史。这两篇导言都收到我的自选集里面了。养病期间，我们算是一边讲课，一边写书，他们这一届研究生发挥了重要作用，三个人合作得也比较愉快。

我从医院回家以后，轮到田桂民和陆林值班。小田用艾条给我薰

---

1. 与陆林、田桂民编著《元杂剧研究概述》的回忆，可参见本章附录。

不收口的褥疮，又抹了京万红，后来完全治好了。小陆有时还给我按摩。我有一次心情不好，和小陆发火。多年以后，小陆生病的时候，我到南京去看他，我向他忏悔。他说："我早就不记得了。"我说："我感觉到，我当时很变态，你们很辛苦的照顾我，我还发脾气。"我还向他夫人道歉，这是我伤害小陆的地方。[1]

虽然这段时间我还有学术成果出来，但是我认为仍然是错失了良机。我这时还错失了一次去北京工作的机会。我从前因为华先生的关系，一直参加中国艺术研究院戏曲研究所的研究生论文答辩，跟他们的所长郭汉城先生、副所长俞琳先生比较熟悉。特别是俞琳先生专门管这些研究生的事，对我很了解。这时王蒙当文化部部长，认为中国传统戏曲没人抓不成了，于是派俞琳先生到中国戏曲学院当党委书记兼院长。俞先生那时候就找我，让我当戏曲学院的戏剧文学系主任。我说，我愿意过去，但是我不能够当系主任。

陈：这是哪一年？

宁：这是 1986 年的事。这时我自己内心的压力比较大，也希望调到北京去换个环境，就到戏曲学院试讲过几次，俞先生对我比较放心。后来我跟任家智说我想走，他坚决反对，不愿让我离开。我说："我父亲故去了，我母亲还在北京，我去北京还能照顾她。"他说："你的关系不要过去，那边有课时你就去上课，关系还在这边。"我们就没有说妥。

可是，就在这个时候又发生了悲剧性的事情，俞琳先生突然得心梗走了。我急忙赶到北京他家。他的儿子拿出来他爸爸生前给王蒙写的一封信让我看。我一看呀，他写的是让我当戏曲学院副院长兼戏剧文学系的系主任。那封信还没有交给王蒙，俞先生就去世了。我当时

1. 关于陆林与田桂民来家值班照料的回忆，可参见本章附录。

就掉眼泪了，不是因为我失去了这个机会，而是俞先生对我的信任真是感人肺腑。[1]

生命反思

陈：1985 年前后对于您的人生来说真是跌宕起伏。本来大的形势已经好转，您的事业也一点点步入正轨，一帆风顺，但是这次挫折，又带来了这么多的变数。

宁：我也在思考和反思。我来南开大学到现在快 70 年了，1985 年经历的这次生死，恰好是在中间。前面 35 年，后面也将近 35 年，很微妙，带有点戏剧性。我一直想不出来，用什么措辞来概括。我的自杀跟其他离婚、自杀的人都不一样，可以说是两次生命的交叉，又是一次生命的延长和变异。对我的人生来说，这是一个重要的节点，发生了巨变。我这个人也有了很大的变化。

从生理现象来说，是死而复活，二世为人。作为人生，又是走了两次人生之旅。命运真是有很多不可思议之处。前 35 年都是政治运动，后来政治运动不多了，或者说跟我的关系不那么密切了，反而充满了感情世界的东西。1985 年以后，我的生活史加以延伸，迎来了新的生活，后来就变得更丰富多彩了，认识人多了，自己的教学、科研也多了，后来还有新的婚姻生活。前 35 年，我的大儿子没有了，后

---

1. 此处时间记忆略误。俞琳先生去世时间为 1989 年 3 月。上述几件事的顺序似应为：瑜琳先生 1986 年 8 月任中国戏曲学院院长后，邀请宁宗一先生前去任教，因南开大学未放行，此事搁置 。而此时南开成立东方艺术系，宁宗一先生应邀参与创系工作。而俞琳先生并未放弃调宁先生到京事，并推荐宁先生出任副院长，但在此时突然去世。

35年上帝又为我补偿了一个孩子。1985年作为一个历史节点，结束了一段生命历程，又开启了后来的一段新的生命历程。

我的口述历史可以这个交叉点划成两个阶段。这两个阶段既有联系，又各不相同。我不认为后来都是顺风顺水，但是我的年龄越来越老，经历的也多了，看待问题也显得比较豁达了。虽然也有不愉快的事，但不再有政治运动，而更多地投入教学和学术研究。虽然我的性格还比较浮躁、急躁，不能安下心来，但总体来说，即使经过婚变，还是能比较好地坚持下来。

1985年也是一次生死劫，重生以后，从被冷落，到复苏，又有很多人给予我支持，让我能够走到今天，把孩子培养大。自己和精神同道的学术交流也比从前丰富多彩了。其实我内心里有很多悲怆的东西，但我也接受了那么多的爱和关怀。在政治运动的年代，人们之间的关系是紧张的，而后面这几十年，总体上是宽松的。

这个交叉转变跟整个社会背景有关系，也与我自己的认识提升有关系。不管是改革开放也好，还是我个人的经历也好，1985年以后都是我重新认识生活、重新享受生活、重新改造自我的过程。我显得比从前略微成熟了一点，而且能经得起一些打击了。

我有几个疑问，这是天意么？是命运么？是性格决定命运，还是人生就是这么多变？张学正对我说："你不是样板、不是模范，但你是一个样本。"这也回到了刘泽华先生说的："通过你的坎坷，折射社会，折射时代。"这是我做口述史的意义。

今年（2019年）正好是我父亲诞辰120周年，逝世40周年，我大儿子如果在世也该60岁了。我几次坐浴的时候，拿着平板电脑，翻看以前的照片，都是泪流满面。我说不出什么原因，就是内心很酸。

附录

晋升教授的波折

刘泽华《八十自述——走在思考的路上》：1988年，学校学术委员会评议讨论晋升教授问题。东方艺术系有两位候选人，但只能一人晋升，宁宗一是候选人之一。

宁宗一是很有名气的文学史专家，曾有过一段不幸的婚史。离婚后，宁与一位年轻女子谈恋爱，因为年龄相差比较大，承受不住舆论的压力，双双自杀。殉情未成，原本是不幸中之大幸，却成为一个把柄，他的职称晋升也就拖下来了。他原在中文系，这件事发生了，也难以在中文系继续教书。正在为饭碗犯愁时，范曾创建了东方艺术系，东方艺术系也正需要宁宗一这样的人才，便把宁请到东方艺术系。

“文革”中自杀，被视为“自绝于人民”，是一种背叛行为；如是党员，还要开除党籍。当时虽已不再是“文革”时代，但自杀仍被视为一种不能容许的行为，总感觉有点背叛的意味。宁宗一自杀未遂后，据他说，中文系没有人来过，只有历史系的冯尔康和刘泽华来看过他。我是去看过他，但不是去安慰和谅解，而是痛骂了他一通，我说他是个胆小鬼，找个年轻媳妇有什么不可，那么多伟人不是有先例吗？不像个男子汉！

当时，我是校学术委员会成员。晋升教授事前，我并不了解宁宗一是竞争者之一，到了职称晋升会上才知晓。开始我也没有想谈什么，自由投票就是了。没有想到，书记和校长前后相继发言，虽没点名，但差不多都能明白所指何人。大意是，晋升教授要注意政治和道德表现，有的人自杀，在群众中产生很不好的影响，投票应该注意云云。我一听，这是冲着宁宗一来的。我即席发言，与书记、校长有很长一段对话和争论。当时怎么说的，已经记不清了，但大致有如下几点：

其一，关于隐私权问题。我说，自杀是一种隐私权，只要确定是自杀，就无可厚非。我们要尊重隐私权，其中包括自杀。要改变把自杀视为“自绝于人民”的观念。历史上有很多著名的人物是自杀的，对他们除了惋惜，没有什么可谴责的。为什么对一般人就不能宽容呢？

其二，与年轻的女子恋爱、结婚，只要是合乎《婚姻法》规定，双方自愿，没有道德问题。历史上有那么多男士娶年轻女士为妻，均视为正常，甚至讴歌，为什么宁宗一就不可以，就是伤风化？人们随便议论，固无不可，但不能以俗见为准，更不能视为道德问题。

其三，对教师的要求，是否应是“道德模范”？我认为，这种要求是不恰当的。教师不能超越道德底线，能成为模范固然很好，但不是必备条件。如果要求教师都是道德模范，那么模范标准是什么？这刀切在哪里，谁能说清楚？宁宗一可能不是道德楷模，但也没有超越底线，娶个年轻媳妇算什么问题？

我与书记、校长对话、互诘近半个小时，其他人作壁上观，但也都有自己的判断。最后投票，多数人支持宁宗一晋升教授。一场争论就这样结束了。

邢公畹先生的信任

《邢公畹先生带我成长》：大约是1981年底，邢先生接替朱维之先生的系主任职务。一件不可思议的事，又在我和邢先生身上发生了。我记得分明，冬天，一场大雪纷纷扬扬下个不停，中午讲完课准备回家吃饭，可是，刚刚进家门，我的前妻就颇为激动地对我说："邢先生刚走一会儿，他让你当他的副主任！"我真的震惊了，这么大雪，邢先生竟然到我家谈任命我的事！我放下书包拔腿直奔邢府。邢先生一家正在吃午饭，我连吁带喘地说："邢先生，这么大雪，您怎么还要亲自跑到我家来呢？"邢先生只是淡淡地说："要确定班子了，好往上报，我想了很久，还是你合适！"我不敢坐下，并请邢先生和师母听我说几句，不要耽误全家吃饭。我当时大约是说了我热情有余，办法甚少，过分直率，说话生硬，容易得罪人；"文革"留下来的"大肚子"很难泄下去，这是得罪人的事（指太多老师面临晋升问题）。我还强调："您千万别让我干这个工作，也许正是您担任系主任，我更不能坏了您的大事。"我还建议邢师继续让郝志达任副主任，他有经验，也比我"稳"。邢先生一语未发，倒是师母陈老师发话了："小宁（陈老师一直叫我小宁），老邢当系主任，你不帮他干活成吗？我可以证明，他可是斟酌再三才对你说的。他知道你的毛病，只是他信任你！"邢师、师母都没吃好这顿饭，最后还是邢先生说了一句："给你两天考虑的时间，我希望你能想通。"最后的结果是，我在第二天就到邢府说明我真不是担任这项工作的材料，但我保证，先生吩咐的任何事我都会认真去做。邢先生终于接受了我的"申诉"理由。志达继续做副主任，邢先生还是安排我做了系学术委员会的常务副主任。

自杀后冯尔康、刘泽华来探望的回忆

《始终走在思考的路上——深深地想念刘泽华教授》：就在我感到“众叛亲离”承受巨大心理压力时，尔康和泽华却先后来我家探望我的病情。我至今记得分明，尔康说话缓和，认为我发生的事纯属个人家庭私事，既不存在什么道德问题，也无须羞于见人，因为没有对不起人，应当“堂堂正正”走出去，养好身体，继续教我的书，搞我的科研。可是泽华来时与尔康的态度迥然不同，他不是来安慰我，劝说我的，而是“痛骂”了我一大通。他一张口就说我是“胆小鬼”，说什么“娶一个年轻的妻子有罪吗？现在连门都不愿出去，不愿见人，这是你宁宗一的性格吗？”“你现在的状态正中了不怀好意的人的下怀，谣言四起，使不明真相的人相信了谣言，这才是对你最不利的。”“你一定想明白，与年龄比你小的人谈婚论嫁这算是什么错？你的大错特错是糊里糊涂地吃了二百片安眠药，结果还搞得没人生经验的小韩也吃了那么多的药！”泽华一番“痛骂”真的把我“骂”醒了。后来我在北村，在大中路上随意散步，还听到很多关于我的让人啼笑皆非的“八卦”和莫名其妙的“段子”。听了这些流言我反而镇静了。当时就想，听了尔康的劝，挨了泽华的“骂”，我现在才知道要面对现实，听到不同的声音只会让我清醒地认识自己的幼稚和不顾后果的荒唐举动是何等严重。当然，一场生命史上的磨难，又让我对人生况味有了一番咀嚼后的感悟。

与陆林、田桂民编著《元杂剧研究概述》

《以生命追求学术的学者陆林》：大约 1984 年上半年，在天津古籍出版社工作的我的师弟许幼珊先生找我，谈及他们和天津教育出版社正在共同策划一套学术性的丛书。在征求吴小如先生的意见以后，打出了“学术指南”的旗号，准备约请人文学科的专家撰写“指南”性的专著。当时我一听“指南”二字，立即辞谢，并声言：“谁敢担当指南呀！”当然，许兄反复游说，希望我先就较熟悉的元杂剧编写一部研究概述性质的“指南”作为“试点”。儿经商量，我还是答应试试看。因为我当时想到了陆林和田桂民二位硕士生，不妨借此机会让他们练练编著的能力。

一天，我们三个人碰了一次头，记得我谈了一些初步想法，并希望在我授课的基础上，把资料再搜集得更完整更充实一些，建议他们尽可能向“指南”的题旨靠近。可是没想到，数日后陆林就给我送来他设计的《元杂剧研究概述》一书相当完善的细目。这个细目就是今天读者可以看到的“四编一导言”。细目思路清晰，构想全面，是很好的建构。我深感满意，只做了一些微调和补充，这就成为我们写作该书整体的框架基础。后来出版社一位负责人对我说，你们的《元杂剧研究概述》(宁宗一、陆林、田桂民编著，天津教育出版社1987年版)的写作框架及细目已印成“样本”发给了其他各书的写作者，供其参考。许幼珊先生也曾用两个“非常”肯定了我们的“试点”是很好的“样板”：非常符合指南丛书的体例和题旨；非常值得推荐给其他书的作者参考。许兄的鼓励之词，也佐证了出版社负责人对我们的肯定。当然，陆林在其中起了“核心作用”，是功不可没的。

在受到极大鼓舞的驱动下，经过陆、田二位紧锣密鼓夜以继日的奋战，书稿完成了，我也于1986年5月1日拿出了万字导言。1987年12月，我们的这部36万字的《元杂剧研究概述》即作为整个“指南丛书”的第一部推向了社会，而反馈回来的读者意见是正面的。不久，我们又接受了天津教育出版社和天津古籍出版社窦永丽女士的委托，三个人一鼓作气又完成了31万字的《明代戏剧研究概述》，仍然是在陆林的策划下完成的，我也只是又写了一篇较长的导言，对内文略作了一些调整、修改工作而已。

遗憾的是，这部书没有像《元杂剧研究概述》出版得那么顺利。责编窦永丽女士手里活儿太多，所以这部《明代戏剧研究概述》就被拖了下来，直到陆林已到南师大工作了几年以后的1992年才得以正式出版。不过两部戏剧概述在当时受到了读者的欢迎，发行量也不错，后来都分别印刷了两三次，出版了很大气、很典雅的精装本，这当然又是对我们的一次鼓励。可惜的是，陆林、桂民和我没有像出版《元杂剧研究概述》那样，为了庆贺还小聚了一次！

陆林与田桂民来家值班照料

《以生命追求学术的学者陆林》：1984年，我因个人问题，在激愤之余演出了一场亲者痛仇者快的悲喜剧。在谣言横飞时，陆林、田桂民两位同学不为流言所惑，给了我最大的感情安慰和生活上的照顾，他们顶着来自“组织”的压力，对我真是不离不弃。我因为手术，右臂透析，切断了动脉，右手也失去功能。在治疗过程中，陆林和桂民轮流“值班”住在我家，帮我料理生活杂事，并帮我进行一些辅助治疗。桂民每天用艾条为我熏伤口，陆林从我的“家庭医生”杨大夫那儿学了几手按摩术，每隔一天帮我按摩，减轻颈椎病和右手的病痛。可是千不该万不该，一天我不知受了什么闷气，心情极坏，竟然向正在按摩的陆林说了一句：“你别给我按摩了！”一切都来得太突然，陆林怏怏而去。事后，我知道深深伤害了陆林的心，几次三番向他解释，并且真诚地道歉。陆林对我的宽容竟然达到这种程度：仍然隔一天就来家给我按摩，并安慰我，他能理解我当时的异常情绪。就是这一次我的极缺乏教养的行为，让我背了三十多年的心理包袱。我还要向杨辉道歉，我伤害了她的夫婿。三十年前的道歉，今天的忏悔，都难以弥补自己情绪化造成的过失。

第九章

将教书进行到底*

虽然面临退休，但教书生涯远没有结束

* 2019 年 2 月 24 日采访。

宁：我觉得，如果 20 世纪 80 年代没有出现个人的问题，我真的算得上顺风顺水。即使是政治风波，也没对我产生太大影响。有人说宁宗一参加了什么，其实我没参加，因为我当时正闹痔疮。学生们整天都在我这儿。传言飞扬，说我打了什么“大旗”。但是我经历过那么多政治运动，有经验，没有那个事。当然进入 90 年代以后更是比较平平静静的了，就是教书。我觉得，我的教学无愧于心，无愧于学生，虽然在东方艺术系和我的本专业不完全吻合，但是我开了很多新课，别人不讲的课都由我来讲。另外我们齐心合力建立了美学硕士点。

陈：您是哪一年到的东方艺术系？

宁：1987 年，就是东方艺术系创建的时候。

陈：那咱们下面就讲讲在东方艺术系的故事吧。

宁：好。

东方艺术系初创

宁：就在我想要离开南开的时候，又有一件事改变了我的决定。

我那时还在北村住，早晨出来正好碰上滕维藻校长。[1]他向我招手，我就过去了。他说："小宁，过来。范曾要来了，他的老同学刘泽华、陈振江都建议成立东方艺术系。范曾画画好，但办学没什么经验，你在南开当老师时间长，也有各方面的任职经历，对学校比较熟悉。你如果不走的话，一定要帮着组建东方艺术系。"这段话确实让我感慨不已，可以看出校长对我的信任和了解。

在这个节骨眼上，我已经不可能去中国戏曲学院，又不想继续在中文系，所以就决定到东方艺术系了。我跟范曾也见了面。范先生就和东方艺术系办公室主任姜德成一起写报告，要求调我过去。（那时姜德成还年轻呢，他是历史系毕业的，方脸，大高个儿。他们就在北村范先生家里写报告。）当时到东方艺术系的还有薛宝琨先生，我们都是李端美向范先生推荐的。薛先生本来已经办完工作调动了，要调到北方曲艺学校[2]当副校长，但他也愿意到东方艺术系来。

陈：东方艺术系相当于来了两位差点当"副校长"的老师。

宁：中文系主任郝世峰这时候同意放薛先生，不同意放我。不放我的原因，我能理解。第一我曾经当过郝世峰的老师，第二还算是一个骨干。他不好意思说放我走的话，说不过去。可是，我这边得到滕校长的信任和鼓励，一而再、再而三地坚决要去东方艺术系。结果我比老薛晚了将近半年，1987 年正式到了东方艺术系，算是第二名。那时候系里还没有什么人。

这里有一幕小插曲。有一次范先生、薛先生和我，我们三个人在学校专家楼吃饭。这时候叶嘉莹先生过来，和我们打招呼说："你们三个在这儿吃饭呢！范曾，你怎么这么大能耐，把中文系的两个台柱

1. 滕维藻先生当时刚刚卸任南开大学校长。
2. 文化部直属的曲艺学校，坐落在天津。

左起：刘泽华、范曾、宁宗一、方克立、冯尔康

子拉过来了！”范曾说：“我的能力就是强！”调侃了几句，挺有意思的。

这时我充满信心，也想有所作为，我觉得离开中文系后心里轻松一些了。范先生对我也很信任，他把他的宏伟计划跟我和老薛谈了。他想搞民族音乐、民族舞蹈、民族戏曲曲艺、国画。有一次，我上范先生家里，他和我谈，民族音乐想让蒋大为来负责，民族舞蹈想找陈爱莲，戏曲曲艺是我跟老薛，国画他自己来。根据他的计划，我写了可行性报告。当时我的积极性非常高，写报告时还专门跟山西师范大学戏曲文物研究所的黄竹三先生联系（我是研究所的兼职教授）。他说：“宁先生，我全力支持，把我们戏曲文物研究所的东西都复制给你们！”报告我写得非常详细，计划的经费是 20 万。范先生看了说没问题。那时候就是紧锣密鼓地办这些事情。但是专业不是那么容易批下来的，当时还停留在教研部。

陈： 这是东方艺术系的初创阶段？

宁： 那时候教委批本科专业很慢。范先生的意思是先成立东方艺术研究所。他跟我说："宁兄，你当所长。"我说："我不会当所长，你当所长，我跟老薛当副所长。"当时谋划得很具体，计划请郑岱当理论室主任，曲健雄当创作室主任。可是由于1990年范曾一走，这些谋划都成了空谈。

范先生走了以后，是郑庆衡先生接他的班，任东方艺术系主任。郑先生是党员，从天津美院来的。到1990年10月，中国画本科专业终于批下来了。

陈： 之前一直没有招生、开课？

宁： 没有开课，也没有学生，一直是空谈。那时只是有几个年轻的老师，郑岱、赵均、李军，还有郑庆衡先生和他的夫人杨老师，就这么几个人，杜滋龄、韩长力及夫人王老师都还没来。办公人员有办公室主任姜德成，小曹是从数学所调过来的，还有小宋。我那时候被任命为东方艺术系学术领导小组组长，可能因为岁数大吧。

1990年中国画专业批下来的时候，我有两次发言。一次是在东艺楼的练功房开会，我作为老先生代表有一个发言，这次发言还可以。我印象是说，黑格尔说"中国是特别东方的"，而中国的所谓"东方"文化的，最重要的组成部分是书画。在一个综合性大学成立国画专业是一件大事，和专业的美术学院相比，有自己的优势，因为整个的文化气氛和吸纳的营养更好。我觉得我那次发言还是比较有说服力的，说清了什么是东方，什么是东方艺术，以及在南开这样的综合大学办艺术系的意义，起了一点鼓劲的作用。

可是另一次发言就出问题了。当时范先生走了，郑先生接手工

南开大学东方艺术系大楼

作。我说了一句话，绝对是从大局出发，我说："现在专业批下来了，希望咱们在郑先生的领导下，一起齐心努力、一心一意把东方艺术系办好。"我说的既是冠冕堂皇的话，又是出自于公心。我说："我不相信范先生能在外面一直待下去，他准会回来。他回来的话，看到咱们这个系办得很好，他一定很高兴。这个系毕竟是他创的。"我这次发言说了两个内容，就是齐心合力帮着郑先生把东方艺术系办好，有朝一日范先生回来他会很高兴。这个话绝对没有问题，但是没想到有人诬蔑我说："范先生刚走不久，宁宗一就抱上郑先生的大腿了。"可是我真是完全出于公心说的这个话。那些话对我的刺激真的很大，当时好多人都为我辩解，比如赵均就说："宁先生不是这种人。"后来，我还是把怒气压下去了，我想自己行得正、做得端就好。

很快又发生了两件事。范曾走后，国家教委副主任滕腾曾到学校来蹲点三个月，处理相关的事情。之后大概是1990年底，即范先生走后三个月，学校在办公楼给我们东方艺术系教工开了一次会，校长母国光、书记温希凡出席，副校长翁心光主持。

陈：就是东方艺术系的范围?

宁：对，在办公楼二楼的会议室。温希凡书记先发言。他头两句话特别有意思，说："老范不够哥们儿，走的时候也不打个招呼，到巴黎又搞什么记者招待会。"温书记的口气是那种半开玩笑半讽刺似的，说了不到五分钟，但我记得特别清楚。然后是母国光校长来宣布教委的决定。就是滕腾副主任在这儿三个多月研究的处理决定，都是官词，第一取消范曾系主任的职务，第二解聘教授，第三建议民盟取消他的委员资格。

我记得很清楚，十点半开会，书记、校长讲得很简单，讲完刚十一点钟左右。主持会议的翁心光做了按语，然后问："大家有什么意见？"后来我才知道，此前党内已经统一思想了，但是我作为非党员并不知道。当时，我就自然地条件反射，站起来说："我有一些意见！"我是站着说的，说了三点：

第一，范曾是一个艺术家，他不是政治家，艺术家的个性有一个问题，比较容易冲动，缺乏理性。

第二，范曾是一个民主人士，统战对象，不是共产党员，不能按共产党员的标准要求他。

第三，毛主席教导我们对很多问题要冷处理，我们还要给他一个机会，晓之以理，动之以情，还是可以让范曾回来的。

我谈了整整半小时，讲完了以后，紧跟着安旭发言。他是从美院调过来的，画家，是民盟的天津负责人之一。他说："我建议保留他民盟委员的资格，给他一个机会。”

我们俩发言后，翁心光说话了。他说：“今天主要是通报，也听听大家的意见，但是不要感情用事……”他的话是针对我说的，我就笑呵呵地听着。其实我也知道，这个决定是经过几个月慎重考虑的，再说什么也没有用了，只是那时忍不住要发言。翁心光最后说：“还有什么意见没有？”大家没有其他意见，于是散会。

我站起来时，温书记转过来到我这儿，他离我的耳朵很近，说了一句话：“你说的有道理。”我就笑呵呵地点头。他还说：“你住在哪儿？我去看望你。”我说：“书记您住在东村，我有机会上您那儿看您去。”我们俩的对话很简单，后来他没看过我，我也没看过他，但是他说了这句话。温书记好像过去被打成过右派。

陈： 好像是，他那时在吉林大学，受过迫害。他去世时，学校新闻中心发过他的生平。

宁： 我当时不知道，后来听说是这样。他跟我说“你说的有道理”。其他人也没有在现场批驳我，就是翁心光说不要感情用事。这件事也就过去了。

另一件事是有关范曾回国的。1992 年，历史系的刘泽华、冯尔康和我，我们三个人认为，范曾透露出回国的意愿了，这时候他从巴黎给我们寄来画册。我们三个人就商量，给范曾写一封信，他的回信如果表明愿意回国，我们就找关系将信递到国家领导人那里，给他一个回国的机会。这封信是由我执笔的，刘泽华和冯尔康做了一点修改，现在收在我正式出版的《心灵文本》中，就是希望范曾能够在反思的基础上回国，回到南开大学效力。刘泽华在他的《八十自述》里也有相关的回忆，这都是可以相互印证的。[1] 但是后来，范曾给我们

1. 刘泽华《八十自述》中的相关回忆，参见本章附录。

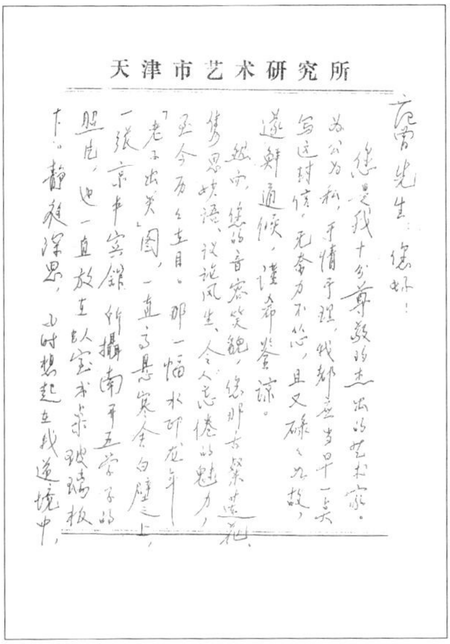

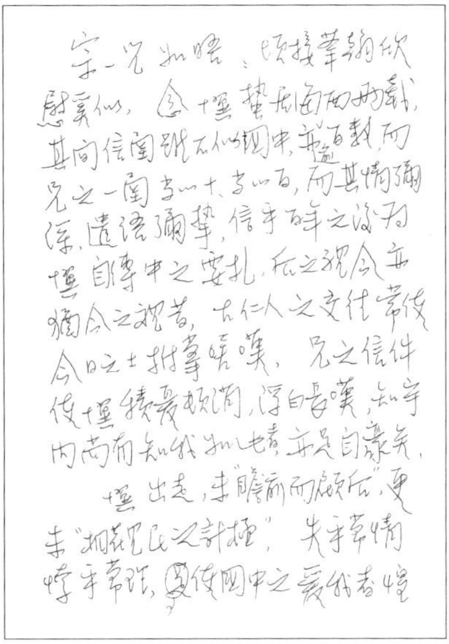

宁宗一的去信和范曾的回信（部分）

回的信中说道，他要跟刘再复、李泽厚一块儿回来“共襄盛事”。我们觉得，这话写得不好，没法把这封信递上去。[1] 后来范曾回来跟我们那封信没有关系，但是他曾说你们的信是一篇“华章”，他写传记时要收进去。

范曾回国也是一段故事。我们一些人去机场接他，是办公室主任姜德成组织的。老教师里面有我、冯尔康、薛宝琨，年轻教师里面有赵均、李军。我们坐的是一辆中巴。我们前面是东方艺术系副系主任王雁飞坐的小车，他开始让我坐他的小车，我没坐。我们后头还有一个小黄面包车，准备给范曾拉行李。我们租的是国际旅行社的车，六点钟出发，还没到大羊坊的时候[2]，就发现有一辆藏蓝色的奥迪一直跟

1. 宁宗一致范曾信全文见本章附录。

2. 京津塘高速上进京的收费站。

着我们的车。我开玩笑说："我们被人跟踪了。"结果到了大羊坊，突然这个奥迪就开到我们中巴的前面拦住了。一个便衣、一个警官上了我们的中巴。那个便衣，我给他起外号叫"啤酒肚子"，他说："我们执行任务，你们干吗去？"我们这边一切都由姜德成来回答，他说："我们到北京机场去接人。""你们接谁？""接范曾。"问答都很简单。"啤酒肚子"说："好，你们一会儿等半小时，现在停下来，不要动。"说完，便衣和警察就走了。不到半个小时，这个"啤酒肚子"带来两个小伙子，这两个便衣我现在印象还很深，身穿白衬衣，腰带BB机，脚穿松紧口的鞋。他们也不理我们，"啤酒肚子"说了一句："直接到贵宾厅！"

陈： 机场的贵宾室？

宁： 对。我们的车直接开到了机场的贵宾室，都给我们预备好了，是非常大的一个厅。等了一会儿，范曾气宇轩昂地进来了，大家上前都跟他热烈握手。范先生坐了没多久，说："我得下去，有报社的人要采访我，还有朋友要接我。"这就是范先生的风格。那个"啤酒肚子"跟我说："老先生，你跟他说说，可以回去了。"（我当时已经白头发了）我赶紧说："范先生，咱们回去吧，人家希望咱们回去。"可是范先生来劲了，说："不不不。"不想马上走。后来不记得怎么，我们还是把范曾说服了，就一块儿回到南开大学了，直接奔北村四号楼。

回来以后，范先生每天早晨给我打电话，叫我陪他吃早点。我本来爱睡懒觉，但是他每天七点钟就叫我，我们俩当时在马蹄湖见面。

陈： 打电话叫您？

宁： 对，吃早点。那时候他的新夫人楠莉没有回来，就是他一个人。我们每天在马蹄湖那儿一块儿散散步。

承接新课

陈：您说过，在东方艺术系时讲了很多新课？

宁：我在东方艺术系就是“打杂儿”的，不懂画儿，不懂得书法，篆刻也不懂。

陈：综合性大学开办艺术系，不仅是要教学生具体的艺术技巧，综合性大学的优势在于文化熏陶，恰恰就是因为有您这样的老师。

宁：按照范曾对我的希望：“宁兄，能不能帮忙，给学生们打打基础。”他的这个想法我支持。严格地说，我就是给东方艺术系的学生打基础的。当时只要是有什么课没人教的时候，系主任郑先生就会非常和蔼地跟我说：“宁先生，帮帮忙。”那时候我在教学上投入还是比较大的，课讲得太多了，都是我没有讲过的，完全服务于东方艺术系的教学需要。

当时要让学生读些诗，所以我开了“古典诗词”课，是一年级的课，要上一年，连续讲了几届。

陈：您当时怎么讲呢？

宁：一首一首赏析。比如唐诗，宋之问的《渡汉江》。宋之问这个人的人品不好，但是这首诗写得好。“近乡情更怯”，我就分析他的那种矛盾心理：快到家了，家里会发生什么事情？家里人对我被贬是什么看法？进行心理分析。

陈：一节课能分析几首呢？

宁：顶多一首诗，讲得非常细。都是赏析性质的，有些分析得比较深。比如，小学都讲“春眠不觉晓”，我也讲，让学生们听听我是怎么分析的，大学生应该怎么欣赏。

陈：一节课一首的话，一学年也就是三四十首吧？这完全是您新备的课？

宁：嗯，以前没讲过。不过我给一些语文刊物写过诗词赏析的文章。当时有些刊物约我，我原来对约稿大多不拒绝，也接了不少这种活儿，这些文章没有收到过我的集子里面。另外，我的“辅导老师”是阎凤梧，他对诗词真的研究很深。

陈：他不在天津吧？

宁：对，但是他对我讲诗词总要提点意见。他是姚奠中的大弟子，确实不一般。

当时为了提高学生的写作能力，东方艺术系又开设了“文艺写作”课。没有人教，又是把我推到第一线，让我去教。我要讲“文艺写作”，不是模式化的，我让学生写一些随笔，可以写身边的真人真事，可以略有点儿虚构，或者也可以写对专业的感悟，主要是练笔。当时我要求他们要有这种能耐，锻炼在两个小时之内写一篇文章，不管长短。我没有像高考似的限定 800 字等，但是要当堂交。

学生中有两个现在和我关系特别好，一个是周康，一个是杨宇翔。可是当时他们上课都有些问题。在我下课收学生写的文章时，周康说他交不了，写不出来，问我能不能以后交。我说：“可以，但是以后你要注意，尽量不要拖，不一定要写得尽善尽美。写作课是一个锻炼，总是拖没有什么好处。”我给他提出了一些意见。

杨宇翔则是在我讲“古典诗词”的时候，趴在桌上睡着了。我在这方面还是很宽容的，我觉得他这么疲倦必有原因，不要苛求。学生有的时候晚上画画儿、写字、聊天儿等，活动很多。所以我善意地说：“杨宇翔，你醒醒，你要是真困的话，回宿舍去睡会儿。”后来他没有走，还是坚持听下去了。

我跟同学的关系从来都是比较宽松的。我不是不管教学生，教师必须管学生，但是怎么个管法儿？要设身处地去理解学生，因为我也曾经当过学生，所以他们出现了一些问题，我也可以理解。重要的是要发挥他们之所长吧。

后来，彭修银先生太忙，又把“古典美学”课也给了我。所以我又给 1995 级的学生讲过“古典美学”。我为什么能讲“古典美学”呢，因为我对画论比较喜欢，而中国的美学跟中国的画论关系密切，画论是中国美学的先行者。

我临近退休的时候，彭修银、我、薛宝琨和哲学系的童坦先生一块儿，建立了美学硕士点。美学史当时没人讲，他们认为我讲过文学史，结果让我讲“中国美学思想史”。我觉得，这个美学点获批建立，是我们给东方艺术系做的一件比较大的事情。

陈：是和哲学系一起开设的硕士点？

宁：对，童坦当时在哲学系教美学概论。美学毕竟是哲学的一个子学科，所以授予的是哲学硕士学位。学生同时有哲学系的和东方艺术系的。我们合作很愉快，算是培养了一批学生。比如刘悦笛，他是哲学系的学生，现在中国社科院哲学所，学术做得很不错。比如，杨克欣、张旺等好几位都是在这个时候从我们这个点获得的学位。可惜后来东方艺术系合并到文学院，就没有美学点了。

我觉得从“四人帮”被粉碎，1979 年我们成立古典小说戏曲研究室，到了 90 年代后期成立东方艺术系的美学硕士点，这是我整个教学生涯做的比较有意义的事情，而且培养出来一些学生，有几个还真的是很不错的。

青年之家

陈：您的《心灵文本》中有一部分是“众说纷纭”，有很多学生对您的评价，讲和您在一起的故事，还有很多学生在您家里一起玩的照片。我觉得这个时候，您的家可以说是一个“青年之家”！

宁：因为东方艺术系的学生很少，每一届十几个，我跟他们确实接触得比较多。学艺术的同学是很有个性的，而我当时保护了他们。

比如，现在有名的画家彭薇。她确实有天才，画得很好，他们年级的人都很佩服她。但是她是有点小艺术家的那种很自由、很张扬的个性，没大没小。系领导讲话时，她在底下嘘嘘。另外，因为她比较有钱，穿得时髦，有时穿着皮拖就来开会了。系领导要给予她警告处分。我当时是学术领导小组组长，也参与系里的一些活动。我说话比较直，就说："如果我们讲话比较有说服力，底下听的人也不会嘘嘘。可能我们讲的是套话，所以遭到嘘嘘。"后来，系领导又说提出警告，不入档案。我说既然不入档案，何苦呢，可以找她谈话。最后这事就不了了之了。我跟彭薇也说了，应该注意点，不要对老师不尊重。彭薇后来给我写了一封信，这封信还在，里面说道："您家是我们的避风港。"

当时确实有很多同学到我家里来玩。每天都有人上我家来。他们的朋友，还有其他一些认识的青年朋友都常来。

陈：玩什么呢？

宁：也没什么。就是聊天、吃饭。我那时正和丹平（化名）谈恋爱，她和这些学生也都能打成一片。后来，我们结婚，又生了"热闹"。学生们就经常来逗孩子。"热闹"从小就享受了这些师哥师姐的爱护。有一张照片，"热闹"不好好吃饭，躲到桌子底下，黄乐给他喂饭。[1]

当时学生有两句话很典型。一句是："丹姐，我们还没吃饭呢。"于是，丹平就给学生们做饭。另一句是："我们把先生带走了！"就是周六到工会去跳舞。东方艺术系的学生黄乐和她的好朋友、中文系的

---

1. 学生以及其他年轻朋友在宁宗一家的活动，参见本章附录。

顺子对我说："你得锻炼身体，不能总带孩子。"于是她们一到周六就带我到工会跳舞。当时在工会跳舞，学生需要买票，我们教师不用买票，每次跳完舞得出一身汗。

陈：您是哪一年退休的？

宁：我是1996年10月正式退休的，之后返聘了一段时间。我退休比较晚，但是我不是博导。很多人以为我必然是博导呢，可是因为东方艺术系没有博士点，我不可能成为博导，也没有追求这个。返聘的时候，我的课还是很多，没有人教的课都由我来教。

时间很快就进入2000年底，恰好在跨越世纪的时候，我正在给沧州市文联主席、鲁迅文学院何香久先生的《综合学术本〈金瓶梅〉》写序。为什么提这件事呢？我当时把这篇序写完，搁下笔的时候，正好2001年钟声响了，所以我的结尾有一段话："2001年的钟声就要敲响了。我有一种冲动，一种像恩格斯说的那种企望'将头伸到下世纪探望一下'的冲动。就在这神圣的日子立刻就要来临时，我轻轻放下了笔……"我觉得当时还挺富有诗意，因为进入到21世纪了，我正规的教学活动快要结束了。

师哥师姐看着"热闹"长大

与学生和青年朋友合影

日本讲学

陈：实际上，这时您的教学生涯远没有结束。不仅在校内、国内讲，还曾经到日本讲学一年。

宁：那是2003年到2004年，叶嘉莹先生的侄子叶言材推荐我到日本北九州市立大学任课。叶言材是中文系1979级的学生，我教过他，当时在北九州市立大学。他们“外国语系”要聘请一位外国专家，叶言材推荐了我，可能是作为对老师的回报吧。我在日本的这一年应该说既是痛苦的一年，又是很愉快的一年。痛苦的是，在这时候我的家庭发生了问题。[1]愉快的是在日本，我比较安静地读了一些书，我原来很少记笔记，那时候记了两本笔记呢。

陈：是在北九州市立大学外国语系？

宁：对。我教的是硕士班，10个日本人、3个中国人、1个韩国人，他们都会中文。我给他们讲中国的传统文化，戏曲、小说、诗词都讲。

这一年前半年带着“热闹”和他妈妈，所以很稳定。外国语系有一个资料室，环境非常安静，可以看到很多香港、台湾出的杂志、学术著作，学校图书馆的藏书也够我看的了，查起来很方便。作为这么一所市立大学已经很好了。因为他们的市很小。

我觉得，这是我一次充实补充“营养”的机会。这个时候我写了两篇文章，发表在北九州市立大学的校刊上。在日本，有两个方面让我印象很深。一个是社会上的文明礼貌，一个是对学者的尊重。他们对外国专家的尊重让我吃惊！校长接待，在法国餐厅请我们。学校对教师非常信任，给我的经费也很明晰，比如说科研费多少，旅游费多

1. 详见第十一章之“花甲新婚”。

少，电话费多少，参加学术的活动费多少。

陈：也是报销？

宁：就是直接给钱，不用报销。我一到他们负责教务的那里，有一个柜台，工作人员立刻就会小跑过来，问需要什么。我不会说日语，就写下来，比如说纸、笔、墨、砚。他立刻就办，为你服务。如果他那儿没有的话，你可以到他们的小卖部去登记，之后就会送来这些东西。

另外，日本人的文明礼貌，也让我印象很深。我的邻居们有的会一点中文，都能进行一些简单的交流，学生们对我也很好。如果没有家庭之变，在日本的这段生活，真是一个充实、静养和被熏陶的过程。说是被洗脑有点过火，但是我们确实应该在这方面向他们学习。有些事真的是牢记在心。

我们住在一个公寓，离着学校走路十分钟，是一座水泥小楼，上下两层住两家，我住在一楼，楼上住的是大连来的姜老师。我的近邻中有一个曾经参加过关东军，他会说点中文。他非常真诚地跟我说："我那时候参加关东军，还不到18岁呢，因为兵源很少，但是我没有伤害过中国人。"他一再声明这一点。而且每次都跟我说："你需要车吗？"总是问我需要什么，还把他的小自行车给"热闹"骑。每到小节日的时候，他都要送给"热闹"一件小礼物。"热闹"后来先回国了，他每经过我这儿，都要拍着胸说："我想所思，我想所思。"[1]晚上，我自己一个人散步的时候，他一定会跟我打招呼，日语"散步"跟咱们的发音是一样的。他还会问："你要吃水果吗？我自己种的。"

我原来在脑子里都是小时候对日本军国主义和法西斯的印象，可是他们现在表现出对人的尊重、对文化人的尊重以及中日之间的民众

1. 宁所思是"热闹"的大名。

关系，都是不错的。

陈：跟您小时候的感觉不一样了？

宁：完全不一样。我在去日本之前，曾经暗暗发过一个誓，绝不会跟日本人握手，也不会给他们鞠大躬。

陈：您去之前心里对日本人还是很反感的？

宁：我心里就不喜欢日本人，因为我们家里头受到日本侵略之苦。我大舅的两个孩子被日本人迫害，我的妹妹也是因为抗日战争才染上猩红热去世的，我父亲那时候失业……诸多问题，所以那时候对日本没有好感。可是到那儿，我完全入乡随俗了。每次看到邻居们的时候，他们都要和你问好，给你祝福。我感觉他们是一个礼仪之邦，不再是军国主义时期那样了。

陈：这次去，和您小时候对日本的感受完全不一样？

宁：是。连智障的孩子都渗透了那种文明。有一件小事，我经常带着“热闹”到住处后面的山那儿去散步，那边有爬绳子、摇椅等小孩儿的活动设施。山前面有一所智障学校，有一条很宽敞的马路，一般也没有人。一天，“热闹”在那儿骑他的小自行车，我就坐在椅子上看他。结果有一个穿校服的小孩儿，大约也就刚刚十岁吧，他让“热闹”从车上下来，也跟我说了很多的话，我也不太懂。我当时以为他有什么恶意。后来，我就问住在我楼上的姜老师，她是大连外语学院教日语的老师，这时在日本教中文。我说了一下这个过程，姜老师说：“你理解错了，他们这儿严格限制，不到 12 岁不能自己单独骑自行车上街，他要劝告你的孩子。”没想到，这个智障的孩子都能懂这种规矩。

还有一次“热闹”发烧，我给一个跟我很好的女同学本田打电话，她来了以后背着“热闹”到医院看急诊。值班的医生进行了检查、开了药。我请本田帮忙看诊断书。本田说，他给你开的方子很好，不要着急，孩子很快就会退烧的。本田背着“热闹”的时候，她穿的半高跟凉鞋带都绷断了，就拎着鞋，光着脚跑。这都是很令人感动的。当然我对她们也很关心。本田曾经爱过一个内蒙古的小伙子，可是那个小伙子把她抛弃了。本田的住所离我们很近，我几乎隔一两天就去看看她。

陈：这是她跟您说的恋爱史？

宁：对，她跟我说的。我一看她，她就跟我倾诉。她说，她很爱那个中国小伙子，但是他不喜欢她了。我还有她的照片，她给我做了一个年历呢，你看，一个很单纯的孩子（展示年历）。

陈：还真漂亮。

宁：她的妈妈还给我缝了两个布包，其中一个我现在还在用。本田很善良。

陈：字写得也很好。

宁：他们的字都写得很规矩。本田这个孩子很亲切，她跟我说：“宁老师，我太喜欢你了，我愿意做你的‘五太太’。”当着丹平就说了，她说日本人最喜欢老五。后来她想让我帮她再介绍一个中国小伙子。我说，我不喜欢介绍对象，而且我对其他人也不太了解。我还说：“本田，你知道吗，我们中国人谈恋爱讲的是缘分，通过介绍不如自己在生活中发现。”我就把我关于爱情和婚恋的理念灌输给她。她后来有一段时间还跟我有所联系，现在不知道怎么样了。她的妈妈是一个护士，老家在大阪。

还有一个中村，这个女孩家里是中产阶级，很有钱，但是她没有课的时候就去超市打工，负责上货，那个活儿很累的。她礼拜三听我课（我每礼拜只有三节课，你看我大部分时间就是闲着）。中村长得也很漂亮，高高的个子，瘦瘦的。我说：“你们日本人都穿裙子，你怎么不穿？”她很坦白地说：“我小时候也穿裙子，但是后来腿冻坏了，所以我现在穿牛仔裤。”她家在福冈，后来我讲完课，她专门把我和本田接到了福冈，旅游了一番，一块儿吃饭，非常亲切、温暖。我曾经问过她：“中村，你有男朋友吗？”因为我看她总是去打工，没有什么业余活动。她说：“有，在上海音乐学院。”

陈：是位中国人？

宁：嗯，中国人，后来我们也有联系。她毕业后到了浙江。那时候还没有微信，就是打电话，有时也写信。她一开始在浙江工业大学教日语，遇到了问题，她就向我请教，说：“我教的这些学生不喜欢我。”她还说：“我每天都哭。”她认为，学生不喜欢她，因为她是日本人，他们也不愿意学日语。我就跟她说：“可能是因为你比较腼腆，不怎么说话，你应该跟学生多接触，他们熟悉你了，就会跟你打成一片。”她的爱人在上海，后来她也到了上海，之后就没再联系，可能结婚了。所以你看，我跟学生的关系、跟邻居的关系都很好。

在日本与学生合影

陈：学生们认为您很亲切。

宁：我只要有什么事情，她们都极力帮助。有的时候，她们上我家里，跟丹平一块儿包饺子，很能打成一片。北九州十月份就开始凉了，没有暖气，只有空调。学生们就借给我烧油炉取暖。再比如，我的蒸饭煲坏了，她们立刻就来修理。

她们学习太认真了。有一次我被本田将了一军。我送给她们一人一本《倾听民间心灵回声》，是我那时刚出版的小说论集。我当时一直读的是倾（qǐng）听，读第三声了。结果有一天，本田拿着字典说："老师，这个字到底是读什么？"我说："本田，你要相信宁老师，我们北京话就是这么说的，就像你们读东京音一样是标准的。"可是回来我一查《新华字典》，确实没有三声的这个读音！这件事成为我的一个心结，我回到国内第一个电话打到北京，给我的学生——北航附中的特级教师闵桂云，问"倾"这个字的读音。她哈哈大笑，说："您是不是读 qǐng 了？"我说对呀！她说："咱们北京就是这么读，但是字典上是 qīng。"

陈：天津其实也是这样，所以上学的时候都有校准改正的过程。

宁：是吧。虽然我说出大话了，但学生们没有耻笑我，是跟我交流的。她们用电子字典，查后告诉我，我那时候不会这个，也和她们学了很多东西。

我的穿着，还跟她们商量过。我上课时就想像美国老师一样，穿牛仔裤，随随便便多好，坐在桌上就讲了。但是我的学生们说："咱们东方的老师应该穿正装，而且宁老师穿西服很帅呀！"她们还给我照相。

在日本，令我感动的还有"热闹"的小学，给我印象太深太深了！"热闹"是在北九州市立小学，一开始他们不接受外国孩子，说你们要到国际学校去读书。我们说国际学校太远，还是去了北九州市

在日本讲学期间

立小学，他成了这里唯一的外国孩子。

陈： 当时“热闹”是几年级？

宁： 一年级，刚开始上学。这个学校的校长瘦瘦的，很高，态度非常好。每天我送“热闹”到学校，就送到马路对面。在那里，小孩过马路的时候是自己摁红绿灯，只要一摁，路上的车辆就立刻停止了。所以我每次就送他到那儿，看着他过马路。我看到校长很早就在学校门口，拿着一个塑料袋和一个夹子夹垃圾，然后就迎接每位老师和学生。“热闹”有一个特殊待遇，他去的时候，校长一定要抱他，他是唯一的一个。

“热闹”在小学的故事太多了。“热闹”在中国形成一个习惯，总爱从后面拍别的孩子。但是日本孩子警惕性高，认为是袭击，所以

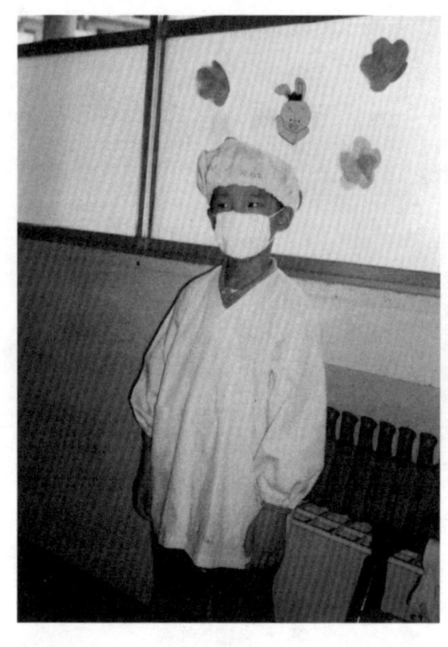

日本小学生轮流在餐厅值日端饭，这是“热闹”值日时的留影

“热闹”两次被打。

陈：文化不同造成的误解。

宁：对，有一次在厕所被打，这就是日本人的特性出来了，打得挺凶。我于是就向老师告状了。当时我们每天有一个工作必须得做，“热闹”要带回来老师当天对他的评语，我们写反馈，第二天交回去。每天都得这样。老师写日语，我们写中文。我就给老师写了这个情况。他们班主任一方面批评了这些学生，同时也告诉我，日本的孩子都有很高的警惕性，他认为有人从后面拍他是袭击。

陈：都有翻译跟您说吧？

宁：是写下来的，写得很长，我让姜老师帮我看的。我就告诉“热闹”得注意，后来也没再发生被打的事。因为“热闹”不懂日语，学校专门给他配了一个辅导老师，每星期二给他上日语课。这位老师是20多岁的小姑娘，在中国学过语言。她把一些常用的日语画成图片，装在一个塑料盒里。这些卡片是我们永久的纪念。“热闹”生病的时候，这位小老师专门开车给他送来作业。

陈：学校一开始不接收国际生，但是接收下来以后，就派了专人给上课?

宁：对。“热闹”学了半年以后就跟他妈回国了。我们到小学去辞行，校长把挂历拿下来，说：“这是我送给你的礼物。”我说：“孩子要走了，这次在这儿学习要感谢你们。”我还祝福了中日两国友谊长存。校长说：“日本和中国是朋友，我们都是很好的朋友。”

2003 年到 2004 年的日本之行真的有一些值得回忆的事，应该写一写在日本教学一年的回忆录。我因为懒，一直没有写过，曾经想写几段，可是到现在也没有写。总体来说，这一年我对日本的印象非常好，改变了我原来的陈旧观念。

陈：日本讲学可以说是您教学生涯的一段特殊经历，也让您的教书人心史更加丰富多彩，不仅有在南开教学的经历，在国内讲学的经历，还有在海外教学的经历和思考。不过，这并不是您教学生涯的结束，据我所知，您之后十几年来还在从事教学活动。

宁：教书、面对年轻学子是我生命的一部分，所以只要有人推荐我从事教学工作，我从不推却！比如，天津大学建筑学院需要给博士生开中国美学思想史，我受邀去讲，被聘为天大建筑学系兼职教授。我每年讲一个学期，连续讲了十几次，结交了不少博士生。有些学生至今还和我有密切的交往！南开大学成立滨海学院，是一个独立学院，去那里授课是和老同事一起为学校尽一份力，分担培养孩子们的责任。我每次去都像是“快乐星期三”。知识传授的过程，给我带来了从不间断地与年轻学子的感情交融！我也常到天津图书馆、松间书院等处去做讲座，每次讲座都会有美好的交流，结交了众多书友！我认为，我晚年的“放松式”教书生活，成了我生命活力的激素！

附录

致范曾的信

范曾先生：

您好！

您是我十分尊敬的杰出的艺术家。为公为私，于情于理，我都应当早一点写这封信。无奈力不从心，且又碌碌如故，遂鲜通候，谨希鉴谅。然而，您的音容笑貌，您那舌粲莲花、隽思妙语、议论风生、令人忘倦的魅力，至今历历在目。那一幅水印龙年“老子出关”图，一直高悬寒舍白壁之上，一张京丰宾馆所摄南开五学子的照片，也一直放在卧室书桌玻璃板下。静夜深思，不时想起在我逆境中多承您之照拂，赖您挈引，始终感在五内，萦绕脑海，知遇之感，从未敢忘怀。

您和我都是热爱祖国的知识分子，而且从不怀疑社会主义的高尚理想。十一届三中全会后，人民和政府合力开启了对外开放、对内改革的闸门，而十三大的风云际会，十亿人民更翘首长天，祝愿中华民族这条五千年的东方巨龙乘时崛起。而今十四大又圆满成功，获得了上下的共识；邓公南巡又激励了百姓们的豪情。回想过去，自我呱呱坠地，直至白发三千，几乎没有摆脱过动乱艰难之世，而今，我想左雾弥天之景，定当一去不复返了，所谓“历史不可逆转”也。我们终于看到了地平线上冒出第一道缓和的曙光，春回在望，真不禁有喜心翻倒的感觉。您当记得南朝陆凯诗曰：“折花逢驿使，寄与陇头人。江南无所有，聊赠一枝春。”在众生多福之际，我想到的首先就是您。如您能尽快返回祖国，再为中国画的教育事业作出奉献，这“聊赠一枝春”也就有了着落。

您走后，东艺系中一些有志之士和同仁们不辞辛苦，使国家教委、校领导和您的宏伟构想得以部分实现。现已招收本科生两届，共十九人，我又带了两名戏曲艺术研究生，全系教职工已近三十名，教学秩序初步纳入正轨。然而，东艺系至今缺乏如您之能植根华夏、冶中外古今于一炉、通雅淹博之士，领衔办系。根据个人之私见，您之声望特别引人瞩目，学士通人对您也倾心折服，一般观众、读者面对您之大作更如醉如痴。如您能回归大陆，执教于您开创而又付出偌大心血之东艺系，将是南开之幸事，东艺系之幸事。近观天津各主要建筑上，您题写之各类文字皆又赫赫然属上您的大名，我想这难道不是好兆头吗？至于您过去提出之心灵自由与创作自由之说，我想借此机会略陈敝见如次：

关于绝对自由的说法未免有些天真，创作自由的路障，不仅有外加的，也有内在的。凭着您对祖国的一片赤诚，凭着您的良知，凭着您体察宇宙的能力以及不可代替的才华，进行独立自主的艺术工作，现在在祖国大地上是可以实现的。没有人能够摆脱时代和政治的影响，艺术家也不例外。您则完全可以凭着热烈的是非观和爱憎心，敏锐的精神触角，探索人的内心世界，描绘人世的欢乐和痛苦、爱和憎、美和丑、希望和理想。我还深信，以您的灵心慧眼、明辨深思，定能既热爱人生而又超然物外，既洞达世情而又不染一尘。桂冠荣名，一概处之泰然，“淡泊”二字您会把握得很好的。

小言詹詹，适性随心，作友好促膝清谈之姿。岁月不居，温馨与辛酸滋味一时交集。这种感受，生平也很难得。走笔至此，忽发遐想，但愿您：回首前尘，破颜一笑，抓紧时光，早春返乡。

九三元旦在迩，即颂百吉！

宗一谨上

刘泽华回忆的范曾回国故事

刘泽华《八十自述——走在思考的路上》： F因某种事有一段曲折，归国时，教育部门高层下达了诸多禁条。从行政上说，学校自然要贯彻，所在系科更不敢例外。我与魏宏运、冯尔康、宁宗一，还有老校长滕维藻，对禁条都不以为然。我们的看法很简单，既然同意F回国，是公民，就应该欢迎F归来。所以，我们举办了一系列民间欢迎活动。宁宗一、冯尔康和我等事前得到信息，三人议定，同往机场迎接。正赶上我要参加《中华文化通志》编委会会议，无法前往。宁宗一、冯尔康等南开诸人去北京机场迎接，早晨在校门口乘车出发，就有某部门的专车跟在后面，行车到大羊坊（是进入北京市的京津快速线的入口处）遇阻，不让前行，停留了一段时间，上来带对讲机（BB机）的武装人员，然而，车子得以前行，并且直接开进机场贵宾接待厅。F直接进入贵宾厅。冯尔康对他说，你回国有七个小时的时差，需要好好休息，对不熟识的人避免接触为好，因为上面有规定：F不得接见记者，不好对F明说，以此让F注意自己的言行。

学生以及其他年轻朋友在宁宗一家中的活动

刘金双《没大没小》： 先生的家是学生的第二课堂，随时向学生敞开。十几平方米的书房里容纳了数不尽的书和读书人，里面充满着无尽的话题与争论。到了这里，学生们就像到了自己的家，饿了打开冰箱，累了躺到床上，冷了走近衣柜，更幸运的人还可以享用到先生祖传的“宁氏三烹”和拿手的红烧肉。学生的身影川流不息，一批离校，一批继起，先生的家也因此成了“人才集散地”，成为南开校园独特的一角。

……

先生好客，“有朋自远方来”是家中常见的景象；先生健谈，话语随随便便，岁月远远近近，情感点点滴滴，总是于闲谈中传道授业、妙语解颐，即便你不善言谈，沉默寡言，和他谈天也永远不会陷入僵局；即便你才疏学浅，他也绝不会令你陷入尴尬；即便你胸无点墨，只会唠家常，他也准会给你提供一个自信的话题，先生尚雅而不避俗。先生家的门槛很低，似有被踏平的危险。

……

打“梭哈”是我们最热衷的娱乐项目。这种风靡拉斯维加斯的赌博游戏，在我们玩弄起来，已尽失赌的本意。一副扑克牌、一罐硬币、几把桌椅、几个伪赌徒搭建起一幅老狐狸智斗小狐狸的场景。牌桌上可以看到先生平日里少有的放纵和夸张。时而孩子般的调皮，时而赌徒般的诡诈；时而眉飞色舞，时而捶胸顿足。他的制胜法宝无外乎两个：一个是韬晦术，一个是较劲术。所谓韬晦就是在牌烂到毫无胜算的时候采取“不跟进”策略，退而守之，名曰“韬晦”，实为“无奈”；而较劲则是在决胜的最后关头和众人争夺一张牌的较量中，不惜重金甚至倾巢换得“神牌”归，对此张牌的衷情度无人能及，此举虽可用豁然率性作解，但却有争强好胜的成分。牌桌上的先生不是最风光的，但却是风头最劲的一个。先生的“童心”和我们在一起。

贺兵《宁一不二》：他的家是我们这些小朋友相聚的地方。我回北京工作后，每次去这座城市看朋友，都是在宁府安营扎寨。不仅自己住进去，还必呼朋引伴。宁先生极为随和，不是请我们下馆子，就是到自由市场买一堆东西回家，让我们这些孙悟空自由折腾。但有一样是我们不能插手的，那就是熬粥。按他的养生标准，饭可不吃，粥不可不喝。他的粥极为讲究，火候、配料，名堂多得很。宁先生的粥是他的一绝，也有“宁氏三烹”，把最难做的野菜，做成不同凡响的佳肴。

除了吃饭，我们常在他的府邸拍照。那二室一厅的房子，任我们折腾得底朝天以选取一个最佳镜头。他也常常为我们出谋献策，如某个高难动作，他可以示范，他衣橱里的服装可以任我们挑选搭配。在他家，更多的时候是聊天，话题总离不开他的恋爱史。他的第一任萦绕于心的情人，他的二度离合而最终分手的前妻，以及他俩曾双双自杀，后被救活，比他年轻 30 岁的已分居的妻子。在他身上，我才体会到“艺术之模仿人生远胜于人生之模仿艺术”。我明白了他性格的成因正是基于这些磨难，有修炼而至涅槃，全然抛弃了中国成人的陈腐与道貌岸然，而活脱脱一个性情中人。

宁先生要起赖来也前无古人，后无来者。宁先生是不能喝酒的，几杯下肚就会人面桃花，然而在饭桌上就由不得他了。有一次，我敬他一杯，他信誓旦旦，只要我杯子见底，他也会义无反顾。但当我把杯子倒扣在桌上，他却拒不喝自己杯中的酒。在场的人哗然，我更是怒火中烧，没想到宁先生也是这等鸟人。然而宁先生是“大丈夫说话不算数，就说话不算数”，奈他如何?

后来，我离开了中国，又遇到了其他各色人等，但像宁先生这样可爱又“可恶”的人，却还只他一个。

第十章

学术心路*

学术研究由教学引出，反思是学人的天职

* 2019年3月17日、3月24日采访，2020年8月26日、9月28日、9月30日补充。

陈：讲过了教学生涯的大体脉络，今天谈谈您的学术思想吧。

宁：应该说我谈不上有什么学术思想，这不是谦虚。我不是从一开始就能够搞科研的，不会啊，不懂得怎么搞科研！是因为我接过了许政扬先生的课，得积极地去备课，得读经典作品，才能给学生解读。这方面，许先生给我定过书单，我主要是按照书单去看，从《诗经》《楚辞》《昭明文选》《乐府诗集》到《元曲选》、宋元话本等。另外我觉得必须得借助于理论，帮助学生提升对作品的理解。

陈：我觉得从您治学的特色来看，好像更重视理论思考？

宁：我一直看重经典文本，可是也越来越感觉到，应该给予理论更多的重视。我觉得我没有选择错，每个人都有所长、所短，别人可能不见得喜欢理论，但对理论的追求是适合我的，也是我的优势。我们古典文学教书有三种类型，一种是用审美的理论去分析，一种是汇总材料，一种是带有欣赏、品味的意思。我比较强调文学审美，总希望“拔”到一种理论的高度，用理论来观照作品。

陈：理论确实很重要，可以把知识的碎片串联起来，而且能看到文本背后深层次的问题。

宁：对。

陈：我作为一个文学研究的外行，好像感觉咱们的老师中像您这样关注文学理论的很少。

宁：我的学生几乎没有和我路子一样的。学界有很多学生吹捧导师的成果，这是“双向受益”的，既给老师抬高了，他自己也受惠。可是我的学生写我的很少，因为我们的路子不一样。

陈：您在理论这方面好像上无师承、下无传承？您的老师中这样关注理论的也不多吧？

宁：许政扬先生是比较全面的。

陈：您和许先生的研究路数好像也不太一样？

宁：但是他真的读马恩，学俄文，那时候文艺理论方面的著作，俄文本是最好的。“别车杜”也是看原文。

文艺理论的影响

陈：您最早对理论感兴趣是受哪些书的影响？

宁：20 世纪 50 年代前期主要是读《马恩列斯论文艺》，当时是作为经典读。今天还有人在微信上跟我谈怎么看马克思、恩格斯，我一直认为他们两位是哲学家，在很多方面真的超越了费尔巴哈、谢林、黑格尔。但是他们一直很谦虚，认为黑格尔是他们的老师。另外，他们对自己的哲学思想一直在反思，把自己的思想看作是一个过程。我认为，应该看一看恩格斯的《在马克思墓前的讲话》，不再像早年那么强调阶级斗争。我读书时最早的印象就是，马克思、恩格斯是在不断反思的。我后来也持这种观点，要经常反思。我不赞成把马克思主义实用化、教条化，把他一些早期的篇章孤立地拿出来说教。

当时读的文学理论还有毛泽东的《在延安文艺座谈会上的讲话》。还有另类的，比如胡风的、阿垅的理论，那个时候他们不在正统里面，可是我看了很多他们的代表作。那时正统的还是俄罗斯、苏联的文艺理论。

俄罗斯文艺理论对我影响最大的是“别车杜”——别林斯基、车尔尼雪夫斯基和杜勃罗留波夫，这是最重要的经典，也是我的导师许政扬最欣赏的。我那时经常跟许先生讨论别林斯基对果戈里的深入分析。从文本、从作家的经历来研究，别林斯基是再深刻不过了。车尔尼雪夫斯基则完全是从美学的角度来讲。我看的比较多的是他的《生活与美学》。当时看杜勃罗留波夫著作的人比较少，而我看了他的两卷选集，特别是第一卷，真的是精读，读得很细。比如，他专门论大奥斯特罗夫斯基的《黑暗的王国》和《黑暗王国的一线光明》，都是围绕着一个作家、一个文本进行深入分析。“别车杜”给我打下了一个最基本的认知，就是回归文本，以文本为主，以作家的生平道路、思想为主，进而上升到理论高度进行分析，这也是我最喜欢的。“别车杜”都是真正的革命民主主义思想家。

我觉得直到今天，我们也不能轻视俄罗斯19世纪的文艺思潮。那时候涌现出了那么多的伟大作家，从普希金到托尔斯泰、屠格涅夫、契诃夫等，同时也涌现了像赫尔芩、“别车杜”这些理论家。无论是创作方面、理论批评方面，还是美学建构方面，19世纪都是群星灿烂，真是一个了不起的时代！

后来，我最喜欢苏联的一位理论家叶尔米洛夫，他有几部书曾经获过大奖。其中有一本书是《陀思妥耶夫斯基论》，他重点分析了世界观与创作的关系，我认为到现在也很难超越。

陈：您说到这儿，我想起来，之前讲到50年代时谈得最多的就是世界观与创作方法，您批《红楼梦研究》时的发言好像也是论世界观和创作方法？

宁：那篇文章倒不是读叶尔米洛夫之后写的，是因为当时陆续出版的“苏联文艺理论译丛”中不断有这方面的讨论，而恩格斯评巴尔扎克时也讲到相关的问题。我呢，有些不同的理解。

陈：50年代古典文学教研室的教师业务理论学习就是由您来主持的吧？

宁：对，孟志孙先生知道我喜欢理论，我当时又是教研室秘书，所以让我来主持。当时主要是读“苏联文艺理论译丛”。那个时候人民文学出版社做了很多好事，从1956年、1957年开始出版“文艺理论译丛”，这些书我永远珍藏。

陈：学习材料是您选的？

宁：对。除了集体的业务理论学习之外，我个人最喜欢的是读叶尔米洛夫的作品。他的《论契诃夫的戏剧创作》，可以说是我的“枕边书”。叶尔米洛夫真了不起！我认为，他实际上是继承了别林斯基和杜勃罗留波夫的传统，甚至于他用的术语，我发现也是从“别车杜”来的。

我对悲剧性和喜剧性的理解，是受到了叶尔米洛夫的影响。这个问题别林斯基已经强调了，而到了叶尔米洛夫又有所发展。很多伟大的作品之所以伟大，往往就在于把握了喜剧性、悲剧性的交叉点。我写的一些论文，对此也有所借鉴。

陈：您谈《儒林外史》的文章，好像就提到了悲剧性、喜剧性的交叉。

宁：对。过去我们总是孤立地谈悲剧意识、喜剧意识，悲剧、喜剧，实际上那些文学大师往往是写在悲剧性和喜剧性的交叉点上。我觉得，这又跟黑格尔的观点很相似。黑格尔也说，悲剧并不就是善与恶之间的斗争，而是两难、无奈。我觉得这是深刻的。

至于叶尔米洛夫关于“潜流”的理论就更重要了，他说文学作品的背后有一股流淌的潜流，就是我们所说的内蕴吧。我在看那些伟大作品、经典作品时，确实感受到了它们都有深邃的内蕴。我们作为评价者，必须把作品的潜流、内蕴挖掘出来。我后来写的一些文章，经常提到“潜流”论，比如我写《玉镜台》的文章（《生活的潜流——就〈玉镜台〉的评价问题与王季思同志商榷》）。

陈：这也是您的一篇代表作了。

宁：苏联的文艺理论家中，后来对我影响比较大的是巴赫金。

陈：这是改革开放以后了？

宁：对，他的经典代表作、第一本被翻译过来的是《陀思妥耶夫斯基诗学问题》，也是论陀思妥耶夫斯基的，他把小说创作的奥秘说透了。巴赫金提出了一个特殊术语——复调小说理论，他开门见山就谈这个理论。后来我也运用了这个理论，比如谈《金瓶梅》的第 75 回和第 76 回，就是讲到西门庆已经死了，这时潘金莲和吴月娘之间发生冲突，两个人吵架，然后吴月娘的娘家人也参与，潘金莲的“闺蜜”孟玉楼来调解。你看这一段，写得太棒了！妻妾之争走向了顶端，每个人的面目都出来了，这就是复调小说。复调小说是巴赫金理论的核心，后来又被凝练成一个最通俗的词：众声喧哗。陀思妥耶夫斯基的小说不像托尔斯泰。托尔斯泰的小说内心独白比较多，有时翻过四五页还是写内心活动，但陀思妥耶夫斯基写的是众声喧哗。我不是研究俄国小说的专家，这种比较不一定对，但是我得到了启发。

陈：这些俄国作品您都读过吗？

宁：没有。在这点上，我的前妻李蒙英对我很看不上。我承认，她看的文学作品很多，我看的主要是评论和理论文章，作品本身看得不多。

陈：包括那些理论家提到的俄国小说？

宁：只看过一部分，比如说普希金，比如契诃夫的戏剧和短篇小说，比如托尔斯泰的《安娜·卡列尼娜》，但是《战争与和平》就没有看。

陈：但是理论您能看进去，虽然对作品不是那么熟悉？

宁：怎么说呢，有的时候读理论就像读文学作品一样，都会有所发现。有所发现是因为跟自己的需要正对口。这就是周汝昌先生说的，脑子里有很多的“问题”时，看书一定会有发现。

陈：是，带着问题读书效果会不一样，问题意识很重要。

宁：越看得多了，就越能有所发现。苏联的文艺理论确实提高了我们的理论思想素质。我们不能因为苏联现在已经解体了，就否定苏联文艺理论对我们有过正面影响。现在搞文艺批评史的，有点忽视文艺理论方面的修养，我不客气地说，他们在这方面有缺失。

陈：我完全是外行，不过听您讲后，感觉苏联的文艺理论确实有很深厚的传统。苏联之外的文艺理论，我感觉您读得也很多。

宁：20 世纪 50 年代始，人民文学出版社先后出版了“文艺理论译丛”和“外国文艺理论丛书”，西方名家的文艺理论那时都能看到了。这真的让人“脑洞大开”。丛书出了 11 辑，我见一本赶紧买一本。我记得，最后一本很难买到，我还是托人从人民文学出版社仓库里面给找出来的。

另外，上海文艺出版社、人民文学出版社特别是三联书店出版了一些法国作家论文学、英国作家论文学的书，还有像漓江出版社、译文出版社等出版的托尔斯泰论创作、雨果论文学的书。朱光潜先生翻译了《歌德谈话录》。中国社科院文学研究所和外国文学研究所编译了《欧美古典作家论现实主义和浪漫主义》。更早的还有《高尔基论文学》。那时这类书出来很多。我愿意看经典作家论文学的书，想要了解作家是怎么样创作的，他们是怎么看别人创作的，文学的规律是什么，他们有什么发现，他们怎么评价其他名家。

当时中国社科院外国文学研究所还翻译了《莎士比亚评论汇编》，其中有一篇歌德写的《说不尽的莎士比亚》。我后来写《说不尽的

〈金瓶梅〉》小册子时，实际上套用了这个题目，是从经典里汲取的灵感。这种启发我觉得是顺理成章的，一看到就觉得跟我的心思正好契合。

我看重方法论，比较文学方法论对我产生了较大影响。比较文学研究主要有两大派，一个是法国的影响研究，一个是美国的平行研究（苏联原来还有类型比较研究，后来没推行下去）。所谓影响研究是从源头探讨不同作家作品所受影响的比较，平行研究是指同时代类似题材和蕴含的比较。这两大派对我的教学和研究都很有好处，也可以启发同学。我研究《金瓶梅》的第一篇文章（《试论〈金瓶梅〉萌发的小说新观念及其以后之衍化》），实际上在无意中受了比较文学的方法论影响，一方面将《金瓶梅》放在中国小说史中和其他小说进行了比较，另一方面又把它和《查泰莱夫人的情人》做了比较（我当时看了香港版的《查泰莱夫人的情人》）。

对我影响比较大的方法论还有接受美学。接受美学核心的概念是期待视野，是讲一种期待值，读者随时都得有对这个作品的再接受，文本给你留下了思考的空间，也让你有了再阐释的空间。我觉得接受美学其实在咱们中国早就有，中国的诗论、画论和审美实践、阅读实践中有很多是和接受美学暗合的。但是现代的接受美学又上升到一个方法论的高度，这一点很有意思，也是让我开窍了的。

后来我还注意了其他一些方法论，比如苏珊·朗格的符号学，还有后来的叙事学。现代派提出来的一些观点，我也都看了看。还有文本细读，有的时候他们就拿出一个句子进行分析。我觉得，这跟西方的哲学体系有关系，我们中国讲的是综合研究，他们是分析的、具体的研究。就像西医给你解剖，而中医是给你号脉，这两者都不可偏废，但是差异很大！

陈：中国文艺理论有哪些对您影响比较大？

宁：当时中国的文艺理论家也有一些是我崇拜的，古典文学方面，我看的比较多的是何其芳先生的文章，文章都对当时的学术讨论带有些总结性。比如在关于李煜词、关于《红楼梦》《儒林外史》《琵琶记》的讨论中，他都写过文章。我分析《金瓶梅》里吴月娘的形象时，受到何先生对《红楼梦》里薛宝钗这个人物分析的启迪很大。

当时研究《红楼梦》的还有蒋和森先生，他实际上主要写了一本书——《红楼梦论稿》，我觉得他写得真是诗情画意。为什么我关注他呢？我发现，他也是受“别车杜”影响比较大，他的理论体系有很多是来自别林斯基和杜勃罗留波夫。他写的第一篇《贾宝玉论》，得到何其芳先生的赞赏。后来他又写了《林黛玉论》《薛宝钗论》等，成了《红楼梦论稿》。他这本书比一般的《红楼梦》研究有深度，有思想高度。我和蒋先生见过两面，他走得太早了，60岁出头就走了。

我最崇拜的中国理论家是王朝闻先生。他的书我读得最全，可以说是不可须臾离开的。我很少在读书时勾画，但在看他的书时勾画、折页最多。他的《新艺术创作论》《论艺术的技巧》《面向生活》《以一当十》《喜闻乐见》，这些论文集我几乎都有。王朝闻先生是从延安来的，他是有艺术实践能力的，不是一般的空谈，从美术、雕塑，到戏剧、戏曲、说唱文学他都涉及。他提出了很多重要概念，我记得他讲到“欣赏，再创造”，我们读文本，欣赏的过程也是再创造的过程。

陈：这和接受美学理论也是契合的。

宁：对。王先生提出这个概念时，可能还没有接触到接受美学，但是他们的思想是相通的。

在博大精深方面，那时候我就崇拜钱锺书先生。他传统文化的基础太深厚了，太棒了，同时他旁征博引多种外国文献让你参照。许政扬先生也很欣赏钱先生的学问，他把他读过的《谈艺录》传给了我。

书架一角

《谈艺录》是钱锺书先生31岁时完成的，而许先生31岁的时候完成了《古今小说》新校注，我老做这个比较。《谈艺录》里涉及了从拉丁语到英语多种欧洲语言，我完全看不懂（后来，我把这本书传给了付善明[1]，我也希望这本书有人来继承）。"文革"前，钱先生又出版了《七缀集》，是在他的《旧文四篇》后又加了三篇。其中的一篇《通感》让我开窍了，中国的诗词原来有那么多的通感。

陈：讲到这些理论家的著作、观点，您真是烂熟于心。

宁：我觉得，这几位当时国内的前辈，王朝闻先生、何其芳先生、钱锺书先生，确实是我知识的引路人。他们的一些观点也进入我的讲稿，给同学介绍参考书的时候，我会告诉学生他们的作品是必读的。

---

1. 时为南开大学文学院博士。

在我的同龄人中，李泽厚对我影响比较大。我们都是 1931 年生人。我和他只见过一次，是编《中国小说史简编》的时候，请他提提意见。他那时住在和平里，我们去拜访他。我说："李先生，你有一篇文章启发了我，你知道是哪篇吗？"他说："是《美的历程》吧？"我说："不对，是在《光明日报》'文学遗产'上你发表的那篇《评古典文学研究中的一些错误论点》。"那篇文章是 1955 年发表的，很早了，那时候我刚毕业不久，可是到现在印象还是很深的。题目就很厉害！我看了那篇文章后，觉得李泽厚这个研究哲学的人在写文学问题的时候太厉害了。

陈：说起来，您在美学方面也涉猎颇多。

宁：我很早就喜欢美学，我觉得跟我注重文学审美有关系。比较系统地钻研则是我们东方艺术系建立了美学硕士点时，当时没有人讲美学思想史，我被"赶鸭子上架"教了美学史。

感谢朱光潜先生，他把黑格尔的《美学》翻译了出来。黑格尔的《美学》啃起来极其吃力，但我是从头到尾捋了一遍。朱光潜先生了不起的地方就在于用了中国的一些概念来翻译，比如意蕴，西方不会有这个词，他在注释里面专门谈了意蕴。他的翻译有点"化"的意思，尽量用中国比较接近的一些概念、词汇来翻译，这挺对我的口味。我觉得翻译家中最好的是朱光潜先生、满涛先生和辛未艾先生。

我又读了鲍桑葵的一大册《美学史》，也是比较困难的，太抽象。当时影响我们很大的还有美国韦勒克和沃伦合著的《文学理论》，是三联书店出的，薄薄一册。我认为这本书是好书，是可以讲课用的教材，我不知道现在的教师是不是还注意这本书。其中有很多方法和审美的东西，当时很热，现在好像大家不提了。这本书没有什么神奇的东西，但是很扎实！我经常引用。书里还提出了"外部研究"和"内部研究"

的概念，具有方法论意义。

所以你看我的路子，现在可以勾勒出一个线索，从《马恩列斯论文艺》启蒙，到“别车杜”“苏联文艺理论译丛”，到各国名家论文学，“文艺理论译丛”“外国文艺理论丛书”……学习了这些之后，选择了两种方法论：比较美学和接受美学，后来又读了一点更加抽象的美学。我最遗憾的是，现在的年轻人对俄罗斯、苏联的文艺理论不太知道了，很多人也不知道王朝闻先生是谁了。我觉得一代有一代人的学术，一代有一代人读的书。现在新的理论有些我也跟不上了。

小说戏曲心解

陈：刚才谈了您的读书情况，下面谈一谈您的研究吧。您的主要研究领域是古代小说、戏曲，同时还对小说史、戏曲史乃至文学史有过重要的宏观论述，可否谈谈这些情况？

宁：陈寅恪先生曾经强调过学术研究的发现意识，我觉得这确实是很重要的，而我的发现意识是跟我的教学密切联系的。我不是像现在的学者有课题、有项目，我完全不是这样，都是在备课过程中发现的问题。

陈：您可否就您论文中的发现意识，举几个例子？

宁：比如我在读元稹的《莺莺传》、睢景臣的《高祖还乡》、关汉卿的《谢天香》时，有过一些发现，写成了文章，可以算是代表作吧。

《莺莺传》是唐传奇，虽然不是我讲课的重点，但是我刚开始教书时，许政扬先生就让我看了陈寅恪先生的《元白诗笺证稿》。我在看其中《读莺莺传》这篇文章时，就有了疑问。这涉及一个比较大的问题，陈先生指出，唐代很多考进士的人都跟妓女有故事，这是当时的风气。所以他认为，《李娃传》也好，《霍小玉传》也好，《莺莺传》也好，都和妓女有关。可是我是一个文本主义者，我觉得《莺莺传》原文并没有露出任何进士和艺妓的关系。不管是我的第一印象，还是后来反复琢磨，都觉得陈先生有些误读。这是我思考的起点。《李娃传》《霍小玉传》是讲妓女的，而《莺莺传》不是这样，不能用一个套路去套。后来，我又看到有些人的观点，说莺莺是怨而不怒、逆来顺受的，我也不以为然。实际上当张生后来想去看莺莺的时候，莺莺拒绝了，而且写了那封非常强硬的信。因为不太同意这些观点，所以我有所发现，在讲课的时候，就希望把我的观点告诉同学，教给同学一个认识文本的方法，理解文本真正的内涵。

恰好，80 年代初人民文学出版社特约我和其他几个人写《唐传奇鉴赏集》。大家分别去写几个名篇的鉴赏，当时谁都不领《莺莺传》这篇，我说就给我吧。[1] 我从文本出发，对莺莺的内心世界进行了分析，认为元稹写出了莺莺这个具有独特命运和性格的人物。我还将莺莺给张生的信和普希金《叶普盖尼·奥涅金》中达吉雅娜给奥涅金的信作了对比，分析两封信的相同之处与不同之处。我认为，元稹不愧是一个“心灵探索者”，掌握了人物的“心灵辩证法”。当时大家都觉得我写得不错。程毅中先生后来说，直到现在宁宗一论《莺莺传》还没有人超越。山东大学的马瑞芳告诉我，她跟她的博士生说，要研究小说文本必须要看宁宗一的这篇文本分析。另外就是我的好友阎凤梧，说我这篇文章可以进入经典。当然是半开玩笑的。

1.《贵在写出人物的独特命运和灵魂——读〈莺莺传〉随想》，人民文学出版社编：《唐传奇鉴赏集》，人民文学出版社，1983 年。

后来，我仍然感觉到陈寅恪先生那篇《读莺莺传》影响很大，陈先生完全是从史学家的角度，而没有从文学的角度来看这篇作品。我不同意这种读文学作品的角度。我觉得需要直接表明我的态度，所以又写了那篇跟陈寅恪先生商榷的文章（《考据，不应该遮蔽审美视线——读陈寅恪的〈读莺莺传〉》）。当然，这时陈先生已经去世了，不可能有回音。但是别人有回音，那个人考证的结果更神奇，认为崔莺莺是外国人。我又写了一篇《崔莺莺：妓女？外国人？》驳他，发表在《光明日报》的“文学遗产”栏目中。文章最后，我有一点调侃，说把一个爱情小说的主角先说成是一个妓女，后来又说成一个外国人，如果把这两个结论结合起来，崔莺莺竟成了一个外国妓女！这次讨论是很平等的交流，但是也暴露出学界的一些问题，我还是从文学审美的角度来看文学作品。

陈：文学和史学确实有不同的视角。

宁：关于睢景臣的《高祖还乡》，是我在许先生研究的基础上前行，站在老师的肩膀上写出的。许先生在50年代就推出了他的代表作《论睢景臣的〈高祖还乡〉》，这篇文章受到何其芳先生的充分肯定。许先生将文本研究与文献考据高度融合，对照元代的典章制度，指出《高祖还乡》并不是写汉代的刘邦，而是写元蒙统治者，讽刺他们看上去浩浩荡荡、神气十足、十分威武，实际上是一群流氓夺取了天下。

我受到许先生的启发，又往前推进了一步。我在教学中感到，许先生研究到了第二步，揭示出睢景臣通过历史故事批判现实，而我在此基础上，进一步走向象征意蕴的分析，这是我所学习的文艺理论帮助了我。我觉得经典作品都有一种超越题材、超越时空的象征意味和典型意义，这种象征意蕴正是经典作品的核心价值。实际上，睢景臣讽刺的是过去历代统治阶级，他们都起自流氓，显赫起来之后就忘记了原来的老祖宗，作威作福，表现出来一番声势浩大、劳民伤财。我做了这个发挥，既继承了许先生的研究成果，又有所发展。这不是狂妄，而是学术研究应该如此。我在文章里说明了许先生已经考证到什么情况，我在这个基础上又谈了一些。这篇文章比较长，一直被人转载。

陈：您的分析很有道理，《高祖还乡》确实可看作是对历代统治者的讽刺之作。

宁：至于《谢天香》，关汉卿写了一系列有关妓女的戏曲，有一些妓女确实很有反抗性，比如《救风尘》中的赵盼儿，那是很不错的。而谢天香过去被看作是没有任何反抗性的，满足于做别人的小妾。她的幽怨就是认为主人没有青睐于她。我们的前辈先贤王季思先生就对《谢天香》不满，基本持否定态度，认为这是关汉卿并不成功的作品。我的好朋友黄克，他的毕业论文是《关汉卿杂剧人物论》，其中专门谈到了《谢天香》，也认为是不成功的作品。我则不然。

我认为关汉卿写出了各色妓女的人物肖像，写出了她们的生平、她们的性格和她们的人性。《谢天香》确实不像《救风尘》那样，写妓女对于玩弄她们的人的抗议，而且帮助自己的姐妹惩罚了那些嫖客。然而我觉得，谢天香这个人物更符合当时社会中妓女的那种心态。她们从事卖身活动往往是由家庭环境和社会处境所造成的，不仅仅不光彩，而且是被玩弄的。谢天香也是一个正派的妓女，她的想法就是跳出火坑，嫁人从良，不再去做妓女，而想做一个规规矩矩的媳妇儿。这就是她的追求。只要有人愿意让我从良，我一定争取从良。持这种心理状态的妓女恐怕比富有反抗性的妓女更有普遍性。

因此，我不同意王季思先生和黄克对《谢天香》的否定，我在讲元曲专题课的时候专门谈了一下我对谢天香的认识，我觉得这个人物是另外一种妓女的典型。典型应该是多种多样的，富有不同的性格、心灵和人性。如果只用一种观念去概括典型，那就有些简单化了。这里也有我的人生体验。我也曾经长期被压制，我能够体会到那种环境下受压迫的人的内心状态。我理解妓女并不都是反抗的，但一个正派的、不想堕落的妓女内心其实都有一个想法，就是希望跳出火坑。

我的文章（《另一种精神世界的透视——为关汉卿〈谢天香〉一辩》）在《戏曲艺术》杂志发表，王季思先生读后写给我一封长信（由他的学生执笔），认同我的观点，对我予以鼓励。我写这几篇文章都是在教学中有所发现而写出来的。

陈:《金瓶梅》是您比较集中关注的一部小说，先后出版了多部专著，能否谈谈这方面的情况？

宁：刚才说到，我关于《金瓶梅》的第一篇论文（《试论〈金瓶梅〉萌发的小说新观念及其以后之衍化》）是在中国古代小说发展史中看《金瓶梅》的创新，并且与一些西方古典小说作了比较。这篇文章先是 1983 年在大连举办的第一届明清小说研讨会上宣读的，被章培恒先生发现，在他的鼓励下后来正式发表，并收录到他主编的《〈金瓶梅〉研究》中。[1]

恰好同一年南开大学举办了一次全国性的比较文学学术讨论会。朱维之先生让我参加这次研讨会。[2] 会上大部分文章是对不同国家的文学作品进行比较，而我的文章其实主要是比较一国之内的文学，但没想到我发言后，一位女老师进行评论，她认为我的论文属于比较文学。

1. 参见本章附录。

2. 参见本章附录。

与章培恒（左）、黄天骥（右）在一起

我大为吃惊，我那时候还不是有意识地运用比较的方法，算是歪打正着。后来我这篇文章也被收到最早的《比较文学论文集》里，这当然给我鼓了劲。

陈：有时候相关的书读多了，自然而然形成了想法。

宁：是，比较文学中的影响研究或者平行研究的思路不自觉地就蹦出来了。我在两次研讨会上宣读这篇文章，这也是我研究《金瓶梅》的开篇。后来我又写了小册子《说不尽的〈金瓶梅〉》等。我对“金学”始终是在反思的，不愿意陷入简单化。

陈：您在授课的时候讲《金瓶梅》么？

宁：在历史系讲中国文学史时讲了，所以 1958 年被贴了大字报，说：“宁老师在文学史课上宣扬的是什么？”

陈：您是怎么讲的呢？

宁：很客观，说它是一部伟大的小说，讲它为什么是四大奇书之一。当时都是顺着中山大学编的一本文学史教材去讲，其中有《金瓶梅》。也没有提性描写的事，那时候根本不沾这个边。

陈：后来讲课还讲么？

宁：后来在中文系我就讲宋元文学了，所以反倒讲不到《金瓶梅》。

陈：我想起来，您被批为“裴多菲俱乐部”，也与同事间借阅您的《金瓶梅词话》有些关系。这部书和您真是有许多“说不尽”的渊源。

宁：包括刚才说第一篇写《金瓶梅》的文章（《试论〈金瓶梅〉萌发的小说新观念及其以后之衍化》）要在学报上发表的时候，正好赶上“反对精神污染”，《金瓶梅》被认为是比较敏感的，学校缓了缓，过了很长时间才发表出来。

我真的不是专门研究《金瓶梅》的，但我先后写了一些文章，主调是反对《金瓶梅》被污名化。关于性描写的问题，我曾经也有教条的思想，认为删去那19100字的性描写，《金瓶梅》仍然是巨著。不过现在我认为，尽管那19100字不是很成功，但它们就是《金瓶梅》的组成部分，是不能割裂的。聂绀弩先生曾一针见血地说，《金瓶梅》是“把没有灵魂的事写到没有灵魂的人身上”，这句话说得太到位了，很有分寸！《金瓶梅》写的是没有灵魂的故事，而且写出了那些没有灵魂的人物。

我的出发点是希望用小说美学来进行研究。我一直呼吁“回归文本”，我觉得很多学者对作品文本整体的把握不够，我反对那种对《金瓶梅》作者兰陵笑笑生的过度考证，以致出现“金外线”的倾向（就像《红楼梦》研究中的“红外线”倾向，脱离了文本去考证作者和历史原型）。我认为与其进行一些“伪考证”，不如将笑笑生视作一个天才作家的文化符号。我认为通俗小说家的署名，就是一个文化符号，没办法考证。那时小说作者要不就是“书会才人”，要不就是游民知识分子（王学泰先生语，李慎之先生也很肯定这个概念）。中国太多科举失意的人，大部分游走于民间，说他们帮助书商改编小说，并不是想象之词，而是符合实际逻辑的。《金瓶梅》要真是名人写的，不会在写到朝廷的事时那么露怯，作者肯定没有参与过朝堂大事。而且，非要把作者落实到某一个名人身上，并不一定会提高《金瓶梅》的价值。书会才人体现了民间作家的智慧。《金瓶梅》实际上是带有商业性的，虽然是个人独创，但是里面还有想博取观众、读者的意思，不仅仅是性描写，它整个的操作都带有商业性，因为要由商人印这书，得卖出去，所以商业性是非常明显的。

《金瓶梅》是小说，不是一个历史记录，所以我努力地想用小说美学来观照《金瓶梅》。我在这方面的反思可能有些自己独特的想法，或者说有一点贡献吧，也是被别人承认的。我很看重《金瓶梅》的原创性。它不像《三国演义》《水浒传》那样是到历史中去寻找故事、寻找人物，而是写“当下”的故事，写“身边人”。《金瓶梅》诞生以来的历史发展，可以证明它不是一时的小说，而是永恒的经典，是小说发展史上的一个里程碑。我觉得，兰陵笑笑生是用完美的艺术语言和当时最高的艺术表现形式，结合自己的人生感悟和审美体验，写成了这部小说，揭示了那个时代现实生活中的假、恶、丑。我曾经说“《金瓶梅》是小说史的一半”。有学者就批评我夸大了《金瓶梅》的意义。其实，我这是描绘性的，不是数学式的。《金瓶梅》和《三国演义》《水浒传》《红楼梦》既相依存又相矛盾的，它可以说是中国独一无二的“黑色”小说，中国小说史如果没有《金瓶梅》，就不是我们心中完美的、丰富多彩的小说史了。

陈：您说得特别好，我觉得您对《金瓶梅》的定位，也源自您对中国小说史的整体把握。您有一篇《史里寻诗到俗事咀味——明代小说审美意识的演变》，我读后很受启发。

宁： 这是我 2000 年到新加坡参加一个明代小说史会议时的发言。回来以后在《天津师范大学学报》发表，很快被《新华文摘》转载。后来《新华文摘》出精华本，又把这一篇作为 2002 年文学评论卷的代表作之一。《史里寻诗到俗事咀味》是我对中国小说审美三次更新的认识。第一次是《三国演义》《水浒传》，产生于元末明初的战争年代，这个时代背景下产生的小说观念就是要写出英雄主义和豪迈的诗情，所以有了这两部“史里寻诗”的杰作。第二次是《金瓶梅》，是在明代中后期，对理想主义、英雄主义、浪漫情怀的反动，是带有浓厚的市井色彩的，把生活中的否定性人物作为主人公，把现实的丑引进到小说世界，这是小说审美意识的又一次变革。《金瓶梅》之后出现大批效颦之作，出现大量才子佳人模式化小说以及艳情“秽书”，直到《儒林

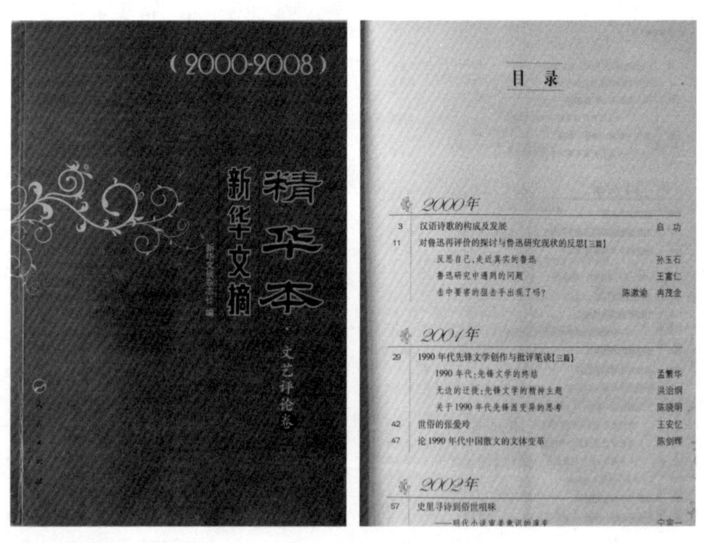

《新华文摘》精华本收录《史里寻诗到俗事咀味》一文

外史》《红楼梦》出现，又把小说创作推到了一个新的阶段，让小说审美意识有了进一步的觉醒。

相比于斤斤计较细节，我更愿意研究小说美学。我希望学术研究是有思想、有哲学意味的。把文学研究提高到一种哲学的高度，对我们的认知是有好处的。

陈：但是您也重视文本。

宁：对。我对文本是整体把握的。我也作人物分析，也是整体把握。现在叙事文学的研究对“窥听”“窥视”“身材”的分析，我完全不懂。这些可以研究，但是我不会研究，也不会走这条路。

《三国演义》为什么是历史演义？《水浒传》为什么有历史元素又超越历史？我想追求点科学定位，所以写得比较抽象。即使是鉴赏《莺莺传》这样的短篇小说，我也有一点理论的东西在里面。我希望追求有思想的研究，就像王元化先生说的：“有学术的思想，有思想的学术。”不过，我还是得承认我的短板，我没有进行版本研究、作者考证，这是明显的短板，也和我的兴趣有关。

陈：我觉得这不是您的欠缺，而是您的特点，学术研究很难面面俱到。

宁：我走了一条不一样的路，反思起来，是因为我有我自己的短板，必须通过理论弥补这个短板。

反思文学史书写

陈：您有几篇很有分量的论文是对书写文学史的思考，这是不是也和您长期从事文学史教学有关？

宁：我一开始工作的时候，就是给历史系学生讲“中国文学史”，一年的课，108 节。在外语系，我还讲过“古典名著选读”。在中文系本系，我们的文学史要讲三年，分六段，我讲的是宋元。这门课是中文系的重中之重，所以我在这方面打下了基础。

陈：所以您一直说您的研究是从教学中来的。

宁：因为要教学，就要想这些问题。同时还有一个大的背景，在 80 年代的时候，整个文学史学界有一次大的转变。十一届三中全会开启改革开放后，文艺政策有所改变，文艺不再是简单地为政治路线服务了。这时学界也有了编写新的文学史的要求。最初是在现当代文学研究中提出了“重写文学史”的口号，继而古典文学的研究者也开始了重写文学史的探索与实践。

陈：重写文学史主要是针对什么呢？

宁：当时的对立面实际上是改革开放之前的文学史，就是用实用主义、庸俗社会学、简单的阶级分析来写的文学史。此前不仅是文学史，整个文学研究、文学创作都是走那条路线。重写文学史就是要面对活生生的文学自觉。

陈：我查到您比较早谈文学史书写的文章，是 1983 年发表在《光明日报》的《文学史要探索文学的发展规律》，您提出要对文学史进行宏观把握，强调了要重视方法论，提出要用综合研究法，将文学史与艺术史、思想史、政治史、宗教史等综合起来考察。

宁：当时是《光明日报》发起的，我记得有一位姓张的编辑，是位老先生，他让我先写第一篇，引发讨论。后来围绕编写文学史的问题，《光明日报》连续发了一系列文章。中国社科院文学研究所邓绍基先生还对我提出的问题进行了一些评论。

1990 年，《文学遗产》杂志在广西师大举行了一次“文学史观与文学史”讨论会。我在大会上做了发言，后来形成文章，就是《关于文学史观与文学史编写的若干断想》。《文学遗产》的主编徐公持先生特别看重这篇文章，发表时作为那一期的第一篇。[1]在这篇文章中，我认为在“重写文学史”时，历史意识和当代意识必须结合，不可偏废，而且我特别强调了要以当代意识来重构中国文学史。

陈：您所说的当代意识是指什么？

宁：当代意识的重点是应该有当代思维的科学精神、当代的文化立场。当代意识也是随着时代变化的，是通过现在来理解过去，是当代的感悟。文学史书写不能单纯地整理史料，而忽视了历史与现实之间的内在联系。

陈：也就是说强调当下的理解、当下的感受、古今之间的联系，立足当代观察古代？

宁：关于这个问题，会上还进行了热烈的讨论。有人强调客观，有人强调主观。包括后来还有人写文章，认为强调当代意识会导致以偏概全、随心所欲，无视文学史的本相。我觉得，这是对我的误解。我强调当代意识，并非否定历史。但是历史是无法完全复原的，文学史更是不具有一般历史那样的相对确定性，越是重要的文学现象、作家、作品，在文学史家眼中就越会见仁见智。一部文学史无论怎样标榜客观公允，也必然带有学术个性。

陈：我觉得，这与您提倡文学史中的心灵史研究可以联系起来了。您对当代意识的强调，或者就是要用当代人的心灵去触碰、去体会历代文学创作者的心灵？

宁：你说得非常好！心灵史研究是这么多年贯穿我教学、研究的一条线。这个命题，我最早是在80年代时提出的。在1986年冯尔康先生主持的首届中国社会史研讨会上，我做了一个《戏曲史·心史·社会史》的发言，后来在《社会科学战线》上发表。我提到心

1.《文学遗产》1992年第5期。

史，当时也有一个背景。那时人们常说，文学是人学，说这是高尔基的话。可是我找遍《高尔基论文学》，也没有发现这句话。我认为，“文学是人学”等于没说，因为很多学科都是研究人的，心理学、政治学、医学等，说“文学是人学”太宽泛而没有意义。到底文学是研究什么的，和其他学科的区别在哪里？我认为，文学应该更看重内心世界，就是心灵的问题。因此，我提出不妨把文学史作为“心史”来研究。我经常引用勃兰兑斯在《十九世纪文学主流》引言中的那句话：“文学史，就其最深刻的意义来说，是一种心理学，研究人的灵魂，是灵魂的历史。”这句话我倒背如流，这句话也让我有了底气。回归内心是很重要的。文学史是灵魂的历史，离开了人的灵魂，怎么去研究文学史？

我承认，我的思想和理论还是很不成熟的，但是我要提出这个问题。我的“若干断想”写得很幼稚，不过也有自己的探索。我在文章后半部分尝试着做了三个试验，就是以实例来探索我怎么看文学史。试验一是对屈原的研究，试验二是对元杂剧史研究的建构，试验三是对小说史研究的探讨。我是希望排除庸俗社会学、简单的阶级分析，否定实用主义，回归文学自觉，回归文学的主体——人，写人的内心世界，写真正的人生，而不是用别的东西来套。

陈：心灵史确实是一个让人眼前一亮的提法，感觉还有很大的发挥空间，可以不断地去进行探索。

宁：心灵史、心灵美学，既可以作为方法论，又可以作为一个课题来研究。当然，文学史研究的前提还是从文本出发，因此我写文章提出“名著重读”是“重构文学史”的前提。因为名著已经过历史的筛选，是浓缩了的人类历史文明，也是打开时代灵魂的心理学。要拓展文学史家的思维空间，首先要重建文学史研究者的阅读空间。这篇文章本来是一篇书评。当时，研究文学史的学者陆续推出重写文学史的实践成果，代表作是章培恒、骆玉明两位先生的《中国文学史》。《复旦学报》的张兵先生把书寄给我，让我写一篇书评。我充分肯定了这部文学史的价值，指出章培恒先生他们是想提出一种新的概念，来反对过去的教条主义、庸俗社会学、阶级分析，但是章先生在全书导言中提出要用人性论作为一条红线去贯穿文学史，我发表了不同意见。我的书评，章培恒先生看后认为可以接受。

改革开放以前，文学史是以阶级斗争为线来贯穿的，对于作家要作阶级分析，是用阶级性批判人性论。章培恒先生这时是把人性论作为正面的来谈。但是我认为，文学史是一个复杂的存在，远不是用一种思想可以贯穿到底的。

陈：您认为文学史只用人性论是贯穿不下来的？

宁：对。我认为文学史必须是多元的、综合的，不是一条线就能贯穿下来的，最终还要具体问题具体分析。

陈：但是您认为心灵史、心灵美学可以更好地解决这个问题？

宁：心灵问题就比较宽了，只要写人，就要写人的内心世界，写人的灵魂。文学不可能离开人的灵魂来进行创作，文学史也不可能离开人的灵魂进行评论。一个评论者之所以可以和创作者进行对话，就是思想感情可以沟通，评论者得去体会创作者的内心世界。

我们研究小说和戏曲，过去主要是作性格分析，但我不愿止步于此。性格史是非常必要的，但是如果转换到灵魂史的角度可能就更深入了，我所说的心灵史、心史、灵魂史都是一个东西，我希望以后有人能够真正建立起心灵美学！

陈：心灵美学这个概念是您提出来的么？

宁：之前没有看到别人提。

陈：这个概念是超出文学史范畴的，不止可以研究作家、文学人物，研究其他历史人物其实也有心灵审美的问题。

宁：怎么说呢？从这也可以看出，我的不自量力又暴露出来了，这是一个大工程。我读书很少，特别是经典文本读得少，外国文学作品读得更少了，所以建立心灵美学需要一些对这方面有所追求的同道一起合作。古代作家的心态史，这时已经开始有人研究了，像南开的罗宗强、张毅，他们都有这方面的著作。当时黄克是文化艺术出版社社长，他也想出一套古代作家的心态史研究丛书，我们俩聊天，我觉得这是一个很好的课题。后来“交卷”的是中国社科院的幺书仪，她写出了《元代文人心态》。我写了一篇书评（《探寻心灵的辩证法——读幺书仪〈元代文人心态〉兼论“心史”之研究》），后来她这本书再版，把我这篇书评作为序。这是我对文学史书写的一个正面倡议，就是说文学史不仅仅要研究文学规律，而且也和作家的心态研究很有关系。这是我在反思基础上进行的新的开拓。

陈：心史研究实际上是打通文史哲的人文学研究。

宁：我的心史研究最后还是回归到审美，是讲心灵美学。我有些文章涉及一点这个问题，比如我研究《玉镜台》《金瓶梅》《红楼梦》的文章。但是说着容易做着难，这不是为自己辩解，我提出这个值得思考的问题，自己不见得能够完全回答，现在更没有力量写出有分量的东西了。

陈：您提出来这个问题就很重要了。

宁：关于文学史，我还有一篇长文——《二十世纪中国文学史研究与中国社会》。1998 年冯尔康先生在南开举办“二十世纪中国社会史研究”系列学术讲座，又邀请我去讲了一场。这是逼着我思考问题。我的题目虽然是文学史研究与中国社会，但侧重讲文学史。冯先生让我放开了讲，所以我讲得很长，讲稿有三万五六千字，后来寄给《复旦学报》的张兵先生，没想到他全文刊载了。学报能发这么长篇幅的文章很不容易。《复旦学报》复刊 30 年出精选集《光华文存》时，又收录了这篇文章。可能他们看到了我的思考。我在这篇文章里谈了有关文学史的十个问题，把我过去十几年的思考整个梳理了一遍，包括当代意识的问题、重写文学史的问题、学院派的问题、名著重读的问题、心史的问题、整体意识的问题等。

现在你看，我前后总共有五六篇，如果说有一条贯穿的线，那就是反思。我在1999年还有一篇文章，发表在《南开学报》，题目就是《反思与取向：中国文学史40年》。这里面是把我自己摆进去的，我一直从事文学教学和科研，但是我觉得像我这一代学人，历经了那么多的政治运动，过去在那种教条的、公式化的情况下，我写过很多大批判文章，也写过很多教条式的文章，我们很长时间把复杂的文学教条化了。最典型的就是我60年代初写的《中国戏曲艺术发展规律浅探》，虽然是在《光明日报》发表了一整版，但今天来看很僵化很教条，就是按照模式来写的。因为有过这些教训，所以我就逼迫自己，不能再坚持过去的教条，应该对文学教学和文学研究进行反思，这是学术良知的问题。

陈：通过您的讲述，我觉得对这段学术史发展脉络也更理解了。

与名家商榷

陈：您有几篇文章是和著名学者商榷的，除了已经提到的和陈寅恪先生、和王季思先生关于《莺莺传》《谢天香》的商榷，是不是可以再谈一下其他几篇？

宁：我原来有个心理障碍，觉得不要在口述中炫耀自己写过几篇文章。但是，我想这几篇和大权威的商榷文章体现了“学术面前人人平等”。“学术面前人人平等”是“文革”前彭真主持的《二月提纲》里的重要思想，当时大家都感到欢欣鼓舞，觉得符合百家争鸣精神。

可惜这个精神没有能够贯彻下来，“文革”时连《二月提纲》也遭到了彻底的批判。但是“学术面前人人平等”的思想深入我心，因此后来陆续写了几篇请教、质疑乃至挑战的文字，虽然对方都是大权威，但是我的内心是平和的，就是学术讨论。

80年代初，钱锺书先生出版《管锥编》，我是重点看的，其中第四册里面谈到“中人”，钱先生认为“中人”有一个意思是指妓女。他引用元杂剧中“他是个中人”“正是个中人”等，说明这个问题，认为这个意思是前人没有注意到的。但是，我认为钱先生在这个问题上犯了错误。我跟许政扬先生学过宋元时期的词汇，知道“个中人”是指妓女，就是“此中人”、勾栏中人的委婉说法。单独的“中人”并没有这个意思。于是我写了一篇短文（《“中人”考辨——读钱锺书先生〈管锥编〉献疑一则》），发表在《读书》杂志上。我很少写考据文章，《读书》也很少发表考据文章，我这篇完全是考据，引了很多的材料，没想到他们给发表了。

发表之后，我告诉我的好朋友黄克。黄克当时正好编了6册《钱锺书研究》。我跟他说：“你有空的话把我这篇文章交给钱先生，问问他我说的对不对。钱先生是一位大家，如果他认为不合理，那就是我错了，他觉得合理的话可以进行纠正，但是我有十分的把握。”黄克说：“没问题，我同意。过去许先生跟咱们讲也都是‘个中人’，你又引了很多的材料。当时说妓女不能直接说你是妓女，也不能说你是勾栏中人，而只能说是‘个中人’。”

陈：钱先生有回音么？

宁：有。有一天，黄克真的拿着我这篇文章去了钱先生那儿，钱先生当场就看了。因为就是一篇小文章嘛，不到2000字。钱先生说了一句话，对我是很大的鼓舞。他说：“有说服力！”这是黄克给我转达的。

宁： 还有一篇是跟季羡林先生的讨论。当时季羡林先生有一个论断，说 21 世纪将以东方文化为主流。我看了这个话，就觉得这种预判不成。当时广州的刊物《东方文化》召集了一批学者进行讨论，我半调侃地发了一个言，就是反驳季老的预判。结果主编认为很好，说："你赶紧把这个写出来。"后来这篇文章发表在《东方文化》上。我的题目是《等待挂匾》。有一个单口相声里说，三个"近视眼"评论一块匾上的字，说得振振有词，实际上匾还没有挂出来。我想到这段相声，是因为那时候还是 20 世纪，还没进入 21 世纪，季老就做了这种预判。即使进入 21 世纪，我也认为，文化永远是多元的，不可能以谁为主流，多元文化恐怕是大势所趋。这虽然是一篇随笔，但也是跟季老请教，实际上这里涉及一些关键的问题、理论的问题。文化这种东西不能说预判如何如何。我没有看到季先生后来对这篇文章有什么反应，他可能没看见，也可能不想跟我这样的小人物争论。

陈： 我个人觉得，季先生可能就是这么一说，他自己也不一定很确信。

宁： 还有就是与吴祖光先生的讨论。他是戏剧界前辈，又是大内行，但是我觉得他对戏剧史说错话了。他认为清末才有女性戏曲演员，所以男旦艺术才发展到很高水平。如果他看一下元代夏庭芝《青楼集》的话，就会发现，那个时候有那么多的女演员，他们有很多是女扮男装，不光是老生，连花脸她们都可以扮。所以过去中国的传统戏曲始终是开放的，因为他们就是在瓦舍勾栏表演的艺人，让演什么就得演什么，哪个能挣钱就去演哪个，那些名伶都是多面手！吴先生在这个问题上把男扮女装推得太高了也太靠后了。戏曲在萌生不久，很快就有了男扮女装、女扮男装，你看宋杂剧，现在不是有画吗？

陈： 实际上我觉得是这个问题，在古代的时候，基本上没有男女同台，所以必然有男扮女装和女扮男装。

宁：女演员很多。

陈：包括《红楼梦》里大观园的戏班子，也是女演员，男女角色都是女演员来演。

宁：所以我觉得不能离开戏曲史实。这些讨论我都有一点把握，也有文献可证。

再有一篇就是《警惕名家随笔》。这个题目有点过火，不够厚道。我是写汪曾祺先生在讲到中外戏剧的时候犯了一些错误。比如，他说布莱希特以后世界戏剧分为两大类，这就涉及中外戏剧的流派问题，那是可以商榷的。但是有一些是基础知识方面的，比如对古代戏曲的“折”与“出”，他做了比较。他说元杂剧的“出”跟西方戏剧的“幕”有暗合之处，他还说，明传奇开始才把“出”改成“折”。

陈：是一折戏、一出戏的“折”和“出”？

宁：是。其实元杂剧是分“折”的，一般是四折加一个楔子。到了明清传奇大部分用“出”了。

陈：汪先生正好说反了。

宁：这里面他又跟西方的幕做了比较，这么一转他就有破绽了，这个破绽又属于知识性的。结果我写了一篇文章，标题就是“警惕名家随笔”，也没有副标题，就是说名家有名家的疏漏，不能名家说什么就是什么。不过这个题目不大妥当，有点耸人听闻，不够谦虚，不够尊重，所以我后来再看见自己这篇文章的时候也很后悔。

陈：后来您和汪先生见面了？

宁：没有，那时候他已经故去了。但是我后来得了一个汪曾祺散文奖。我那时候开玩笑说，拿了汪先生的一万块钱，拿了汪先生的奖杯。

汪先生很大一部分文章都是“文革”下放的时候写的，完全凭着自己的记忆，又不可能像我们这样专门研究宋元杂剧。我因为对于市民文艺有突出的感情，也有一些探索，所以觉得是一个问题，应该提出来。

上面说的这几篇都是小文章。不过我是真的感觉到，这么去做是求教、质疑，也有一些挑战性质。虽然他们是大家、是前辈，但是我相信我们可以平等地交流，而且不是空谈，我都有比较大的把握。

陈：很有意思，您自己主动写的文章主要都是理论性的，而跟大家商榷的文章反倒带有考证性。

宁：考据性的文章，第一我不怎么会写，第二我不怎么爱写。有所发现当然好，但是我还是没有那种耐心，也不是我的追求。我还是愿意研究理论性问题，关注方法论的问题，从理论思想阐释、从方法论切入，是沿着文本，到理论，到方法。我觉得这可能跟我教书有关系，我得告诉学生注意哪些问题。我的学术研究是服务于教学的，所以也就造就了我走这么一条学术路线。

2018 年在第二届汪曾祺散文奖颁奖典礼上

我讲这几篇和大师的商榷文章，是希望后来者可以看到，在那个年代是可以进行平等的学术交流的。不像现在要不就是不敢与名家进行正常讨论，要不就是诋毁。以前的学者学术胸怀都比较宽广，所以这一点我觉得值得说一说，我这些点点滴滴的成果，也折射了改革开放初期的学术景象，没有了太“左”的东西，心态开始比较正常了。我想，就以此作为我们谈学术心路的结束吧。

附录

撰写第一篇《金瓶梅》论文

《说不尽的〈金瓶梅〉》：1983年，春风文艺出版社林辰先生在大连组织了一次明清小说研讨会，为了参加这次会议，我还是相当认真地思考了一些问题，最后以《〈金瓶梅〉萌发的小说新观念及以后之衍化》为题，第一次比较全面地表述了我对《金瓶梅》的基本评估……更重要的是，我在座谈会上刚刚发完言，身后坐着的章培恒先生就小声对我说："请你尽快在你校学报发表一下，我正在编高校学报中有关《金瓶梅》研究论文，你的文章一定是要收到我主编的《金瓶梅研究》论文集中去！"培恒先生一声令下，我回校，紧锣密鼓，争取在学校学报发表。没想到好事多磨，这时正赶上"清除精神污染"。校宣传部明令暂缓发表我的文章！直到半年后，禁令解除，我的小文才得以在校学报上发表！章先生主编的这部书出版后，我看到了拙文竟排在章培恒先生大文之后，来了一个排名"第二"。这不是我小家子气，也不是得意忘形，当时油然而生的是对培恒先生的感激之情。今天回想，没有章先生的一句鼓励的话，不是他的敦促与提携，我会开始迈向"金学"研究圈儿吗？

宁宗一关于《金瓶梅》的著作一览

《说不尽的〈金瓶梅〉》，天津社会科学院出版社，1990年。

《〈金瓶梅〉对小说美学的贡献》（宁宗一、罗德荣主编），天津社会科学院出版社，1992年。

《宁宗一讲〈金瓶梅〉》，天津古籍出版社，2008年。

《〈金瓶梅〉可以这样读》，中国文史出版社，2010年。

《〈金瓶梅〉百问》（与付善明合著），文化艺术出版社，2011年。

《宁宗一〈金瓶梅〉研究精选集》，台湾学生书局，2015年。

《〈金瓶梅〉十二讲》，北京出版社，2016年。

《说不尽的〈金瓶梅〉》（增订本），北方文艺出版社，2018年。

第十一章

情感历程*

时代使然？性格使然？悲欢离合，百味人生

* 2019年3月24日、4月23日、6月7日采访。

宁：咱们的口述历史该进入到我的婚恋生活了。我的婚恋生活跟政治、人生，跟我所处的环境、时代，都有很多关系。

陈：这是您人生中分量很重的一部分，而且包含着那么多的曲折故事，又是一般人经历不到的，有您的独特之处，所以咱们一定要专门作为一章来谈。

宁：我的婚姻真的是跟政治、跟环境有关系，当然也跟我的性格有关系，还跟我生命的漫长时间有着密切关系。从初恋到现在已经差不多70年了，我这样一个岁数，生命中十之八九的年代都跟恋爱有关，所以恋爱在我的生活中确实是很重要的一部分。而且婚恋问题对我来说并没完全结束，这些事情可以从头说起。

陈：对，有一些片段因为与前后事件有很大关系，所以在前面的叙述中简单提到过，但是这次咱们可以详细展开去聊。

宁：另外，关于我的传说很多也与婚恋有关，这给了我压力，也招来我内心的气愤，伤害了我的感情。我不认为我的心胸有那么宽广，不能容忍个人的事情变成一些离谱的传说。

我一而再、再而三地说，我有必要把我的恋爱、婚姻生活做一番真诚的交代！希望大家听听宁宗一的“第一文本”。我觉得在这个问题上我没有什么太多的隐私要去隐瞒，不如由我说出来一些真相。为什么呢？因为我内心里面有不平，乃至有的时候很气愤，影响我的情绪和生活。

70年前的初恋

宁：我真正开始步入恋爱生活是在上高二的时候。这时候我已经从北京二中到了教会学校崇实中学。我们是在安定门大三条，旁边就是女二中。我当时最好的朋友是赵赓廷、王震一，我们被称为“三剑客”。而女二中有三位女同学，一个是小东，一个我叫二姐（现在天津），另一个就是“三姐”（现在西安），她们后来都是教钢琴的。我们是在德胜门教会玩儿的时候认识的，当时在德胜门那儿有基督教青年契友会。

陈：当时您三位都不是教徒？

宁：对。虽然不是教徒，但是王震一愿意参加基督教的活动，我和赵赓廷也跟着他一块儿玩。在那儿认识的都是年轻人，有几个其他学校的男孩儿，女同学主要就是她们三个。我们到了那儿就是打乒乓球、打网球，她们三个女孩儿主要是弹琴。

陈：地点就是教堂？

宁：对，那里大概有150平方米大。有一间钢琴室，还有打乒乓球的地方。我们三男三女都是小孩儿，当时都没有到20岁。很快我就跟小东好起来了，她是三姐妹里面最小的。王震一是追求我们“二姐”，赵赓廷追求“三姐”。

陈：没有“大姐”？

宁：大姐就是小东，是我起的外号。

陈：她虽然最小，但外号却是“大姐”？

宁：我叫她“傻大姐”，她就成了大姐了。你看过她的照片，厚厚道道的，长得比较圆乎。她有的时候上我们家去。“小东没模样，但是有人缘。”这是我母亲对她的评价。她老是留短发，像男孩子的打扮，穿着背带裤，夏天穿的也是短的工裤。

她的家庭是很奇特的，父亲是牧师，但是走得早，妈妈带着她们。她的大哥是燕京大学社会学系的讲师，二哥在德胜门附近的一个中学教书，姐姐也是教书的。小东比我小一岁，但比我高一年级，她钢琴弹得很好，一直想考音乐学院，结果考到了辅仁大学。“二姐”“三姐”后来都考上了河北北京师院。

你看，我们俩的恋情是从我上高二开始，很快她就上了大学，然后是我上大学，我升到大四时，她已经毕业了。

陈：我算一下时间，您二位相识是1948年下半年，1949年小东上大学，1950年您上大学，1953年夏天小东毕业，您上大四时是1953年到1954年。

宁：对。这中间经历了院系调整，辅仁大学跟北师大合并了，她到了北师大，进的是心理学系。这时就有一个姓梁的男孩追求她。那个小伙子长得比我漂亮，我们俩没有说过话，我只是有一次跟他面对面，见他跟小东一块儿上王府井买东西，那是我和小东决裂的一个原因。我们原来一直挺好的，每次我回北京她都在教会那儿弹琴等我，弹的是《少女的祈祷》，那个琴声传得很远，可以一直传到鼓楼。

陈：您现在的手机铃声就是《少女的祈祷》吧？

宁：是。我那时候没钱，回北京坐的是到永定门的慢车，三个半小时，从永定门再坐电车到鼓楼下车，穿过小胡同就到了教会。以前下车就可以听到她的琴声，可是那天她没在那儿等我。我无事可做，就骑着车到了王府井，正好看见她和梁同学遛弯呢，就发生了冲突。我们那时毕业都要填爱人是谁，即使没结婚，也要填男女朋友。结果

“二姐”保存的与小东（左）合影

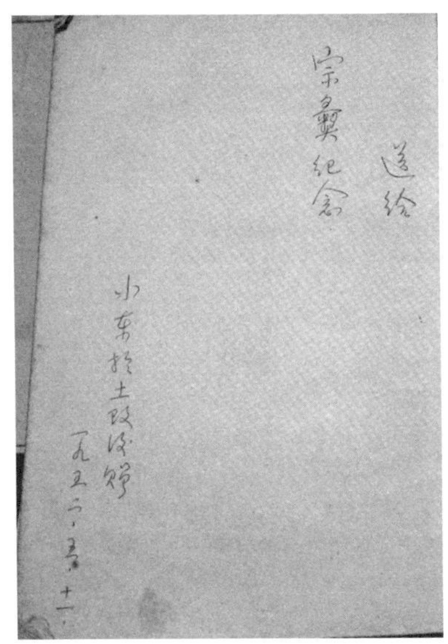

1952 年小东买书《论生活、艺术和真实》相赠并题字

她毕业的时候没填我，但是也没填那位姓梁的同学。就是这样，我们这五年是孩子式的恋爱。

陈：就是很单纯的、很懵懂的初恋。

宁：很热烈，打打闹闹，但是没有什么实质性。大家就是一块儿在教会那儿玩。有的时候我走得晚，小东因为离家很近，会骑车回来给我拿点她们家蒸的枣馒头。那时我们天真无邪，属于青春期的一种比较纯洁的爱情，没有沾染什么其他的灰尘，既没有政治的，也没有其他的什么东西。但是都小，后来因为误会就分开了。她比我早一年毕业，当时都是统一分配，她跟梁同学都分到内蒙古呼和浩特了，但是他们俩并没有结婚。

我毕业是 1954 年，虽然已经和小东断了联系，但也没很快谈恋爱，到了1956年才和我后来的妻子李蒙英谈恋爱。李蒙英是我的师妹，那时还在中文系读书。

这年暑假我没回北京。李蒙英因为父亲病故，回上海奔丧去了。一天下午，突然小东到了我们北村助教住的地方。她穿着白衬衣、咖啡色的裙子、白袜套、一双浅咖啡色系带的鞋。我的印象特别深。见面后，她说她跟丈夫打架了。她丈夫生姓陈，是拉小提琴的。

陈：她们在内蒙古结的婚？

宁：对，他们俩结婚了，我大为吃惊！

陈：结婚的时候您也不知道？没有联系？

宁：都不清楚了，如果知道她结婚的话，也就是"二姐"和"三姐"她们念叨过。我跟"二姐""三姐"还有联系。"二姐"一直在天津，"三姐"到西安当歌舞团的团长了。小东突然来了，我很奇怪。我说："小东，你怎么来了？"她说："我跟陈××打架了，我就出来了。我跟他们说，上你这儿求教怎么讲延安文艺座谈会讲话精神。"

陈：她在内蒙古也是教书？

宁：在内蒙古艺术学院教钢琴，实现她的理想了。她这一来，我很震惊，我们谈了很多。但是我们真的没有旧情复发，我认为她已经结婚了，我也已经开始谈恋爱了。她住了一天，我住到了我们文科的教师团支部书记李秉权那儿，就是咱们学校的墩子楼东楼，我在他那儿凑合了一个晚上。

陈：小东住在了您的宿舍？

宁：对。因为是暑假，同屋的人都不在。第二天，我就带着小东一块儿散步。我穿的衣服我还记得呢。当时是夏天，我穿的是苏联推销的小格布衬衣。我们俩走到学校东门的桥那儿，坐公交车。她跟我说的唯一亲热的话，就是两个人揪着公交车抓手时，她说："我真想抱着你痛哭一场。"但是她没抱我，也没痛哭，只是说了她的心情。当然，很快我就送她走了。我确实没跟她有任何问题，我就像一个老大哥似的，劝她别打架。我也跟她说我开始恋爱了。她很奇怪，说："咱们分开两年了你才开始恋爱？"她那时都结婚了。要开学的时候，李蒙英回来了，我就如实地跟李蒙英说，小东来过了。

陈：她本来也知道这个人，知道您之前的历史？

宁：是。她大为吃惊。我说她结婚了，跟她丈夫吵架了，在这儿待了一天。她问："她住哪儿了？"我说："她住在我这儿，我住在李秉权那儿。"李蒙英就不相信。后来她整理我的马皮箱，又发现了我一直保存着的一张小东给我的相片，后面写着"亲爱的小煜……"，完全是抒情的，写着怎么爱我什么的。那是张黑白染色的照片，还有一个是她抹着唇膏吻在一张白纸上的很多唇印。结果李蒙英看了以后大怒。

陈：这是结婚以后发现的？

宁：不是，就是她这次回来后发现的，都给撕了。后来我没有保存小东的东西了。此后我和小东就又没联系了。到了 1958 年"大跃进"时，我正在图书馆带着学生编文学史教材。就在这时，我突然接到小东的电报，说她要到中央音乐学院进修。

陈：到天津来了？

宁：对，到天津来了，当时中央音乐学院在天津，后来才转到北京。第二天她就来了，我去车站接她。麻烦就在这儿了！

那时候天有点凉了，但她穿的仍然是旗袍，露着腿，上面是桃红色的毛衣，穿着一双皮鞋。她带着一个大柳条箱。我那时候身体很好，给她扛着。

这时我和李蒙英已经结婚了，我对她说了谎。我说，今天上车站接三姐夫。因为我三姐夫是大连铁路公安的领导，他经常要视察，经过天津时就给我们带点国光苹果，当时没有电话，就事先写信让我去取。这是常事。那天我说"三姐夫来了，我上车站去"，其实呢，我是接小东。中央音乐学院旧址就是现在天津音乐学院，我把小东安顿好了以后，回到家，李蒙英说："你怎么没带回苹果？"我说："这回三姐夫没带苹果。"就糊弄过去了。

第二天中午我和李蒙英一起在食堂吃饭。正吃着，有个新疆来的进修教师过来，是个女孩，我们都是一个团支部的，她就说："小宁，你昨天接的那个人好漂亮！"她还略微描绘了一下。

这一下子就完了！李蒙英当时把搪瓷碗一摔，扭头就走了。后来我总结：说真话受到了惩罚，说了假话也受到了惩罚。这是 1958 年的事。

从 1958 年以后，我和小东再也没有联系。但是还有一件事和她有关。我 1962 年上安徽大学支教，有一天我在图书馆的杂志馆翻到《民族画报》，一下子看到小东获奖，有一张她的获奖照片，是正弹琴的样子。

陈：这么巧！

宁：我当时百感交集！为什么百感交集呢？我这边正是离婚的时候。

陈：这是 1962 年？

宁：对。看到这张照片时，我脑子里想：第一是我的家庭不幸，夫妻离婚，而且 1959 年已经有了小群；第二，小东结婚了，跟我也没什么联系了。所以我就看着她这张获奖的照片百感交集。

时间一直到了去年[1]，天还不太热的时候吧，我又见到了小东。这件事我也和你说过。

陈：就是去年四五月份，咱们的口述历史刚刚开始，刚好讲到您和小东的故事。我觉得这个事真的是有缘！

---

1. 指 2018 年。

宁：嗯，我在西安有一个学生叫江锦世，邀请我去他那儿，他是陕西师范大学书法文化研究院的副院长。正好东方艺术系的毕业生黄乐带着儿子回国，就陪我一起去了西安。到了后，我说："你们陕西师大有我的'三姐'，我去看看她。"我说了我"三姐"的名字。江锦世说："她的丈夫是我们这儿的周先生，教历史的，很有名，但是可惜刚刚故去。"我说，那我更得去看看她了。于是黄乐陪我一块儿买花，我从来没有向人献过花，而那次是抱着花去看望"三姐"的。"三姐"跟她的孙子住在陕西师大里面。我们很多年没见，聊了很多，都是回忆过去天真无邪的青春时代。现在都老了，"三姐"比我大一岁，还是叫我"小弟弟"，我们聊天中她的眼泪一直在眼圈里转。慢慢地我们说到了小东。"三姐"说："小东身体很不好，股骨头坏了，现在坐轮椅。她的女儿现在可是中央音乐学院的第一号钢琴家，叫陈曼春。"我说，无论如何我也要去看看小东。于是"三姐"给小东打电话了，说："宁宗一来看我了，他也很惦念你，知道你病了。""三姐"把小东和她女儿的电话给了我。小东说话已经很不利索了。

陈：她现在在哪儿？北京还是内蒙古？

宁：在北京，"文革"一结束就全家回北京了。她在"文革"中被整得挺厉害。因为当时有一个特务，和小东同名同姓。结果小东被当作是特务整了。

陈：这都是后来才知道的？

宁：后来才知道。从那开始，我们就一直有联系了。小东经常说，她不能弹琴了，想跳楼自杀。所以我必须看她去！小东的女儿陈曼春说："宁叔叔，您来我们特别欢迎！"我去北京时费了一番心思，带着五样礼品：第一是我自己的一本文集《心灵投影》；第二是一块青玉的手把件；第三是一个塑料拍板，拍打身体舒筋活血的；第四是砭石；第五件是一个很好的十字架，因为她们的家庭是基督教家庭。

我在文学院的学生宋杨的陪同下到了北京，是陈曼春在车站接的我，她不像她妈妈，像爸爸。她把我接到家里见小东，确实是认不出来了。我们就一块儿聊天，谈了很多话。我教她怎么保养身体，完全是一番热情的安慰。但是呢，小东已经反应很迟钝了，说话很不利索，过去那个天真活泼的小东已经不复存在了，脸上都是褶子了，比我显得都老。

陈： 因为您显得比较年轻，一般人到您这个岁数都比您显老。

宁： 中午我们一块儿去饭店吃饭，她丈夫也来了。她的丈夫虽然得了老年痴呆症，但是还能谈话，我们谈得也还不错，就是朋友了嘛。过去的事情已经不复存在了，就是朋友了，谈得挺好。后来吃完饭以后，保姆把陈先生送回去，就剩下我和小东了。她对我说了很关键的话："那时候你的脾气不太好，我呢，又不能将就。如果你的脾气改一改，我后退几步，也就没有那些不愉快的事情了。"我说："小东，不谈这些事，现在咱们都老了，咱们是很好的朋友，这次看你来，就是很惦念你。"我又说："'三姐'现在不能来了，我也代表'三姐'来看你，唯一的希望是你早点恢复健康。"谈话间她反复说了两次，如果我的脾气改一改，她退让一下，就不会这样了。

谈话勾起了一些往事，她很不幸，在内蒙古音乐学院的时候被整，她家里也出现了悲剧。她的大哥因为在燕京大学社会学系支持他老师费孝通的观点，说必须保存社会学系，"文革"时被整，下放劳动的时候就死了。她母亲死得比较早，哥哥又死了，她的家庭挺不幸的。她自身受的冲击更大，那次冲击可能对她的身体影响也比较大，但是她终于把两个孩子培养大了，最后在"四人帮"粉碎以后回到了北京。

我去之前她几次都想死，说她离不开钢琴，一旦不能弹钢琴，就不想活了。后来，有一个阶段她恢复到能弹钢琴了，晚上几乎都要跟我在微信上对话（保姆帮她操作，告诉她什么时候可以说话了）。我现在都保存着语音记录。可是，到了 2019 年年底，陈曼春跟我说，她妈妈又一次摔倒，又得了脑梗，现在住在康复医院。

我当时还跟陈曼春说，有机会还想去看看她妈妈。我觉得，这是我们过去很纯洁、很单纯的一段恋情。

陈：初恋。

宁：对，初恋情人。她很多事情还没有能够详细地跟我说。

陈：您的情况也跟她聊聊？

宁：我没怎么跟她说，只说了我带着一个儿子。她也没问，她思维转不过来弯儿了，话也很少。我就是劝她，教她保养身体的方法，没有谈什么家长里短。

我和小东年轻的时候很单纯地结下了这种感情，后来分手了，也是一时的冲动。后来两个人、两个家都经历了很多不幸的事情。老了

2018 年与小东合影（宋杨摄）

以后重新见面，她已经病魔缠身，我也老得不成样了，但是还带着年轻时候的那种初恋的感情去看望她，互相惦念。经过了 70 年，我们还是很好的朋友。

陈：这段感情历程，真是让人唏嘘。

宁：嗯，这就是我初恋的情况。[1]

时代悲剧中的二度离合

宁：我跟李蒙英的婚姻可以说是有些巧合。她是我的师妹。我1954年毕业留校时住在北村，宿舍是三个人一屋，屋子不大，有陈坚、孙寿玮和我。陈坚是我师兄，孙寿玮和我是新留校的。我们三个人在食堂吃完饭，经常要在荷花池那遛弯。

陈：荷花池就是现在北村最前面那儿，后来填平盖了房子。

宁：嗯，那时候荒凉一片，但是很规整，荷花池中间有一条土道。我们吃饭早（那时吃饭，我们都是顶着门去，一开饭就敲着饭盆进去。中文系的单身教师几乎都在一桌），天气好的时候，饭后就在那儿散步。我散步时常有两件事情，第一是王达津先生的夫人、我的师母让我帮她看孩子，带着一起玩。王先生家就住在我们旁边的楼，师妹王开颖当时才四五岁，是个小胖孩。

第二件事情就和李蒙英有关了。她本来比我低两级，她进校的时候我是班主席，去火车站迎接她们，还致了欢迎词。她上学时本来有机会到苏联留学，去北京外语学院学了一年俄语，结果她们那个年级都没去成苏联。这样她又晚了一年，比我低了三级。我毕业的时候她

---

1. 按：小东于 2020 年 4 月去世。

还在读书呢，但我没教过她。她每天在回民食堂吃饭，吃完饭也要遛弯。因为我从前欢迎过她，认识，所以有时就说说话，有时一块儿遛弯。后来她就经常背着书包，上我的屋子来自习。她一般到十点来钟回宿舍。慢慢地，我们从没有什么感情，没有什么目的，到后来日久生情，好起来了。最后定情好像是在大中路西头那儿，说到我们应该结婚了。

陈：是您提出的，还是她说的？

宁：你一言我一语吧。可是，这个时候到了 1957 年，“整风”开始了，她是班上的学生团支部书记，当时让她给党支部书记提意见，她就提了一点意见。没想到，很快开始了“反右”运动，结果她的团支部书记被拿下来了，还挨了批。

陈：提过意见的人，都成了“反右”的对象。

宁：我当时比较积极，还在安慰她。她正好这个时候即将毕业，我们就结婚了。本来她可以留在南开大学教书，结果因为“反右”被批没能留校，分配到了铃铛阁中学。

结婚后，我们住在九宿舍 104，由于生活困难，一直也不敢要孩子，直到 1959 年小群诞生，又赶上三年困难时期。而我自己这时也从积极分子变成被批判对象，这些事都集中在 1959 年、1960 年，所以那时候是最艰苦的。而这时家里面矛盾也很多。其实我们俩没有什么原则问题，就是经常为琐事吵架。

之前说小东来天津时，我对李蒙英说实话也打架，说假话也打架。李蒙英的妹妹来天津，临走我去送，等火车时，就在北宁公园遛了遛，回来得晚了。她又说：“你跟我妹妹说什么了？”她二姐来看我们时也是。我到火车站送她二姐跟她去长城旅游。她二姐很有礼貌，从车上下到月台，和我说：“我妹妹脾气不好，你多原谅她。”后来，“文革”期间“复课闹革命”，工农兵学员席淑华有一次上我们家来，我们正吃炸酱面，我就让她在我们这儿吃，还给她盛了一碗绿豆汤。李蒙英又吃醋了。席淑华走了以后，她跟我闹，问："你为什么对她这么好？"

总之，艰苦的岁月并没有使家庭平和，我们两个人之间并没有什么第三者，所谓矛盾就是生活中一直吵，而且李蒙英动手打过我，我没打过她。1961 年我们吵到法院要离婚。不可思议的是，法院也没有进行调解，就到我们宿舍来签字画押，算是离了。其实她不愿意离婚，我也不愿意离婚，但是一生气就离了！结果我就搬到楼上 312，和苏振鹭、郝志达一起住了。104 给她和小群住。我每天接送小群去幼儿园。

不久，她调到天津电大古典文学教研室。最有意思的是，我那时也在电大兼课，讲宋元文学史，李蒙英是我的助教。我现在还有当时的讲义，是李蒙英帮我整理的。

我们离婚的事惊动了李何林先生，那时真是师生如父子。李先生知道以后，就跟当时他的研究生、中文系党总支书记吴火说，小宁跟李蒙英是瞎扯，根本没有感情破裂，让他们复婚！结果，吴火去找了李蒙英谈。李蒙英愿意复婚，但是，她这时已经和电大古典文学教研室的主任薛先生谈恋爱了。她提出如果要跟宁宗一复婚，必须得调离

和儿子小群合影

电大，在那儿太尴尬。吴火跟李先生汇报，李先生说没问题，就把李蒙英调到了天津市语文研究所。李先生当时在那儿当兼职所长，同时也兼职电大的中文系系主任。后来李蒙英就跟薛先生分开了，1963 年我们算是复婚了。我又回到九宿舍 104。

很快 1964 年“四清”开始了，她上小站搞“四清”，我到抚宁搞“四清”。

陈：孩子怎么办呢？

宁：没办法，孩子就放在咱们学校对面的工人新村，请一个托儿户帮忙照看，就住在那儿。我这次“四清”时间不长，几十天。她就一直在小站。我回来时，正好她放假，这时候又怀了孩子。1965 年 9 月女儿诞生。因为是“四清”时生的，所以叫小清。李蒙英也就结束“四清”回来看孩子了。

我搞“四清”回来时已经是 1966 年，“文革”开始了。到了学校后，迎接的人都拒绝跟我握手，我立刻感觉坏了，出事了！回到宿舍，一进门，李蒙英正抱着孩子，见了我以后什么话也没说，特别不热情。后来，她第一句话说的是：“你的大字报已经在主楼 110 贴满了，你看看去吧！”我听完这句话，就颓然地躺在小床上了（我们家当时是一张大床、一张小床）。那天我连小清都没抱一下。

我被打成“反党小集团”的头目，李蒙英就有点和我划清界限了。后来我才知道，刘 ×× 他们找李蒙英谈话了，让李蒙英揭发我，至于揭发的都是什么事情我不知道。但是我知道有一点是肯定的，就是有一些话是不宜对别人说的，我之前跟她念叨过，比如包括对一些人不满，特别是对刘 ×× 不满的话，她在压力之下说了出来。你想，组织上跟她谈了，在这样的压力之下，她说了。另外，当时她们单位正在酝酿成立“文联红旗”，她比较活跃，大约是第五把手。“文联红旗”

李蒙英与女儿小清

是当时天津最重要的一个造反派，整的是谁呢？是方纪、柳溪这一批作家、干部。她在单位是积极分子，我则被打成“反党小集团”。这两件事都伤了我们的感情，所以这个家实际上已经在政治运动中破碎了。

那时候我每天在惊恐中度过。每次有“最新指示”出来，即使深夜里也是立刻敲锣打鼓上街。学校的电台每天喊“勒令，勒令”，就是喊谁谁谁到哪个楼里去接受批斗。我虽然没有被“勒令”叫去，但是很紧张，每天提心吊胆。我估计，作为妻子的李蒙英也感觉到这种气氛的压力。我们两个人的感情越来越淡化，整个家庭就显得不成样子了。

1967 年“文革”形势发生了变化。这时李蒙英跟我说：“你们可能要平反了，之前是‘打击一大片，保护一小撮’，你们就是被打击的一大片。”她总给我讲这个。我当时很兴奋。不久，我们果然得到了平反。可是，我们俩的感情却始终恢复不了。我们的关系也就一直拖，拖到了 1976 年唐山大地震。

地震实际上可以说是我们俩分开的预兆。为什么呢？地震那天她正好带着女儿到了当时一个造反派头头家，都是他们“文联红旗”的，晚上就住在外面了，而家里只有我和小群。

陈：就是地震当天？

宁：对，当天凌晨四点多钟地震吧。我和小群跑出来以后，转天下起雨来，大家用竹坯子和塑料布搭了个简易的地震棚。当时北村的人都在外面，小群确实表现得很好，骑着一辆三轮平板车给大家送菜。

李蒙英在外面待了几天，回来以后她找人在我们楼下盖了一个高级的防震棚，和我们分开住。这时发生个险情，我们的高压锅爆炸了，我的脸整个被烫伤。他们都觉得我可能会毁容。

陈：这个情况之前您没讲过。

宁：嗯。当时李蒙英请了几个师傅帮她盖防震棚，我就给师傅们做早点，用高压锅做红豆粥。熬了半天，觉得可以开锅了，我和小群就蹲在那儿。小群说开不开盖，拿自来水浇浇，凉了就会好点。但是当时没有自来水，我就较劲开盖，一下这锅就爆炸了，粥喷得整个顶棚都是，我的脸被烫了，小群一转身后脖子也被烫了。我赶紧拿着万花油给他敷上了，可是我的这个脸就都烫伤了，那是很可怕的，你不知道多么疼。后来校医室的张宏奎大夫来了，给我打了阿奇霉素，防止感染。我四姐也知道了，她是大夫，就从中医院同学那儿拿了地榆油。我那时整个脸都是泡，小群每天喂我饭，就是张着嘴往里面塞点东西，比如鸭梨片什么的，维持生命。天津师院的李厚基先生来看我，当时就掉眼泪了，说：“完蛋了，毁容了。”我当时也认为不成了，但是没想到用地榆油半个月我的脸就好多了，脱一层皮后，脸变成嫩红色的了。后来校医张大夫和中医院的孙静泉大夫不同时间都说了一句内行的话，说皮肤很快会变色。果然不到一个多月，我这个脸又变成黑皮肤了。他们说必须经过一个夏天才能够彻底恢复原貌。果然如此！这次真是九死一生！那个时候李蒙英也没怎么管我，是小群喂我饭，弄点粥。

陈：这时你们已经分居了?

宁：对。另外还有一件事，实在让人忍受不了。我三姐的二女儿小枫知道天津地震，专门从大连来，给我们送来很多吃的。当时“文革”还没结束，大地震之后非常艰苦。我和小群、小枫睡在大床上。我睡最外头，中间是小群，那边是小枫。小群是孩子，小枫也是孩子。最让我忍受不了的是，李蒙英来了，拿一盆凉水泼我们，说：“你们三个人睡一张床算怎么回事！”简直是不可思议，我觉得那时候她特别变态!

就是这样，我们之间老是发生这些事情。她疑心病太重，也许是爱，也许是嫉妒。我呢，脾气不好，就怕人不信任我，一听就怒火冲天，于是总是吵架，伤感情的冲突接连不断。

终于“四人帮”被粉碎了，我是受迫害的，这时没事了，可李蒙英成了被审查对象。她在家里写交代材料，跟我说，当时那些都是谁谁办的事，她要写这些。我给她出主意，还是出于爱护她，说：“不能这么写交代材料。你就写你自己的问题，不要牵涉太多！这个人那个人的，越说越乱，越说越糊涂。不要把责任推给别人，也不要涉及别人，说不清楚，最好的办法就说自己的问题。”因为我有经验，这不仅仅是道德问题，确实是说不清楚，很多都是群体运动。她听了我的话，重新写了。结果她比较快地通过了审查。到1978、1979年，我们搬到18号楼。

陈：也是北村?

宁：对，地震后盖的房子，我们在四楼，两间房一大一小，没有厅，当时能分到这个房子就很不错了。一开始我和李蒙英住小屋，大屋给两个孩子住。我们搬家时，中文系的崔宝衡说："希望你们能够安稳地住在这个小屋，别再吵架了，赶紧和好。"结果我们也没和好，最后李蒙英带女儿住到大屋，我带儿子住小屋。

这时候发生了一件大事，就是小群的死。在这之前，我去大苏庄干校的时候，曾经有一段时间是带小群过去的，但是小群吃一些东西过敏，又回来了。回来以后，他得了急性肾炎。这事确实不能赖李蒙英，她不知道是急性肾炎，以为是感冒。林彪死了以后干校解散，我回来一看，感觉小群不正常，赶紧找孙静泉大夫。她一检查，肾炎已经转成了慢性。小群当时上高一，我让他休学一年，紧锣密鼓地吃中药。我三天一次到南门外大街长虹药店买黄芪，小群的身体终于有所恢复。小群复学后，又在黄河道战备劳动，一下子又累着了。1978年，老师带他们到北京去玩，这些学生爬香山的时候走错了路，最后要爬"鬼见愁"，这名字也是一语成谶。下山后他回到北京我母亲那儿，说："奶奶，我特别累。"第二天，我母亲让他赶紧回了天津。到家他就发烧了，正好那天我有事不在，回家的时候小群跟我说："爸爸，我撒不出来尿！"我们赶紧到了第一中心医院，结果医生宣布是尿毒症。他是 1978 年 6 月 27 日进医院的，9 月 27 日去世，三个月就走了！

小群走了，我和李蒙英最重要的联系也没有了。这些年小群跟我一块儿真是同甘共苦，小清没像他受过那么多罪。他是我和李蒙英生活和感情最重要的一个联系。所以他一死，1979年我首先提出来离婚。我们到南开区中级人民法院，法院做了一些调解，因为李蒙英不同意，结果没离成。我们俩就分居在两间屋子里，各自生活。小清已经大了，在南开中学上学。她那时候跟我比较好，说："爸爸，我跟你。"我说："好，我带着你。"可是她后来又反悔了。

到了 1982 年，李蒙英提出来离婚，我同意了。我们又去了中级人民法院，这才宣判。李蒙英提出来她要小清。小清跟我谈话的内容我记得非常清楚，她说，还是跟妈妈方便，以后还可以跟着我。我说："成，没问题。"后来我和小清又发生了两件事：一件是她上了大学，要买录音机，我就把存折给她看，对她说："这里有400块钱，你200块，我200块。"她特别不高兴。第二件事是有人从广东给她带了一条牛仔裤，有弹力的。我说："你这个小胖子穿着不好看。"这两件事可能让小清记恨我了，最后我们的关系弄得很不像样子。我和李蒙英离婚后因为住房问题没有解决，所以还是住在一起。

陈：当时房子不好解决？

宁：对。离婚以后没房子，还是她住大间，我住小间。后来碰巧有一天我遇上了范恩榜副校长，他叫我说："听说你离婚了？"我说："对呀。但是现在还住一块儿，我找过负责分房的人，说没房子，现在就只能这么住着。"范校长说："你别管了，我跟他们说。"正是因为范校长给我说话，最后在校外给李蒙英找了一个独单，我继续住在那个两居室。

我们离婚以后，李蒙英很快跟血液研究所的一位老先生结婚了。我辗转听说，小清跟别人说，那个老先生的儿女都反对他们结婚。很快他们又离婚了。

这就是我跟李蒙英的大致情况。我确实是有性格问题，受不得委屈。另外也有太多的政治运动和生活困窘，真的，那个时候我们的生活太苦了，所以在钱上也会很计较。小群的走也是一个关键，互相埋怨吧。"文革"前后两个人又完全不是一派，她跟我划清界线，划得太清楚了。

陈：确实，性格是一方面，但也受到时代极大的影响。极端的时代放大了两个人的隔阂。

生死一念

宁： 我和小韩原来不认识，她大学是在天津外国语学院念的，想考我的研究生。她外语很好，又一直对评剧十分热爱，每天都要唱一唱。她有一个梦想，把她最喜欢的评剧翻译成英语，由她表演出来。这是她最大的梦想，也是她考我研究生的最主要原因。她不太了解，我虽然是研究戏曲的，不过是将其置于文学史中间去研究，不太懂舞台表演。那个时候研究生考试很严格，虽然她英语好，但是其他基础知识有欠缺，所以落第了。

后来她找到我，希望我能辅导她，争取明年再考。当时她给我的第一印象并不是很好。她长得高高大大的，大眼睛，但是带有一些小市民气息。她有两个哥哥、两个姐姐，她是老小。可能因为在家里最小，所以有时很任性。她父亲当过铁路警察，母亲是纺织工人，全家住在天津城里的两间平房里，很拥挤，是典型的平民家庭。有一次，她跟我说，她父亲在抗战期间做过伪铁路警察，为此"文革"时还挨过批斗，她考研究生就是要为家里争气。我对此不以为然，说我们这些在大学里工作的人也挨过批斗，考研究生的出发点如果仅仅是为了"争气"，那就和追求戏曲理想相差甚远了。为此我们发生了一些争论。

但是她后来还是照常来看我，主要是谈戏曲，重点是谈评剧《秦香莲》。

陈：《秦香莲》这个剧本就是您的老师华粹深先生整理的吧？

宁： 梆子也唱，评剧也唱，都是用这个本子。我跟小韩说："你看，现在我的恩师已经故去了，虽然《秦香莲》这个剧本我比较熟，但是我不懂场上之曲，没办法指导你的表演。我能够帮助你的，就是把这个剧本吃透，这并不是一个简单的惩罚忘义之徒的故事。"我还问她："你能唱，但是你的表演怎么样？"后来事实证明，她真的用英语在舞台上表演了《秦香莲》。在这方面她有天赋。

陈：她都是自学的么？

宁：她也接触了一些人，有一位给评剧拉胡琴的赵老师为她伴奏，也指导她。她很会到处去找门路。之所以找到我这儿，也是通过一些她认识的人，知道我是剧协的，搞戏曲研究，又是华先生的弟子。我们俩一来二去慢慢熟起来。虽然我有些凶，对她有点不耐烦，不喜欢，但是她有她的目的，对我的态度并不在意。

没想到，我们俩日久生情（这时候我是独身，李蒙英已经结婚了）。到后来，小韩就非常主动地说想和我谈恋爱。我记得，我当时问她有一次她们外语学院一个男同学送她的事，她说："从前我们俩谈过恋爱，后来谈崩了。"这个男孩子后来不幸遭遇车祸，她还问我，要不要去看他。我说："你当然得去看他，过去有这份感情啊。"

我们两个人熟了以后，还曾经到过她们家里。她妈妈对我印象特别好，但是并不知道我们已经谈恋爱了。

陈：那是以什么身份去的呢？

宁：就是她的戏曲指导老师吧。她请我去她们家吃饭。我见过她父母，也见过她大哥。我们俩的感情到 1984 年下半年就比较成熟了。

陈：她后来又考研究生了么？

宁：没再考。

陈：就是说开始谈恋爱时，已经不打算考研究生了，也没有过师生关系？

宁：是。她通过我的介绍，到了天津艺术研究所工作。她觉得她很适合在那里，如鱼得水，在那儿认识了很多评剧演员。

1984 年下半年我们俩就同居了。她几乎很少回家，老在我这儿，上班也是从我这儿走。当时我对结婚比较回避。我对她说："你比我小 29 岁，家里一定不会赞成。”她说以后咱们得正式结婚。她经常不回家就惊动了她家里。一开始她说瞎话，说在同学家，她们家也有点装糊涂。同居的时间起码有半年，我们的关系越来越成为现实，她家里就不干了。最主要是她爸爸，他让她大哥跟我谈话。她大哥跟我很客气，就是说：“你找了半天，找我们‘小老’干什么？她脾气也不太好，什么都不会，就知道唱戏。”后来，她大姐夫和她大姐又来我家。她大姐夫是个知识分子，还比较讲道理。她大姐原来是个手球运动员，性格比较粗。她说：“我奉我爸爸的命，不允许她在你这儿住。”我说：“你们去做她的工作吧，她愿意在这儿住，也方便从这儿去上班。”这中间纠结的时间很长，一直延续到了 1985 年。

这就有了 1985 年 3 月 4 日的“围剿”。这次她父亲出手了。当天除了她妈妈，他们全家出动。她爸爸没上楼，就在学校院里转，像巡察似的。其他人轮番上阵，他们不说我，就是让小韩回家。他们来的时候，我也不见他们家的人，穿上大衣到外面去了。小韩就和她家那些人矫情，一直到了第二天清晨。

陈：您一宿都在外面？

宁：对，就是在校园里走来走去，有时坐一会儿。到清晨我回来了。小韩说：“你看我面子，给他们做点早点。”我就在厨房里弄点荷包蛋什么的，结果人家也没吃就走了。这就到了 3 月 5 日上午。

小韩跟我说：“咱们没出路了！你看，我们家态度非常强硬。”我说：“没出路怎么办？”她说：“我去买安眠药。”我当时一宿没睡觉，迷迷糊糊地说：“干吗呀这是？”她就一直说：“没出路了。”我觉得她小，哄着她，我们就去新兴电影院对面的药店，一人买了一瓶安眠药。感觉不够，又骑车到了社联对面的药店。那个药店随便买，我们一人买了两瓶。

陈：这是早晨的事？

宁：对，回来以后，药就放那儿了。她还是一直念叨："没什么出路了，怎么办……"我就劝她："或者屈服，或者下决心跟着我。"那时我还不知道小韩已经怀孕了，她也没告诉我。她说："我是决不会回家的。"我说："那咱们就只能坚持、硬顶。"一上午，我们一直在扯这些。

到了11点钟，向光忠[1]先生在楼下叫我。这天正是杨石先校长遗体告别的日子，当时是全校各单位一拨一拨地去大礼堂告别杨校长。向光忠说："咱们去跟杨校长遗体告别吧，到我们了。"我是哭着回来的，因为怀念杨校长。回来时，也是向光忠一路把我送回来的。到了楼下，我说："老向，上楼坐会儿。"他说："不成，你们正热火朝天地谈恋爱呢。"他就没上来。

我一上楼就傻了。我们的折叠桌上，放着一杯水，两摊安眠药。我一看，就说："小韩你这是干吗呢？"但是我还是爱开玩笑。我说："你非得要喝这个，你敢喝么？你没吃过安眠药，我可是平时吃安眠药的，我能吃。"她没有别的太多的话，还是说："我没有别的办法。"我又开玩笑说："那我就得写遗嘱啊。"于是我真的写了一个遗嘱，是给许祥麟[2]写的。我当时是古典小说戏曲研究室副主任，管钱管资料，存折上有100多块钱。我的遗嘱写的是："大许，咱们研究室的钱，以后你掌管，我就不管了。"当时是半开玩笑半当真。

我问小韩，还要我说什么。她说没什么了。结果我就有点吓唬她，拿了一撮安眠药往嘴里搁。那个情景我记得很清楚。她一下子扑过来，掏我的嘴。这时，我的坏脾气上来了，又抓了一把放到嘴里。我当时的反应是，这下子吃太多了。但只是一想之后，便不假思索地吞下

---

1. 时为中文系教师。

2. 宁宗一的研究生，此时毕业留校，在古典小说戏曲研究室任教。

去了。

当时我穿的是灰中山服，里面是对襟的小棉袄，底下是呢子裤子，短的黑皮小靴子。我就侧直身子躺在小床上，很快失去了知觉，有人说这叫“文化休克”。我一下子就昏睡过去，也不全是药力产生的作用，主要是没吃早点，一夜都在外面，困得太厉害了。后来就什么都不知道了。

陈：这是3月5日中午？

宁：对。四天以后，我们两个人才几乎同时经过抢救醒过来。后来，她跟我复述说，那天中间还有两件事：一是宁稼雨来看我，二是田桂民来看我。那年过年晚。

陈：这是过年期间？

宁：对啊，春节比较靠后。[1]所以他们都来看我，他们是分头来的。小韩当时不知道我吃药吃得已经不成了，她这方面知识等于零。她说她推了推我，我没醒。她就和来的人说我身体不太好。她接待完他们，我还是一直没醒。

后来据鲁德才和别的邻居说，我们屋是晚上7点多钟才拉上窗帘的，那就是7个小时以后了。她也吃了药。我认为她可能内心很复杂，知道真的吃了安眠药就活不了了。但是她也知道没有出路，回不去家了，而且我也已经吃了药。可能是这两重原因，所以她也吃了药。后来发现她把蜂窝煤炉的盖儿也打开了。

到了3月6日，这天本来是河南省黄河文艺出版社的人约我见面，让我们编一部文学大辞典，我和刘叶秋先生担任双主编。结果他们左等右等，我也不去见他们。他们觉得不对，因为我从来不迟到的，于是就派了系里一位叫李峰的同志和鲁德才一起来我家。他们通过上亮

---

1. 1985年3月5日为农历正月十四日。学校刚刚开学。

子看到我的灰大衣还挂在那儿，就撞开门了。这其实也是反常规的，因为他们不可能想到我会吃安眠药。进来后看到里屋门也关着。

陈：也锁着呢？

宁：对，我和李蒙英离婚时，房门都装了碰锁。李峰蹬着一个凳子，也是通过上亮子，一看屋里面，小韩躺在地上（可能是昏迷中从床上掉下来的），我侧着身躺着，蜂窝煤炉盖开着。当时李峰就从凳子上摔下来了，吓坏了！就在这时，天津大学的研究生许建新也来看我。于是他们一块儿把我们送到总医院。医生就把我们放在地上，顾不上管我们，当时对吃药自杀的人就这样。后来又碰上化学系的唐世雄在那儿看病，他跟医生说，这个人可是我们南开大学的宝贝、台柱。说了之后，才开始排队、透析。唐世雄建议我们都转到河东医院，因为化学系正和河东医院研究新的透析法。结果韩家不同意，小韩继续在总医院抢救，等着透析。而我这边家里没有人，就把我送到河东医院了。当时他们形容，是两军对垒，都怕另一边大闹。

这件事还反映到了教委，教委指示全力抢救。可能那时候副教授也不太多。学校肯定要上报，毕竟南开发生了两个人自杀的事情。

经过透析，我在四天以后醒了。在我将要醒的时候，给我治疗的张大夫就跟看护我的人说，人在快醒的时候会突然要蹦，必须有人压着他。那天是中文系的研究生刘国辉、黄坤和李中茂的朋友、天津师范专科学校毕业任中学老师的马大林看护我。马大林是长头发，黄坤是大高个儿，他们压着我。终于经过骚动，我醒过来了。后来有人问我："你地狱之行，见到鬼了吗？"我说："没有。就在我快醒的时候，我觉得有两个'牛头马面'在我面前出现。"就是我的幻觉出现了，已经有意识了。

我一醒来，面对着窗户，立刻就在想小韩怎么样了。小韩要是没有抢救过来，我怎么交代，怎么生活下去？如果她没有抢救过来，我只好再从楼上跳下去。当时有这种想法。就在这个时候，正好是朱一玄先生的研究生吴新生值班，他趴在我耳边轻轻地说："我刚从总医院来，小韩醒过来了。"我一下子就踏实了。那时我最高兴的是王克让、郑天刚、崔胜洪、吴新生他们值班的时候。

我在河东医院住了半个月，不知道当时组织上是什么意思，把我转到了空军医院。在车上，中文系党总支书记郭 ×× 和崔宝衡向我宣布几条纪律：第一，不要跟外界联系；第二，不能和病房里的人说我的情况；第三，不能和小韩联系。

这时我已经长了褥疮，尾椎骨那儿完全烂了。我的右手也完全坏了，没有知觉了，麻木，吊着三角带。每天我都站在窗口晒太阳，也不说话。在空军医院时，轮流照顾我的是我的研究生宁稼雨和陶慕宁，他们两个人轮流值班，给我送饭，每人值了十来天。

后来我提出要出院。就在我还没回家的时候，突然看见小韩来了。她穿着一件墨绿色的呢子短大衣，身体还不错。那天正好是陶慕宁值班。她一来，陶慕宁就转出去了。小韩来谈的是："咱们俩分开吧，我们家要求我必须和你分开。"这时距我们吃药已经快一个月了。我当时掉眼泪了，她也哭了。她说了一件比较大的事，她说："我之前怀孕了，三姐说吃了这么多药，必须得流产。我现在是流了产来看你，告诉你这件事。咱俩分开吧。"我说："好。"结果我哭她也哭。经过一次磨难，最终还是要分开。这真是个惨痛的悲剧！她说了一会儿话，正在要走的时候，陶慕宁过来了，我印象很深。他对小韩说："你把我们先生害得够苦的！"小韩没说话。

直到后来，我才知道，她是找了郝世峰。因为我住在哪儿，是保密的，只有领导知道。郝世峰当时是系主任，他看小韩那种情况，还是跟她说了。这都是后来小韩跟我说的。那时大家都认识她，因为我们俩谈恋爱、同居都是公开的，没有偷偷摸摸。

可是没想到，此后她经常来，隔三差五就来，送吃的东西。我觉得，她还是善良、朴实的，我们也还有感情。

我出院以后，是田桂民和陆林这一届研究生值班。当时任兴福态度很决绝，他是总支副书记，他和小田、小陆说："没有任何人的时候，你们可以照顾他；如果小韩来了，他有人照顾了，你们不许在那儿。"结果小田、小陆一致表态，先生有难了，他们必须照顾。

后来小韩到家里来看我，向我宣布了一点："我们家里已经不管我了。"就是允许她6点钟出门，晚上10点以前回家。意思是可以上我这儿来，但是必须回家，在这件事上松了一点口。所以她每天下了班就来。让我最感动的是，有一次她中午到家来给我做饭。那天下着瓢泼大雨，她穿着连衣裙，骑着她那辆二八自行车，没穿雨衣，赶着回来。我感觉到，生死劫之后，她那种感情的升华。我一下子觉得对她的爱到了顶点。我又心疼又感激又感动。她进来之后冲了冲澡，就给我做饭。

后来到了一定时候，她就不回家了。这时我的手也慢慢恢复了。我就跟小韩说："你有没有勇气？咱们结婚吧！"她说："对，咱们干脆登记结婚！"我们上八里台居委会去的时候，接待我们的是一位姓王的，他不看我，非常冷漠，对着小韩说："结婚容易，到我这登记就行了，但离婚可不容易。你考虑好了么？他比你大这么多。"我就看着小韩拿着那张表格的手在颤抖。这件事的决定权是在小韩。她半天说不出来话，不知道怎么办。我一看她犹豫了，知道这句话对她很有威慑力。我非常生气，扭身就走，骑车回家了。我回来以后大约十几分钟，小韩也回来了。我说："小韩，你玩这么一手什么意思？你是不想登记？"她始终不说话。过了有十天左右吧，她跟我说，咱们去登记吧。于是我们两个又一块儿去登记，还见着了那位姓王的，但我们最终登记了。

陈：这是 1986 年？

宁：对，1986 年，我们正式登记结婚。我们俩有时一块儿回他们家，她妈妈对我还是很好。她说："你先去外屋，跟她爸爸打招呼，别先上我这儿来。"从前小韩只要回家，她妈妈都给我们蒸枣丝糕。她妈妈特别善良，比我大 7 岁，她爸爸比我大十来岁。后来小韩有一次病了，她爸爸又闹了一场，说："大夫都分不清哪个是她爸爸，哪个是她丈夫！"我们都是花白头发。

这个时候，小韩发生了一些变化。她的英语评剧《秦香莲》竟然灌制录音带了。她成功了。当时录这个带子，她赚了 1 万块钱。你要知道 80 年代的状况……

陈：当时万元户就了不得了。

宁：后来我们又支援了一些钱，给她们家换了房子，在王顶堤买了两室一厅（她也给自己收拾出一间房）。她终于成功了。小韩跟我演出了这段闹剧、悲剧，最后又结婚了，带有了点喜剧色彩。到后来她的目的也达到了，终于下决心，录带子，获得了不少钱，卖了她们的旧房，换了新房。

陈：那她家里对你是不是好一些了？

宁：对我就不错了。我有时去他爸爸妈妈那儿，有时也在那儿吃顿饭。她爸爸对我还很冷的，但是都打招呼。大哥跟我很好的，她三姐也很好。二哥对我不怎么样，二嫂子很好。因为一接触，她们就知道我这个人还是很好的，只是岁数比较大。

小韩那时确实忙于上班和演出。我专门到戏院看过她的演出。她个儿太高，嘴大，但是鼻音好。有人认为她用英语唱的《秦香莲》，真是不错的。

那段时间，我想调到中国戏曲学院，最后没走成，到了东方艺术系。小韩还在天津艺术研究所上班。我们过了一段相对平静而冷清的生活。当时东方艺术系还没开始招生，我有时去系里，有时在家，这时也开始参加社会活动了，写了不少东西。

但是结婚两三年后，她开始三天两头回她家住。我们的感情也逐渐变淡了。因为什么呢？因为她有出国的打算了。大约是 1990 年底或 1991 年初，一个天凉的时候，她正式跟我谈："我联系好了，上加拿大。你同意么？"我大为吃惊，说："你事先做好这么多的准备，现在才告诉我？"她说："我怕你别扭。"我说："我同意，全力支持你。最主要的，你学外语，又想将评剧带出国去，这也很好。"后来有一天，她说已经订好了飞机票。我说："我送你。"她说："你不用送了，有人送。"她也没说谁送。这个中间，我也没有发现她和别人谈恋爱。至于谁帮助她出去的，她没有对我说。但我是全力支持的。

后来，我在《天津日报》上看到一篇报道说，她在加拿大电视台讲戏曲。我看了还大笑了一下，她都能到加拿大电视台讲戏曲了。

我们俩这件事的结尾是在 1991 年，她从加拿大给我写了一封信来。这封信我只记住两句："你心如大海，看来我是不会回去的了。""咱们俩的事情由我大哥去办。"她大哥很快找我来了，说："你们俩干脆办离婚手续吧。她是不会回来的，你也不用等她。'小老'就是这样，我过去就跟你说，她的目的性很强。"言下之意，我们能维持这几年就算不错了。后来经过她大哥走后门找的民政局，她三姐顶替小韩和我去办的离婚手续。办完以后，她三姐和我拥抱了一下，哭了，哭得很厉害。我当时很坦然，说："三姐啊，我又不是跟你离婚，你干吗那么伤心？"她说："我就是难受。"

这就是我和小韩故事的结束。这段婚姻算是和平解决，我们俩虽然经历了一场悲喜剧，最后的结束也就是这样。我认为这是最好的结局。这里面不存在谁负谁的问题。她也得去追求她最好的生活。她没有再来信，直到几年后，天津艺术研究所的所长给我打来电话，说：

“小韩回来了，她结婚了，还有个孩子，你想见么？”我说我不见。所以我没再见过小韩。小韩比我小 29 岁，现在看来，也得 60 岁了。后来她从加拿大去了美国，那次回来是从美国回来。我跟她家里人也没联系了。这就是我的第二次婚姻。

花甲新婚

宁： 小韩走后，我这儿一直很热闹，并不寂寞。因为东方艺术系已经开始招生了，有十来个学生。每天都有人上我家来，就是来玩，吃饭，后来他们还叫我一起到工会跳舞。大约两年以后，丹平（化名）闯入我的生活。

我认识一个老朋友，他的女儿跟我很熟，她们学校五四的时候要演出曹禺的《雷雨》，让我去提提意见。我那天就骑车到了她们学校。

陈： 什么学校？

宁： 电大。她们演出，希望我去看一看。她和丹平是要好的同学，就让丹平给我占了一个位子。我们就在那时认识了。

后来，她们俩总上我这儿来。我这儿的青年人非常多，她们之间都能打成一片。丹平融进这个环境里，特别开心，也很积极。她比较灵，聪明，手非常巧，家务事什么都会。她比我小 39 岁。我觉得她对我很好。她毕业后在一家公司上班，每天在上下班的车上给我织毛衣。这件毛衣我现在还在穿。

我们俩慢慢产生了感情，经过一段时间的磨合，到 1994 年开始同居。她有时不回家，她家里也不管。到了 1995 年，她终于下决心跟我结婚。我当时确实拒绝过，我觉得她年纪太小，就保持这种关系也可以，不影响她以后结婚。一旦和我结婚了，那就会有很多的问题。但是她的态度很坚定，和小韩不一样，没有犹豫。这也是我非常感激她的地方。她毅然决然地，从家中偷出户口本，和我登记了。

但是很快，她们居委会就知道了，通知了她爸爸妈妈。有一天，我们俩上滨江道去给她买戒指。这时，她跟我说："我妈妈知道咱们登记了，今天让你上我们家去，要见见你。"那天她爸爸遛弯去了，是她妈妈接待我的。她说："你们结婚都不告诉我们，丹平竟然偷了户口本去跟你登记。"我立刻说："这件事我承担全部的责任，因为我比她大这么多，应该懂事，应该跟你说这件事，但是之前没有机会来这儿面对面告诉你，我承担一切责任。"她妈妈很平和，说："既然你们都已经登记了，我也没有什么可说的。如果问我同不同意，我当然不同意，不可能同意。但是既然你们已经登记了，我们不管了。"丹平说："一会儿我们必须走，我跟宁宗一已经登记了，就回他那儿去了。"她妈妈说："今天带走点饺子吧，我都快包好了。"这就是第一次见丈母娘。确实是有文化的人、有文化的家庭，在处理这件事上不一样，没有大吵大闹，虽然不支持、不同意，但是也不干预了。所以，我们从 1993 年开始磨合，到 1995 年结婚。

结婚后就涉及要不要孩子的问题。她特别想要一个孩子。结果真的怀上了，这就是后来的"热闹"。

丹平怀孕的过程还真的是比较顺利。我们这时还给别人做了一个证明。历史系的叶振华娶小张，也是老夫少妻。小张家里就闹起来了。她的几个舅舅说，如果真的要结婚，他们一定要把婚礼吵翻。当时主持婚礼的是历史系的王敦书，司仪好像是中文系的赵季，大家听到这个消息很害怕，于是找到我。这很有意思。赵季说："您得出面，第一，您德高望重，第二，您以自己的实际行动证明老夫少妻可以幸福，现在丹姐都已经怀孕了。小叶他们还没差这么大岁数呢。"结果我就立刻找丹平一起去了。她穿的是一件红色的连衣裙，挺着大肚子。那天的情景我记得很清楚，他们是在天南街碧云天举行的结婚典礼。典礼开始的时候，我们俩上台，一方面是祝贺，一方面是我介绍："这就是我的妻子，比我小 39 岁，现在怀孕了，她愿意给我们俩生一个孩子，我们现在的生活很愉快，并没有因为年龄悬殊而有任何障碍。现在请看，她怀着孕来参加典礼！"当时获得了全场高声欢呼。小张的娘家人也就没有闹。

我们用实际行动，做了一次示范，使叶振华和小张顺利结合。这一幕丹平给我的印象也很深。她在这个时候义无反顾，没有过多的犹豫，这一点我一直感激。

陈："热闹"是 1996 年出生的？

宁：对。1996 年 6 月 28 号，"热闹"通过剖腹产诞生了。这个时候东方艺术系的几位姐姐——小曹（曹艳）、王虹、金姐和阿姨小宋（宋正红），四个人轮流照顾。令我最感动的就是王虹，发着高烧，还去值班呢，老早就去了，坐在那儿等着换班。所以后来金姐、小曹、王虹都接受了当"热闹"的干妈。

那时我的指导思想特别明确，就是过安定的日子，一心照顾她们母子俩。那几年我们一家三口过的是非常平静的生活。我和丹平说了我那时唯一的要求，我说："我历经了太多人生的颠簸、磨难，很希望咱们两个人能过好日子。"当时就觉得这样的日子如果能过下去太好了。

陈：但这段婚姻生活还是出现了变故？

宁：是的。丹平后来开了一个广告公司，认识了吴石（化名），他们日久生情。很长时间，我被蒙在鼓里。

事情的急剧转化是我去日本讲学时。我去日本的时间是 2003 年 4 月 3 日，我们一开始是一家三口去的。去了以后，一切都很平静。大约在 7 月份左右，突然有一天，丹平说想回国。临走，我还陪她到大荣超市，给她妈妈买了印度产的长连衣裙，作为礼物。这次她没带孩

与“热闹”父子情深（杨宇翔摄）

子，走了半个多月。我也没想到有什么问题。

到了9月下旬，她突然又提出不愿意在日本待了，提出9月份要带“热闹”回国。我当时也没有太放在心上。

带“热闹”走了以后，我每天晚上8点给他们打电话。10月12日那天晚上，她接电话时说：“我和小侯他们正研究画展的事情。”但是电话那边特别安静，感觉没有人。我说，那让“热闹”接电话。她说：“我找一下。”结果过了一会，她说：“他不出来，不接。”我说那不行。她说：“好，那我再找一下。”结果，回来又说“热闹”不接。我说：“那不成，他今天不跟我谈话不成，太不像话了。”第三次，她把手机关掉了。

我感到气愤、担心、害怕、怀疑……百感交集，一下子晕倒了，脑袋磕到了电视柜的角上，流了半巴掌大的一片血，但没去医院。

后来通过与金双的丈夫丁剑勇通话我了解到，10 月 8 日丹平让她的中学同学把“热闹”送到了北京金双家。听了之后，我又喜又怒。喜的是，“热闹”没什么事。怒的是，丹平一到国内，就急忙地想要把“热闹”送走。

后来，我就改成早晨 8 点（日本时间）打电话。最让我伤心的是，第一次改变时间打电话，是“热闹”接的，一接电话他立刻就哭起来了。我说：“‘热闹’你哭什么？”这时他已经从北京回来了。他说：“妈妈走了，跟吴石走的。”我说：“哎哟，是谁看着你呢？”他说：“是吴石的姐姐现在看着我。”当时家里竟是这样的情况！为此我跟‘热闹’发生了一些矛盾，我后来和他说：“你那时候已经七八岁了，应该记得这些事情。”他说：“那时候我只记得我问我妈，你不喜欢我爸爸了？我妈说，我两个都爱。”“热闹”也跟我说了一些细节，甚至有时候吴石白天来，等等。

后来我才知道，吴石的妻子也发现了他们的事，闹得很厉害。

于是我在假期的时候回了一次国，12 月 21 日到国内，待了一个月，装作没事，但很苦恼，不想回日本，讲课费也不想要了，而且课程这时也已经结束了。但是叶言材说：“您必须得回来，不是钱的问题，是我作为介绍人不好办啊。”所以后来我又回去了。

在日本的最后两个月，我非常痛苦、寂寞，几乎整天就是一个人待着。吃饭就是从超市买一点牛肉末、胡萝卜，焖点饭，就这么混日子。过去我常带着“热闹”在一个街边的小公园玩，这时我只有自己坐在那里，北九州的街道几乎没人，看着冷冷清清的马路，我浮想联翩。

我的学生这时也已经结业了，张平平和本田有时来看看我。我没有跟她们说自己的事情。有一次我犯痔疮，便血很厉害，还有一次是头晕，都是本田给我当翻译，到日本国立小仓医院去看病。张平平的论文是研究《红楼梦》里的服饰的，非常棒。她和一位大连的男生小杨还陪我到长崎旅游了一次。当时留下了纪念性的照片，那是我最瘦的时候。他们都感觉到我的情况不是太好。还有中村，我要回国了，她在福冈接待我和本田，在那儿聚会了一次。在我最孤独、最纠结、最痛苦的时候，是这几个同学帮了我。如果没有他们对我的帮助、给我的温暖，不堪设想。日本的学校有个特点，教师之间没有任何来往，叶言材也是个忙人，跟我也没什么来往，就仗着这几个同学帮我渡过难关。

2004 年 4 月 3 日，我按期回国。回来以后，我没有提及这件事，两个人就是分居状态。她住小屋，我带着“热闹”住大屋。

到了 5 月，我们两个人聊天，聊着聊着就聊到这个话题。我用一种宽容的态度来对待。我说：“丹平，为了这个家你要有所选择。”她说，她两个人都不愿意放弃。我说那不成，咱们还是要分开。我觉得，我是理性地处理这个问题的，没有一句争吵。她也同意了。时间我记得非常清楚，7 月 15 日“热闹”考完期末考试，7 月 16 日我们两人去办了离婚手续。

我们就是这么分手的。总的来说，我对丹平是感激的，她也不容易，而且还生了一个孩子。正如我的老师陈玉如说的，这个孩子是上帝给我的补偿。后来的日子就是我和“热闹”相依为命了。

我的百味人生是一点点品尝的。我是这样评价丹平的，即使是她出轨了，但是有一点我仍然尊重她，她这个人不能说是一个很势利的人，还是比较单纯的。

过了不到四五个月吧，2004 年底，突然“热闹”的两个干妈小曹（曹艳）和王虹来了，她们俩哭着说：“您还是收留一下‘热闹’他妈吧。她现在在外面漂着也不成。我们也没有力量照顾她。她回到家，她爸爸妈妈也不欢迎她。”你想，人家吴石那边有家，她父母对她这件事情也不以为然，虽然不同意我们的关系，但是离婚这种事情，也认为不光彩。

小曹和王虹在我这儿哭。我这时候呢，旧情未忘，另外考虑到她回来对“热闹”也有好处，“热闹”正上小学，需要照顾。所以我同意了，后来她就回来了。

她回来以后住小屋，我还是带着“热闹”住大屋。

陈：她跟那个人还有来往么？

宁：事情还没有结束。2005年正月十五傍晚，她把元宵煮出来了，突然接到一个电话，就匆匆忙忙地走了，晚饭也没做。不知道“热闹”感受怎么样，我是大怒，几乎是无法容忍了。

后来我们一直是很不愉快的。她大约在我这儿住了八九个月，但是她并没有改变。最后不知道为了一件什么事，她非要走不可。从此我们算是彻底断了关系。

陈：之后你们彻底断了联系？

宁：我们长期不接触。前几年她看到我玩平板电脑，问能不能加我微信。我说不成，咱们俩就是电话、短信联系。她有时还给我送吃的来。我原来的那种恨确实也淡化了，就是朋友了。有一个情景我记得特别清楚，我说：“丹平，你应该结婚了，再找个伴儿吧，这样也有好处。”她几次表示：“以后看来还是得我照顾你。”我都婉言谢绝了，但是她有这个意思。

2001年，天津广播电台新闻广播一位女士约我和丹平做一期节目，她这个专题节目叫《百味人生》。她认为我们的故事非常典型。我们一开始拒绝，不知道怎么谈。她说：“没关系，就随便谈，你们已经结婚这么多年了，孩子也这么大了，很有意义。”这个录音带我一直保存着，没再听，不知道是不是已经消磁了。“百味人生”就像一个隐喻，由爱到恨，到淡化，到普通朋友。回顾起来，百味人生就这么过来了。

未了情缘

宁：最后，我想简短地讲下我后来的感情生活，作为一个结尾。2005年我和丹平算是彻底结束了我们的生活。可是在此之前，我们在2002年认识了陈淼。那时陈淼在南开大学对面的天津图书馆复习，准备研究生考试。

陈：她是南开大学的学生吗？

宁：不是，是天津师大的，在天津图书馆自习。晚饭时她到学校的西南村买羊肉串，在那儿碰上了罗尚鳌先生。罗先生是咱们学校的老工人，八级工，后来又成为工程师，他和我是哥们儿，都曾经在大苏庄干校"留苏"。罗先生得过脑梗，这时候正自己一个人在西南村买饭。陈淼看罗先生行动不利索，出于同情，帮他拿着饭，送他回家。罗先生很感动，就问她："你是南开的么？"陈淼说，我不是南开的，在这儿复习，准备考研究生。罗先生问："你要考哪儿呢？"陈淼说："我打算考我们师大。"她是学中文的，后来说起来，她说南开她只认识宁宗一。罗先生一拍大腿，说："那是我的好朋友。"结果当天晚上他就带着陈淼来我家了。陈淼是个微胖的姑娘，穿了一个黑色的风衣，特别规矩，我一说话，她就站起来，挺有礼貌的。其实她只是听过我的名字，因为我有时到天津师大做讲座，她的同学都来听。但是她那时挺藐视我，说："我才不跟你们一块儿去'追星'呢。"

陈：很多学生把您当作偶像级的老师。（笑）

宁：陈淼只是知道我的名字，可是见面之后，我们挺能说得来的，后来就成了很好的朋友。她和丹平关系也很好。不久，我要去东南大学作一场报告，我们一家三口一起去。这时我们把家里的钥匙给了陈淼，方便她复习考试。因为走得仓促，我忘了带讲稿，就打电话给陈淼，请她快递。可是她并没有住在我家，她寄来的时候，我这边已经讲完了。

后来我们都很熟了。去日本前，陈淼陪着丹平置办衣服。我们都觉得她为人善良，懂规矩。后来知道她父亲是咱们南开大学化学系的工农兵学员，毕业后到了部队的一个研究所。她母亲是一个会计。

陈：最后陈淼也没考南开的研究生？

宁：没有，考的师大。她妈妈找过我一次，说师大的老师我都认识，能不能给说说话。我打听了一下，她专业课考得都是最好的，但是外语考得不理想，最后没有考上。

陈：她没考上研究生，之后就工作了？

宁：对，工作了，在中学当语文老师。2004 年她结婚了，她丈夫在福建工作，后来虽然调到北京工作，但两人一直分居，到 2006 年离婚了，诸多因素吧。我和“热闹”的妈妈也是在 2005 年彻底分手了。我和陈淼有时见见面，联系不是很密切。只是有一次，我们一起吃饭，吃完饭走到学校对面的牌楼那儿。当时的情况我已经不记得了。据她回忆，走到那儿时，她说挺喜欢我的。她说，我当时回应她，我不能交朋友越交越小。她比我小 46 岁呢。这是她离婚半年多时。

陈淼这个人，是个真正敬业的老师。她给“热闹”补习过几次语文，每次 2 个小时，后来“热闹”高考考了 100 多分，完全超出他原本的水平。

我们共同的爱好是喜欢玉，因为买玉，后来接触越来越多。慢慢地我们的感情就比较深了，爱情也就诞生了。可是陈淼和别人不一样，是非常传统的。我当时和她说：“咱们接触越来越深，但是咱们岁数太悬殊了，别再衍生出悲剧来。”她说：“不会，我得先让我爸妈同意。”她先渗透给她妈。她妈起初不理，后来说：“等我们死了以后再说吧！”所以，从此我们的关系就冷了下来。她开始爱喝酒了。有一次，她和闺蜜喝酒喝得大醉，在凛冽的寒风中，她给我打电话，喊着：

“你为什么比我大 46 岁，你为什么比我大 46 岁！”这时候她很纠结，我们两个人本来感情很好。我对她也很有感情，她真的很善良，我们俩又都是学中文的，还合作过一篇谈话，发表在《文史知识》上，谈语文课本改革问题。

我为什么后来那么喜欢她呢？第一，她真的很敬业，一心要把书教好。她有一个同学华老师，给“热闹”补过数学。她说：“我们大淼不适合当班主任，一当班主任，她操心得简直不得了。”第二，她爱帮助人，非常善良。第三，她很传统，恋爱必须取得家里同意。我曾经提出，既然家里不同意结婚，咱们可以同居。她不同意，她很看重两个人在一起就要明媒正娶。

我们俩的关系维持了两年。从有了感情，谈恋爱，到善意的分手。她给我写了很多信，我也给她写信。那些信我都保存着。我们两个人还照过“结婚照”，用别人给她的优惠券。我本来坚决不去。但是到了那儿，人家化妆师、照相师都很大方，没有感觉惊讶。我们俩还真照了很多照片。

但是到了 2008 年，我们发生了一些争执。她让她的闺蜜给我带了一封信，还有我家的钥匙。之后我们俩就没怎么联系。只是后来她父亲得了脑梗。她家原来的房子必须要卖，换一所房子。中间周转的过程中，她问我有钱没有，我说有，只有 10 万块钱。她说：“好，那我借你 5 万块钱吧，其余再找同事借。”我说：“别别别，你就把我这 10 万都拿走吧。”她给我开了一个借条。我当着她的面把条儿撕了。

2012 年左右她再度结婚，没有告诉我。可是后来他们俩因感情不和就离婚了。2014 年我们重新见面，就在这个屋子里，她抱着我，哭得浑身颤抖。她经历了一番极其痛苦的生活，她说：“我没有想到是这样。”因为中间有很多人给她介绍对象，最后选中了这个人。另外最主要的是，她爸妈希望她有个孩子。因此，虽然她和她丈夫后来感情不怎么好，但是还是有了一个女孩，这是陈淼给她爸妈最大的安慰。

现在我们的情况很有意思，我觉得也很大气。我们是密友，非常好。她那天跟我说，她女儿上幼儿园时要填表，填父亲的情况。陈淼和老师说："她没爸爸。"结果她女儿说："我有爸爸——宁爸爸。"就是说我。这个孩子是个小人精，很聪明。我估计也是跟陈淼学的。

陈淼爱学生，敬业，但是也总抱怨学生这不成、那不成。一方面天天埋怨，一方面又天天盯班，全身心地投入。她就是这么一个人，比我的责任心还强。

与陈淼合影

陈：是替学生着急，拿学生当自己的孩子。

宁：她事必躬亲，早上 6 点多就到学校了，给我打电话都是晚上七八点钟在公交车上。

有些有意思的细节。陈淼说，有一次，她跟她妈说："你们当时要是同意我跟宁宗一结婚的话，现在孩子都上小学了。"她妈一句话也不说。她老是逗她妈。我有时跟她说："你不要跟你妈这样调侃。"她说："这没关系啊，谁让他们之前不同意呢？"我说："你现在还有想法？我现在时日不多了，咱们保持这种状态最好，生活越平淡越好，再也经不起起伏了。你现在工作忙到这种程度，爸爸又有病，确实很不容易。"

她刚才还来电话说："你明天有空的话，我来看看你。"我们一般是一个月或者两三个礼拜见个面，一块儿吃个饭，聚聚。她女儿有时也一起。

我们现在就是这个情况。

陈：听了您讲的这几段婚恋经历，从小东，到您的三段婚姻，再到陈淼，有的因为年轻时的冲动，有的因为时代的冲击，有的又因为年龄的差距，分分合合，在外人看来，这 70 年经历的真的是百味人生。

第十二章

九十回眸*

父子情，师友情，学术情，未了情

* 2020年1月31日、8月18日、8月21日采访。

陈：宁先生，咱们的口述史从2018年上半年开始，到现在已经进行了两年半。我初步整理了一下，不算日常闲聊，前后专门谈了将近20次。我根据谈的情况，把一开始拟的提纲又重新梳理了一下，大概可以分为十一章。

宁：我原来一直回避做口述史，觉得我个人的历史没有什么价值，而且我的记忆很多都是碎片化的。可是，我看过你做的初步整理后，感觉有了一些信心。你真的太认真、太严谨了。开始时，我对口述史掉以轻心，后来有了紧迫感，是因为我觉得这个东西有意义了！而“有意义”则是你给予的“意义”！我想，以我的碎片化的水平，没有高水平者是难以整合的，而你却把这些零敲碎打的东西全部赋予了整体性！由此，我才有了真正意义上的盼望，这是一个从无到有的过程。而这一切应归功于你！如果从加减法上说，全部口述历史是五个指头，你用了四指的心血，我只不过付出了一个小指头的汗水。

陈：我认为不是加减法，是乘法。没有您精彩的亲身经历和亲口讲述作为基数，我做再多也都是零。

宁：这段时间我也在回想往事，我觉得我的口述史还是有价值的。我经历的事情太多了。如果让研究历史的人来看，这90年中政治的、经济的、文化的转变，我都经历了。

陈：这部口述历史肯定是有价值的，这一点不用怀疑。无论是提供一种个人视角来观察大历史，为大历史补充细节，还是作为个体的生命史讲述，体悟其中的心灵历程，我想都是有价值的！

咱们之前从家庭生活聊到上学读书，聊到教书生涯、政治运动、婚恋情感、学术思想，内容很丰富。您说过，您一直按虚岁计算自己的年龄，今年（2020年）正好九十岁。在咱们口述历史即将收官的时候，您步入"90后"的行列。现在是不是可以回过头来，再做些概括，也对近年的活动做些补充，作为咱们的第十二章。我想这一章可以叫作"九十回眸"，正好我选的主题照片也是您侧脸回眸的笑容。

宁：好。

家风传承

陈：咱们的口述是从家庭开始的，现在"回眸"，是不是还是从家庭开始？我知道，您这些年对纪念您父亲、出版传印他的书法艺术做了不少事情，可否说说这方面的情况？

宁：这件事情对我来说真的是一件大事。我的家庭是一个没落的大家庭，自从出生，我确实没有享受什么，过的就是平民生活，所以养成了我的平民意识。我小时候贪玩，在家里又小，很多事都不太关心，手中几乎也没有保存什么我父亲的书法作品。我们家中最能继承我父亲的是我三姐。她虽然没有机会上大学，但我一直认为她在我们家里是出类拔萃的。过去我父亲写书法，她帮助打格、设计。她的艺术才华是全方位的，速写、素描都成，摄影、戏曲也都懂，书法写的是颜体字。我父亲总说："喜格很聪明，一学就入门。"快解放的时候，她参军了，分到了四野，去打仗，一直到广西剿匪结束后，才转到地方，进入公安系统。

陈：到大连了？

宁：对。我去她大连家中，看她得了很多奖，都是文艺方面的。她继承了我父亲的才华。我父亲给她留下了他的《珠玑集》。

陈：是未出版的书法作品？

宁：对，装订成一册，当时很多名人给他的作品题字。我三姐把这个集子给了我，这是对我的信任。后来我父亲的书法得以出版，刊印出来，她每次都要掉眼泪，没想到我能够做成这件事。她很看重家风的传承。

陈：这个书法集好像印了三次？

宁：是，我心里一直有这个愿望，出版我父亲的书法。除了《珠玑集》，我大姐去世前也将我父亲写给她的《金刚经》交给了我，我四姐和我外甥女也寄来了她们收藏的作品——后来请王双启先生题名《绣锦集》。这三部分合起来是第一次印刷的《垂露悬珠集》。

那时我得到刘国辉（当时在人民文学出版社）和杨华（在国际文化出版公司）的帮助，他们找到浙江的蒋放年先生帮忙印刷，按照华

父亲宁伯龙

宝斋出版古籍的样子，一函三册正式出版。

陈： 这是哪年？

宁： 2002 年，我出国前的半年。这是我第一次愿望实现，首先给我三姐看，遗憾的是我大姐没能看到。

陈： 当时起了《垂露悬珠集》这个名字？

宁： 对。我请范曾先生写序、题签。那时候范先生在北京，我就和赵均一块儿上他家里去。我们一起讨论书法集的名字，大家都提出了一些备选，最后选定“垂露悬珠”。我认为，这是可以形容我父亲的蝇头小楷的。

我正好要到日本，就带了三函。一函请叶言材送给了内阁文库，一函给了我去讲学的北九州市立大学。他们校长专门举行了一个仪式，感谢接收贵重的礼物。另一函送给了叶言材。这件事是一件大事，不仅仅是告慰我父亲的亡灵。

陈： 也是让书法艺术可以更好地传布。

宁： 对。而且带到了国外。印象中，在日本凡是最好的书都是给内阁文库保存。很多日本的藏书家，到晚年都是把藏书赠给内阁文库。所以我也将我父亲的书法送到那里，使之得以永久保存。

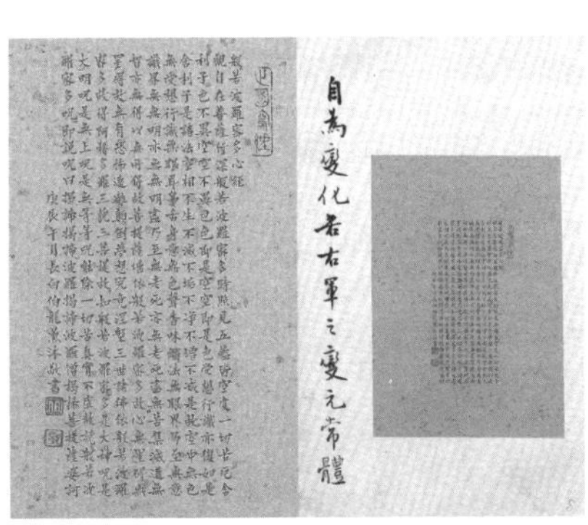

《垂露悬珠集：宁伯龙先生微楷精品》

第二次印刷我父亲的书法是2015年时。我一直希望能尽可能还原我父亲书法作品的原貌。东方艺术系的胡健帮忙扫描了原件，将电子版给我。正好刘金双在中国大百科全书出版社工作，我就跟她商量能不能编辑印刷，不用正式出版。这次印的是大开本，还原度很高，颜色和原件完全一样。题目就叫《珠玑集》。

2018年，我的学生、东方艺术系毕业的宋野岩从郑州来看我，和他同来的有一位小黄，是一个文化公司的。他说，他是印画册的，刚进口了设备，要是能印老爷子的书法，那是他最高兴的事情。正好天泽书店的红姐（卞红）也有意重新设计印刷我父亲的书法。我把这事和她一说，她说陪我一起到郑州，因为她比我懂行。这段时间中，我又收集到一些我父亲遗存的东西，包括他给溥心畬抄写的文字，他的印谱，还有散落的断简残篇。这次印刷是最全的一次。因为我父亲的作品都是"微楷"，在设计上，一方面原尺寸印刷，同时又选了一些进行放大。可以看到放大后，笔锋仍是刚健婀娜。

我一直想给我父亲办一个书法展览，但始终没能实现，没想到这时又迎来我的一次惊喜。2019年是我父亲诞辰120周年，红姐原本想在天泽书店办一个展览，恰好这时她又和松间书院合作，于是在展览的同时，5月20日办了一场讲座，专门介绍老爷子的书法。我请杨宇翔（东方艺术系的毕业生）来讲，我觉得他在艺术方面真的是很钻研的。他讲的重点是当时书法界的文化氛围、当时书法家们的交流。在《珠玑集》的众多题字中，既可以看到这些书法家的友情，又可以看到他们对书法艺术的热爱。因为他们对艺术共同的爱，才能有这样的交流。杨宇翔是内行，懂书法的听众都认为他讲得好。

这件事是我作为儿子应该做的。同时，我也必须得感恩。感谢红姐、封姐、张玥的组织，宋野岩和小黄帮助设计印刷。还有很多亲朋好友从各地赶来参加展览。田蕴章先生虽然身体不便，但专门写了一个匾。这件事很圆满，我父亲在天之灵会高兴，我的姐姐也会高兴。

陈： 这是家族的大事。

宁： 我一谈到这事，脑子里反而乱。

陈： 您别激动。

宁： 我把传承我父亲的书法看成是一种象征。这种传承，是文脉、血脉凝结在一起的，必须有一个实物的寄托，不然都是空话。

陈： 是，得有载体。

宁： 虽然我父亲珍爱的一百把“定盦藏扇”在“文革”时被红卫兵抄走了，但是他的书法作品毕竟能传到我这儿。2019 年是我父亲诞辰 120 周年，也是我大姐诞辰 100 周年，我的大儿子小群诞辰 60 周年，能在这个时候办这场展览是巧合，也是可以告慰他们的事情。有时一想起这件事情来，我就有一种特殊的感受，好像我父亲在天之灵对我的嘱咐，帮助我实现了愿望，把我们家族的文脉、血脉继承下来。“热

垂露悬珠——纪念宁伯龙先生诞辰 120 周年微楷书法展现场

书法展现场合影，
前坐者为“热闹”

闹”那次正在青岛实习，他知道要给爷爷办展览一定要回来，跟几个好同学都来参加了这个活动。他都有这种感情，更不用说我了。我一直觉得我是不孝之子，没能继承我父亲的才华，包括书法艺术。

陈：不能这样说，是方向不一样，您在您从事的领域也做得很出色，这种精神是一脉相承的。

宁：其实我父亲从来没有和我说过继承家风，没有像我跟“热闹”那么叨叨。我是希望“热闹”更加珍惜。我一次一次把我父亲的蝇头小楷印出来，也是希望可以作为一种文化传统，作为家族史的一部分。如果口述历史能够把这件事整理出来，也能够让“热闹”体会到这个意义。

陈：好的，这确实是您生命史中的一件大事。下面，咱们可否谈谈关于“热闹”，您的下一代？

宁：我一直说我自己不爱孩子，但是有了孩子之后，责任感又很强。当时他妈妈希望有个孩子，我那时真的一直拒绝。后来有了，那时我都 65 岁了，他出生时，我正好退休。退休后我还在讲课，同时也承担起照顾孩子的责任。

陈：当时怎么想起“热闹”这个名字呢？

宁：很简单，就是说他凑热闹来了。快一岁的时候，我抱着他上达老[1]那儿。达老问孩子叫什么名字，我说叫“热闹”。达老说：“这是小名吗？”我说：“是大名啊。”

陈：这个名字已经登记了？曾用名就是宁热闹？

宁：对。后来达老说，这个名字不成，当小名还行。我这才又起了宁所思这个名字。有人认为是“有所思”的意思，其实对我来说是“匪夷所思”。“热闹”出生，给我带来的主调还是安慰和欢乐。虽然我跟他妈妈后来离婚了，但那是另外的问题。值得反思的是，我脾气急躁。我永远忘不了那一幕——“热闹”四五岁的时候，我晚上和他发怒。

陈：打他了？

宁：对。后来他就“鬼剃头”了，头发缺了一块。就是孩子受了惊吓。有人告诉我一个偏方，用姜擦头皮。我带着忏悔之心，每天给他擦。很快，他头发又长出来了。但是，我仍然是不吸取教训，总是急躁，老看不上他。那时候既有一个父亲老来得子的喜悦，但是也有家庭暴力。当他出生的时候，我的老师陈玉如专门到我家，说：“这是上帝给你的补偿，好好待他。”我记得陈老师这句话，但在行动上时常出现矛盾，有的时候有力不从心的地方，也有不合我意之处。我的责任感强，但是在爱孩子上差一点。不过，真的，责任感和爱是分不开的。

---

1. 王达津先生。

王达津先生与“热闹”

不过“热闹”确实也有幸福的地方，虽然有这个急躁的爸爸，但他出生之后有几个干妈和许多师哥师姐一直在照顾他。在他妈妈住院待产的时候，黄静、周康他们年级的几位同学就在产房外面等着，后来成为“热闹”干妈的几位东方艺术系同事也都在那儿等着。他跟90后同龄人、其他独生子女不一样，别人都是有家庭的温暖，而他完全是在师姐师兄的怀抱中享受快乐。

他没见过他的姐姐，也没见过他的哥哥，但是有这么多的师哥师姐。别人小时候的照片一般是家族的，他的都是和师兄师姐一起。我的学生对他的呵护，补足了父母对他爱的缺失。

但是这些师姐师兄毕业以后，那个高潮就过去了。2003年又出了他妈妈的事情。那时他8岁，按他的话说，他什么都不懂。我觉得“热闹”很可怜。“热闹”妈妈虽然现在对我表示出来一些关心，但是

师哥师姐们与“热闹”

我真的觉得她缺少忏悔反思，不是对我，是对孩子不负责任。我 2004 年 4 月 3 日从日本回来，首先抱着他，内心痛得非常厉害。我为了他一直想挽回这个家。我希望丹平为了这个家放弃吴石，但是她说两个人她都爱。那当然是不可能的。这个家庭是彻底结束了。“热闹”还不到 10 岁，跟着我生活。

陈：在外人看来，您这么大年纪，自己带着孩子，真是很不容易。

宁：我全力以赴，必须给“热闹”以补偿。虽然他几个干妈对他如同自己亲生的一样，毕业的学生也经常来看我们，但是毕竟没有了妈妈，这是一个缺失，会给“热闹”心理造成阴影。

陈：一个人带确实太不容易，您比一般的父亲岁数还要大很多，年龄、体力也不一样，特别是和孩子之间的年龄差距悬殊，父子之间的代沟，对一些问题的认识，可能差别很大。

师姐们与“热闹”

宁：确实不一样。后来“热闹”18岁成人礼，我们一起吃了顿饭。曹干妈（曹艳）带着闺女，还有王红干妈，我们几个人聚会，庆祝“热闹”成人。我现在的微信头像就是那天的照片。

陈：对于孩子的培养，您现在有什么想法？2006年您出版的《心灵文本》里，有不少关于“热闹”的内容，包括给他开列过书单。现在又过了十几年，肯定有些想法又有变化。

宁：对。开书单是希望他读一些书，最早是在《工人日报》发表的，我是半开玩笑，那时也是国学热。“热闹”真的不太聪明，数学不成，动手能力也差。甚至于体育方面，他只会踢足球，其他篮球什么的都不成，不是很机灵。我并不想给他灌输我的思想，他会有他自己的认知。我只是希望他走正路，善于学习，不要有偏见，永远保持头脑清醒，有一种分析的态度。这是反反复复说的。他说我开明，其实不是开明的问题。我现在就这么一个孩子，在物质上给他留下的真的不多。

他现在也逐渐知道这个家庭不容易，父亲含辛茹苦。有人说，他都这么大了，怎么刚明白这些。实际上，就我来看，我已经比较满意

“热闹”18 岁生日时的父子合影

了。包括去年我父亲书法的展览，他说不管怎样都得赶回来。

陈：其实“热闹”比较单纯，这一点和您很像。

宁：他今年（2020 年）周岁 24 岁，虚岁 25 岁了。我真的没有盼子成龙的思想，就是希望他走正路，善于学习，做事光明正大，不要走邪路就行。

师恩永恒

陈：谈谈您的老师、朋友和学生吧，这些您生命中重要的人，咱们在前面不同段落中也谈过了一些，您也写过很多文章，能否总体梳理一下您生命中这些重要的人？

宁：我这辈子，就是我父亲说的那句话：“你很早就离开家，是你的这些恩师把你带大的。”他肯定是有所感，他听到我当了副教授，一开始没说话，后来在吃面的时候说了这句话。

我父亲说“是你的这些恩师把你带大的”，这是广义的。我小时候很少受到父母直接的教育，整天就在外面玩儿。虽然没干什么坏事，但是也没有学到什么好的东西。高中以后又到教会去玩，又谈恋爱。

我上小学和初中是在沦陷区。可是，我们中学的音乐老师把世界名曲填进很爱国的词，对我们产生潜移默化的影响。美术老师王井西是一位书画家，对我的影响也很大。到了高中，对我影响最大的就是语文陈老师。他好像对我有一点点偏爱吧，可能知道我数理化不成，就语文还可以，所以指导得比较多，建议也比较多，但是时间很短。

我始终觉得，读大学时我突然有了一次提升。那个时候，我受到多方面的影响，一方面解放了，一方面我上大学了。上小学、中学时还是顽童，上大学时感到了压力，觉得自己差得太多了。为什么我说那时躺在船上看叶圣陶的文选呢？也是感觉自己需要多读书。

当时我也一点点认识了这些名家。系主任彭仲铎先生教我们“散文选”，孟志孙先生教“韵文选”，邢公畹先生给我们讲的是语法和修辞学，张清常先生讲语言学概论。华粹深先生开启了我们对民间文艺的认识。他讲的“人民口头创作”，对我是有开蒙作用的。那时朱一玄先生是系助理，给我们讲《水浒传》，讲点小说。杨佩铭先生讲文字学。当时是8位老师。这时又有一个得天独厚之处，我们把天津市能够请来的名家都请了来，比如阿英、方纪、何迟、吴同彬、阿垅、芦甸、冯大海。还从北京请来了名教授，比如李何林先生、王瑶先生。

院系调整是很大的变化，但是对南开的文史两系来说，是大大壮大了。没有院系调整，历史系不会有这么几位名师，中文系也不会有这么一个完整的教师体系。那时中文系的师资配备真的是比较完美了。比如，李何林先生成为我们的系主任。朱维之先生既讲古代文学，又讲现当代的话剧，同时还搞外国文学。他不拘泥于古今、中外，都拿得起来，还是希伯来文学的权威。王达津先生也是贯穿古今，给我们讲散文，但是出版的书是研究诗歌的，后来又转入文学批评史，是这方面的奠基人。他们对学生的影响是潜移默化的，他们研究的领域都很宽，不拘泥于一项。年轻教师又来了许政扬先生、马汉麟先生这些老师，他们真的很厉害。这些恩师对我的影响确实比较大。

陈：老师们在学术上、在人格上、在生活上对您的影响，咱们之前都谈过一些。我想，咱们是不是可以再谈一谈，您这些年为纪念恩师们做的一些事情？就我所知，您为了纪念华粹深先生、许政扬先生，包括为庆祝朱一玄先生百岁华诞都做了很多工作。

宁：这些既是感念师恩，也是传承文脉！

纪念华先生首先是编华先生的《华粹深剧作选》。我们紧锣密鼓，工作做得比较快，书出来以后，就在学校的谊园召开了一次纪念华先生的大会，同时推出《华粹深剧作选》。

陈：我看到您的照片集中，还有华先生逝世 15 周年举行的一次纪念活动。

宁：那个时候毕竟比较年轻有精力，对恩师的纪念日都想着，包括华师母的生日，我们都要给做寿。你看照片上，那时候我左边是李剑国、蔡景凤（《中国京剧流派剧目集成》的副主编），右边是王仲德（河北省剧协副主席），然后是他的同班同学黄克（《中国京剧流派剧目集成》主编）。我们这些人总觉得，没有华先生领路，我们是不可能走上戏曲教学和戏曲研究的。另外，就是华先生的人格精神对我的影响。这种人格精神不是空洞的，他是用身体力行去给我们最好的教育。华先生虽然是贵族出身，但是他身上看不到任何旧社会的习气，他心灵的纯真是我们想象不到的。真的，他所热爱的就是戏曲艺术，所接触的人大部分是和戏曲相关的，谈的话也都是戏曲。他没有别的爱好，烟不抽，酒不喝。抗战的时候，他的祖辈、父辈让他去当时的伪满洲国，他不去，他有一种情怀，就是爱祖国。他和我们这些孩子在一起时特别随意，一下课就说："愿意听唱片的，到我家里听唱片去。"因此我们都牢牢地记着华先生走了多少年。

陈：华先生逝世 30 周年的时候，又举行了一次活动？

宁：对。到 2011 年，我们又举行了纪念华先生逝世 30 周年的追思会，这次仍然是我和黄克主办的，基本上是私人聚会，来了 30 多人，大多是受惠于华先生的学生们。学校新闻中心的韦承金来拍了照片，并且将会议发言整理了出来。这时我就和王振良联系，他当时主编了一个民间刊物——《问津》，刊印了纪念华粹深先生的专辑。

如果让我去谈华先生，话是说不完的。华先生用人格精神征服了我们。2021 年是华先生逝世 40 周年，应该再举办一次纪念会。

陈：您为了纪念许政扬先生也写了好几篇感人的文章，并且做了

华粹深先生 15 年祭暨戏曲研讨会合影

很多事情，许先生诞辰 90 周年的纪念会，我也去参加了。

宁： 纪念许政扬先生诞辰 90 周年是 2015 年。这个活动的准备工作非常多，和董克商量多次。其中一项最重要的工作，就是出版《许政扬文存》的增订本。《许政扬文存》是 1984 年由中华书局出版的。为此我去北京，与刘国辉（时任人民文学出版社总编辑）一块儿到中华书局，找到总编辑顾青先生。顾青先生一句话就敲定了这件事，他说："当然要出，而且要出得更漂亮！许先生纪念会之前，一定出版增订本。"顾先生有诸多建议，比如希望把我的文章《书生悲剧》作为增订本的序。我说这不成，还是应该用原来周汝昌先生的序，我跟黄克写的那些追思文章，包括师妹许檀所写的文章，都附在书后。增订本印得非常漂亮。增订内容包括许檀新整理出的许先生笔记、手稿，还包括许先生临仿的宋人画作以及许先生亲手做的小工艺品等，都拍照收入增订本中。纪念会上，人民文学出版社也带来了新印的许先生注释的《古今小说》，也就是《喻世明言》。那天程毅中先生、顾青先生、黄克、国辉他们都来了，许先生著作的责编朱兆虎、曾经受教于许先生的弟子们也都来了。那天媒体的人来得也很多。

陈： 您还为庆祝朱一玄先生的百岁华诞组织了一场活动？

宁： 我们之前在朱一玄先生 85 岁生日的时候就组织过一次祝寿会，是在主楼小礼堂那里。我当时要求扩大参会范围，这是我主动提出来的，但是当时有领导制止了。他的话我现在还记得，他说："不要扩大。以后如果每个人都要搞庆祝会的话，咱们就不大好办了。"我当场顶撞了他，说："除了老一辈的人以外，谁还有人给庆寿呢？"到了朱先生百年华诞的时候，我们出了一本彩色的纪念册。起初是我和罗德荣两个人筹划设计，后来刘国辉认为应该设计得更漂亮一点，就请美编朋友在业余时间帮忙进行了设计、印刷。这是一本很值得纪念的

许政扬先生诞辰90周年纪念会现场

册子。这时候朱先生有了一些老年病，之前还有一段时间住院，可是庆祝百岁华诞那天是朱先生最开心的一天！

陈：您怀念恩师的文章特别多，纪念李何林先生、许政扬先生、华粹深先生、邢公畹先生、王达津先生、朱一玄先生等，后来还结集出版了《点燃心灵之灯》。这些文章、这种师生情真的非常感人。

宁：《点燃心灵之灯》是我很看重的一本书，我曾经希望把我的几位恩师都写了。正好有一次碰上了北方文艺出版社的社长宋玉成先生，他问我有没有什么书要出版。我就跟他说了这个愿望，但是最后还有几位老师没有写，比如朱维之先生，我们师生有些故事我觉得应该写一写。比如邢公畹先生，之前没写过，正好有一个人采访我，他很了不起，把我说的话都整理了出来，但是还有很多故事我谈的时候没有展开。另外，我还想谈一谈曾给我们兼课的老师，比如王瑶先生、芦甸先生、方纪先生，他们的人格、学养给我留下的深刻印象。

与朱一玄先生合影

再比如，我的师母们。我在获得汪曾祺散文大奖时……

陈：是写朱一玄先生那篇文章（《朱一玄先生对我们的意义》）获了奖？

宁：对。我在领奖时致辞，说希望写文章纪念我的师母们。这个致辞受到了人们的重视，觉得别开生面。我内心里面从来没有忘记过几位师母，真的，我感觉她们就像对待亲生孩子那样对待我。她们都是大家闺秀出身，都是有学问的人，都是大学毕业或者是当过教师的，她们给我的影响很大。比如，华师母、李师母（李何林先生的夫人王振华先生）、邢师母对我都很好，还有达老的夫人王师母，我那时帮她看孩子，有很多故事。朱维之先生的夫人，她是南方口音，对我非常亲热，我每次去她都特别高兴，扶着我说："别走了，在这儿吃饭吧。"我的导师许政扬先生的夫人——朱老师过去对我有些误会，没想到误会解除以后，她对我一直都很好。现在我跟我师妹许檀、跟师母都走得很近，过年过节都要见见面儿。一旦误会释然，那种师生之情就完

《点燃心灵之灯》书影

全表现出来了。[1]

虽然这些内容没能收录，但是不管怎么样，《点燃心灵之灯》算是出版了，毕竟拿出来这么一本书。真的，我觉得接过了恩师的灯，照亮了我的心灵。这本书我还挺看重的。

学术情谊

宁： 下面我谈一下几位学界前辈对我的影响。有这么几位：吴组缃先生、何满子先生、王利器先生、徐朔方先生，王朝闻先生、张庚先生、郭汉城先生、俞琳先生、来新夏先生。

1. 与师母们的故事参见本章附录。

吴组缃先生既是作家又是小说史研究的专家，过去我们久闻其名。他和李何林先生是同乡、好友。李先生在南开的时候总要邀请他来作报告。我印象中他一共来过 4 次。他对李先生的《近二十年中国文艺思潮论》评价最高了。他称赞："何林这么早就提出了文艺界的宗派问题。"我听后很激动，回到宿舍还和同学说："吴先生对李先生的评价这么高啊！"可能是因为他跟李先生的关系，所以对南开特别关心。"四人帮"粉碎后，我们又把吴组缃先生请来，我去车站接他。我们在图书馆举行了一次座谈会，他专门把北大编的《中国小说史》和南开大学编的《中国小说史简编》作了对比，称赞了我们。我说："您是给我们鼓励吧？"他说，真的不是，北大应该是有这方面的人才，但是没有能够摆脱教条，你们反而放开了。他作的几次报告，让我开阔了视野。他和李何林先生奠定了五四以来文学史研究的基础。

何满子先生，他在我 1985 年的事情发生之后鼓励了我。1986 年，我参加《儒林外史》研讨会，他在开会间隙对我说了一句话："一切都过去了，不要再多想。"没想到我出了事之后，他对我不离不弃，一直提携我。何满子先生当时是上海古籍出版社的大编辑。我们是在大连开明清小说研讨会期间认识的，他和章培恒先生住在一屋。我爱聊天，去找章先生，就和何满子先生相识了。何先生对我的提携不是一般的，给了我很多的机会。包括出版多序本的《儒林外史》[1]，一共三个人作序，另两位（何满子、陈新）都是名家，而何先生拉上了我。何先生主编的《十大小说家》[2]，也让我写了一篇《吴承恩》。在我人生遇到挫折的时候，他给了我一些出头露面的机会。程毅中先生也是这样，在编《中国古代小说百科全书》时，他是全书的副主编，并且是"宋辽

1. 指上海文艺出版社 1996 年版《儒林外史》。

2. 1989 年上海古籍出版社版。

金元小说”的主编。我是这一分支的副主编。程先生说：“不能老是我写，换换人。”他让我执笔写了宋元话本的大条目。那个时候有一些人是远离我的，我内心很明白，他们并没有这样，是以实际行动支持我。

陈：精神上的同道。

宁：他们有那种胸怀。还有朱泽吉先生，在那种情况下没有丢弃我，请我去做硕士生毕业论文答辩会主席。

王利器先生，我和他的联系并不多，但是他的精神激励了我。王先生以前受过迫害。我们有一次一起开会，我好像是一场会议的主持人，王先生那时已经80多岁了。晚上散步的时候，我和他聊天，主要是谈他辑录的《元明清三代禁毁小说戏曲史料》。我说：“我有些文章所用的材料就是从您的书中得来的。”他说，他那是在被打成“右派”受迫害内心压抑的情况下，发奋收集材料编出的。他讲了他编书的过程。我觉得很有幸能接触这样的前辈。

徐朔方先生，我们有一次在临沂开会时有过比较深入的交流。当时临沂准备出《金瓶梅》邮票，请我们作为专家去“站台”。可是，我认为在当时的条件下《金瓶梅》邮票出版不了，发言讲的是这个意思。会后徐朔方先生跟我说：“听程毅中先生说，你的人生历练有进步。咱们被叫来，这是荣誉，可是你在这儿泼冷水，但你说的又是有道理的。”我还和他聊了李开先的问题，徐先生那时认为兰陵笑笑生是李开先。我不同意这个观点，因为我研究宋元话本、《录鬼簿》，知道当时很多小说戏曲的作者并不是名家，而是所谓的“书会才人”，是专门给书会艺人写作或整理文字、没有留下姓名的文人。我和徐先生说了自己的观点，徐先生说：“我现在在动摇。”后来他真的放弃了“李开先说”。我那次开会是带着“热闹”和他妈妈一起去的。徐先生特别喜欢“热闹”，抱着他照了一张相。徐先生是研究《金瓶梅》的专家，每次开《金瓶梅》的会他都去参加。

王朝闻先生，我先是非常崇拜他的理论，后来才见面，请他做兼职教授。

陈： 是谁请的王先生呢？

宁： 就是我提议的，我当时在中文系的学术委员会。

陈： 也是您去联系的？

宁： 对，就是我去的，上他家去。他家里很窄，都是瓶瓶罐罐和书，很乱。最有意思的是，他在缸子里养着蜥蜴。

陈： 这在当时也是很少见的。

宁： 在接送他的车上，我们谈到了灵感的问题。我说："我不会作诗，但是有一次半睡半醒的，竟然做出诗来。还有些一直没解决的问题，梦中解决了，但是醒来后又都记不得了。"他说："我也是在睡梦中经常出点子。我怕忘了，就写在墙上。结果第二天醒来一看，写得乱七八糟，像画八卦似的。"他有一本《论凤姐》，是李蒙英给他做的责编，那时我们还没离婚。李蒙英说她受不了了，每交给王先生 遍稿子，他就改一遍，不断修改。

陈： 可能是王先生对自己的文字要求比较高吧？

宁： 王朝闻先生对我的影响还有两个字，是"拓宽"。他原来的研究比较集中在美术上，他能雕塑、绘画。但是后来他的小说、戏曲研究都展开了，直到最后写《审美谈》《审美心态》，主编《美学概论》，他是越来越拓展。我觉得王朝闻先生的"拓宽"思维了不起。王朝闻先生确实有前瞻性，是大师级的。他既能够创作，也能够拓宽。他的"欣赏，再创造"的艺术美学思想对我影响也很大，他的美学观是和西方的接受美学搭界的。

张庚先生，也是我们在改革开放之初聘请的兼职教授。此前他曾给我一个批评和一个鼓励。1960 年代初，我们中文系的科学讨论会邀请他来，我把自己的两篇文章拿给他看。他批评了我的《中国戏曲艺

王朝闻先生

术发展规律浅探》，虽然没有直接说，但意思是我有些教条。不过他肯定了我的《关于戏曲表演艺术特点的几点理解》。我当时竟然谈戏曲艺术规律，胆子太大了。

陈：我觉得其实现在年轻人缺少的就是这种锐气。

宁：我们成立地方戏研究小组后，写文章批评张庚先生了。张庚先生有一段时间受到集中批评。

陈：这也是在60年代？

宁：对，“四清”前那段时间吧。张庚先生以前是国防文学派的，是跟周扬一起提出“国防文学”的口号。所以批周扬的时候，也批判了张庚。

“文革”后，我们邀请张庚先生当兼职教授的时候，我还跟他检讨过自己写批判文章的事。他说：“我不记得了，就知道你们当时地方戏研究小组非常活跃，现在又成立了古典小说戏曲研究室，这是很了不起的。”鼓励之词比较多。我说：“我们当时学识浅薄。”他说：“不是不是，那个时候都是高举大批判旗帜。”我发现这些老一代的学人都很宽容，他们都不怎么在意这些，而我们却觉得不好意思。以张庚先生的胸怀，就认为这是平常事，他们真都是久经锻炼了。

陈：他们知道这些事背后的逻辑。

宁：和张庚先生一起被聘请为兼职教授的还有郭汉城先生。当时已经成立了文化部的文化艺术研究院。张庚先生是副院长，郭汉城先生是研究院的戏曲研究所所长。郭先生是一个非常平和的人，现在还健在，是百岁老人了。他原来是教中学出身，做过文化部艺术研究院的副院长。我们之间虽然没有什么特别的故事，但是私交很深。

陈：他们都和华先生很熟?

宁：对。我是借华先生的光，他们都知道我是华先生的弟子，但其实我是小字辈。我给 1979 级开戏曲专题课时，郭汉城先生是戏曲研究所所长，他大力支持，派人来南开讲课，都是他们研究所的中青年教师。那时俞琳先生是戏曲研究所副所长，我们在那时建立起友谊。俞琳先生觉得我懂点戏曲，又比较通情达理，因此总是请我去做他们的研究生论文答辩会委员。他们戏曲研究所的研究生都是各省市戏曲研究室的，理论造诣可能有所欠缺，但是实践经验极其丰富。我比较理解他们。那时硕士生答辩并不简单，一上午就一个人。

陈：现在研究生多了，不值钱了。您看，您写本科论文的时候，写了十几万字。

宁：那时硕士答辩，委员们提问后，学生下去准备三四十分钟，再回来交流。交流时让他充分发表见解。我那时和俞先生合作得很愉快。我过去名气不算大，但是 1985 年的事发生后，就臭名在外了。有些人对我另眼相看了，可是有些人对我仍然一如既往，而俞琳先生在这个时候要把我安排到中国戏曲学院，而且推荐我做副院长兼戏曲文学系主任。真的，从我的资历来说，根本不可能……但是他看中我了。俞先生去世，我母亲都掉了眼泪，说："俞先生对你太好了。"

来公——来新夏先生对我的提携也很多。我写《说不尽的〈金瓶梅〉》的时候，他认真看了，打电话叫我去他家，给我提意见。他认为我有的地方还没放开，让我不要畏首畏尾，要进一步树立《金瓶梅》在小说史上的地位。后来我在出版新书时，吸收了多条来公提出的意见。我出版文史随笔集《走进困惑》，是来公力邀的结果。当时这套文史随笔丛书中收录的都是邓云乡、黄裳这些名人，我觉得我和人家不是一个等级，而且他们岁数都比我大。但是来公说他给我写序，让我一定要参加。

上面说的这些前辈都是在不同情境下，给予过我鼓励和提携的。

陈： 据我所知，您参加了很多学会活动，这也是您学术生活中很重要的一方面，很多重要的文章都是参会时发表的。能不能谈谈这方

与来新夏先生合影

面的情况？

宁：改革开放以后成立了各大学会，都是民间团体，这是以前不可能有的。这些学会组织让我们学人受益匪浅。一般都是跟自己的专业结合，有这方面的成果，人家才邀请你，有的是熟人，有的原本不认识。通过参加这些学会的活动，让我有机会认识了很多我崇拜的名人，也有机会向他们学习。

我觉得最有纪念意义的，也是当时感觉非常新鲜的，是中国红楼梦学会的成立。

陈：中国红学会？

宁：对，1980 年成立，在哈尔滨开会。第一任会长好像是吴组缃先生，之后是王朝闻先生。红学会的成立是全国性的，四面八方，台湾的个别朋友也来了。我一开始就是红学会的理事，天津参会的是滕云、李厚基、我，可能还有鲁德才。红学会开辟了一个新的格局，分组讨论，五花八门，每个组是根据本组成员的特长来找主题进行讨论。当时分了三个组，我和冯其庸先生在一组，一直是讨论，大会发言倒不多。中国红楼梦学会是带有开创性的，成立了一个全国性的学会组织。

陈：这是第一个专门研究小说的学会？

宁：似乎是第一个。那时有没有人文学科的其他学会，我还真不知道。

陈：红学确实在小说研究中有些特殊性。

宁：不久就出版了《红楼梦学刊》。对于一个学会来说，刊物是非常重要的。我后来是红学会的常务理事，还当了一段时间顾问。这么大岁数怎么办呢，又不能给“踢”出去。（笑）后来又成立了中国红楼梦学会学术委员会，我们这些老人又都转成了委员。

陈：现在好像有管理规定，70 岁以上不能作为社团的正式会员了。

宁：对。继中国红楼梦学会成立之后，很快又开了《儒林外史》

的学术研讨会[1]，是在安徽滁州开的会。我那个时候刚刚写了《儒林外史》的文章——《喜剧性和悲剧性的融合》，就在会上宣读了。很快，1984 年儒林外史学会在南京成立。当时推举章培恒先生当了会长。安徽大学的李汉秋、南京师大的陈美林和我担任副会长。在这次会上，我还认识了朱泽吉先生，我们成为知音。

关于《儒林外史》，我一共写过四篇文章，比较有名的是《吴敬梓对中国小说美学的贡献》。后来我抽取其中一部分，五六千字，题为《一位古代小说家的历史反思：对〈儒林外史〉的再认识》，在《光明日报》发表，紧跟着又被《新华文摘》转载。所以我和《儒林外史》有特别的感情。一直到我 80 岁，李汉秋先生担任会长时，安排吴小如、陈美林和我担任名誉会长。

《水浒传》的会我参加了两次，都是在湖北。会上认识了张国光先生，他的新说比较多。《三国演义》，我第一次参加研讨会好像是在河南洛阳，还去参观了许昌。

陈：这几次会大概是什么时候呢？

宁：都是在 80 年代，很密集地开会。

陈：差不多每年都有？

宁：有时一年几个会。《三国演义》的会发明了“以会养会”，当时请参会的专家做了 12 场讲座。我讲了两讲——唐传奇和宋元话本。

陈：面向什么人讲？

宁：都是参会的，有些没有成为正式代表，交钱听讲座就可以去旁听研讨会。通过讲座我认识了更多的朋友，他们成为小说研究的后备力量。讲座的成果后来被整理出版为《中国古代小说十二讲》。这些活动是胡世厚先生组织的，那时他已经是河南省社科联的副主席。《三

1. 1981 年，纪念吴敬梓诞辰 280 周年学术研讨会。

国演义》的会我大概参加了 3 次。

《金瓶梅》学术讨论会第一次是在 1985 年召开的，正好是我出问题的时候，所以没有参加。召开第二次学术讨论会时我参加了。金瓶梅学会会长是中国大百科全书出版社的刘辉，他是北大毕业的，确实对《金瓶梅》研究比较多，可惜现在已经逝世了。金瓶梅学会的活动比较稳定，我们一直联系很密切。

1994 年又成立了中国武侠文学学会。

陈：以武侠为名的就是这一个会吧？

宁：大概是吧。当时推举我做会长。我们做了几件事。第一，编了《中国武侠小说鉴赏辞典》，是我挂名主编的，在国际文化出版公司出版。大家编到差不多时把稿子给我，由我审稿。第二，我当了会长之后，给几个武侠小说名人的作品写了序，比如大陆版古龙、卧龙生的作品集。后来，又建立了两岸武侠文学恳谈会的机制。台湾叫中华武侠文学会，当时理事长是龚鹏程。

陈：咱们是中国武侠文学学会，他们是中华武侠文学会？

宁：对，都是“武侠文学”，不限于小说，面比较广，电影等也可以纳入。可以说武侠文学会促进了两岸的交流，他们来一次，我们去一次，他们又来了一次，后来就没再进行。我们去台湾时是 5 个人：我、卜键、刘国辉、沈悦苓、李哥（李香菊）。

陈：当时还没有实现“三通”。

宁：我们去了半个多月，在佛光大学作了报告，参观了佛光寺。

中国武侠文学学会初期活动比较多，有一次在北京开会期间还出现卧龙生心脏病大发作的事。那天真是奇特。天很黑，突然一个大的闷雷，西山卧佛寺的电完全断了。卧龙生在入住之处心脏病复发，他的药掉在了地上。当时黑着灯，手电筒也找不到了，李哥、杨华她们趴在地上摸黑找药。卧龙生说了一句话：“如果找到药，我吃了有效，我的命就算保住了。”他那是德国药，后来找到了。第二天开会，我进到会场时，看见他坐在那里，我们热烈握手。

1995 年，我们举办了武侠小说创作大奖赛。学会特制了一批宝剑作为奖品。金庸和梁羽生都给的是金剑奖，作为特殊的终身成就奖。以下是银剑奖、铜剑奖。当时还在人民大会堂举行了颁奖仪式。

陈：银剑、铜剑的作品是从什么范围选的？

宁：从成书的作品中选，学会的理事们讨论投票。我通过学会还认识了陈墨。当时他还不是研究口述历史的，是做金庸研究。

1995 年还成立了天津市红楼梦文化研究会，由我担任会长。因为不允许在中国红学会下设立分会，所以我们是在天津市社科联挂号的，不从属于中国红学会。我觉得除了文本研究之外，只要是和《红楼梦》相关的各个领域的文化人，都应该团结起来。当时纳入的有从事泥人、面人、清代服装、刻瓷等领域的，包括说相声的，都纳入到文化研究会来。这个想法是我提出的，想了很长时间。当时文化两字也很兴盛，于是叫红楼梦文化研究会。研究会也受到天津社科联的重视，觉得有特色。我宣布只任一届会长。我们每年开一次年会。我们的缺点是没有刊物，大家分头发表文章。

另外，我还参加了中国古代戏曲学会。学会也是 80 年代成立的，最早是胡世厚先生张罗这件事情。我是一个理事，每到开会时拿出文章。中山大学是研究古代戏曲的重镇，中文系主任王季思先生做过中国古代戏曲学会的会长。我在中山大学参加的会最多，有一回专题讨论《长生殿》，我有 9 次发言，有长有短。还有一次给王季思先生做九十大寿，我还陪着他打牌。

陈：什么牌？

宁：打麻将，他就爱打麻将。结果我“和”了。他们就说：“宁宗一，你这个人，你得哄着老爷子玩，让他高兴，你别和啊。”我这个人

1995 年武侠小说创作大奖发奖仪式暨北京武侠小说学术研讨会闭幕式

1987 年中国古代戏曲专题讨论会合影，1 排左 6 为王季思先生，左 1 为宁宗一

真的没有头脑。我一看自摸，就和了。（笑）这件事我记得很清楚。在会上，我的发言是说王季思先生是学院派，总结了 7 条。但是王先生否认自己是学院派。中山大学学术承传得好，王先生有黄天骥、康保成、黄仕忠这些传人，一脉相承下来。

参与各种学会的活动，我最大的收获是认识了一些前辈、一些很好的朋友，比如章培恒、吴敢、刘辉、黄霖、幺叔仪、魏远征、胡世厚、徐公持……数不胜数。

师友之间

宁：我工作早，有很多朋友可以说是在师友之间。

陈：您说的师友之间，是指您和学生们的关系，您是把学生也作为朋友了。

宁：我刚毕业时是青年教师，有些师弟比我年龄还大，有些我教过。大家也都是朋友了。

追溯起来，我的交友可以从中学时代算起。比如，初中时领着我革命的高纪辉，高中最好的同学王震一、赵赓廷。王震一还健在，现在搞大数据。[1]赵赓廷走了，我那时的棒球帽都是赵赓廷妈妈给我做的。一起玩儿的三个姐姐中，小东走了，“三姐”走了，“二姐”还在。

后来的知交朋友，首先要说山西大学的阎凤梧，他在 1960 年来南开进修，在我遭到批判的时候，他写了“世人皆欲杀，吾意独怜才”的字条，结果他在党内挨了批。后来，我们两个人成了无话不谈的朋

1. 王震一于 2021 年 1 月去世。

友。一直到现在，他也能指出我的缺点。他说："你不可能像我这样能应对各种人，在这种环境下没有这本事不成，我已经历练出来了。"阎凤梧一直顺风顺水，没有受到任何冲击。他是志愿军，另外他在族群里面很有威望。2018 年我去太原看他时，他刚刚回了趟老家，那里有三个亲戚结婚，他去主持婚礼。他说："我也是不得已。"因为他在族里有很高的威望，有大事都要请他出面。他身体也不是很好，耳朵背，眼睛也不太好，但是他在太原所受的待遇是高级的。

天津师大的李厚基，我们俩是在公交车上遇见后来往的。那天我们都去看戏。他在车上见到我说："你就是宁宗一吧？"他刚看了我在《光明日报》上发的文章，就这么认识了。后来我们成了好朋友。我有时在家里吵了架，就到李厚基家躲着，把他家当作我的"避风港"，吃饭也在他家。李厚基没能迈入 21 世纪的门槛就去世了。他的研究生中，我和林骅走得比较近，现在联系还比较多。

和我走得近的还有李思孝。他是 1964 年来南开大学任教的，研究

与王震一（右一）、赵庚廷（左一）等在崇实中学再聚首

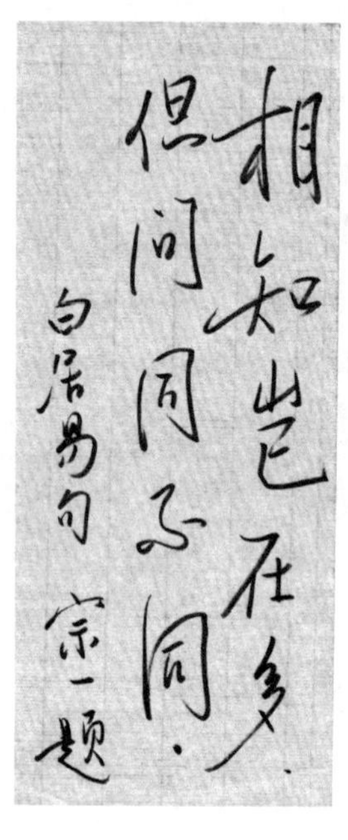

白居易《别元九后咏所怀》中的
这两句是宁宗一的交友原则

马恩的文艺理论，“四人帮”粉碎后调到北京大学。我们志同道合。他的夫人王珂也和我很熟，我通过她又认识了她哥哥王若水和傅作义的女儿傅冬菊。李思孝曾经给我写过一首打油诗[1]，今天胡健还专门用书法给我写了这首打油诗。

和我一起共患难的哥们儿还有郝志达、苏振鹭、秦松龄，都是我的师弟，他们都走了。秦松龄是秦丰川的儿子，秦丰川是傅作义的文胆，曾任北平教育局局长。秦松龄写得一手好字，我有一个讲稿是他题的封面。但是他挺不幸的，在“肃反”时被整得灰溜溜的，后来又被打成了“右派”，再后来到内蒙古大学教古汉语。他一直惦记着南开

1. 李思孝《打油诗一首赠宗一》：“三国水浒费精神，侠骨义气伴平生。纵然红罗闺房小，容得人间一英雄。”

大学，病危的时候，让他的关门弟子张立来拍摄南开大学的景物，我一直陪着她拍。秦松龄想看看二宿舍、胜利楼，可惜都不存在了。张立拍了一些大中路、马蹄湖的照片带回去。

秦松龄是很聪明的人，苏振鹭却不一样，蛮里蛮憨的。三年困难时期，我们饿得没办法，就上苏振鹭家里吃饭。

陈：他是天津人？

宁：对。他妻子叫王红玉，给我们做饭。她比苏振鹭大三岁，对我们就像对小兄弟。

陈：苏老师教什么？

宁：他教现代文学，是最早教现代文学的几位老师之一（教现代文学的还有张学植，是从武汉大学毕业的，他总认为自己不是南开出身。其实我跟他的关系不错，我一直说李何林先生不分从哪里来的，都一视同仁）。苏振鹭留校教学，反映一般，但是他跟谁都嘻嘻哈哈，关系很好。李先生很喜欢他，觉得他挺厚道的。他跟李先生的感情也很好。苏振鹭不是很聪明的人，但是很勤恳。我离婚时，我们住到一起，我和郝志达都睡了，苏振鹭还在背讲稿，翻着眼皮嘴里叨咕着，这么敬业！

刘家鸣也是我师弟，我们是毕业后逐渐走得近了。张学正则是近十几年，大家都退休了，有时间了，直接对话交流比较多了。学正是守正派，到现在也是。他一方面批判“极左”，一方面受正统的影响比较大。我认为他是我师兄弟中非常正派的人，是学术上最有追求、最敬业的人。

陈：刘先生和张先生都对咱们的口述历史有贡献，您和他们核对过很多历史细节。

宁：对。刘家鸣是当过一段时间副博士，当时学苏联，副博士就是研究生。后来他当过李何林先生的助手。李先生对学生真像对自己的孩子似的。

田本相也是李先生的研究生。他编了李先生的全集，这个工作做得真是太好了，把李先生的东西都收进来了。在这一点上，他比我们这些嘴头上称颂李先生的人做得都好。我和本相在学问上交流比较多，特别是大家都老了以后，我们的想法就更加接近了。

在我教过的学生中，也有很多关系很好的。我最早是给历史系讲文学史，那一班同学里李端美和我很好。李端美个子不高，长得很漂亮，后来是外文系顾治洲的妻子。1958 年贴我大字报的是她（当时她就是给老师提意见），后来拉我到范曾那儿，推荐我到东方艺术系的也是她。

陈：她毕业后在哪儿工作？

宁：在学校的外办，教外国留学生。那时候还没有汉语言文化学院，是外办负责教留学生，上课是在芝琴楼，到留学生的宿舍里去讲。我当时还给中东的一个学生讲过，一对一。那时候欧洲人比较多，中东的也有一些。一般都是小课。

陈：这是七八十年代吧？

宁：不是，印象中是“文革”前，学校还没成立外事处呢！李端美朗诵诗非常棒，在咱们电台朗诵马雅可夫斯基的《列宁》，从头到尾背下来，棒极了！我有时候背一首绝句都不成。

陈：但是您读得多，都有印象，一查就可以查到。做学问是另一种功夫，知道去哪儿找就行。

宁：但是人家能旁征博引，我就不成，我有讲稿依赖症。

在亦师亦友的人中，黄克、崔胜洪和我关系最为密切。在我 1985 年出了事情后，小崔对我不离不弃，而黄克一个月以后才来看我，骂我是“当代西门庆”，说我是“扶不起来的天子”。虽然他骂我，但是我知道他是有一种恨铁不成钢的心理。那时不同人有不同的反应，有人认为我“这棵大树倒了”，也有人说“宁先生还有东山再起的时候。”

与黄克合影

我听后开玩笑说："宁宗一从来没有起来过，怎么可能再起呢？"

黄克是 1956 级的，我教过他们班。他家也在北京。他的父亲是黄桂秋，用华先生的话说是"梅尚程荀黄"。

陈：仅次于四大名旦的旦角演员？

宁：对。黄克的哥哥是演小生的，在上海京剧团，他们是京剧世家。我们都是北京人，所以原来总是一块儿回家。有些事情是同甘共苦，一路走来，方方面面关系都很好。比如，我们两边家里的老人都有交往。我和黄克的母亲、姐姐都很好。他也上我们家，和我母亲很好。黄克是很厚道的。我这个人毛病多，做的事情有时不尽如人意，而且我的毛病都是外露的，会得罪人。但是黄克、小崔都给我以宽容，在这种情况下，他们没有远离我。我觉得在这个问题上，我应该有感

左起：郝志达、黄克、宁宗一、任家智

恩的意识。

1956级还有任家智、郝世峰，我们曾经一起被打成“反党小集团”。郝世峰是从团中央来的，入学时就是19级干部。他的思想理论水平确实高，但是有的事想到中央前面去了，过于超前，反而受到了处分，说是打乱了党的部署。“反右”开始前，他被留党察看两年。任家智是典型的“红小鬼”出身，扛红缨枪的。我跟任家智一直比较知心，只是在他当学校领导的那段时间走动少一些。他谈恋爱时都得拉着我去北大，追求王岱英。任家智比较了解我，也知道我一路走来磨难多多，在能给我说话的时候，也会说一点话。我1986年要上北京的时候，他也不愿放我。后来，他到中国民航学院当党委书记兼院长，让我、薛宝琨、范曾去当兼职教授。感人的是，前两年河南老家给他寄来了丸子，他立刻给我打电话，自己亲自下厨请我一起吃。

结果没过十天，他就去世了。我那次大哭，是发自真心的。

1956 级还有于友先，他真的是革命家庭，红二代。他父亲叫于大申，是个老革命，在根据地时就做过机关报的社长、总编。于友先是比较平和的一个人，和任家智很好，跟我也不错。他曾经当过我们团支部的领导。有一次我们两个人一块练双杠，那时候我正在受批判，他做我的思想工作。他说："林彪那句话说对了，不要看别人给你打多少分。"

于友先是大孝子。他毕业留校是在外国文学教研室，在朱维之先生手下。后来他因为母亲生病，中间休息了一段时间，专门回家照顾母亲，给母亲翻身、喂粥。后来他调回河南，到河南儿童出版社，当了副社长，后来当了河南省副省长、省委宣传部长，又调到北京当了新闻出版署署长。

我们俩走得还是比较近的。他当了官以后特别关心我。任家智说："老于头儿对你还真是关心。他是把你当作受压的，应该帮忙的人。"于友先叫我"宁兄"，说我是南开比较杰出的人，但是受的委屈比较多。有一次回天津，他专门上我家来，说要帮我出书。他对我有感情，也很重南开情。

我教过的还有 1959 级。这一年级的学生中，刘莲丽也是北京人，上学时我们就非常好，最近又通过网络建立了联系。弥松颐前面说过了。还有张燕瑾，和我联系很多。他后来当过首都师大中文系主任、文学院院长，出书很多，他和我的研究路子相近，我还为他的学术著作写过序言。

我的研究生有几位去世得太早，比如罗德荣、陆林。陆林真的是比我学问大，他不仅仅和我一起编书，自己也出了很多成果，他还是《南京师范大学学报》的副主编，当了博导，可惜英年早逝。

比他们再年轻一些的学友，一个是小侯，1979 级的。我和她很有缘，认识时还没开始教她们班。她是班里最小的，15 岁入学。有一次我在校医院遇见她，知道她是中文系的学生后，就请她给她的学姐庞煌带个信。我说我就不过去了，请她帮个忙，通知庞煌到我家有事。之后小侯常到我家里来，而我又正好教了她们班。我们很谈得来。她那时正在谈恋爱，什么事都和我细加描述。她说她特别羡慕我的女儿小清，她要是能做我的女儿多好。小侯从小没有父亲，五岁的时候，父亲在“文革”中自杀了。她太早失去父亲了，所以我那时照顾她比较多。可是李蒙英又为此吃醋了，让小清干出了莫名其妙的事。有一次小侯来我家时，小清出来胡说八道。那次我差点和小清打起来。在她们年级，我和小侯接触最多，一直保持了几十年的联系。她后来给我看了当时她写的日记，都很感人。另外是东方艺术系的学生们，比如黄氏姐妹——黄静、黄乐。因为东方艺术系规模比较小，所以师生联系多。

陈：这是 90 年代的学生了。

宁：对，又因为她们的关系，我认识了中文系的刘永顺、刘金双、毛平。当时黄氏姐妹的爸爸妈妈正在闹离婚，她们可能在我这儿感到

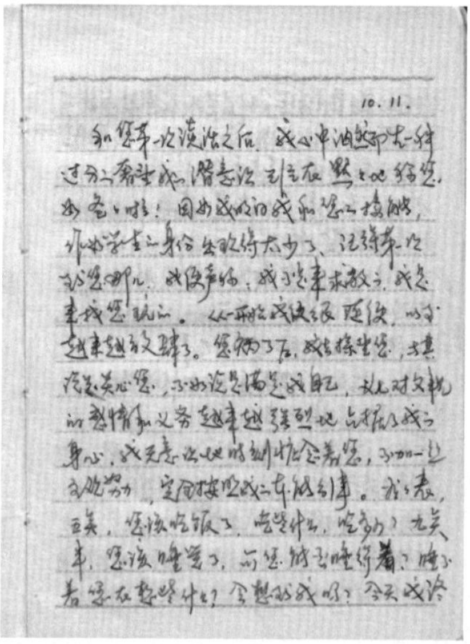

小侯日记

“宁宗一家庭团”成员，左起：刘国辉、杨华、我、李香菊、朱蓉、程体英

了温暖。黄乐还带着我玩，让我跳舞锻炼身体。她们对待“热闹”像亲弟弟一样，到现在还时时牵挂我们。

学生中有的毕业后来往并不多，但是互相惦念着，他们有了成就，我也引以为荣。比如张兵涛，他心里总是惦记我，有一次他还让母亲给我纳鞋垫。

有些学生完全是出于对老师的敬重。比如孙恩扬，博士论文也要找我写评议，他对我有信任感。比如张旺，很多事都来找我商量，得听听我的意见。这种师生关系，就像哥们儿似的。

宋野岩、江锦世都是朴实无华的人，对我则是尽一切能力去帮助。他们把老师的事就当作自己的事，以帮助我为快乐。我从北村搬到西南村的时候，宋野岩正好脚上有溃疡，但他一定要来帮忙，一趟一趟蹬着平板车运东西。转天，搬家公司来的时候，反倒没有什么要搬的了。搬来后，杨宇翔帮忙分类摆放。我现在书架分类的格局，基本上

2020 年 7 月 10 日，刘国辉自撰对联并请陈恕书写为宁宗一祝寿：“宁直宁独宁矫宁无忌，百折犹宁大爱，满贵存后裔；宗师宗业宗道宗所思，九秩仍宗一心，南开有先生。”

还是他们那时定下来的，一直延续到现在。我印我父亲的书法集时，宋野岩完全当作自己的事，帮助我印刷出来。

杨宇翔跟我学术交流比较多，知道我直来直去。周康则几乎把我当作父亲来看，有时跟我顶撞。周康、杨宇翔和我是“铁三角”。

总之，这些学生有的和我不分你我，有的是心有牵挂，有的是共同为了某些事业可以一起讨论，有的是觉得老师的事就是自己应该做的事。这些学生让我在生活上、事业上感到有依靠。

再有就是刘国辉他们。国辉也是 1979 级的，但是上本科时联系并不多。他读朱一玄先生的研究生时，我们交往开始多起来，既是师生关系，又都是朱先生的同门学生。后来成立武侠文学学会，他和几位朋友都是创会的重要成员。北京的小朋友们组成了“宁先生家庭团”，家庭团的骨干是国际文化出版公司的杨华。她现在是武侠文学学会的秘书长。还有“热闹”的北京干妈——李哥（李香菊），以及朱蓉、李黎、老程（程体英）。我后来每次回北京都住在老程的公司那儿，可以说是第二个家。

谈到师友，我有个顾虑，因为很容易挂一漏万，我教的学生多，朋友也不少，他们大都有恩于我，所以说时很怕忘了提到他们，但是事实会证明他们永远在我心中，他们都是我生命的支撑者。

陈： 口述历史难免有挂一漏万的情况。我想，咱们这里所讲的是您人生中交友一个重要方面，只是举了一些例子，并不是要通过口述历史向朋友们一一致谢，大家会理解的。

反思意识

宁： 我的个人史，也可以算是一部小的历史。虽然每个人都有自己的个人史，但是我真是比较全面地经历了一个时代大大小小的事情。我只是一个微不足道的教师，但是我的经历也是历史的缩影。

第一，战争方面，我没有直接见到硝烟，但是也经历了几场战争。抗日战争爆发，我们家直接受到的影响就是我三姐得猩红热和我小妹妹的死。我们家的宠儿小扁儿走了。之后，我又亲身经历了解放战争。原来我是带着理想主义的，看到国民党的腐败，就觉得我们盼望已久的抗战胜利怎么竟然会这样？这才有我参与“反饥饿反内战”运动，反对国民党。我虽然没有直接参与战争，但是我在追求光明，追求解放。之后是抗美援朝，我作为战争后方的一名大学生，当然要支持抗美援朝，也亲历了相关的运动。可以说这些战争我都是间接参与其中的。

第二，政治变迁方面。抗战时，我们是沦陷区的亡国奴。我遭到日本小孩无缘无故的殴打。我的表哥庸哥、恒哥因为日本电台丢失仪器，遭到迫害。我们家大年三十儿什么吃的都没有，我父亲为了生活不能不到伪华北政务委员会当书记。他下班回来，总是一副沮丧的样子。我大姐经常嘱咐我："爸爸回来的时候少问问题。"不过，那时日本还来不及从意识形态上对我们这些孩子进行灌输。上高中的时候局面混乱，可是我就是玩。上大学以后，政治才真正进入到我的生活，进入到心灵。每一件事几乎都和政治有密切的关系。今天来看，在一系列政治运动中，我们都是在背叛恩师、背叛良心。我们有时甚至成了可怜的打手，批判我们的老师，写一些很无聊的文章。我觉得这是事实。我这样一个原本相对来说比较单纯的孩子，出卖了灵魂。这些我在《点燃心灵之灯》中写了很多，每一篇文章都带有忏悔的性质、反思的性质。

幸好我有一片丹心，无论受了多少委屈，我都要把课讲好。你可以看，我现在保存了这么多讲稿，这都是一笔一笔写下的。我就是想要讲好课。这与家庭教育、恩师教诲的影响有关系，也有自己的追求、担当和职业习惯的因素。如果我没有教师的身份和对学生负责的意识，如果我像有些"小政客"那样专门"搞政治"、专门整人，那我就彻底完蛋了，今天可能什么成果都留不下。所以，我是为了把课程教好，才得以分心，没有完全陷入政治运动中。

第三，文化学术方面。一方面，我年轻时能看的就是苏俄文学理论，我觉得对我还是有好处的，马恩的理论深入我心。但我们也受到庸俗社会学、教条主义和实用主义的影响，这也是政治运动的重要分支。文化斗争和权力斗争纠缠在一起。从批《武训传》、批《关连长》

开始，每一次政治运动都与文化有关。1956 年提出了“双百”方针，可是之后很快又急转直下。这些运动打乱了我们这些人的思维，教学中不可能把政治的和文化的完全分开，所以我们那时的文化是实用主义的、教条主义的、庸俗社会学的。我们本来应该接受中西方各种先进文化，但是当时整个是封闭的。我一直说，我在最美好的青春时代没有读书。另一方面，在学术问题上，我因为喜欢文艺理论，走了自己的一条路。比如，我不喜欢过多的考证，我没有走那条被人看作是实学的路，更希望提出自己的理论。我从来也没有在学术上吹牛，因为我知道自己读书太少了，只是有时有点儿灵感，写了一些文章。

陈：您过谦了，对一个学者来说，学术肯定是最重要的，而您的成果是学界有目共睹的。

宁：我的成果在哪儿，我的缺失在哪儿，我自己是清楚的。一个人能够成名需要有自己的团队。在这点上刘泽华先生就很典型。老刘去世后，我常劝他的夫人阎老师。我说：“和我相比，老刘是幸福的。在生活上，他有你这样的妻子，有这么好的女儿、外孙。在政治上，他只是有过一些小坎坷，很快就过去了。特别是在学术上，他有这么多的硕士生、博士生，这么多弟子，形成了学派。相比而言，我只带过二十几位硕士，他们大多不是按照我的学术路数去走的，而且和我关系最好的几位早早就去世了。”我为老刘高兴。我对自己也有自知之明。我为什么没有能像他那样？一方面是我曾经长期被压，同时也因为个人的事情长期被污名化。你也知道我的性格，有人觉得我张狂、霸气。在生活上，我娶过年轻的妻子，这在中国简直是不道德的，而且我偏激的行动又毁掉了我自己生命的一半。很多人既不能不承认我还有一点学问，又觉得我在外面的影响并不都是正面的。

第四，我经历了家庭的破碎和生与死。别人没有像我经历这么多次家庭、婚姻的崩溃。小群去世，引发了第一次家庭的破碎。没有了小群的维系，我和他妈妈终于离婚，小清也离开了我。三衰抢救室里抢救小群的场景，我今天想到，还是欲哭无泪。小群真的是非常善良、非常单纯的孩子。不是因为他走了我就说他好，他的那种厚道是难以想象的。他写过一篇作文，谈自己的理想，谈善良的仁爱之心，遗憾的是这篇作文后来在我离婚的时候，被他妈妈要走了。我后来经常和"热闹"提到他哥哥的情况。我在家里也摆放着我父亲和小群的照片，我觉得我是在供奉着这一老一小。

我和小韩的恋情，真的很单纯，我们自由恋爱，自杀不是为爱而殉情，就是一时的激愤。我当时对生命价值没有很好的认知，我的偏激造成不可收拾的局面，让我有了从生到死、由死到生的经历。我的幼稚，我性格上严重的缺失，造成我错走了这一步。我觉得有很多我想说的，可是说不出来，也写不出来。

所以可以说我经历了一部历史，也演出了这部历史，真的是有悲有喜。我爱过人，也被爱过。我一直坚信一点：爱比被爱更幸福。在感情经历中，我有我的道德感，有一般人的人性，也有我的底线。我尊重别人，但是我反感那些傲气十足的人。我对不喜欢的人，真的无话可说，我不会很圆滑地去对待。

陈：喜欢您的人之所以喜欢您，也是这个原因。

宁：喜欢我的人说，宁宗一是个真人，不喜欢我的人理由就很多了。我觉得，家国情怀、忧患意识、悲悯之心，这三条我都有。

陈：您一再提到"反思意识"，无论是您的回忆文章，还是咱们的口述历史，都可以说是您的反思史。前几天您写了咱们这部口述历史的序——"写在前面的话"，里面也强调了这一点。

宁：我把那篇序给不同的人看，得到的反馈不一样。有人觉得写得还可以，有的人比如周康说："不认为您要谈这么多反思的内容。"

他和冯尔康先生的看法一样。冯先生也说过，忏悔应该是那些大人物的事，和你没有关系。

陈：我觉得，您的想法和冯先生他们的想法都有道理，也并不矛盾。大人物当然要负更大的责任。混乱的局势把人性恶的一面翻搅了出来，大多数身处其间的“小人物”是无法了解全局的，在当时的处境下也很难真正为自己的行为负责。但是，事情过去之后，能够进行反思当然是很好的，这并不妨碍对过往责任的总体认识。大历史有大历史的逻辑，个人史也有个人史的逻辑。我们不能要求每个小人物都去反思，但能够反思总是有益的。

宁：我们在那个时候就是没有任何自己独立的思想，认为一切都是正常的、应该的，没有思考。对我来说，重新认识自己的问题，必须成为核心。我在认识自己的问题上，深度、广度都不够。我痛苦的是，一方面懒，从来不记日记；另一方面生活太纷乱，有各方面的公事、私事，还有让我愁绪满头脑的事。我没法像有些朋友那样，把事情记得那么清楚，有些事情也想不起来了，还需要你去考据。但是，如果让我抛开反思与忏悔，我无法生存。

附录

与师母们的故事

说到师恩永恒，对我来说，同样忘记不了众多师母对我的恩泽。用“恩泽如海”这个词来形容绝非夸张。这里只举几个小例子：上世纪 80 年代初，我们几个人去北京看望李何林先生，忘记了具体是什么事，何林师狠狠地批评了我，我毕恭毕敬地听先生的“训斥”。没想到师母王振华先生在旁边竟然看不下去了，大声对何林师说：“何林，你别像训儿子那样训小宁！”何林师头一摆，大声说了一句：“学生和儿子有什么区别！”先生的一句话不仅化解了这尴尬场面，对我来说更如扑面而来的暖风。恩师和师母的有趣对话，一下子就把我融进他们的生命中去了。

另一个例子，是发生在我和邢公畹先生、师母陈老师之间的一则小“笑话”。上世纪 60 年代，我已经晋升讲师了，“没大没小”的毛病却始终没改。一次，在邢先生家聊天，我竟然趁机在师母面前给邢先生告起“状”来了。我对师母说：“我大一时，邢先生教我们诗歌写作，我写了一首充满革命激情的诗，邢先生评议时竟认为那不是诗，充满了标语口号，从此我再不敢写诗，也不喜欢读诗了。”我还自嘲地说：“邢先生把一个天才的诗人扼杀在摇篮中了！”师母极为认真地听完后，对邢师和我说：“老邢说话总是不留余地！”邢师坐在那儿只是笑而不语。师母又补了一句："小宁不受这次打击，还真许是个写诗的材料呢！"本来就是一次开玩笑的小事，一经师母的认真呵护和表态，竟像一出小小的家庭喜剧！

再有就是华粹深先生对我年轻时教戏曲课不爱看戏曲演出的多次批评，这本来就是老师对学生教导的常态。可是有一次在华师家，华师又提起带我去看京剧《玉堂春》时我睡着了的事。华师母黄湘畹先生正做饭，出来就说："粹深，你考考小宁戏曲是什么特点。"我在旁答曰："场上之曲。"华师母立即为我说话："别再数落小宁了，他记住了！"说完，就喊我和华师搬椅子吃饭。

这就是我大半辈子的幸福，有那么多老师的教导，又有那么多师母的呵护。老师是父亲，师母是母亲，是他们把我带大的，这句话是我父亲一直对我说的，我永不会忘怀。难忘师恩，师恩永恒！

附录一

二自斋年表

陈鑫　编撰

编者按：二自斋为宁宗一先生斋号，二自者，自作多情也，自知之明也。本表以年代为序勾勒生平，事不备举，力求简明。先生论著颇丰，多可见于各学术数据库，本表择要而已。表中年龄均以虚岁记。

1931 年　一岁

农历五月二十日（7 月 5 日）生于北京（时称北平）北总布胡同。满族，正蓝旗宁古塔氏，初名宁宗彝（工作后改为宗一），小名煜格。

祖父曾任清台州知府。父亲宁荣夔，又名詠琴，字伯龙，曾在上海、北平、石家庄等地担任学校教师、公司职员，善书法，尤精蝇头小楷，曾举办作品展；又擅摄影，常在报刊上发表摄影作品。母亲金茜芸，满族镶黄旗爱新觉罗氏。出生时父母已生有四个女孩和三个男孩（其中两个男孩夭折）。

1932 年　二岁

除夕夜（2 月 5 日），从床上摔下，撞破痰桶，流血甚多，头顶留下 C 形伤疤，后被同学起外号“小 C”。

1934 年　四岁

小妹出生，小名扁儿。

1936 年　六岁

入象鼻子中坑小学。

1937 年　七岁

三姐参加童子军检阅时染上猩红热，又传给妹妹小扁儿。年幼的小扁儿因病去世。

小学一年级学年末，考试得丙等第一名，本可升级，但因年龄太小，母亲做主重读一年。

7 月 7 日，“卢沟桥事变”爆发。

1938—1942 年　八岁至十二岁

北平沦陷后，父亲失业，一度靠卖字养家。某年三十儿，家中几近断炊，靠父亲密友拿来的半袋面才得以包素饺子过年。

沦陷初期，某日放学回家路上，遭日本小孩群殴。

1943 年　十三岁

小学毕业，入北平二中就读初中。

1945 年　十五岁

9 月 2 日，日本签署投降书，抗日战争胜利。

12 月，在故宫太和殿听蒋介石向万余名学生讲话。

1946 年　十六岁

初中毕业，在北平二中就读高中。

1947 年　十七岁

5 月，愤慨于国民党接收大员的腐败行径，在高纪辉等同学影响下，参加“反饥饿、反内战”游行。

高一第二学期末，数学、英语考试不及格，学校要求降班重读。因身体、心理原因，索性休学。

1948 年　十八岁

经过考试，转至崇实中学，就读高二。

课余，与同学王震一、赵赓廷到青年契友会玩，结识小东，萌发初恋。

11 月，平津战役开始。

1949 年　十九岁

1 月，北平和平解放。

10 月 1 日，中华人民共和国成立。

1950 年　二十岁

5 月 4 日，参加首都青年纪念五四大游行。

保送燕京大学，但未通过新闻系复试。

7月，参加高考。同时报考南开大学、哈尔滨外专和齐鲁大学。

8月，首先接到了哈尔滨外专录取通知，面试后，北上就读，学习俄语。正当学习、生活难以适应时，得知被南开大学中文系录取，于是退学离开哈尔滨。

9月，入南开大学文学院中文系学习。中文系主任为彭仲铎先生。教师有华粹深、孟志孙、朱一玄、邢公畹、张清常、杨佩铭、张怀瑾等。除本系教师授课外，中文系还邀请阿英、方纪、何迟、吴同宾、阿垅、芦甸、冯大海等在天津的名家来校讲学。

1951年　二十一岁

中文系开设“中国新文学史”，先后从北京请来名教授李何林、王瑶讲授。

本年，曾联系转学北京大学中文系，但未被南开大学批准。

在“忠诚老实”运动中，如实写下自己的“历史问题”、海外关系等。

1952年　二十二岁

按教育部要求，全国高校进行院系调整。调整后，南开大学成为文理综合性大学，学校取消院级机构，以系为教学行政单位。中文系得到加强，李何林先生担任系主任。中文系迎来朱维之、王玉章、王达津、李笠、陈介白、顾牧丁、许政扬、陈安湖、马汉麟等一批学者。

1953年　二十三岁

担任班主席，加入新民主主义青年团。

小东自北师大毕业，分配至内蒙古工作。初恋至此结束。

1954 年　二十四岁

在李何林先生指导下撰写毕业论文《论解放四年来的长篇小说》。

7 月，大学毕业。毕业志愿是记者、文艺工作者，但却被分配留校任教。经朱一玄先生单独谈话开导，才安下心来。任许政扬先生助教。

担任中文系古典文学教研室秘书，后又担任教师团支部副书记、书记。

9 月，走上讲台，为历史系学生讲“中国文学通史”，从此开始数十年教学生涯。

全国批俞平伯《红楼梦》研究期间，12 月 6 日，在中文、历史、外文三系联合召开的《红楼梦》研究座谈会上发言，主题为《〈红楼梦〉的世界观与创作方法》。12 月 11 日，发言在校刊《人民南开》上发表。

1955 年　二十五岁

在批胡风运动中，任天津市教师宣讲团员。4 月 2 日，在《人民南开》上发表《评胡风的世界观与创作方法的二元论》。

5 月 29 日，南开大学首次科学讨论会召开。在中文系的讨论会上，宣读论文《论古典作家的世界观与创作方法的关系》，后发表在《南开大学学报》（1956 年第 3 期）。

1956 年　二十六岁

8 月 13 日，在《天津日报》上发表《什么是庸俗社会学》。

1957 年　二十七岁

与中文系师妹李蒙英结婚。

1958年　二十八岁

在批判资产阶级学术思想运动中，许政扬、马汉麟先生成为中文系批判对象。作为许先生的助教，被领导要求发言。许先生经历一系列打击后病倒。

在许政扬先生推荐下，接替其在中文系讲授“中国文学史”宋元部分。

1959年　二十九岁

在学界“为曹操翻案”的讨论中，与华粹深先生等合作撰写《谈舞台上的曹操》，4月17日发表于《天津日报》。

7月14日，长子宁群出生。

1960年　三十岁

被系领导要求执笔撰写《批判李何林在世界观和创作上的修正主义文艺思想》（李何林先生撰写的《十年来文学理论和批评上的一个小问题》于本年1月发表后，遭到全国性大批判）。文章写就，到李先生家请老师过目，李先生冷静地看了一个多小时，提出了修改意见。批判文章署名为“南开大学中文系古典文学教研室”，发表在《河北日报》上，又被《文艺哨兵》杂志全文转载。

按照学校党委安排，在全校大会上带头“暴露思想”，谈了自己对“三面红旗”的看法，不料因此在团支部中被批判了半年，团支部书记职务被免。

5月31日至7月，学校开展“双革四化”（技术革新与技术革命，机械化与半机械化、自动化与半自动化）运动，师生赴工厂，将教学革命和技术革命相结合。其间，在天津面粉一厂参与技术革新。

1961 年　三十一岁

协助华粹深先生参编《河北梆子史》，赴北京采访荀慧生、筱翠花、徐兰沅等。

与李蒙英离婚。

离婚后，与中文系苏振鹭、郝志达同住九宿舍 312 室。正处于“三年困难”时期，青年教师们有时怀念起曾在食堂吃过的菜肴，一起“精神会餐”。不料被人暗中举报：宁宗一等“革命意志消沉”，形成“裴多菲俱乐部”式的小集团。

落实中宣部加强文科教材建设要求，协助河北大学教授顾随先生编写教材《宋元文学作品》。

1962 年　三十二岁

上半年，赴安徽大学支教一学期。

1963 年　三十三岁

在本年《南开大学学报》第 1 期上发表论文《关于戏曲表演艺术特点的几点理解》。

6 月，在李何林先生力争下，终于晋升讲师，结束 9 年的助教生涯。

10 月 27 日，在《光明日报》上发表论文《中国戏曲艺术发展规律浅探》。

本年，在李何林先生撮合下，与李蒙英复婚。

1964 年　三十四岁

赴河北唐山抚宁县参加“四清”运动。

1965 年　三十五岁

赴河北衡水枣强县参加“四清”运动。

女儿宁清出生。

1966 年　三十六岁

枣强“四清”运动结束，被评为“五好队员”。

回到学校时“文化大革命”已经开始，成为被批判对象，不久即被打为中文系“反党小集团”——“宁任黑帮”头目，受到人身侮辱和体罚。

9 月 7 日，许政扬先生在遭受迫害后，自沉于校内河中。

1967 年　三十七岁

4 月，《人民日报》发表社论，批判“打击一大片，保护一小撮”的路线，此后得到平反。

1969 年　三十九岁

11 月，南开大学实行战备疏散，地点在河北完县（今顺平县）腰山基地。因帮助图书馆选择需疏散的书籍，稍晚到达腰山。

1970 年　四十岁

5 月，从腰山返回学校。

1971 年　四十一岁

年初，下放至南开大学大苏庄“五七”干校，分配在炊事班工作。

“九一三”事件后，干校解散，回到学校，开始复课闹革命。

10 月，南开大学第一批工农兵学员入学。恢复教学工作。

1972 年　四十二岁

人民文学出版社准备出版《四部古典小说评论》(即《三国演义》《水浒传》《西游记》《红楼梦》，此时尚无“四大名著”之称)，执笔撰写《〈水浒〉的思想和艺术》，署名为南开大学中文系古典文学教研室。该书 1973 年 7 月出版。

1973 年　四十三岁

因与一位同乡女同学有书信往还，被贴大字报指称“腐蚀工农兵学员”。

1975 年　四十五岁

批《水浒传》运动中，入选写作组，到《红旗》杂志社准备起草评《水浒传》的文章。但因对最高指示提出质疑，被遣回校，没有参加写作。

应人民文学出版社之约，南开大学中文系开始编写中国小说史教材。赴塘沽碱厂，师、生、工人“三结合”编写教材。

1976 年　四十六岁

3 月，《中国小说史话》征求意见稿付油印。

7 月 28 日凌晨，唐山大地震，学校受灾严重。搬至简易地震棚居住。

1978 年　四十八岁

继续编写中国小说史教材。编写期间，住在北京朝内大街 166 号人民文学出版社后西楼招待所。

9 月，长子宁群因尿毒症去世。

发表论文《从罗烨〈醉翁谈录〉谈“说话”艺术》(《南开大学学报》本年第 4、5 期合刊），是为“文革”后所写第一篇学术文章。

1979 年　四十九岁

3 月，晋升副教授。此前担任讲师共 16 年。

5 月，南开大学版《中国小说史简编》出版。

11 月，父亲宁伯龙先生病逝。

本年，中文系建立古典戏曲小说研究室，招收研究生。任副主任，主任为华粹深先生。

1980 年　五十岁

7 月，赴哈尔滨参加第一次全国《红楼梦》学术讨论会。

本年，发表文章《生活的潜流——就〈玉镜台〉的评价问题与王季思同志商榷》(《学术研究辑刊》本年第 1 期),《试论宋元话本小说的思想倾向及其繁荣的原因》(“古典文学论丛”第 1 辑),《“中人”考辨》(《读书》本年第 9 期）等。

1981 年　五十一岁

1 月 22 日，华粹深先生逝世。其后，与黄克、弥松颐、许祥麟等一同编辑整理《华粹深剧作选》，于 1984 年由中国戏剧出版社出版。

10 月，参加纪念吴敬梓诞辰二百八十周年学术研讨会，宣读论文《喜剧性和悲剧性的融合——〈儒林外史〉的实践》。

1982 年　五十二岁

1 月 22 日，撰写《华粹深剧作选》“编后赘语”《一生和戏曲艺术结下不解之缘的华粹深老师》。

本年，任中文系学术委员会常务副主任。

受聘为山西师范学院兼职教授，联合培养硕士生。

再次与李蒙英离婚。

发表文章《性格就是命运——谈〈莺莺传〉中的崔莺莺》(《文史知识》本年第4期),《论关汉卿的杂剧〈关大王独赴单刀会〉》(《天津社会科学》本年第5期）等。

1983年　五十三岁

5月，参加在大连举办的第一届明清小说研讨会；6月，参加在天津举办的中国首次比较文学讨论会，均宣读论文《试论〈金瓶梅〉萌发的小说新观念及其以后之衍化》，从此开始投入《金瓶梅》研究。

7月19日，在《光明日报》发表《文学史要探索文学的发展规律》。

本年，为人民文学出版社编辑的《唐传奇鉴赏集》《元杂剧鉴赏集》《聊斋志异鉴赏集》撰写《贵在写出人物的独特命运和灵魂——读〈莺莺传〉随想》《创造性的改编——从〈莺莺传〉到〈西厢记〉的情节典型化和主题提炼》《艺术与道德并存——读〈西湖主〉随想》等文章。

年底，成为预备党员。

1984年　五十四岁

4月，任南开大学学术委员会委员。

赴洛阳参加全国第二届《三国演义》学术讨论会，会议期间在中国古代小说讲授班上主讲唐传奇、宋元话本。讲座内容后编为《中国古代小说十二讲》(胡世厚主编，中州古籍出版社1993年版)。

11月，儒林外史学会在南京成立，任副会长。

与鲁德才主编《论中国古典小说的艺术——台湾香港论著选辑》由南开大学出版社出版。

本年，开始与小韩恋爱，但其家人反对。

1985年　五十五岁

3月4日，小韩家人轮番来做小韩工作。

3月5日，因一时激愤服安眠药自杀。6日，被人发现送医院抢救，昏迷四天后醒来。

因自杀事件影响，被取消入党预备期资格。

身体逐渐恢复，但右手一度失去知觉。恢复中，用左手写下论文《吴敬梓对中国小说美学的贡献》(发表于《天津社会科学》1986年第6期)。

10月，赴徐州参加第二届全国《金瓶梅》研讨会。

小韩家人逐渐默许两人交往。

1986年　五十六岁

2月，第一部个人文集《中国古典小说戏曲探艺录》由中州古籍出版社出版。刘叶秋先生作序。

8月26日，在《光明日报》发表《一位古代小说家的历史反思：对〈儒林外史〉的再认识》，后被《新华文摘》转载。

8月，俞琳先生任中国戏曲学院院长。应俞先生之邀，想调至该校工作。

10月，在南开大学历史系冯尔康先生主持的首届中国社会史研讨会上发言，题为《戏曲史·心史·社会史》，后发表于《社会科学战线》(1988年第1期)。

与小韩结婚。

1987 年　五十七岁

南开大学筹建东方艺术系，范曾任系主任。应邀参与建系工作，此后成为东艺系教师。

10月，发表论文《另一种精神世界的透视——为关汉卿〈谢天香〉杂剧一辩》(《戏曲艺术》本年第 3 期)。这本是与王季思先生商榷的文章。结果，王先生读后写了一封长信（由他的学生执笔)，认同该文观点并予以鼓励。通信发表于《戏曲艺术》1988 年第 2 期。

12 月，与研究生陆林、田桂民合著的《元杂剧研究概述》由天津教育出版社出版。

1988 年　五十八岁

晋升教授。校学术委员会评议讨论时，有校领导因自杀事件提出异议。在历史系刘泽华教授力争下，得以投票通过。

11 月 9 日，李何林先生逝世。

本年，发表文章《中国古代小说观念的三次重大更新》(《武汉教育学院学报》本年第 3 期)，《〈长生殿〉的悲剧意识——致昆剧改编者的一封信》(《戏剧报》本年第 4 期）等。

1989 年　五十九岁

3 月 26 日，作《灵前的忏悔——我心中的李何林先生》。

6 月，《金瓶梅》学会成立，任理事。赴徐州参加首届《金瓶梅》国际学术研讨会，提交论文《〈金瓶梅〉的小说观念及其演化》，反响热烈，被认为“最早用小说美学的观点来研究《金瓶梅》”。

为何满子主编的《十大小说家》写作“吴承恩”一篇。该书于本年 8 月由上海古籍出版社出版。

1990 年　六十岁

5 月，个人首部研究《金瓶梅》专著《说不尽的〈金瓶梅〉》出版。

10 月，赴广西师大参加由《文学遗产》杂志主办的“文学史观与文学史”学术讨论会，在大会上发言，强调要以当代意识来重构中国文学史。发言以《关于文学史观与文学史编写的若干断想》为题，发表于《文学遗产》1992 年第 5 期。

东方艺术系经过数年筹备，于 10 月获批招收中国画专业本科生，1991 年开始招生。

1991 年　六十一岁

8 月 16 日，在南开大学参加曹禺研究国际学术研讨会，发言题目为《拓宽曹禺剧作研究的空间》，后收入田本相、刘家鸣主编《中外学者论曹禺》（南开大学出版社 1992 年版）。

东方艺术系招收学生后，先后讲授“古典诗词”“文艺写作”“古典美学”等课程。

本年，发表文章《谈〈读书〉对〈金瓶梅〉的评论》（《读书》本年第 2 期），《关于古典文学研究现状的思考》（《文学评论》本年第 2 期）等。

1992 年　六十二岁

2 月，主编《中国武侠小说鉴赏辞典》，由国际文化出版公司出版。

5 月，与罗德荣主编《〈金瓶梅〉对小说美学的贡献》，由天津社会科学院出版社出版。

8 月，与陆林、田桂民合著《明代戏剧研究概述》，由天津教育出版社出版。

1993年　六十三岁

2月，赴中山大学参加王季思从教七十周年纪念大会，发言以《从学院派批评到新学院派批评——谈王季思先生的学术追求与学术风范》为题。后收入黄天骥主编《王季思从教七十周年纪念文集》(中山大学出版社1993年版)。

4月,《中国古代小说百科全书》由中国大百科全书出版社出版,担任本书编委及“宋辽金元小说”部分副主编。

8月，赴石家庄参加首届国际元曲研讨会，发言题目为《拓展元曲和元曲史研究的思维空间》。

范曾回国。与东艺系及南开同仁赴机场迎接。

1994年　六十四岁

1月，中国武侠文学学会成立，当选创会会长。

5月26日，在《人民日报》发表文章《成人的童话——关于武侠小说的思考》。

本年,《宁宗一小说戏剧研究自选集》由天津古籍出版社出版。

发表文章《从小说文体演变看〈儒林外史〉与〈红楼梦〉的类型品位》(《社会科学战线》本年第1期)。

1995年　六十五岁

秋，首届海峡两岸武侠小说研讨会在北京西山卧佛寺举行，致开幕词。

中国武侠文学学会举办武侠小说创作大奖赛，在人民大会堂为获奖者颁奖。

11月26日，为太白文艺出版社《卧龙生真品全集》作序。

12月，主编《中国小说学通论》，由安徽教育出版社出版。

本年，天津市红楼梦文化研究会成立，任会长。

与丹平（化名）结婚，此前恋爱两年有余。

1996 年　六十六岁

参与组织召开华粹深先生十五年祭暨戏曲研讨会。

6 月 28 日，儿子“热闹”出生，后取名宁所思。

8 月 30 日至 9 月 30 日，写作《书生悲剧——长忆导师许政扬先生》。

9 月，受聘为天津大学建筑学系兼职教授。此前已开始为其博士生讲授中国美学思想史，先后授课十余年。

10 月，退休。任教 42 年。后返聘至 2000 年。

本年发表文章《睢景臣论》(《南开学报》本年第 3 期）等。

1997 年　六十七岁

10 月，作《心灵花园的导游——〈古龙小说章评本〉总序》。

本年，广州《东方文化》杂志社组织座谈，发言以《21 世纪：以东方文化为主流？》为题，发表于《东方文化》1998 年第 1 期。

本年发表文章《评章、骆主编的〈中国文学史〉——兼谈文学史编写中的理论与方法诸问题》(《复旦学报》本年第 1 期)、《关注古代作家的心态研究》(《文学遗产》本年第 5 期)、《探寻心灵的辩证法——读幺著〈元代文人心态〉兼论心史之研究》(《山西大学学报》本年第 3 期）等。

1998 年　六十八岁

1 月，随笔集《走进困惑》由山西古籍出版社出版。该书为来新夏先生组织的“当代学者文史丛谈”中一种。

本年发表文章《心灵文本：勘察文化现场——戏剧反思录之一》(《南开学报》本年第 5 期)、《选择回归文本的策略——二十一世纪〈金瓶梅〉研究走势臆说》(《明清小说研究》本年第 4 期）等。

1999 年　六十九岁

11 月 12 日，应邀在南开大学东方艺术系美学沙龙就“王朔评金庸”一事发表谈话。谈话内容整理为《“童言无忌”——和研究生聊王朔评金庸》。

本年发表文章《反思与取向：中国文学史研究四十年》(《南开学报》本年第 3 期）等。

年末，赴台湾地区进行武侠文学交流，在香港度过“千禧年”元旦。

2000 年　七十岁

1 月，文集《名著重读》由河北教育出版社出版。

10 月，作《倾听民间的心灵回声——研究通俗小说的意义》，本文为张兵主编《五百种明清小说博览》代序（上海辞书出版社 2005 年版）。

赴新加坡参加明代小说国际学术研讨会，宣读论文《史里寻诗到俗事咀味——明代小说审美意识的演变》，后发表于《天津师范大学学报》(2001 年第 6 期)，又被《新华文摘》转载，并入选《新华文摘》精华本。

本年在《文史知识》杂志发表《中国文学史教学杂感》系列文章。论文《二十世纪中国文学史研究与中国社会》发表在《复旦学报》本年第 4 期，后收入《复旦学报》复刊 30 年精选《光华文存》中。

2001年　七十一岁

本年发表文章《“性”与“丑”：阅读行为与〈金瓶梅〉的意义》（《湖北大学学报》本年第4期）、《文史一家？文史不一家？》（《文史知识》本年第9期）、《戏曲艺术：不断地探寻新形式——戏剧反思录之二》（《南开学报》本年第6期）等。

2002年　七十二岁

9月，文集《教书人手记》由大象出版社出版，刘泽华先生作序。

11月16日，作《从容涵泳放眼考量——刘叶秋先生的人品和学问》，此文为北京出版社“大家小书”刘叶秋《历代笔记概述》附录。

本年发表文章《心灵史：文学与历史的契合点——读来新夏文史随笔新作》（《中华读书报》6月19日）、《淘书况味》（《人民政协报》11月26日）等。

为父亲宁伯龙先生印制书法集《垂露悬珠集》。

2003年　七十三岁

4月，文集《倾听民间心灵回声》由山西古籍出版社出版。

4月3日，携妻、子赴日本北九州市立大学讲学，为期一年。

10月12日，为林骅《稗海探艺录》作序，题为《在林骅兄大作出版之际深深怀念挚友李厚基兄》（与天津师大教授李厚基自1963年相识，结为挚友；林骅为李厚基弟子）。

10月，与孟昭连合著《中国小说艺术史》（为第二作者），由浙江古籍出版社出版。

在日本期间，妻子丹平先后两次回国。10月12日，发现妻子感情发生变化。

本年发表文章《永恒的困惑——走向世界的〈红楼梦〉》（《天津社

会科学》本年第 2 期,《红楼梦学刊》本年第 2 期)、《伟大也要有人懂》(《文史知识》本年第 3 期)、《崔莺莺：妓女？外国人？》(《光明日报》6 月 25 日)、《我与〈金瓶梅〉》(《人民政协报》4 月 1 日)等。

2004 年　七十四岁

4 月 3 日，由日本回国。

4 月 17 日，在李何林先生百年诞辰纪念大会发言，题为《人去人格在》。

7 月 16 日，与丹平离婚。

2005 年　七十五岁

4 月，著名作家白先勇携青春版昆曲《牡丹亭》来南开大学演出。观赏后，发表文章《青春版〈牡丹亭〉的现代启示录》(《天津日报》5 月 8 日,《光明日报》5 月 13 日)、《爱情社会学与爱情哲学——〈西厢记〉〈牡丹亭〉之异同与青春版〈牡丹亭〉之贡献》(《中华戏曲》本年第 2 期)等。

2006 年　七十六岁

4 月，作《智者达老——跟随王达津先生 45 年》，本文为《王达津文粹》代序(南开大学出版社 2006 年 7 月出版)。

本年发表文章《心态史研究与文学史建构——一个层面的考察》(《东方丛刊》本年第 2 辑)等。

2008 年　七十八岁

1 月，文集《心灵文本》由大象出版社出版。

5 月 3 日，为罗立群著《中国武侠小说史》作序，题为《武侠小说的诱惑与思考》。

8月,《宁宗一讲〈金瓶梅〉》由天津古籍出版社出版。

12月6日，为来新夏先生《交融集》作序，题为《从对接到契合——来新夏先生古稀变法实录》。

2009年　七十九岁

11月，为郝志达《不知身是未归人》作序，题为《五十年友情实录——我和郝志达的故事》。12月24日，郝志达在新西兰去世。

12月,《走进困惑》第2版由三晋出版社出版。

2010年　八十岁

2月，由刘泽华先生牵头，与冯尔康、魏宏运、刘健清、李喜所等南开教授联名发表文章《把国学列为一级学科不妥》(《中国社会科学报》2月11日)。

2月，著作《〈金瓶梅〉可以这样读》由中国文史出版社出版。

9月25日，庆贺朱一玄先生百岁寿诞暨中国古代小说国际学术研讨会召开。撰写《朱一玄先生对我们的意义》。

10月，接受《中华读书报》记者陈菁霞采访，谈《金瓶梅》研究，采访文章《〈金瓶梅〉研究的“伪考证”现象应尽快终结》发表于10月20日的《中华读书报》。

本年发表文章《浅谈〈水浒传〉的民族审美风格》(《明清小说研究》本年第1期)等。

2011年　八十一岁

7月，与付善明合著《〈金瓶梅〉百问》由文化艺术出版社出版。

8月，组织召开华粹深先生逝世三十年追思会，发言题为《师恩永恒》。

本年发表文章《我对近年〈金瓶梅〉研究方法之反思》(《文史知识》本年第 1 期)、《经典小说文本：大师叙写的民族心灵史》(《明清小说研究》本年第 4 期）等。

2012 年　八十二岁

11 月，吴敬梓诞辰 310 周年纪念大会暨《儒林外史》高峰论坛在安徽全椒召开。未参会，但致以书面贺词。会上当选儒林外史学会名誉会长。

本年发表文章《古代小说研究方法论刍议——以〈金瓶梅〉研究为例证》(《文史哲》本年第 2 期）等。

2013 年　八十三岁

4 月，文集《心灵投影》由商务印书馆出版。

9 月，参加纪念《雷雨》诞生 80 周年国际学术研讨会，发言题为《〈雷雨〉八十年祭》，后收入耿发起、田本相、宋宝珍编《〈雷雨〉八十年》(天津古籍出版社 2015 年版)。

本年发表文章《〈金瓶梅〉评点的新范式——读卜键〈双舸榭重校评批金瓶梅〉》(《中华读书报》9 月 18 日，《书城》本年第 12 期)、《面对“死活读不下去”的〈红楼梦〉》(《红楼梦学刊》本年第 6 期）等。

2014 年　八十四岁

3 月 31 日，来新夏先生逝世。撰写《我心中的来新夏先生》，发表于《中华读书报》(4 月 9 日)。

本年发表文章《希凡同志对文艺理论批评的巨大贡献》(《红楼梦学刊》本年第 4 期)、《田本相剧学思想研究》(《美育学刊》本年第 6

期）等。

2015年　八十五岁

6月，《宁宗一〈金瓶梅〉研究精选集》由台湾学生书局出版。

参与组织许政扬先生诞辰90周年纪念会，9月19日纪念会在南开大学举行。会上发布了由中华书局出版的《许政扬文存》（增订本）。

本年发表文章《中国戏曲的审美特征》（《张燕瑾古典文学论集》序）等。

2016年　八十六岁

1月，文集《点燃心灵之灯》由北方文艺出版社出版。

2月，著作《〈金瓶梅〉十二讲》由北京出版社出版，收入该社"大家小书"丛书。

3月9日，学生陆林去世。撰写怀念文章《以生命追求学术的学者陆林》，后发表于《中华读书报》（2017年2月8日）。

本年发表文章《反思：我的〈金瓶梅〉阅读史》（《文学与文化》本年第4期）等。

2017年　八十七岁

本年发表文章《为新时代天津红楼梦研究进言》（《天津日报》12月25日）、《宁宗一谈〈白先勇细说红楼梦〉》（闫晓铮整理，《中国图书评论》本年第10期）等。

2018年　八十八岁

4月22日，开始进行口述历史，由南开大学陈鑫采访整理，至2019年6月初步采访完成。

《朱一玄先生对我们的意义》一文获第二届汪曾祺散文奖，5 月 13 日，在江苏高邮参加颁奖仪式并发表获奖感言。

5 月 20 日，“垂露悬珠——纪念宁伯龙先生诞辰 120 周年微楷书法展”在天津松间书院举行。

10 月，《说不尽的〈金瓶梅〉》（增订本）由北方文艺出版社出版。

本年发表文章《为什么经典值得反复品读》（《太原日报》7 月 3 日）、《白先勇先生细说 120 回〈红楼梦〉的方法论意义（外一篇）》（《南京师范大学文学院学报》本年第 3 期）等。

2019 年　八十九岁

5 月 30 日，为广陵书社《明刻三言二拍珍本丛刊》作总序，题为《“三言”与“二拍”》（2020 年出版）。

本年发表文章《朱一玄与〈红楼梦人物谱〉》（与石钟扬合撰，《博览群书》本年第 11 期）等。

2020 年　九十岁

新冠肺炎疫情期间，3 月，接受教育部中华优秀传统文化（昆曲）传承基地采访，寄语广大昆曲爱好者。

7 月，文集《走进心灵深处的〈红楼梦〉》由知识产权出版社出版。

9 月，《〈金瓶梅〉十二讲》入选国家社科基金中华学术外译项目。

10 月 19 日，口述历史初步整理完成，交送中国大百科全书出版社。

附录二

心史点滴

整理者按：宁宗一先生用微信与好友交流沟通以来，时常通过“朋友圈”记录发布此时此刻的心灵脉动，后来这一系列文字逐渐成为“专栏”，定名“心史点滴”。自2016年至今点滴汇聚已积50余条，现选编部分内容如下。

2016年

12月31日

祝福朋友们元旦佳节快乐，祝愿2017年给我们带来平安喜乐。对于我来说，我终于告别了生命中难以承受之重的2016年！ 2016年在我身边发生了太多的事，不说也罢。但是应该感谢各位亲爱的朋友的不弃，你们通过微信给了我太多的精神温暖和丰富多彩的信息。互联网让我们超越了崇山峻岭乃至漂洋过海互相关注、互相理解、紧紧拥抱！于是我才感到并不孤独！原来我就在你们中间！真好！尽管我知道，我已经患上了“平板”依赖症，然而一经衡量，还是“利大于弊”！在未来的日子，我仍然依靠它，把我的所思、所想、所知、所爱一一向你们诉说，我深信各位朋友会一如往常给我信任，更给我温暖！我也一定在你们的助力下活得轻松点愉快点，让2017年给我们打开一扇和谐、平安、健康、快乐的大门，我们也必做真诚的回报！

2017年

2月4日

我这个从不过生日又怕过节的人，我想大年应该算是过去了，因为上班族已经到位了，尽管天津这地方的纯天津人从不怕空气污染，依然从早到晚鞭炮声不断，看来跟我一样似都想开了，无所畏惧了！而我的身边人和朋友圈中的几位挚友，在几天的应酬后又回到书房，读书、写作、思考……一经比较，我惭愧得无地自容。噢！我这个退休整整二十年的老人就这样混日子，一有空就拿起“平板”消磨时间，玩物丧志。真的。上，对不起上帝；下，对不起养我教我的劳苦大众，心里真的是明明白白！！！刚才又是灵机一动，自问自答，你不是还有记忆，还有体验，还有感悟，还想反思点什么吗？于是我又来了精神！对，今天先说一点，关于读书与做学问！学人不读书不做学问是不可能的事，但是，我从自己说起，朋友不妨参照，更可批判！我认为书读到一定“数量”，更重要的就是体验和感悟了，其中还有联想，即想象。据我所知，大学问家可都注意“灵感”的呀！就是这灵感才让你绝不重复他人之思考和观点。而灵感正来源于“长期积累，偶然得之”。因此，我的坏主意就是书要间断地读，留出时间去体验和感悟，特别是给灵感留个地儿，于是，你就会新意迭出了，就会奇思泉涌了。其实，我的“坏”主意是一种保护身体的方法，有了时间你才会活动，即使你练八段锦时走了神，突然一个“妙想”出现，一会练完后也可追记呀！老头不是好老头，净教人坏，不让人好好读书。果然我儿子就不好好读书，整天和同学玩！现在我才明白，健康、快乐才是人生之要义！你一切的一切都必须建立在这个基础上才能实现！你的家国情怀，你的忧患意识，你的文化焦虑，等等，必须建立在健康之身体和健全之思维的基础上才能做到的呀！

2 月 18 日

丁酉年正月到了今天，一般来说就是“大年”已经过去了！我这个号称不过年的人，也不能不接受亲朋好友的祝福和相邀小聚，也会发出一篇篇衷心的感恩和祝福文字给国内外的朋友。令我最感动的是，春节期间东方艺术系的一位老同学竟然祖孙三代从北京专程来校和我们父子相聚，并且提前告知“热闹”要给我一个惊喜！是，在惊喜之余，我内心的悲凉之雾被驱散了太多太多。噢！人间果然有此真情在！所以我和国外的她的妹妹说：真情、亲情温暖了我的心，感恩一切爱我的人！2016 年让我深感沉重，孤独感、悲剧感、幻灭感充满了我的生活和整个内心世界。我的好友走了那么多，而且几乎都是患难之交！今天，在历史的记载中，在我心中打上深刻的血的烙印的又是“反右”运动六十年祭！是，一晃，整整一个甲子，在知识群体中有多少冤魂？南开大学校园也演出了一幕幕难以形容的悲剧！而我，在这场知识分子大悲剧演出过程中却扮演着一个可耻的角色，“声嘶力竭”

地去声讨我的老师！今天想起这一切我只能说，我真的无地自容！反思是我们知识人的义务，忘记历史就意味着背叛，今天的痛苦的回忆就是对自己最好的心灵惩罚和人性的制裁！我愿通过这一切教训，在忏悔中净化自己的灵魂污垢……

4月3日

岁月匆匆，去年的今天也是清明节！那时我的心情极为沉重，因为再过两个月就是“文革”浩劫的五十年祭！五十年的悲剧性的回望今天不再重复述说。而2017年的清明节又恰逢“反右”运动的六十年祭！年轻人是不了解了，而我们两代人都记忆犹新……当时我刚刚毕业三年，是小助教、教师团支书，已经被定位在“左派”的位置上！也就是在这个位置上，也许很多老少朋友都不会理解，我竟然是站在第一线批判右派分子的积极分子！当时我的恩师邢公畹先生、朱一玄先生都被扣上了右派分子的大帽子，而我和我的战友们都会在批判会前写好发言稿，家鸣师弟还在我的发言本上题字，曰《锄草集》！当时的批判斗争虽然还属于“文斗”，但他们已经是敌我矛盾了，这时我们的左派立场也开始把我们的人性异化到恶的边缘，我不分是非地去无中生有、上纲上线地批判自己的老师！我们连“老师”“先生”的称谓都抹去而直呼其名！当时只有我们的系主任李何林先生还称“公畹同志、一玄同志”，但李先生也因此被扣上了“划不清”立场的帽子！当时的南开老师和部分同学惊恐万状，唯恐沾上“右”字边！历史真的无情！两年后，庐山会议又引发全国性“反右倾机会主义”的政治运动，曾经红极一时的“反右派”的健将有一大批落马，而我也终于遭了报应，在暴露了“反三面红旗”以后，在教师团支部被批了整整一个学期！由于我的“硬顶”，结果又招来了警告，说是给我处分！当然最后以“撤”去团支书而告一段落！所以我说历史无情就是指自己所遭受的历史惩罚！从“反右派”到“反右倾”，宁宗一就完全变了一个人！我今天去反思，当时的我，真的出卖了半拉灵魂，而净化自己的灵魂的愿望真的只是到了这把年纪才略有醒悟！我很多年在拷问自己，我为什么丢掉过自己的良知，我为什么在丢失良知后还抱有那么多不切实际的幻想，我为什么不能挺身而出说出我对现实的认知，我又为什么还不时提心吊胆地逃避敏感问题？一切的一切，我真的感到愧疚！我最崇敬的鲁迅精神为什么就没能在我的心灵中生根？！……今天作为一个伤害过自己恩师的卑微老人，我要说，我不会忘记历史，更不会忘记自己灵魂曾染上过污垢！今后，我不管还有多少岁月，我都会在反思、忏悔、感恩中生活！

5 月 20 日

昨晚和刘博以及几位小朋友在八里台校区学生活动中心（田家炳音乐厅）观赏了由梁卓蕙编剧、王芊如导演、翔宁剧社[1]演出的《金马车》。真是感慨万千，浮想联翩。因为演出前我未能阅读剧本，所以我进入剧情比广大年轻观众肯定慢了好几个节拍，但随剧情的发展我还是进入了“角色”！这是一出令我出乎意料的好戏，剧作文本富有人生哲理内涵，导演构思的新奇，演员把握角色的准确和表演姿态的松弛，都让我为之动容。应当说，我是全神贯注地“阅读”了一部和我生活离得太远的“新剧”。它除给了我这个老人以新的人生命运的启迪以外，还让我的思绪跳到了百年南开的话剧运动。今天看了孩子们的精彩演出《金马车》让我又一次感悟到他们的文明自觉高度，这是一次新的文脉的继承，更是一次新的超越！今天，作为“场上之剧”的话剧演出，正是通过血肉之躯的直接面对面交流互动，

---

1. 南开大学学生社团。

才给了南开千百观众开启了审美的智慧，并净化了我们的心灵！感谢我的小字辈，你们真的前途无量，让我向你们致以真诚的敬意！加油！

6 月 18 日

我是我父亲最小的儿子，我又是我小儿子的老爸。在过父亲节时自然有回忆，有感慨，当然也有些可以跟朋友分享的故事。作为儿子，我其实很让我父亲失望。他在那个时代毅然带着我母亲、大姐脱离了所谓的“封建”大家庭，后来又凭教书、卖字、当摄影师养活一家八口，他真的不容易，更何况国事蜩螗，生活更加艰难！然而他有太多艺术细胞，写蝇头小楷自成一家自然没得说了，他还当过《北京画报》的摄影记者，同时对京昆梆各剧种极为熟悉。他希望于我的首先是写好毛笔字，但我的字他不满意，教我摄影我不上心，对戏曲我当时更不感兴趣，最后的结果自然是他的失望，一切都顺我之自然了。我后来当了副教授，回北京时，我父亲说了终生不会忘记的话：你有今天是你的几位恩师把你带大的。是，师恩永恒师恩难忘。但我也确实发现，我父亲的艺术基因，我是一点也没能继承，只有教书一行算是继承了父业，但和我三姐的艺术才华相比就差得太远了，她才是我父亲的好继承人：端得是个多才多艺的姑娘！她参了军干了革命，现在挂在满屋的奖状都是在四野时得的。我活到今天的 87 岁，说句心里话，在艺术领域我是一无所长！我常想，父亲地下有知也只能长叹息了！而今，我当了这么多年的爸爸，最违背家教的是我的“家庭暴力”。这一点真是最值得反思和应当忏悔的！我是个急性子的人，又特别注意小节，最主要的是我人性中最大的缺失是不喜欢孩子，特别是男孩。结果，我的两个儿子都遭到过我的“暴力”。虽然我也时常反思，觉得这不像一个教书的爸爸，更不像自己的父母，他们从来不对我们孩子施之以暴力！但我恶习难改，今天想来，上，对不起父母的教诲；下，有失做父亲的情怀和爱。今天上午十时许，突然收到儿子从学校发来的微信，祝福老爸节日快乐，并说本应回家给老爸做两个菜，以尽孝道，现在不能回去，以后补办！看了这几个带有调侃味道的字，却也让我有点不好意思了。“热闹”毕竟长大了，他的宽容表现在，他还是真的惦念着老爸哦！好了，最后告诉惦念着我的朋友，我也回了儿子的微信：“儿子，谢谢你的祝福，愿我们父子和谐相处！为了未来美好的生活！”

7月2日

两天来我内心的惊恐、骚动、不安、烦躁……难以言说，直到昨天我给罗德荣的妻子小王打去电话，却不见一句回应，我的敏感神经让我这个早有精神准备的人，知道会有我不愿知道的事情发生。这一夜总是睡不着觉，中间起来还补了 片舒乐安定，但也没再睡会儿。一直挺到八点钟，我又拨打手机给小王。她回应了：“德荣前天晚上走了，昨天火化了！他临终嘱咐，不要告诉任何人，更不要告诉宁先生！”听后，我控制不住地号啕大哭！德荣，德荣，你也离我而去！近四十年亦师亦友之情，我能放下吗？约半月前我请求张红陪我去第二人民医院看望他，回来的路上，张红对我说：“您以后不许再来看他，我也不来看他了！”我知道，张红这不是绝情之语，因为她有经验，知道德荣的时间不多了！

真的，我有心灵感应。这两天，我坐立不安，去小树林中散步也是兜一个圈子就回来，回家拿起“平板”也只想和德荣的同班同学、密友朱国庆聊上几句。我感觉到了会有我不想听的消息到来的！德荣从发病到现在，整整四年，他的顽强意志和执着的精神，让人不可思议，每天练七小时的气功让众多病友叹为观止。二十多次的放化疗他也坚持了下来！清醒的头脑让他最后放弃了治疗，八天多的绝食是他对自己生命的尊重，他把身后事安排得井井有条，因为他希望面对不可逆的病痛也能不失去自己的尊严！

德荣有个令人羡慕的好妻子小王！他的生命得以延续和小王的悉心照料是绝对分不开的。两个儿子都有好的工作，生儿育女，让德荣晚年享受了令人羡慕的天伦之乐。德荣走前的几个月，他的妹妹也从湖北来照顾他，这一切的一切也算是很圆满了。

我真的写不下去了！我不愿把我的悲痛之情传染给德荣生前的挚友！我知道，德荣的一切都会永远活在我心中。

德荣，我们终会有重逢之日！！！

7 月 28 日

不知是太快还是太慢，我在南开已近七十年了！八十年前日寇毁我南开，虽未经历，但至今痛心疾首，每读恩师王达津先生所撰校钟之铭文，召唤出的是南开人必须自强不息，为我祖国之强盛，不再受敌寇欺凌而发奋图强。这也许就是我发誓，一定教好书，培育优秀学子的内在动力吧！一天傍晚，在陪着一个学生制作纪录片时，踏着我熟悉的南开园的路，告诉她思源堂和芝琴楼所经受的磨难，内心深处充满的是再坚持几年的思绪，希望自己在力所能及的情况下，为南开、为我的各代学子们再做点有益的事情！这当然不是唱高调，我敢说，这就是我宁某人的情怀。

作为知识人，在回望苦难的时候，我将和所有秉持良知的精神同道为灾难深重的祖国，为我的母校，奉上我们赤诚的心，做点有益于公民的事，我会永远牢记李何林先生对我的叮嘱：无愧于心，无愧于人！

10月5日

今年的中秋佳节过去了，但黄金周还没结束。几天来，我过着“半隐居”的生活，在这个传统节日里我疏于问候各位朋友，甚至没有回应朋友的问候，这些就务请原谅啦！很多朋友知道我从来不过生日，也不过节，原因多多，在这里不赘述。其实这些杂事谁也不会关注，我也没必要做什么解释，只是觉得有点欠礼数而已！

几天来，不少朋友听不到我的唠叨，这倒也是好事，因为我缺乏洞见和思辨，对很多事情也说不出什么子丑寅卯，所以倒也给朋友眼静耳静的机会！我说这几天我过了个“半隐居”的生活，实际上真是想静静心反思自己的人生道路和命运了。我常常翻阅杨绛先生的《走到人生边上》，该书是先生九十六岁时完成，由商务印书馆出版的。走在人生边上，作为书名，显然是呼应钱先生的《写在人生边上》的，而另一层意思，就是先生在高龄时的自况了！值得我注意的是，从多年前看此书时就觉得先生的心态彻底放开了，不仅谈神说鬼，还着眼于灵肉之斗争与冲突，其贯串线始终是“命”！无论命运也好，天命也好，如果按从前的标准，杨先生非被打成宣扬“唯心主义”的什么“分子”不可！这些我就不再说了。但是一旦把先生的述说和反思联系到自己身上，我也不再限于常爱引用的诺瓦利斯的“性格即命运”的名言上了。因为命与命运在我身上演绎的故事也许太多了，表面看这是性格所致，细加追究，很多很多的故事，在其背后的悲剧性、喜剧性，都不一定是性格使然。是的，命运在我人生道路上演绎的故事几乎不可思议。与阔别七十年的女友相逢在北京；大儿子在灾难中降生又在灾难中告别人间，而小儿子又是在不可想象中降临人间；至于我个人32年前重回现实等，谁又能做什么“唯物”的解释呢？对于“命运”二字当然会有不同的解释，然而，天命难违可是真有其事的，所以，在我心灵深处，我很自然地回到了杨绛先生书中说的众多命题上了。不过，万变不离其宗，净化自己的灵魂是首要的，真的，时时刻刻问一下，在肉体和灵魂之间，“我”在哪一边，真是太必要了！人生有命，命由天定，等等，就看你信仰什么了，因为这是个根本性取向。不过，归根结底，我个人在反思基础上开始明白：灵性和良心是永远不可被弃置不顾的，灵性与良知必须占上风，不然就是愧对上帝给你安排的命运！

11月26日

心里堆满了话要说，但在这环境中真是无从说起。现在从一件小事说起吧！刚刚收到七十年前我的“小朋友”的语言聊天，她的话，虽然我没有涕泪满衣襟，但是有几句话还是让我的眼泪夺眶而出。这是因为一周前我不小心，又一次出现了急性腰扭伤，无意间，我竟在语音聊天中向她泄露这件小事，此后几天，她都要对我进行一系列的嘱咐，其中包括让我请保姆以便全程照顾，还建议让我的学生轮流来家陪伴……老友之间再平常不过的关怀让我又一次百感交集！前有回忆四十年前我受批判时阎兄书写杜甫佳句“世人皆欲杀，吾意独怜才”，让他也为我吃了挂落儿。今天又是“发小”的反复叮咛，这就让我不得不说几句了。我大半生，可以说是最重友情，朋友给我带来的爱、温暖、理解和学问，都成了我坚持下去的生命力量。但我又常犯交友不慎的毛病，他们的几句话就可能把我带到感情的旋涡中，乃至不能自拔！最后痛苦、伤心、不解，都会成为我心中的疙瘩，甚至挥之不去。这种自寻烦恼的事不胜枚举。在步入晚景时才明白，交朋友同样应重质不重量，于是我学会了“淘汰法”，该继续交就全身心地投入，不该交也不去敷衍，躲着走就是了。时至今日，身边的挚友走了不少，甚至我的不少学生竟先我而去，情何以堪，情何以堪！！！这些天身体一不舒服，想的就更多，一直想到生与死这个人生大母题。

我的心灵的悲剧性，其实是非常严重的，这可能是一种病态，因为我常自问，活得长就好吗？周有光、杨绛等先生的长寿会造福中国人文学界，而我这类人不外是个敬业的教书人而已，多一个少一个真是无所谓。每想及此，那消极性的东西油然而生。另外，今日之中国，不时发生的事，我都极敏感地会做出心灵反应，愤怒、无奈、悲悯，但仅止于此，我不能像很多人一样挺身而出，为正义而发声，并付之以行动。我一无思想，二无场地，只是在内心和自己较劲。这种内心冲突又强化了我的悲剧意识。我想，这极简之述说，说明我的情绪正处于低谷。跳出低谷又谈何容易。最后，想的自救的方法，就是再振作起来，把自己未竟之事，都一一让它有个交代，这也许就是我所能做的了。

2018年

1月12日

今天起床不久，打开"平板"，首先看到的是王学泰先生仙逝的消息！一种难以控制的悲情，使我竟在哽噎中打电话给天泽书店的红姐！这也许是一种不由自主的条件反射，因为2017年1月1日学泰先生来天泽书店做公益讲座，当时我对独立书店全然不熟悉，可是天泽红姐通知我说：王学泰先生要见您。当天，我提前到了天泽，中午还和学泰贤伉俪在天泽共进了一顿真正的素食工作餐。饭后我们天南地北神聊了一个多小时，学泰未作休息就开讲了。他讲的是他的心血之作《游民文化与中国社会》的浓缩版《畅谈游民文化》。两个多小时，学泰侃侃而谈，他的原创性的观点，他的缜密的论证和叙事的行云流水，把书友带进了一个完全陌生又不无熟悉的游民社会！在互动中，我竟未经主持人同意，控制不住地跳了出来做了简短的发言。我发自内心地介绍了先生的学术贡献，并称颂了学泰是一位百科全书式的人物，他不仅著作等身，且大半生有着传奇般的经历。他蹲过监狱，近年还出版过两本他"炼狱"的经历和感悟。因此我说学泰先生不是一般人物，他的学识、经历，是具有超越性的，因为作为人文知识分子，他的生命体验超越了一般学人的水平。

今天，我要向学泰先生的高贵灵魂表示真诚的感恩。他收到家父的影印书法《垂露悬珠集》（华宝斋 2002 年正式出版宣纸影印版）后，很快写出了影响巨大的书评《喧闹嘈杂中沉得下心的人——读宁伯龙先生〈垂露悬珠集〉》。在我的记忆中，他首先对我调侃了几句，谈及我的"幽默洒脱"，还提到我是旗人等。后面的评论，那全然是当行里手的话语，给了家父的蝇头小楷以高度评价。今天回想起来，只有学泰如此认真又如此懂行，并且及时著文给予推荐。

去年 1 月 1 日见到了学泰先生，仅仅一年，学泰先生竟然仙逝，我的悲情真是难以言说。三年来我的挚友、我的学生已经走了好几位。这几年也是我心态最波动的岁月。日复一日，始终觉得我是这个世界上的"多余的人"，甚至我想到过我能不能以我的生命换回他们的生命，因为我深深地感到他们每个人的生命价值都远远高于我，大于我。

2 月 15 日[1]

辞旧迎新，大地回春。这八个熠熠生辉的大字，对我来说有着特殊的含义。日复一日，年复一年，我还能比较平静地走过来，完全是

1. 丁酉除夕。

因为知我者、爱我者、在意我者对我的激励，才使我生命中有了强大的动力，才使我觉得一个步入晚景的人的存在并非完全没有价值，而这价值又不是属于你自己，而是属于你的“群”、你的“圈”、你的立足之处。于是在辞旧时，感慨于我竟不算圆满地完成了我的点滴生活的、文化的使命。生活上，朋友们看到我把“热闹”拉扯到快22岁了；在学术文化圈，我虽不甘落后，但史识、诗识等方面越显出力不从心了，但也还算是做了一点点力所能及的事。而性格上似难改变了，碰了大半辈子的钉子，也经常会内省，知道自己内心深处有老人成人的一面，但却始终有“童心未泯”之一面。我并不以此为乐、为荣，而想到的是大作家王尔德的名言：一个人可恨的不是老了，身体衰弱了，可恨的是你始终有颗孩子的心！好肉麻！孩子的心？！哈哈哈，我没孩子的心喽，但内心还有点不成熟，简单化，不太理性。当下是辞旧之时，我想，迎新之日，我能不能总结点教训，在朋友的提醒点拨之下，活得既快乐自在，又能理性些，“深度”一些，别再让我的亲朋好友为我担心，担心我的浮躁、我的浅俗以及与我年龄不相匹配，做出事与愿违的事，说出不应该说的话！

一部平板电脑一直伴随我。我说过多次，我已患上了“平板”依赖症。但是我不会后悔它耽误了我的时间。没有它，我不可能与我的亲朋好友拉近距离，没有它我会更加闭塞，没有它我更会失忆，没有它我更会无知，一言以蔽之，没有它我会更孤独！感谢新的科技，原来科技不是没有生命的，它的生命超越了肉体，超越了某些功利，带给人间的可以是“心心相印”，可以是长见识，可以是心灵层面的爱。而恰逢今日辞旧迎新，我更可以把我一颗感恩的心送给我的朋友，我的亲人，我在意的人。我衷心地感谢你们，也真诚地祝福你们，是你们天天激活了我的生命，那字，那话，都刻印着你、他和我的深情厚爱，我珍惜！今天送上我的祝福，送上我的感恩。请允许我再说一遍，谢谢！我会跟大家一道辞旧迎新，祝愿我的朋友，我的亲人，新春佳节平安喜乐，愿咱们抱团取暖，吉祥如意！

5月4日

今天是伟大的五四青年节！为什么称之为伟大，那是因为没有五四运动，我们怎么会知道“德先生”和“赛先生”呢？又怎么知道伟大的启蒙运动呢？五四似乎对我们这老一代失去了现实意义，但是，这个节日在我们的生命史上还是留存着太多的美好记忆！今天，我要打破惯例，好好“吹吹”我们曾有过的一段辉煌！

1950年，在天安门广场召开了五四青年节庆祝大会。当时我是北京崇实中学的高三学生。5月4日清晨我们同学就在学校集合了。那时中学生并未统一着装，我清晰地记得，我穿着一条美式黄卡其布的裤子，上身是白色长袖运动衫，即今日之T恤衫。因为从高一我就迷恋双杠单杠，要把自己练出“块儿”来，所以这时我上身确是扇面身体，宽肩膀，高胸，阔背肌，有点运动员的范儿！我们从东长安街进入天安门广场颇有一点运动员入场式的味道！在天安门广场是下午，烈日当头，数万大中学生意气勃发，举着红旗唱着振奋人心的歌曲，那场面至今记忆犹新。庆祝大会后是几万学生大游行，一直到西长安街，后乃分别返回所在学校！这一次庆祝活动，其实也是我们玩将们展示“健美”身材的机会，几个好友曾沾沾自喜了好多天！

今天人们会质疑，老爷子，您这骨架可曾有过那身材？不好意思，今天我瘦到不足六十公斤，个子缩到了一米七一。简直不堪入目。但是，我要告诉我的小字辈们，我们的“型”可是真正练出来的。当时的体育设施很简陋，但我们足篮排垒、长跑短跑、跳高跳远、单杠双杠、滑冰游泳样样沾边，尽管都是半瓶子醋，可是我们还真的练出了有点运动员的“型”！只可惜，那时我们还没条件拍个照，因此也就没有“铁证”留下来！

也许现在人们会说没有可比性。因为今日人们讲究的“型”确实与过去大相径庭。我们那时追求健美，爱亮“块儿”，今天就男生来说，追求的是“小鲜肉”。穿的衣服帅不帅的标准，必须是“潮”。所以时代不同审美也就相异了。

俱往矣，不再作愚蠢的比较，“吹吹”自己也可告一段落。但是我只想说一点，从审美角度来说，青春之美还是不要过于离开健美。“潮”“帅”“玉树临风”都可以接受，独有奶味太重让人难以接受！

五四寄语小友们，今天说得有点离谱，不过还是诚与意俱在，让我们都健康一点，让我们一起等待明年五四百年大庆吧！

2019年

8月11日

南开人正紧锣密鼓地准备迎接校庆100周年。我作为南开学子已经在这里69年整了。理所当然，我要感恩把我带大的恩师们和给我精神支撑的众多同学们！回顾这漫长又短暂的人生岁月，南开无疑恩赐了我太多东西。感恩南开是我的良知必须牢记和必须付之于行动的，这就是说我要以净化了的心灵捍卫南开的荣誉！但是在近七十载的南开园，我也看到并亲历了太多悲剧性的事件。我的几位恩师，众多好友，乃至年轻的学生，就在这几十年里竟然没逃过残酷的迫害而含冤弃世！今天在悼念巫先生[1]仙逝之际，我真的浮想联翩乃至不能自已！因此，我要说，南开百年辉煌，理应庆贺，但是，南开几代人，包括我们这一代幸存者，何尝不应认真地进行反思？喜悲南开，两个侧翼的交融、契合才能构成一部真实的南开百年史！

2020年

9月10日

每逢教师节，我必须通过“心史点滴”说上几句发自肺腑的话！在南开七十年的我，感恩我的已故老师把我带大，让能在教师岗位上坚持几十年；感谢我教过的同学没有嫌弃我，而是接受了我，并时刻给我鼓劲！你们才是我真正的精神财富！记得《雨果论文学》中有一个关键词语——“双重动因”。我想，我能坚持到今天就是来自于“双重动因”，即，上，有我的诸多恩师的严格教诲；下，有我的无数的同学的支撑。所以，我说，七十年，我能有今天，永远离不开这“双重动因”！七十年，我没干过别的工作，就是教书；七十年，我也没换过任何地方，一直坚守在南开校园，花开花谢，有喜有悲，但也还是“不离不弃”！这也许是一种信念，但，这也是一种无奈！不过，教书生涯毕竟是命运的安排，做一名教师就是我的所爱，所以这才让我无怨无悔，坚持了这么多年！严格地说，说我是教师，那是“过去时”，今天完全采用聘任制，所以教师之名与我毫不相干！但是“情怀”二字却有千斤之重，你是怎么也摆脱不了的！为此，我想到了当下！我

1. 指巫宁坤先生。

明白，每个历史段有每个历史段的“教育”！但我不能不说，我们的教育事业还是出现了太多的问题。而南开，且不去管什么排名，仅就现状来说，作为旁观者的我几乎看得清清楚楚！“振兴南开”已处于刻不容缓的地步！唉，我又犯了忧患意识的病，但说也无妨，毕竟今天是教师节，对我所面对的一切说一点有良知的话，也不为过！

附录三

经典是永远开放的“活的文本”[1]

南开大学教授宁宗一常开玩笑说，自己是一个好的教书匠，不是什么“家”。但是，在学生们眼里，宁先生是南开大学“四大才子”之一，是“典型的文人才子”，在讲台上口若悬河、挥洒自如。

“大概是我行我素惯了，有时才气外露到咄咄逼人的程度，也一点儿不惧怕外界舆论，他可能是绝不认同‘夹着尾巴做人’的处世哲学的。”（韩小惠：《怎能忘怀我的南开》）

宁宗一是很多南开学子的偶像。学生田本相只比宁宗一小一岁，曾撰文表示，“宁兄”在“课堂上神采飞扬，意气风发”，是南开中文系第三代知识分子中最杰出的一位，他是一个有情有义的学者。“他对于师友的真诚，对学术的真诚，尤其他那种口无遮拦的率真的个性，就像是一个晶体，是透亮的。”

---

1. 本文发表于《中华读书报》，2021 年 2 月 3 日。

能得到学生的认可，是宁宗一最大的欣慰。在南开大学70年间，他传道、授业、解惑，将从恩师那里继承的学术品格和人生智慧传递给学生；在反思精神的鞭策下，即使年过耄耋，他还在不断发表文章，“希望自己重新上路”。

宁宗一曾表示很欣赏周有光先生说过的两句话：年纪老了，思想不老。年纪越大，思想越新。近来，90岁的宁宗一接受中国大百科全书出版社的邀请，做“宁宗一九十口述”。90年，宁宗一经历的事情太多，有太多的故事，他希望调动自己的记忆，总结经验，在反思人生中给历史留份底稿。

还《金瓶梅》伟大小说之尊严

中华读书报：您是文学史上第一个从小说美学角度研究《金瓶梅》的，出版过《〈金瓶梅〉十二讲》《宁宗一讲〈金瓶梅〉》《说不尽的〈金瓶梅〉》《〈金瓶梅〉可以这样读》等诸多著作，还和罗德荣主编了《〈金瓶梅〉对小说美学的贡献》。您研究《金瓶梅》多年，对《金》书的认识是否也在变化？

宁宗一：30多年来，我对《金瓶梅》研究多有关注。《金瓶梅》被污名化太厉害，不能认为有那一万九千多字这书就怎么样，即使删节了一万九千多字的性描写，《金瓶梅》也不失为一部巨著。今天，面对已经步入辉煌的“金学”，我不可能不反思自己在“金学”建构中存在的诸多误读和在阐释上出现的偏差。我一直想通过小说美学这一视角去审视《金》书，并打破世俗偏见，参与同道一起提升《金》书在中国小说史和世界小说史上的地位，还其伟大小说的尊严。但是我在很多论著中恰恰出现了“悖论”，落入传统观念的“陷阱”。

中华读书报：为什么您会有这样的反思精神？

宁宗一：经过反思我的阅读史，我认为《金瓶梅》那一万九千多字是不能删的，它是全书不可分割的一部分；我逐渐靠近兰陵笑笑生的内心生活，也才能比较清晰地看到这位小说巨擘不是一个普通的艺匠，他是真正有生活的人，能准确地把握到人性的变异。正如法国思想家帕斯卡尔所说："人性并不是永远前进的，它是有进有退的。"人的复杂多变提供给小说家探索人性"密码"的可能，也给我们提供了研究《金》书的广阔空间。

过去对《金》书的阐释其实是先验性的，正是"审丑"的理念，让我错过了认知人性的复杂性。作为一个研究小说史的学人，我缺乏的是对人、对作家的"爱之不增其美，憎之不益其恶"，审视小说与小说中的人物时，犯了绝对化、先验性的毛病。进一步说，我犯了方法论上的错误，没有跳出"原则"和模式去审视《金》书的人物。正确的方法是，文本比原则重要，小说文本提供了小说研究的出发点，也是检验小说研究著作最科学、最重要的标准。

《金瓶梅》致力表现的是人性的复杂。没有人之初性本善，也没有人之初性本恶。正像莎士比亚说的："人，毕竟是用尘土做出来的，所以他会老、他会死，容易生病，而且会产生邪念，会做坏事。"这就是人性的多面性和复杂性。

中华读书报：到底是什么契机使您开始研究《金瓶梅》？

宁宗一：非常偶然。1983 年在大连组织了一次明清小说研讨会，我以《〈金瓶梅〉萌发的小说新观念及以后之衍化》为题，第一次比较全面地表述了我对《金瓶梅》的基本评估。我刚发完言，身后坐着的章培恒先生就小声对我说："请你尽快在你校学报发表下，我正在编高校学报中有关《金瓶梅》的研究论文，你的文章一定要收到论文集中去！"没想到正赶上"清除精神污染"，直到半年后禁令解除这篇文章才发表。令我感动万分的是，培恒先生来电话说：“就等你这篇文章呢！”这部书出版后，我看到了我的文章紧跟在章培恒先生大文之后，来了一个排名“第二”。今天回想，没有章先生的敦促与提携，我大概不会迈进“金学”研究圈儿。

中华读书报： 可是您也曾说过，最打动您的是《水浒传》？

宁宗一：《水浒传》作为中国古代长篇章回小说，民族风格和民族气派是最突出最强烈的。它标志着一种英雄风尚，体现了我们民族风格中阳刚之美的一面。我一直认为，《水浒传》是写民众的官逼民反。我同意王学泰等学者的意见，“水浒”应是沉沦下僚、科举失意的游民知识分子叙写的民众反抗斗争。《水浒传》似有站在“历史”之外的味道，一个人物就是一个景观，一段历史，于是一连串的英雄故事就构成了一部“史”。我们读这些艺术魅力无穷的作品时，不会忘却那一幕幕震撼心灵的侠义故事，鲁智深、武松、林冲、李逵让我们永远感到亲切。《水浒传》的人物性格写得很好，写出了真实的灵魂。

中华读书报： 近些年有很多作家参与对《金瓶梅》的解读，如刘心武、格非等，您关注过吗？如果关注的话，您认为作家和学者对作品的理解，有何不同？

宁宗一： 对《金瓶梅》的研究，我佩服聂绀弩先生。他说笑笑生之所以伟大，就在于他不是不讲分寸，他是“把没有灵魂的事写到没有灵魂的人身上”。我浏览过一些作家的金学研究著作，包括刘心武。他对《金瓶梅》的评价特别高。回望过去，毛主席多次要求高干读《金瓶梅》，认为“《金瓶梅》是反映当时经济情况的，是《红楼梦》的老祖宗”。这部书写出了“明代的真实的历史”（参看陈晋《毛泽东与文艺传统》）。

《金瓶梅》是一部百科全书式的作品，其格局较大，我估计绝大多数作家看过这部伟构。比如贾平凹先生的《废都》无论从什么角度观照，都能看出它受到过《金》书的启示（包括那带有广告意味和吸人眼球的方块儿）。不过，从《废都》的格局、场面看，就有了它的局限。作者似难驾驭《金》书那样全景式的人生画面。我最想说的是，无论是作家还是读者，必须看到伟大的经典，无一不是对历史中人性的思考和观察。明确了这一点，学习经典才能把握其关键处。

1938 年赛珍珠获诺贝尔文学奖，在发表讲话时谈到对中国小说的看法，她认为中国的通俗小说家从不为名而困扰，从来不在乎自己的署名，只要读者看着高兴就满足了。这恰恰是从不依附于他人的中国小说家的尊严，兰陵笑笑生正是这样有尊严的小说家。

文学可以是心灵学

中华读书报：做了一辈子学问，能否谈谈您在方法论上的经验或追求？

宁宗一：我是很重视方法论的。我曾经写过《古代小说研究方法论刍议——以〈金瓶梅〉研究为例证》，谈到古代小说研究方法论的问题。前几年，我写过不到两万字的小文章，一篇是《还〈金瓶梅〉以尊严》（《南京师范大学文学院学报》，2016 年第 1 期），一篇是《论〈金瓶梅词话〉的原创性》（《明清小说研究》，2016 年第 2 期），一篇作为我的《〈金瓶梅〉十二讲》（收入北京出版社的“大家小书”丛书）的自序——《伟大也要有人懂》，这是我反思后的实验性写作。我希望自己重新上路，对《金瓶梅》进行深入的研究，参与“金学”的科学建构。

我对“文学是人学”做了个“大胆”的校正。我认为文学可以是心灵学。我写过《心灵文本》《倾听民间心灵回声——解读论通俗小说的意义》《心灵投影》《点燃心灵之灯》等，一直想和同道建立心灵美学，我觉得这也可以纳入方法论。

中华读书报：您是著名的古典文学研究者，但当代意识却极强，您的学术理念是什么？为什么您的学术研究总能有独特的创见？

宁宗一：我是“印象派”的批评，偏重于理论和思想，有时候有点架空，不像有人进行深入细致的分析。我写《红楼梦》的研究文章，就是回归文本，通过文本细读上升到理论高度进行阐释，这是我接受别林斯基、杜勃罗留波夫的影响，从作家和文本出发，经过深入研究，最后升华他们的民主主义的文艺理论。比如我研究《金瓶梅》的策略和方法，就是在进行了理性思考后，选择了“让文本自己说话”的策略。这是因为：第一，在文学领域一个不争的事实是，无论古今，作家表明自己对社会、人生、心灵和文学的审美感悟的手段主要体现于文学文本中。因此，对于任何一个真诚的研究者来说，尊重文本都是第一要义；第二，归根结底，应该从作家创造的艺术世界来认识作家，从作家对人类情感世界带来的艺术启示，去评定作家的艺术地位。笑笑生之所以伟大，准确地说，是因为他找到了一个俗世社会作为表现的对象。在他笔下呈现出的各色人物，几乎都是原汁原味的。这是一个崭新的前所未有的叙事策略，而这一切被当时大多数人所认同，乃至欣赏。凡经典文本，永远都不是一个“封闭”的文本，而是永远开放的“活的文本”。

比如具体到“金学”研究，我认为关键是和资料、认知、思想理论与智慧有关。面对《金瓶梅》这样一部百科全书式的小说，能穿透其迷雾，认知其人生哲思和审美蕴含，必须占据精神高地，以笔为旗，把洞见、思辨和理论融为一体，观照《金瓶梅》的诸多小说意向和艺术元素。我很认同黑格尔的观点：“人是靠思想站立起来的。”

中华读书报：“文学可以是心灵学”体现在您的很多学术研究中。

比如您在研究武侠小说中，就能独特地发现卧先生善于以心与人生的交融达到对一则传奇故事的生动展现，也能洞察古龙异于梁羽生、金庸两位巨擘之处，是在于他的作品更多地体现了最典型的陈述心灵与心灵处境的小说艺术。

宁宗一：我特别看重人生况味的深入感悟对文学研究的影响。人生况味很重要，用于方法论合不合适另说。我认为应该注重作家和读者之间的人生况味。我书读得不多，但是人生体验、磨难多多，人生的磨难折射了社会的侧面，使我的认识容易与小说合拍——小说是写人生、写心灵、写人性，这才是真正的文学自觉。如果只是停留在"文学是人学"的层面，说了等于没说。法学是人学，政治学也是人学，等等，都离不开人。所以我觉得应该扣紧文学的特质。

比如《红楼梦》，对任何一个真诚的小说研究者来说，细读文本和尊重文本都是第一要义。很多人把《红楼梦》的文本看作曹雪芹心灵独白的外化，我看作是曹雪芹心灵的绝唱。一切伟大的作家最终关怀的恰恰是人类的心灵的自由。曹雪芹不正是以他的纯真的心来写作的吗？事实上文学史上一切可称为伟大的作家，哪位不是做着"我心"的叙事？

任何谈及心灵的写作都带着强烈的回忆与反思的色彩，它是一种对自己的"重读"，因为当一个人提起笔来进行叙事的时候，首先需要面对的正是自己。《红楼梦》也只能是属于曹雪芹的心灵的叙写、回忆和反思，是他的心灵自传。

小说和戏曲具有血缘关系

中华读书报：在您的学术研究中，小说、戏曲的研究始终同步进行。这里有什么渊源吗？这使您的学术研究具有什么特点？

宁宗一：中国的小说、戏曲讲唱文学的繁荣提供了它们交互作用的（瓦舍）关系。不仅题材互相借鉴，表现形式也互相渗透。正如杨绛所说：中国小说的结构是戏曲的，而中国戏曲的结构则是小说的。毕业留校后，没时间进修，系里就安排我接下导师许政扬先生在历史系讲的“中国文学通史”。刚刚理清点中国的文脉，许师在 1958 年遭到批判，一病不起。他在病榻上吩咐我接下他在本系讲的“宋元文学史”，顺手还把他的枕边书——钱锺书著《谈艺录》——送给了我，告诉我说这是钱先生 30 多岁就写出的大作，好好读必有大收益。那时记得最牢的是钱公序中的名句：“东海西海心理攸同，南学北学道术未裂。”但是，钱先生书中时而英语，忽而德语、法语，我实在看不懂。不过他谈宋诗部分让我对照读他的《宋诗选注》就有了太多的启发。

我专攻小说戏曲的拐点，和我讲“宋元文学史”而较系统地读了一些小说戏曲的经典文本有关。因为我一直企望沿着许政扬先生将小说与戏曲相互参订、同步研究的道路走下去，但许师的这一学术理念直到 1979 年南开中文系古典小说戏曲研究室挂牌，在华粹深先生执掌研究室工作时才得以明确化。

中华读书报：能否具体谈谈华先生的理念？

宁宗一：他认为小说戏曲具有血缘关系，中国的戏曲小说研究必须互补相生，不能独立研究小说或者戏曲。

我对戏曲的爱好是华先生激发出来的。他常常带我看戏。有一天他带我去看京剧《玉堂春》，我们坐在第五排，旁边是京剧名家杨荣环。结果我睡着了。从大戏院出来，在公交车上他“训”了我一路。华先生是平和的人，“训”也是软绵绵的：“你现在正教元曲，怎么能不看戏呢？不看戏，就很难讲好戏。”他告诉我，剧本只是“半成品”，要理解一部剧作的全部构思，是很难离开舞台艺术形象创造的，要多从“场上之曲”来分析作品。今天我的学生回忆我给他们讲课，说总带着他们去北京看戏、看画展。其实我是继承了华先生奠定的传统。

“我是被恩师带大的”

中华读书报：您说过早年理想的职业是新闻记者，并不乐意教学。从饱受“看不懂”的折磨到慢慢体会到一点乐趣，中间经历了什么？

宁宗一：我第一志愿是新闻记者，第二志愿是文艺干部，第三志愿我忘了。我认为我性格好动，上蹿下跳，到处乱跑，也许适合当记者，可以向很多人请教很多事。可是当时就六个字：服从组织分配。当时系主任助理朱一玄先生找我谈话，让我服从组织安排去古典文学教研室，我当时就哭了。因为我觉得古典文学太深奥，没法从事古典文学教学。朱一玄先生告诉我：跟着许政扬先生学。这一句才使我安下了心。许先生是浙江海宁人，学问很大。见了许先生，他直截了当地对我说：“你古典文学基础不成，我给你开个书单，你从现在起就边讲课边读这些书。”他给我开的30部书的书单，后来我只记得26部。有朱熹的《诗集传》，王逸章句、洪兴祖补注的《楚辞》，还有大部头的《昭明文选》《乐府诗集》等。许先生说了三条：一是这些书要一页一页地翻，但可以“不求甚解”，言下之意，是没那么多时间；二是这些注本都是最基本的，也是最具权威性的，注文要读，目的是通过滚雪球，可以了解更多的书；三是把有心得的意见记下来，备用备查。这一纸书目，三点意见，对我一生教学治学受用无穷。许先生是有他的思想的，一是我古典文学底子太薄，必须先打基础；二是让我没课时多往书库里跑，多读书，避免出现像某高校的青年教师不知《古诗十九首》出处的类似问题。这样我就认识了图书馆馆长冯文潜先生，他看我认真在书库看书，才带我看了南开的孤本存书和善本书。

我是在古典文学教研室熏陶出来的，是一点点深入古典文学研究的。最初的时候很惨，快上课了，我还跑到华先生家里请他给我串一下文字。我是被恩师带大的，真的是情同父子。

转变来自两个方面，一是发表文章，中国的经典小说戏曲让我迷恋，我逐渐有文章发表，这是对我的鼓舞。要知道那时有巨大的局限，文章都以集体的名义发表。1963 年我发表了两篇文章，一篇在《南开大学学报》上发表，一篇是我不自量力写的《中国戏曲艺术发展规律浅探》在《光明日报》发表，得了 105 元稿费。现在看这篇文章充满教条主义，而当时发表时对我是很大的肯定。华师也让我写一些涉及舞台人物的评价，不断地指点我，我的兴趣才越来越浓。

中华读书报：这倒让我有点意外，年轻时的宁先生，遇到难处也会掉眼泪。

宁宗一：那些深奥的古典文学著作，我看都要看哭了，因为压力太大，每天都要点灯熬蜡写讲稿。20 世纪 50 年代南开大学中文系由李何林先生定了个规矩，青年助教上课前必先在教研室试讲，正式上课时导师要抽查。我在给历史系讲文学史课时，李师共听了三次课，许师随堂听了六周课。李师一般多从技术上和仪表上提出意见，比如板书太草，写完挡住了学生视线以及说话尾音太轻，后面学生听不清楚，中山服要系好风纪扣，皮鞋要擦干净等。许师则着眼于讲授内容的准确性，分析阐释上的科学性等。对读错的字，也一一指出。我要在下一次上课开始时，向同学纠正自己讲错了的地方。这种反复的训练使我养成一个习惯，只要讲座，必须准备好讲稿，讲稿摆在那儿可以不看，心里踏实。与现在用课件代替一切的情况完全不同。

中华读书报：这种扎实严谨的教学作风，也使您深受学生爱戴。

宁宗一：有一次接受记者采访，我说我是好的教书匠，不是好的读书人。我承认我教书极认真。我最大的精神支撑，是学生接受我。

我从学生时代至今在南开生活几十年，作为一个典型的教书匠，我的物质生活在今日之社会真是显得有些寒酸。比如说，我还住在一套不到 75 平方米的老旧房子里，我的工资都加在一块也到不了一万元。但是我敢说，我却拥有一份不少人难以获得的“财富”。这份“财富”随着时间的推移，越显其珍贵。这就是我在教书岁月中，拥有我所爱、也让我被爱的无数学生。他们是我所有财富中最宝贵的。

中华该书报：有评价说您是南开大学“四大才子”之一，您怎么看待这一评价？

宁宗一：“四大才子”说，传得够厉害！谁也不知道到底这四个人是谁。我被传得多，不是我有学问，是因为我故事太多，认识的不认识的都知道我这个名字，而且毕业早，写了一些文章，有些恩师又比较喜欢我的单纯善良，特别是几位师母把我视为亲生，一来二去，我就在南开有了点“臭名”！所以有一次在来新夏先生家聊天，来公说朱一玄先生夸你呢！我借机才问来公这“四大才子”是谁，他第一句也是：“不知道。”

中华读书报：您的生活状态如何？如今您在忙什么？

宁宗一：关于人生态度，谨遵恩师李何林系主任教导：无愧于心，无愧于人！北大刘勇强先生来帖子，问：您不是“三不主义”吗？我只记得两不：一不体检，二不过生日，三不我忘记了。于是我告诉勇强说，不刻意养生呀！就这“三不”！顺其自然，何况我又是二世为人，对于很多事想得开，如此而已！

去年写完《三言二拍》的总序，后来我说写不了了。这段时间做口述史，因为要整理照片，每天不由得就会泪流满面，身边那么多人都走了。环视周边，心里很难过。我并不稀罕长寿。做“口述史”，也是传达一种观点：以顺其自然的态度面对自己的人生和未来。

中华读书报：您有什么想说的话吗？

宁宗一：借此机会袒露心史一角：大学的评职称永远是一个解不开的“谜”！建议没拿到你期望的职称时学习宁宗一。9 年助教，16 年讲师，9 年副教授！当了 9 年教授，成了现在的社会闲置人员！多好！告诉朋友们，一，学生接受你，喜欢你，这就好；二，学界承认你也可以心满意足！其他，您就别太在意了！

（《中华读书报》记者 / 舒晋瑜）

写在后面的话

陈　鑫

为宁宗一先生做口述历史可以说是我的夙愿。宁先生是南开的传奇。我虽然上学时学的是历史，和宁先生不在一个专业，但也早已耳闻其大名。第一次见面是2008年暑假，我刚刚参加工作，作为南开大学新闻中心的一名工作人员，借着一件小事，试探着打通了宁先生的电话，提出希望登门拜访。电话那端的宁先生爽快地答应了。当时仅仅透过手机信号，就能感受到这位老先生的蓬勃朝气。那次访问的具体内容已经想不起了，但我今天还记得宁先生对我这个小字辈极为亲切平易，毫无长者架子，初见面就坦露胸怀谈及个人思想和生活。我想，和宁先生有过接触的人，可能都会对他剖心相待的真挚深有体会。

临别时，宁先生送给我刚刚印制不久的《心灵文本》，说："看了这本书，你会对我更了解。"与正式出版的同名文集不同，我得到的这个版本是朋友间"内部交流"版，打开书第一眼就会看到学生简笔勾勒的宁先生画像，书生意气、侠骨柔肠跃然纸上。

从那以后，《心灵文本》就成了我十多年来常常放在床头的书，每每读到宁先生追念恩师的情深意切、传承文脉的使命担当、自我剖析的深沉反思，未尝不废书而叹。这不仅真的让我对宁先生有了更多了解，同时也引发了我对历史、对人性更多的思考。随着我与宁先生越来越熟悉，亲敬之意就越来越加深。特别是，我尊敬的几位师长——来新夏先生、刘泽华先生、冯尔康先生、孙立群老师都与宁先生是挚友。从他们那里，我对宁先生赤诚正直的真性情与真风骨有了进一步的理解。后来只要一有时间，我就去宁先生家，每次聊天都让我的心灵得到一次净化。

我一直有志于通过研究南开的办学历程，观察中国乃至世界的历史变迁，从创校先贤以及一个个南开人的命运沉浮，体会人世沧桑与人性的力量，因此我很喜欢倾听老先生们的故事。宁先生是一位在校70年的“老南开”，同时也是中国近一个世纪历史的亲历者，他的经历可以说是一座宝藏。我几次提议宁先生做口述历史，可他总是谦虚地表示，自己只是一个普通人，不够格。然而在2018年初的一次交谈中，宁先生竟然主动提出了做口述历史的意愿。我立即请缨：如果您信任，那就由我来做吧。后来我才知道，这是刘泽华先生的建议，而刘先生更是具体地提议宁先生与我合作。老先生们的信任与厚爱，让我受宠若惊，也让我认识到自己身上的责任。

今天，人们对口述历史这种形式已经习见不鲜，“大家来做口述史”早已不仅仅是学界的呼唤，通过论文专著、图书音像、报刊网络等，可以见到大量口述历史作品，但是伴随着海量内容涌现的是质量的参差不齐。为了把我们这部口述历史做好，我和宁先生颇做了一番准备功课。宁先生是一位“文体意识”很强的文学史家，他专门与口述史专家陈墨先生多次交流，对口述历史的文体特征、操作规范进行了认真思考。而我则从资料梳理入手，根据宁先生发表过的文章、我所了解的信息和相关历史资料、其他人的回忆文字等，初步编订出一个“二自斋年谱简编”（二自斋是宁先生的斋号，二自者，自作多情、自知之明也），在此基础上，草拟了采访大纲。

我们从 2018 年初着手准备，4 月份开始面对面采访，至 2019 年 6 月，共进行了 13 次专题口述，每次利用下午 2 ~ 3 个小时，都进行了录音录像。采访暂告一段落后，我们便根据原始采访记录和录音整理稿打磨书稿。那段时间正逢南开大学百年校庆，我自己手头又有各种其他工作，所以整理进度有些缓慢。2020 年初新冠肺炎疫情暴发，不幸之幸是，居家办公反倒多了些处理稿子的时间。在此过程中，我和宁先生又进行了 5 次补充采访和一系列电话交流、微信语音问答，对内容进行完善。我们还精选了百余幅照片和相关图像资料，图史互证，以期更好地还原历史现场。从开始到交稿，前后经历了将近三年时间，也可以说是一场旷日持久的“马拉松”了。

在口述采访中，宁先生开宗明义便提出自己将秉持真诚与良知，秉持反思的精神。对此，我可以负责任地说，宁先生确确实实将这一宗旨贯彻始终，我想熟悉宁先生的人在读过本书后都会同意我的判断。同时，我也对宁先生的记忆力感到钦佩，时隔几十年的往事，他常常能细细道来。

求真是对包括口述历史在内所有历史作品的基本要求。叙述者的真诚与良好记忆力为叙述的真实性提供了基础。无须讳言，相对于所谓历史完整的“真相”，每个人所能触碰到的永远只是一个局部，看问题的视角也必然受限于个人立场。同时，每个人的记忆都有其局限。宁先生就常常说，自己长于形象思维，对很多亲历的事情历历在目，发生的时间却记不准确。我想，这些问题是任何个体都无法避免的，口述历史与个人回忆录、自传的不同之处，恰恰在于采访者、整理者的存在，为叙述增加了另一个观察思考的维度。要使一部口述历史立得住，真诚的叙述、严谨的采访整理和规范的程序缺一不可。采访整理者决不能仅仅是有闻必录，其责任更在于要通过现场的提问、确认以及整理中的考证、研究、凝练，将采访到的“口述史料”组织形成口述历史作品。这是我心中的理想，在操作中不敢说做得完全合格。不过我认为，一部口述历史作品中如果存在与历史事实的出入，整理者应该承担更大的责任。

当然，求真并不是要抹杀个性与个体意识。围绕宁先生的个人经历来做口述历史，并不仅仅是要为大历史去做补充、做注脚，展示一部具有独立存在意义的个人史、人性发展史同样具有重要价值。

口述历史作品必定是要打破学科界限的。虽然现代口述历史产生于历史学科，但仅靠传统的历史学手段显然是不够的。一般来说，历史学更重视文献，而采访则是社会科学田野调查与新闻写作最基本的方法。在处理的问题上，传统史学更擅长应对宏大话题，研究揭示个人的心路则是文学、心理学更擅长的领域。在这一点上，宁先生有关“心灵史”和“当代意识”的思考对我有很多启发。在我看来，一部传记式的口述历史应该是亦文亦史的。这里的史是指对历史真实的追求，把控主观与客观之间的张力，展现个人与时代的互动。而这里的文，并不是指文笔的华丽，主要是指具有人文关怀，要借鉴文学书写、文学研究，着力发掘人的内心世界。也就是宁先生经常引用的那句名言：“文学史，就其最深刻的意义来说，是一种心理学，研究人的灵魂，是灵魂的历史。”（勃兰兑斯《十九世纪文学主流》引言）对于口述历史采访者来说，要通过提问、互动、总结来明确主题，在文稿整理中尽可能地还原叙述者个性化的语言风格、还原讲述现场，同时要通过谋篇布局、标题设置等，让读者能够更清晰地感受到叙述者语言背后的深意和心灵历程。当然这些处理最好要经过叙述者的认可，确保反映的是本人的真实想法。

在口述中，宁先生谈了 90 年的人生波澜与心路起伏。从早年乱世变局中的童年与求学，到步入南开70年来时代大潮中的命运沉浮；从矢志不渝的教学生涯，到观点独到的文学史研究；从风风雨雨的婚恋曲折，到深挚笃厚的父子情、师生情、学友情，经过反复斟酌，我们在采访大纲和口述内容的基础上，确定了全书十二章的格局。前九章大体以时间为纲，分阶段讲述；后三章则拈出几项重点内容，分专题详解。在每一章篇首，我们各选择了一幅主题照片并拟了一句点题的心语心解。

整理口述文稿最基础也最重要的还是准确把握宁先生所叙内容，不能把其本意理解错、理解偏。如果说对时代背景的理解毕竟还属于历史范畴，那么我个人认为，做这部口述历史最难的部分，其实是对宁先生学术思想的整理。人们常说“文史不分家”，但真正涉及文学理论、文学史观问题，那还是隔行如隔山的。宁先生本人在这方面又比较低调，一再称读书不多，对自己的学术成就不愿“自吹自擂”。可是无论如何，一部学人的口述历史，其学术思想是绕不过去的，并且是具有核心意义的。实际上，本书有关学术的内容不仅体现在“学术心路”这一专章之中，而且几乎贯穿始终。为了对宁先生的思想把握得更准，在第一轮口述采访后，我们又专门进行了多次反复的讨论、补采。

虽然有诸多难点，但采访整理中我深深体会到，与宁先生的合作是幸福的。由于与宁先生有十余年的交往，彼此熟悉信任，这使得我可以十分放松地与他交流，不断沟通完善，甚至提出疑问、进行商榷。在这个过程中，我也在不断学习很多原来不懂的、没有思考过的问题，受到了很大的学术启发和人生启示。在拟定书名的时候，我和宁先生几乎是异口同声地说出“一个教书人的心史”这个题目。因为教书是宁先生毕生的事业，而探索文学史背后的“心灵史”则是宁先生治学的最大特色。对心灵的重视，不仅体现在宁先生的治学生涯中，也同样体现于他的日常生活和为人交友之中。由此也可以看出，人文学者学术思考与人生体验之间的互动关系。

在这部口述历史终将脱稿的时候，我想感谢为本书提供过帮助的各位师长朋友。宁先生的许多朋友和我的朋友从口述规范、史实核对、文字表述等方面提出了重要的意见和指正，比如宁先生多次请教的陈墨先生，宁先生的老同学、老朋友高纪辉、王震一、张学正、刘家鸣等先生以及阎铁铮老师、汪健云老师、马瑞洁老师。我的同事陆阳、刘慕鑫、韦承金和学校电视台、校史研究室都为此事提供了大量帮助，韦兄还专门拍摄了一系列精彩的访谈照片。我的父母和妻子雅雯也作为“第一读者”通读了全部书稿。我第一次造访宁先生家就是与雅雯一同前去的（当时我们还是男女朋友），这次整理宁先生口述历史，她从女性视角提出了很多建议。要感谢的人很多，难免挂一漏万。最后也最重要的是，特别感谢中国大百科全书出版社的刘国辉、刘金双、曾辉诸位老师为本书做了大量工作。他们与宁先生的情谊让我感动，对我们的帮助也永远难忘。

宁先生遵循传统习惯按虚岁记年龄，今年恰是九十华诞，本书的副标题即“宁宗一九十口述”。“90后”的宁先生仍然保持着他喝粥散步的生活习惯，仍然每天与朋友们在线上线下进行交流，仍然活跃在学术界、文化界，仍然关注着文学研究的新动态、中国的新动态、世界的新动态，仍然履行着知识分子的天职，进行着人性的反思、心灵的反思，仍然在微信朋友圈时常发出他的“心史点滴”。这是宁先生的传奇，是南开的传奇，也是时代的传奇。

陈　鑫

2020 年 12 月 13 日